フランス刑事法入門

島岡まな・井上宜裕
末道康之・浦中千佳央 著

Mana Shimaoka, Takahiro Inoue,
Yasuyuki Suemichi, Chikao Uranaka

Introduction
au droit
criminel
français

法律文化社

目　次

訳語などに関する説明

序章に代えて──フランス刑事法を学ぶ意義 ────────── i

第Ⅰ部　刑　　法

第1章　刑法の歴史と基礎理論
Ⅰ　刑法の歴史 ──────────────────────── 5
　1　1791年刑法典（革命刑法典） ─────────────── 5
　2　1810年刑法典（ナポレオン刑法典） ─────────── 7
　3　1994年刑法典（現行刑法典） ────────────── 8
Ⅱ　法定原則 ──────────────────────── 10
　1　意　　義 ────────────────────── 10
　2　刑法の法源 ──────────────────── 10
　3　刑法の適用範囲 ────────────────── 12
Ⅲ　犯罪の基本構造 ─────────────────── 14
　1　犯罪の構成要素 ────────────────── 14
　2　犯罪の分類 ──────────────────── 16

第2章　犯罪行為
Ⅰ　物的・客観的要素 ────────────────── 21
　1　不作為犯 ───────────────────── 21
　2　未　遂　犯 ─────────────────── 25
Ⅱ　人的・主観的要素 ────────────────── 27
　1　故　　意 ───────────────────── 27
　2　過　　失 ───────────────────── 31

i

第 3 章　犯 罪 者

- Ⅰ　自 然 人 ─────────────────── 37
  - 1　帰 責 性 ─────────────── 37
  - 2　共 犯 論 ─────────────── 37
- Ⅱ　法　　人 ─────────────────── 42
  - 1　歴史的経緯 ─────────────── 42
  - 2　刑法121-2条の射程 ─────────── 43

第 4 章　不処罰事由

- Ⅰ　客観的不処罰事由 ────────────── 47
  - 1　正当化の一般原理 ──────────── 47
  - 2　正当化事由 ─────────────── 48
- Ⅱ　主観的無答責事由 ────────────── 55
  - 1　有責性阻却事由 ───────────── 55
  - 2　帰責不能事由 ────────────── 56

第 5 章　刑法各論の概観

─────────────────────────── 62

第 6 章　人身に対する罪

- Ⅰ　人道に対する重罪 ────────────── 65
- Ⅱ　人に対する侵害 ─────────────── 66
  - 1　生命に対する侵害 ──────────── 66
  - 2　人の身体的・精神的完全性に対する侵害 ── 69
  - 3　人を危険にさらす行為 ─────────── 78
  - 4　人の自由に対する侵害 ─────────── 80
  - 5　人の尊厳に対する侵害 ─────────── 80
  - 6　人格に対する侵害 ──────────── 84
  - 7　未成年者および家族に対する侵害 ────── 87

第 7 章　財産に対する罪

- Ⅰ　不法領得 ───────────────── 94
  - 1　窃盗および強盗 ───────────── 94
  - 2　強要および恐喝 ───────────── 95
  - 3　詐　欺 ─────────────── 95

        4 横領および背信・倒産犯罪 -- 96
    II その他の財産犯 -- 97
        1 贓物隠匿 -- 97
        2 破壊，毀損および毀棄（器物損壊） -------------------------------------- 97
        3 データの自動処理システムに対する侵害 ---------------------------------- 97

第8章 国家および公共の平和に対する重罪および軽罪

    I 国家の基本的利益および国土に対する侵害 ------------------------------- 99
        1 反逆および諜報 -- 99
        2 共和国の制度または領土の完全性に対するその他の侵害 --------------- 100
        3 国防に対するその他の侵害 --- 100
    II テロ行為 --- 101
    III 国家の権威に対する侵害 -- 101
        1 公共の平和に対する侵害 --- 101
        2 公務員による公務に対する侵害 -- 102
        3 私人による公務に対する侵害 -- 104
        4 司法作用に対する侵害 --- 105
    IV 公の信用に対する侵害 -- 107
        1 文書偽造 -- 107
        2 通貨偽造 -- 108
        3 有価証券の偽造 -- 109
        4 公的機関の印章標章の偽造 --- 109
    V 凶徒結社への参加 --- 109

第9章 その他の犯罪

    I 公衆衛生（生命医学倫理）に関する犯罪 -------------------------------- 111
    II そ の 他（動物虐待罪） --- 112

第II部 刑事訴訟法

第10章 刑事訴訟法総説

    I 刑事訴訟の目的 -- 119
        1 刑事訴訟の目的とその重要性 --- 119
        2 刑事訴訟法の法源 -- 119

Ⅱ　刑事訴訟の流れ ———————————————— 120
　　Ⅲ　刑事訴訟法の歴史 ———————————————— 122

第11章　刑事訴訟の基本原理

　　Ⅰ　適正手続の保障 ———————————————— 125
　　　1　法　　源 ———————————————————— 125
　　　2　適正手続を受ける権利の保護 ———————————— 126
　　Ⅱ　刑事事件における証拠——挙証責任 ———————————— 131
　　Ⅲ　証拠方法 —————————————————————— 132
　　　1　多様な証拠方法 ——————————————————— 132
　　　2　自由心証主義 ———————————————————— 133
　　Ⅳ　刑事訴訟の主体 ——————————————————— 133
　　　1　刑事裁判所 ————————————————————— 133
　　　2　検　察　官 ————————————————————— 138
　　　3　司法警察 —————————————————————— 140

第12章　捜　　査

　　Ⅰ　司法警察による捜査の種類 —————————————— 144
　　　1　現行犯に関する捜査 ————————————————— 144
　　　2　予備捜査 —————————————————————— 145
　　　3　その他の捜査 ———————————————————— 145
　　Ⅱ　捜査における捜査官の権限 —————————————— 145
　　　1　身分検査 —————————————————————— 145
　　　2　身分確認 —————————————————————— 146
　　　3　自動車の検問および事業活動が行われている場所への立入 ———— 148
　　　4　監視と潜入捜査 ——————————————————— 148
　　　5　検査と協力 ————————————————————— 149
　　Ⅲ　捜査の実行 ————————————————————— 149
　　　1　尋　　問 —————————————————————— 149
　　　2　逮　　捕 —————————————————————— 150
　　　3　警察留置 —————————————————————— 150

第13章　公訴と私訴

　　Ⅰ　公　　訴 —————————————————————— 155
　　　1　起訴便宜主義（opportunité des poursuites）の原則 ———— 155

2　不起訴処分 ──────────────────────────── 156
　　　3　訴追の代替処分または〈第三の途〉───────────── 156
　　　4　検察官による公訴の追行 ─────────────────── 157
　　　5　公訴権の消滅 ──────────────────────── 159
　Ⅱ　私　　訴 ─────────────────────────────── 161
　　　1　私訴を提起する条件 ───────────────────── 161
　　　2　私訴の提起 ────────────────────────── 161
　　　3　私訴権の消滅 ──────────────────────── 163

第14章　予　　審

　Ⅰ　予審裁判所 ───────────────────────────── 164
　　　1　予審判事 ─────────────────────────── 164
　　　2　予審拠点 ─────────────────────────── 164
　　　3　控訴院予審部 ──────────────────────── 165
　Ⅱ　予審手続の追行──自由の剥奪を伴わない予審処分 ────── 167
　　　1　予審の一般的性格 ───────────────────── 167
　　　2　予審開始決定 ──────────────────────── 168
　　　3　尋問と対質 ────────────────────────── 168
　　　4　その他の処分 ──────────────────────── 171
　Ⅲ　予審手続の追行──自由の剥奪を伴う予審処分 ──────── 173
　　　1　令　　状 ─────────────────────────── 173
　　　2　司法上の監督（司法統制処分）────────────── 173
　　　3　電子監視を伴う住居指定 ───────────────── 174
　　　4　未決勾留 ─────────────────────────── 176
　Ⅳ　予審の決定 ───────────────────────────── 181
　　　1　予審免訴決定 ──────────────────────── 182
　　　2　精神障害に基づく刑事責任無能力の決定 ────────── 182
　　　3　判決裁判所への移送の決定 ──────────────── 183
　Ⅴ　予審の決定に対する不服申立（抗告）────────────── 184
　　　1　予審処分への不服申立 ─────────────────── 184
　　　2　裁判処分への不服申立──予審判事の決定に対する抗告 ──── 188
　　　3　裁判処分への不服申立──予審部の決定に対する破棄申立 ──── 193

第15章　公判手続──第一審裁判所とその裁判

- Ⅰ　重罪院での裁判 ———————————————————— 195
  - 1　審理開始前の手続 ———————————————— 195
  - 2　審理の開始から判決の言渡しまで ———————— 197
  - 3　判　　決 ———————————————————— 200
  - 4　欠席による裁判 ————————————————— 201
- Ⅱ　軽罪裁判所での裁判 ———————————————— 202
  - 1　一般的手続 ——————————————————— 202
  - 2　急速手続 ———————————————————— 206
- Ⅲ　違警罪裁判所での裁判 ——————————————— 209
  - 1　通常手続 ———————————————————— 209
  - 2　略式命令 ———————————————————— 210

第16章　不服申立

- Ⅰ　通常の不服申立手段 ———————————————— 211
  - 1　異議申立 ———————————————————— 211
  - 2　控　　訴 ———————————————————— 213
- Ⅱ　特別な不服申立手段（非常救済手続） ———————— 218
  - 1　破棄申立（上告） ———————————————— 219
  - 2　再審および再審査の請求 ————————————— 224

第17章　判決の効力（既判力）

- Ⅰ　刑事裁判に対する既判力 —————————————— 227
  - 1　予審裁判所判決の既判力 ————————————— 227
  - 2　判決裁判所判決の既判力 ————————————— 228
- Ⅱ　民事裁判に対する既判力（民事的効力） ——————— 230
  - 1　根拠および法的性格 ——————————————— 230
  - 2　適　　用 ———————————————————— 230

第Ⅲ部　刑事政策

第18章　刑事政策総論

- Ⅰ　刑事政策，犯罪学 ————————————————— 235
  - 1　刑事政策とは —————————————————— 235

2　フランス刑事政策の現在——独自の展開と英米の影響……………… 238
　Ⅱ　国内治安という概念の台頭 ……………………………………………… 239
　　1　国内治安とは ……………………………………………………………… 239
　　2　公共治安政策とは ………………………………………………………… 242

第19章　刑　事　罰

　Ⅰ　フランスの刑事罰 ………………………………………………………… 246
　　1　指導原理（principes directeurs）……………………………………… 246
　　2　刑の類型と刑執行の障害 ………………………………………………… 250
　Ⅱ　新しい形態の刑事罰 ……………………………………………………… 254
　　1　刑事仲裁制度——代替刑・修復的制裁・刑事示談 ………………… 254
　　2　強化された保安処分 ……………………………………………………… 258

第20章　施設内処遇と社会内処遇

　Ⅰ　施設内処遇 ………………………………………………………………… 264
　　1　行刑施設の種類 …………………………………………………………… 264
　　2　矯正処遇 …………………………………………………………………… 266
　Ⅱ　社会内処遇と社会復帰 …………………………………………………… 269
　　1　社会内処遇制度 …………………………………………………………… 269
　　2　社会復帰への多機関連携 ………………………………………………… 273

第21章　受刑者の生活と権利義務

　Ⅰ　受刑者の生活環境 ………………………………………………………… 279
　　1　行刑施設（刑務所）内での生活 ………………………………………… 279
　　2　規律と懲罰 ………………………………………………………………… 281
　Ⅱ　受刑者の権利 ……………………………………………………………… 285
　　1　2009年行刑法から ………………………………………………………… 285
　　2　宗教的自由，社会的権利 ………………………………………………… 287
　Ⅲ　医療，家族関係に関する権利とその保障 …………………………… 290
　　1　医療・保険制度 …………………………………………………………… 290
　　2　行刑施設収容者の権利擁護制度 ………………………………………… 293

第22章　少年司法

- I　フランス少年司法の基本原則 —————————— 298
  - 1　保護更生か厳罰か ———————————————— 298
  - 2　少年裁判の過程 ————————————————— 300
- II　少年犯罪者に対する措置 ——————————————— 302
  - 1　訴追代替手段から刑まで ————————————— 302
  - 2　未成年を収容する施設 —————————————— 307

あとがき
参考文献一覧
事項索引（日仏単語対照表）

訳語などに関する説明

本書は共著のため，一部語句に関し，執筆者間で日本語訳に相違が見られると同時に，他の文献中の訳語とも異なる場合がある。そこで，日本語訳に相違が見られる語句の説明を行うとともに，本篇を読む際に知っておいた方がよい語句や制度の説明を行うものである。

- ■ Juge de l'application de peins
  本書では行刑判事と訳されているが，刑罰適用判事などの訳語もみられる。
- ■ Juge des libertés et de la détention
  本書では自由と勾留判事と訳されているが，勾留決定裁判官との訳語もみられる。
- ■ Judge des enfants
  本書では共著者各自の裁量で，少年係担当判事，少年担当判事と訳されている。
- ■ Police nationale

国家警察は，主に人口集中地の都市・都市郊外を管轄地とし，フランス国土の5％，人口の約50％をカバーしている。管轄地には警察署が置かれる。中央においては，内務省に国家警察総局が置かれ，そこに監察総局，司法警察総局，公共安全総局，国境警察総局，機動隊総局などが配置され，人質事件，テロ対策部隊のRAIDも直轄として置かれている。

各県には県公共安全局（Direction départementale de la sécurité publique）が設置され，県公共安全局長（国家警察の上級幹部）は県知事，司法警察活動に関しては特に共和国検察官と緊密な連絡を取りながら，国家警察は行政警察，司法警察活動に従事し，県内における安全の確保，治安を維持している。

国家警察官は文民の地位を有しており，労働組合の結成が認められているが，スト権はない，約14万人の国家警察官がいる。

- ■ Gendarmerie

ジャンダルムリは憲兵隊とも訳されており，本書では共著者各自の裁量で，憲兵隊，ジャンダルムリと表記している。正式な名称はGendarmerie nationaleで，邦訳は国家憲兵隊，またはジャンダルムリ・ナショナルとなる。

憲兵隊（ジャンダルムリ）は陸海空軍に続く，「フランス第4の軍隊」として（国防法典L.3211-1）位置づけられ，「憲兵隊は法律の執行監視のため，設立された軍隊

である」と規定されている（L.3211-3）。このため国防省管轄であったが，2002年より，国防省管轄であった憲兵隊を内務省に移管する作業が進められ，2009年には内務省に完全編入され，国家の警察組織が内務省（内務大臣）の下に一元化された。しかし，憲兵隊隊員は軍人としての地位を有しており，国防大臣も後見監督者として，一定の関与ができる。ジャンダルムリ隊員は約7万8000名である。

　管轄地は農村，都市近郊部で，フランス国土の約95％，人口の約50％が憲兵隊の管轄となり，行政警察，司法警察活動に従事する。つまり，各種許認可業務などの行政警察，交通警察，犯罪者の検挙など司法警察活動などを行い，現在では，これらが憲兵隊の活動のほとんどを占めている。なお，憲兵隊の訳語からも分かる通り，憲兵部隊（Gendarmerie prévôtale）が存在し，本来の業務である憲兵業務を行う。フランス国外で軍事司法警察権を行使して，海外展開中のフランス軍隊内の非違，捕虜の取り扱いなどを受け持つ。

　内務省に国家憲兵隊総局が設置され，各県にはジャンダルムリ県司令部が置かれる。県知事，司法警察活動に関しては特に共和国検察官と緊密な連絡を取りながら，国家警察の管轄地でない市町村で活動する。管轄地には憲兵隊小隊（brigade）が設けられ，総合警戒，パトロールを行う。この小隊は全国に1700ほどあり，フランス国土を網目のようにカバーしている。

■　フランンスの地方自治制度

　フランスの地方自治制度は広域圏（région），県（département），市町村（communes）に分かれ，広域圏，県，市町村は，第5共和国憲法72条により，国が法人格および公選の機関による自治を行う権限を与えられた，地方公共団体（collectivités territoriales）である[1]。

　広域圏は「地域圏」の訳語も見られる。フランス本土に13，海外領土に5つ存在している。その名の通り，隣接しているいくつかの県を広域圏としてまとめ，分権された権限を行使する。広域圏知事は広域圏を構成する筆頭県の知事が就任し，筆頭県の県庁所在地が広域圏の首府となる。広域圏には広域圏議会が設けられ，同議会議員は直接選挙で選ばれ，任期は6年である。広域圏の権限は企業支援などを通じての経済発展，欧州連合からの補助金の管理，国土整備，高校の建設，その維持管理などである。

　県は，合計で101県存在し，フランス本土に96県，海外県は5県，存在する。県には県知事が置かれる（詳細は後述）。県会が設置され，県会議員は直接選挙で選ばれ，任期は6年である。県会議長が選出され，県会議長は県内における交通に関する警察権限を有している。県の権限は生活保護の給付，障がい者などへの給付金，

中学校の建設，その維持管理，県道の整備などである。

　市町村はコミューンとも呼ばれる，基礎的自治体である。フランスには約3万6000存在する。市町村には市町村議会が設けられ，市町村長が選出される。市町村議会議員の任期は6年である。市町村の権限は市町村における行政全般（建築許可，水道事業など），学校（幼稚園・小学校）の建設とその維持管理，また出生届，死亡届，婚姻，離婚届の受理も行う。市町村の規模が日本に比べて小さいので，下水道事業，学校給食，ごみ処理などを近隣市町村と共同で行う，コミューン間協力公施設法人を設立することができる。

　さらに，市町村は地域連合として共同体を形成することができ，市町村の地理的状況に応じて，コミューン共同体，大都市共同体，都市圏共同体と呼ばれる広域行政組織に参加できる。

■ Préfet：県知事

　県知事との訳を本書では当てているが，その性格から県地方長官，官選知事，単にフランス語読みの「プレフェ」とする訳語も見受けられる。

　県知事は「県における共和国の代表者」として位置づけられており，原則的に，県において「国防，国民教育，司法」以外のすべての事務を掌握する。このため，県内の警察・防災の最高責任者であり，特に国家警察，憲兵隊，消防組織も管轄する。日本やアメリカの知事のように，住民から直接選挙で選出されるのではなく，内務省から県に派遣される官僚である。特に重要なのは行政警察権限で，県知事は保護者同伴のない未成年の夜間外出を禁止したり，夜間のアルコール類販売禁止を命じたりするなどの権限を有する。

　更にテロ対策の一環として，特定の地区への出入り，通行，人物の滞在を制限する安全保護地区の設定，テロを賛美，煽るような宗教施設などへの行政閉鎖命令，家宅捜索，現場臨検，書類，情報などを押収することを命じる権限を有する。

■ Maire：市町村長

　市町村総合法典 L.2212-1 に基づいて，市町村長は，「県における国の代表者の行政監督下，市町村長の市町村警察権限，田園警察権限，そして市町村長に関して国の行為の実行に関する任務を負う」，「市町村警察権限は良き秩序（ordre），安寧（tranquillité），安全（sécurité）と公共衛生（salubrité）を確保する事を目的とする」（L.2212-2）と規定されている。このため，市町村長は行政警察権限に基づき，市町村アレテ（arrêté municipal）を発し，生活安全関連活動を規制することができ，例えば，夜間におけるアルコール類の販売禁止，海水浴場における禁煙，カフェテラスの公道使用というような道路占有許可などが挙げられる。

司法警察権に関して，刑事訴訟法典16条の1は市町村長とその助役に司法警察員の資格を付与している。条文上，市町村長，助役も犯罪捜査をできることになるが，実際は難しい。

　また，市町村長は，県知事と共和国検察官の同意の下，市町村警察を設けることができ，この市町村警察は良き秩序，安寧，安全，公共衛生の確保，上記の市町村アレテが順守されているか確かめ，駐車違反などの交通警察の任務に就く。しかし，その活動（活動時間など）は当地を管轄する国の警察（国家警察，憲兵隊）と協議しなくてはならず，また，司法警察職員補の資格を有しているが，単独で身分検査，犯罪捜査ができないというように，市町村警察官の活動は国家警察官，憲兵隊員に比べ限定されている。

■　犯罪予防分野

　安全の確保・治安の維持のため，犯罪の抑止・鎮圧という活動は，「国の独占的権限」であると考えられている。しかし，地方分権，民間への事業委託あるいは協力などの流れの中，犯罪予防分野に関しては地方公共団体の関与，特に市町村長の関与を積極的に進めようという動きが90年代中ごろから生まれた。ただ，あくまで犯罪予防分野であり，地方公共団体には犯罪捜査，犯罪抑止活動には権限がない。

　県においては「犯罪予防，被害者支援，薬物対策，カルト教団体対策，女性に対する暴力対策県協議会」[2]（以下，犯罪予防県協議会）が設置され，県知事の下に同協議会が開催される。県知事，共和国検察官またはその代表者，県公共安全局長，ジャンダルムリ司令官，県会議長かその代理，共同体議長かその代理，国民教育関係者，司法省青少年保護局関係者，観察保護局関係者，犯罪予防分野で活動している民間団体の責任者などがメンバーとなり，一堂に会して情報交換，検討を行い，県内における犯罪予防県計画（防犯カメラ運用，漂泊民族（ロマ）対策，家族間内暴力など），その評価を行う機関である。

　市町村レベルでも「犯罪予防と治安地域協議会」を設置することができ，市町村長が主宰し，知事かその代表者，共和国検察官かその代表者，市町村助役（治安担当），市町村助役（教育担当），市町村助役（青少年担当），国民教育省関係者などがメンバーとなり，市町村における犯罪予防計画，その評価を行う機関である。同会議は単独の市町村でも，近隣の複数の市町村が共同で，あるいは上記の共同体単位でも設置することができる。むしろ，国土整備（交通網の整備）の影響で犯罪が広域にわたっているので，共同体という複数市町村間での参加が望まれるところである。

■　フランスの裁判制度：司法裁判所，行政裁判所に関して

　フランスにおいては大まかに2系統の裁判所が存在する。1つは刑事事件を裁く

司法裁判所，もう1つは行政分野に関する争い事を裁く行政裁判所である。

司法裁判所には，違警罪裁判所，軽罪裁判所，重罪院，控訴院，破棄院が存在し，司法警察活動により扱われた案件が裁かれる。未成年犯罪者を裁くため，少年裁判所，少年軽罪裁判所，少年重罪院が存在し，起訴された罪（違警罪，軽罪，重罪）に対応して，未成年犯罪者を裁く。司法裁判の最終審は破棄院となる。

行政裁判所には，地方行政裁判所，行政控訴院，国務院（Conseil d'Etat）が存在し，通常の行政活動内の争い（行政命令への不服など），あるいは行政警察活動により扱われた案件が裁かれる（例えば外国人の滞在許可書更新拒否など）。行政裁判の最終審は国務院となる。

1) 中村紘一ほか監訳『フランス法律用語辞典（第3版）』（三省堂，2012年）84頁。
2) 当初は単に「犯罪予防県協議」という名称であったが，より具体的な予防分野を明示するため，被害者支援，薬物対策，カルト教団体対策，女性に対する暴力という文言が入れられた。特にカルト教団とは，主にイスラムの過激団体を対象としたもので，若者のイスラム過激主義への傾倒を防止するものであり，女性に対する暴力は2017年にマクロン共和国大統領が男女共同参画と女性への暴力根絶を重点項目に据えたため，最重要課題となっている。

序章に代えて——フランス刑事法を学ぶ意義

　かつて、故平野龍一博士（元東京大学総長）は、『フランス刑事法』（成文堂、1981年）の序論の中で、「わが国の刑法学は、ドイツ刑法学の影響が異常にといっていいほど強い。（中略）これに反して、フランス刑法の研究は極めて貧弱である。（中略）しかし、フランスほどの高度の文化とせん細な神経を持った国の刑法及び刑法学が、わが国の研究者の参考にならないはずがない。」と書かれた。

　本書の共同執筆者は、皆かつてフランスに留学し、日本では数少ないフランス刑法研究者であるが、多かれ少なかれ、平野龍一博士の言葉そのもののフランス刑法の先進性（世界に先駆けての不正アクセス罪、法人の刑事責任、セクシュアル・ハラスメント罪の導入、生命倫理関連犯罪の整備、マインド・コントロール罪ともいえる無知・脆弱性濫用罪の新設等）を十分認識している。フランス刑事法は、ドイツのそれと異なり、日本とかなり異なる点が多いため、学説・判例等も直接参考になる部分は少ないかも知れない。しかし、その根底に流れる考え方が、間接的に参考となる点は大いにあるように思われる。

　平野博士の序論から30年以上の年月を経てもなお、日本のドイツ刑法学偏重の状況は変わっていない。それは、我々フランス刑法研究者の非力によるところも大であろうが、1992年に1810年のナポレオン刑法典を全面改正したフランス刑法の先進性にあまり学ぼうとしない日本人の保守性、人権意識の薄弱さにも起因する部分もあるように思う。

　執筆者の1人である島岡は、日本の刑法典100周年を記念して「刑法典の100年」という特集が組まれたジュリスト1348号（2008年）掲載の論文「フランス刑法の最新動向と日本法への示唆」の中で、「刑法典100年を迎え、100年以上前と同様に、フランス刑法の根底に脈々と流れる人権思想、先進性、合理性を自由主義的過ぎるとして敬遠するのか、あるいは時代の変化に敏感となり、これらの美点を積極的に見習うことで人権後進国と揶揄される状況の飛躍的打開

を目指すのか，21世紀の日本の姿勢が正に問われているように思われる。」と書いたが，その気持ちは今も変わっていない。

　この度，フランス刑法，刑事訴訟法，刑事政策を含む全体像を簡潔（だがレベルは決して低くない）に記した『フランス刑事法入門』を共著で執筆する機会に恵まれた。研究者の少なさに比例して，紹介されることの比較的少ないフランス刑事法の先進性を，ぜひ多くの法学研究者，学生，実務法曹等に知っていただきたいと願っている。

　フランス刑事法を知ることは，読者の知的好奇心を満足させるとともに，その先進性を参考とすることにより，日本の法制度および社会を成熟させ，ひいてはより人権の守られる住みやすい国を形作ることへつながると考える。フランス刑事法は，1789年に「フランス人権宣言」を起草したフランス人の人権意識の反映であり，机上の空論ではなく，正に社会のため，人々のために役立つ刑事法といえよう。

第Ⅰ部

刑　法

第1章　刑法の歴史と基礎理論

I ◆──刑法の歴史

1　1791年刑法典（革命刑法典）

いわゆる大革命を経て，まさに革命の精神を体現した形で登場したのが，1791年刑法典（革命刑法典）である。[1]

◆特　徴

同法典の主な特徴は，平等性（égalité）と法定性（légalité）の２つである。

(1)　平等性

この原則は，フランス人権宣言の論理的帰結とされる。その中には，３つのものが含まれている。即ち，①刑罰法規を前にした市民の平等性，②刑罰を前にした平等性，および，③一身専属的な刑罰の平等性である。①は，司法に関して，あらゆる特権が消滅したことを意味する。この点は，1789年８月４日の国民議会で行われた，封建的特権廃止の決議の成果である。②は，法律が，犯罪者の階級または身分を一切顧慮することなく，なされた行為に従って刑罰を固定したことを指す。③では，財産没収が禁止され，いかなる烙印も被有罪宣告者の家族に及んではならないことが示される。

(2)　法定性

フランス人権宣言および1791年憲法で規定された罪刑法定主義は，刑法規定の不明瞭さを消滅させる。法文外に犯罪は存在しえず，法律なくして罪刑の決定はない。裁判官は，犯罪を創造する権限をもたず，立法者が犯罪と定めていない行為を可罰的と宣告することはできない。他方で，裁判官は，法律によって正確に規定されていない，いかなる刑罰も科してはならない。

固定刑（peines fixes）の法定性の原則によれば，裁判官は，法律によって規

定された刑罰を適用しなければならず，いかなる態様でもこれを調整することは許されない。この原則は，刑罰の恣意性を断ち切るため，特に，裁判官の権限を無力化するために採用された。モンテスキューによれば，裁判官は，「法律の言葉を語る口」であり，言い換えれば，法律によってあらかじめ決定された刑罰の自動販売機である。固定刑の制度は，アンシャン・レジーム期の刑罰の恣意性に対する反動であるが，逆に，刑事制裁の個別化を阻害するという側面も持ち合わせている。

固定刑制度の一帰結ともいえるのが，赦免権（droit de grâce）の消滅である。これは，権力分立原理の尊重，および，この王権を消滅させる必要性からも説明される。

◆原則の適用
(1) 犯罪類型

革命刑法典によって制定された犯罪類型は，立法者が刑法によって保護しようとする4つの利益によって大別できる。

（i） 新たな公的制度の保証　国家の内的および外的侵害からの保護（陰謀：complot, 共謀：conspiration 等），大臣および公務員の権限濫用からの保護（公金横領：concussion, 瀆職：forfaiture），市民の政治，司法および警察権限濫用からの保護（逮捕・監禁：arrestation et détention arbitraire）等。刑罰は，死刑，監禁刑（gêne），または，市民権剥奪（dégradation civique）である。

（ii） 人身の保護　肉体の保護（殺人：homicide, 暴行：violence, 強姦：viol），名誉の保護（侮辱：injure, 誣告：dénonciation calomnieuse），財産の保護（盗：vol, 略奪：pillage, 破壊：destruction）等。刑罰は，死刑または鉄鎖刑（fer）である。

（iii） 経済的利益の保護　破産（banqueroute），暴利（usure），詐欺的売買（stellionat），密輸（contrebande），倒産（faillite）等。刑罰は，鉄鎖刑から罰金まで多種多様であり，特別没収（confiscation spéciale）もある。

（iv） 道徳・風俗・公安の保護　浮浪（vagabondage），物乞い（mendicité）等。刑罰は，6月以下の拘禁から罰金まである。

このように，刑法は，もはや単なる刑罰の法ではなく，それ自体，刑罰権の基礎となる，公の秩序を保護し，組織する法となったのである。

(2) 階層化された刑罰体系

革命刑法典は，無期刑を排除し，アンシャン・レジーム期のいくつかの刑罰（四肢の切断：mutilations, 烙印：marque au fer rouge）を廃止した。

刑罰の階層化は次のようになっている。①死刑，②鉄鎖刑，または，最長24年の徒刑（travaux forcés），女性については，監獄での懲役刑（réclusion）で代替，③懲役刑，または，監禁刑，④拘禁刑（détention），⑤累犯者に対する流刑（déportation），⑥市民権剥奪，または，女性および外国人に対する首枷刑（carcan），⑦財産刑。

刑罰の序列は，人権宣言において決定された価値の序列であり，犯罪の分類と刑事裁判所の対応関係を示している。即ち，重罪（crimes）には，重罪裁判所（tribunal criminel）で生命剥奪，軽罪（délits）には，軽罪裁判所（tribunal de police correctionnelle）で自由剥奪，違警罪（contraventions）には，違警罪裁判所（tribunal de police municipale）で市民権剥奪または所有権毀損となる。

革命刑法典において強調すべきは，自由剥奪刑の導入である。このことは，3つの論拠によって正当化される。①自由は最大の財であるがゆえに，刑罰の対象となりうる，②自由剥奪刑は，期間によって段階づけができるという利点がある，③自由剥奪刑の執行は，被有罪宣告者の教育的処遇を可能にする。

2　1810年刑法典（ナポレオン刑法典）

大革命から10年以上経過しても，安定した政治体制は確立されなかった。そのような中，ナポレオン・ボナパルトは，1799年11月のクーデターの後，フランスの人々に平和をもたらし，1808年の治罪法典及び1810年の刑法典によって，新たな司法組織と法律上の保障を確立した。

ナポレオン刑法典は，人は自己の行為について有責とみなされる，ブルジョワ社会の理想に対応したものであった。

◆継受と修正

罪刑法定主義が刑法典に明文化され，強化された。また，固定刑の体系の厳格さが緩和され，刑罰の上限と下限が設定された。これにより，裁判官は，再び，拘禁刑につき，一定の評価権限をもつこととなった。

国家元首の自由意思に委ねられる決定という意味において，恣意的権限であ

る恩赦が復活し，被有罪宣告者のために行使されることとなった。しかし，この点は，法定原則を侵害しうるという側面をもつ。

◆新奇性

ナポレオン刑法典の新奇性は，峻厳さである。処罰は，社会に統合されない，確立された秩序に反抗するすべての者（浮浪者，凶徒，団結した労働者）に向けられた。共犯は，正犯と同視され，未遂は，犯罪そのものとみなされる。

刑罰の序列は，より抑止的で実践的に修正された。ベンサムの功利主義が法典の起草者に深く刻み込まれ，それは，「刑罰の害悪が犯罪の報酬を上回るように」という定式に要約された。死刑の他に，首枷刑，四肢の切断，烙印が規定され，身体刑の数が増大した。

刑務所は，威嚇手段，および，社会にとって危険な者の排斥手段として，社会的効用の面から再考された。拘禁刑に関して，監禁刑が廃止され，鉄鎖刑は有期または無期の徒刑に置き換えられた。また，累犯者は，刑期満了後，警察監視（surveillance policière）に付された。

ナポレオン刑法典の哲学を要約するならば，犯罪者の排斥が被有罪宣告者の改善の視点よりも優位を占めること，即ち，犯罪者から健全な社会を守ることが重視されていることである。刑罰は，もはや教育の適性をもたず，社会からの隔離，追放の手段となった。

3 1994年刑法典（現行刑法典）

1994年3月1日に施行された現行刑法典は，2世紀にわたり全面改正の対象とならなかった法を刷新した。[2]

◆犯　罪

現行刑法典の特徴は，人身の保護の強化，ならびに，交通犯罪および組織犯罪に対する社会防衛を強化する点にある。罪刑法定主義が引き続き明文化された他，ここでは，人道に対する罪，他者を危殆化する罪といった新類型が創設され，被害者の脆弱性が加重事情として規定された。

また，動物に対する犯罪が，初めて，財産に対する罪の範疇外に位置づけられた。動物自身の保護の優位性は，動物を感受性の強い存在として扱う処罰規定の増大がこれを示している。動物を物として扱う考え方は，衰退しつつあ

る。1999年1月の法律によれば，危険な動物は，駆除されるのではなく，「安楽死」させられる。

　責任に関しては，以下のような新奇性が見られる。まず，総則規定に自然人の責任の軽減に至る規定が盛り込まれた点である。1つは，「重罪は常に故意を前提とする」との規定，もう1つは，法律の錯誤が不可避である場合を承認する規定による。

　次に，法人の責任が正面から肯定されたことも現行刑法典の大きな特徴である。これまで，法人は法的フィクションにすぎないとされ，犯罪能力が肯定されることはなかったが，今や法人は実体を有しており，それに伴い犯罪能力も正面から認められるに至った。

　その他，総則規定に関する改正点を挙げるとすれば，これまで各則の殺傷罪のところに位置づけられていた，法律の命令，正当な権限を有する官権の指令，及び，正当防衛といった違法阻却事由の規定が総則に移されたことである。正当防衛については，これまで解釈論上の論争があった，財産を守るための防衛も明文化された。

　さらには，これまで判例，学説で承認されていたものの，明文をもたなかった緊急避難が総則に規定されたことも指摘できよう。

◆刑　罰

　刑罰の機能は，社会の保護，ならびに，犯罪者の処罰および改善とされる。現行刑法典では，刑罰に関して以下の修正が行われた。①刑罰軽減事情や宥恕事由の削除，同時に，刑の下限の撤廃，②自動的付加刑（peines accessoires）[3]の削除，③施設内拘禁刑を科す場合の理由付記義務等。

　その中でも，とりわけ，刑の加減の撤廃は，裁判官の裁量範囲を一気に拡大するものであって，注目に値する。この点，革命刑法典の固定刑の頃と比べると，その違いは明らかである。現行刑法の立場は，裁判官に対する不信から恣意性を排除しようと躍起になっていた当時とは正反対で，裁判官へのある種の信頼に根ざすものともいえる。この状況は，あくまで下限の撤廃で上限は明記されている以上，責任主義には抵触しないにせよ，刑罰の法定性の後退は否定できないであろう。

　なお，1994年刑法典成立後の展開については，以下の各本論を参照されたい。

Ⅱ ◆──法定原則

1 意 義

　フランスの現行刑法は，法定原則[4]（principe de la légalité）（罪刑法定主義）に関するさまざまな規定を含んでいる。まず基本となるのが，111-3条である。同条は，「1項　何人も，構成要素が法律（loi）によって定められていない重罪（crimes）または軽罪（délits）について処罰されず，構成要素が規則（règlement）によって定められていない違警罪（contraventions）について処罰されない。2項　何人も，犯罪が重罪または軽罪である場合，法律によって定められていない刑罰で処罰されえず，犯罪が違警罪である場合，規則によって定められていない刑罰で処罰されえない」として，法律と規則の管轄領域にしたがって，犯罪と刑罰に関する法定原則を宣言する。
　そのうえ，111-4条で「刑罰法規は厳格解釈（interprétation stricte）による」とする解釈原則が定められている。これは，文理解釈を要求するものではないが，類推解釈はもとより，基本的には拡張解釈も被告人に不利益となる限りで否定すべきとする趣旨を含んでいる。
　さらに，後述する刑法の適用範囲の問題として，刑罰法規不遡及の原則が掲げられる。また，フランスでは，時間的適用範囲のみならず，場所的適用範囲についても法定原則の一射程と位置づけられることが多い。

2 刑法の法源

　フランス革命以来，刑法規範の明文化が要請され，そのことから，慣習や慣例は犯罪も刑罰も創造しえないという帰結が導かれる。
　成文法において，刑法の法源は3つの形態を取りうる。それは，法律，規則，および，国際条約（traité international）である。
◆国内法
(1) 法　律
　法律の概念の中には，2つのカテゴリーが入る。
　まず，立法権によって議決された，固有の意味における法律がある。すなわ

ち，具体的には，現行刑法によって廃止されなかった現行刑法より前の法律，現行刑法，および，現行刑法を修正または補完する現行刑法より後の法律がこれに当たる。

次に，執行権の発する，法律の価値を有するいくつかの法文がある。これには，例えば，1958年以前の議会の委任によって執行権が発したデクレ・ロワ（décret-loi），1958年以降では，憲法16条【大統領の緊急措置権】によって下される大統領の決定や憲法38条【法律事項に属する措置の政府への授権】によって下されるオルドナンス（ordonnance）がある。

(2) 規　則

執行権が発する一般性をもった法規範が規則であるが，規則には，コンセイユ・デタ（Conseil d'Etat）の答申の後，首相によって下されるコンセイユ・デタのデクレ（décret）のほか，特に知事や市長といった警察権限を有する官憲によって制定されるその他の規則がある。

コンセイユ・デタのデクレは，法律によって定められた限度内で，違警罪とそれに対応する刑罰を規定する（刑 R. 610-1 条）。これに対して，単なるデクレや大臣，知事または市長のアレテ（arrêté）といったその他の規則は，違警罪を補完しまたは規定することができるが，刑罰を定めることはできない。

◆国際法

憲法55条に従えば，議会によって正式に批准された国際条約は，憲法的価値が問題となる場合を除いて，法律より上位の権能を有する。刑罰の決定は依然として国内管轄事項に属しているため，国際条約は，少なくとも犯罪類型の創設に関して，刑法の法源を構成しうる。

国際条約のうち，特に重要なのは，ローマ条約（Le Traité de Rome: Le Traité sur le fonctionnement de l'Union européenne (1958)）とヨーロッパ人権条約（La Convention européenne des droits de l'homme: La Convention de sauvegarde des droits de l'homme et des libertés fondamentales (1953)）である。ローマ条約に関して，この条約から生じる共同体規則が犯罪を規定する場合，当該規則は即時適用されるが，それに対する違反が刑罰で担保されるのは，国内法が制裁を規定するかまたはデクレが共同体規則を参照する場合のみである。また，ヨーロッパ人権条約に関して，本条約は，犯罪の法源ではないものの，国

内法が本条約の内包する諸原則に抵触していると思料する被訴追者個人によって，援用されうる。

3　刑法の適用範囲

◆時間的適用範囲

　刑法112-1条は，刑罰法規不遡及の原則を規定する。すなわち，同条は，「1項　行為時に犯罪を構成する行為のみが処罰される。2項　行為時に法律上適用可能な刑罰のみが宣告されうる。3項　ただし，新規定が旧規定より軽い場合，当該新規定は，新規定施行前に行われ，かつ，既判力を有する有罪判決を受けていない犯罪に適用される」として，新規定が被告人に有利な場合を除いて，刑罰法規の不遡及を定めている。

　なお，現行刑法は，手続法については原則として即時適用する旨規定するが，行刑や時効に関する法律が対象者に不利益をもたらす場合にはこれを否定する（刑112-2条）。

◆場所的適用範囲

(1)　概　要

　処罰に関する事項は基本的に国内管轄事項と解されることから，フランスでも，属地主義が原則とされている。刑法113-2条は，「1項　フランスの刑罰法規は，共和国の領土内で行われた犯罪に適用される。2項　犯罪の構成要素の1つが共和国の領土内で生じた場合，犯罪は共和国の領土内で行われたものとみなされる」と定め，遍在説を前提とする属地主義に立つことを宣言する。また，これを補完するものとして，船舶および航空機について旗国主義が採用されている（刑113-3条・113-4条）。2016年には，電子通信網を利用した犯罪について，共和国の領土内の自然人または法人が被害者となる場合，当該犯罪は共和国の領土内で行われたものとみなされる旨の規定（刑113-2-1条）が追加された。

　一方で，現行刑法は，属地主義とともに，積極的属人主義（刑113-6条）および消極的属人主義（刑113-7条）を規定する。属人主義を取る場合に起こりうる属地主義との抵触については，「113-6条および113-7条に定められる場合，同じ事実につき外国で確定判決を受け，かつ，有罪宣告の場合に刑が執行

されまたは時効になったことを証明する者に対しては、いかなる訴追も行われえない」（刑113-9条）として、二重処罰を禁止することで対処されている。

他方で、反逆、諜報等の国民の基本的利益を害する犯罪、通貨、国の発行する証券および刻印等の偽造罪、ならびに、外交および領事に関する犯罪等、一定の犯罪については、保護主義に基づいて、フランスの刑罰法規の適用対象となる（刑113-10条）。また、テロ行為は、フランス人またはフランス領土を常居所とする者によって外国でなされたものであっても、世界主義的観点から、フランスの刑罰法規の適用を受ける（刑113-13条）。

なお、共和国領土外で外国人によって行われる重罪または5年以上の拘禁刑で処罰される軽罪につき、所定の理由により、犯罪者引き渡しがフランス当局によって拒否される場合にも、フランスの刑罰法規が適用される（刑113-8-1条）。

(2) 共　犯

共犯をめぐる場所的適用範囲については、犯罪性借用説（**第3章Ⅰ2共犯論◆共犯の処罰根拠参照**）との関係が問題となる。共犯行為には固有の犯罪性がないとする犯罪性借用説を前提とすると、共犯に対してフランスの刑罰法規が適用できるか否かが問われうる。これには、国外犯につきフランス国内で共犯的関与が行われる場合と国内犯につきフランス国外で共犯的関与が行われる場合の2つがある。

前者については、刑法113-5条が、「外国で行われた重罪または軽罪につき共犯者としてフランス共和国の領土内で有責とされる者には、当該重罪または軽罪が、フランス法および外国法でともに処罰され、かつ、外国裁判所の確定判決によって確認される場合、フランスの刑罰法規が適用される」と規定し、立法的な解決が図られている。

後者について、判例は、国外の共犯に対してフランスの刑罰法規の適用を肯定している。犯罪がフランスの領土内で行われる場合、侵害されるのはフランスの公的秩序であるということが根拠とされうるが、この処理に対しては、刑法121-6条が共犯を「正犯として処罰する」と規定している点や法定原則の観点から不意打ちになるおそれがある点で批判もある。

Ⅲ◆──犯罪の基本構造

1　犯罪の構成要素
◆犯罪体系論

　フランスの一般的な体系は，犯罪（広義）(crime, délit pénal) を犯罪行為（犯罪（狭義）(infraction)）と犯罪者 (délinquant) に分け，犯罪行為をさらに，法定要素 (élément légal)，物質的・客観的要素 (élément matériel)，心理的・主観的要素 (élément moral) に分ける[5]。

　犯罪行為の諸要素は，それぞれ，法定要素が法定原則（罪刑法定主義），物質的・客観的要素が行為主義，心理的・主観的要素が責任主義に対応するとされている。

　犯罪の成否を吟味する際，フランスでは，まず，犯罪行為の各要素につきその存否が検討され，犯罪行為の成立が肯定される場合，次に，それが行為者に帰責できるか否かが検討される。

◆違法性の体系的位置づけ

　フランスの一般的体系に特徴的なのは，まず，違法性論の体系的位置づけが明示されていない点である。したがって，フランスの一般的体系では，いわゆる違法性論と呼ばれる枠組みが存在せず，正当化事由 (fait justificatif) をどのように位置づけるのかが問われうる。通説的理解によれば，正当化事由は，法定要素との関係で論じられ，正当化事由の存在は法定要素の消滅として理解される。ちなみに，総則規定を有する正当化事由には，法律の命令および正当な権限を有する官憲の指令，正当防衛，緊急避難がある（**第 4 章Ⅰ 2 正当化事由**参照）。

　この点，犯罪行為を構成する第 4 の要素として，違法要素 (élément injuste) の導入が一部で主張されている[6]。すなわち，犯罪行為の上記 3 要素に，「行為が権利の行使によって正当化されないこと」という違法要素を付け加える見解がそれである。また，この主張によれば，正当化事由に直面して犯罪が訴追されえなくなるのは，犯罪の合理的な要素の 1 つが欠如するためであるとされ，犯罪とは，法律によって規定された意思の影響下でなされた物的・外部的な行

動であり，法律によって正当化されないものと定義されうる。そこから，物質的・客観的要素や心理的・主観的要素といった犯罪の積極的要素のほかに，正当化事由の不存在に起因する消極的要素が存在し，その要素は違法要素と呼ばれうるとされる。

　しかし，この主張に対しては，通説的体系を支持する論者から批判がある。すなわち，違法要素は正当化事由の不存在という全く消極的な価値にすぎず，犯罪の構成要素となりえないとの批判や，ある行為が違法であるのは，それが法律によって禁止されているか許容されていないかのどちらかであるから，結局，違法要素は法定要素に帰着し，これに独立した意義を見いだすことはできないとされる。

　ちなみに，違法性の実質論については，正当化の一般原理の形で，緊急避難の法的性質の分析等を通じて追究されている（**第4章Ⅰ1正当化の一般原理**参照）。

◆**責任要素の体系的位置づけ**

　次に，フランスの一般的体系で特徴的なのは，責任論を犯罪行為の構成要素と帰責性の要素に区別して論じる点である。このことから，心的・内部的要素と帰責性の要素との関係，すなわち，主観的要素の内容とその体系的位置づけが問題となりうる。フランスでは，成立した犯罪行為が犯罪者に帰責されうるかという考察方法が採られており，狭義の犯罪の構成要素である心的・内部的要素と帰責性を判断する際の主観的要素を体系的に割り振る必要がある[7]。

　この点，フランス刑法では，一般に，主観的要素である責任（responsabilité）は，有責性（culpabilité）と帰責性（imputabilité）からなるとされている。有責性の要素には，故意（intention）・過失（faute），帰責性の要素には，自由（liberté），および，弁識能力（discernement）ないし理性（raison）が含まれる。自由が欠如する場合の典型例としては強制があり，弁識能力（理性）が欠如する場合としては，精神障害が挙げられる（**第4章Ⅱ主観的無答責事由**参照）。なお，刑事未成年者には刑罰は科されえないが[8]，特別法による対応が予定されている[9]。

　体系的には，故意・過失が狭義の犯罪の心的・内部的要素に，自由および弁識能力（理性）が帰責性の要素にそれぞれ割り当てられる。したがって，主観

的無答責事由（cause subjectif d'irresponsabilité）の内，故意・過失の不存在は，有責性阻却事由（cause de non-culpabilité），自由および弁識能力（理性）の欠如は，帰責不能事由（cause de non-imputabilité）と呼ばれる。

　通説的体系によれば，概念的には以上のように整理できるが，犯罪行為の構成要素である心理的・主観的要素と帰責性の関係については，精神障害ないし強制に支配された者に故意が観念できるのか，むしろ，精神障害ないし強制は有責性の問題として論じるべきではないか等，議論が錯綜しており，各事象を有責性の要素とするか帰責性の要素とするか，その体系的位置づけについては未だ一致を見ていないのが現状である。

2　犯罪の分類

◆重さによる分類

　犯罪はその重さによって，重罪，軽罪，および，違警罪に分類される（刑111-1条）。法律は，重罪と軽罪を定義し，適用される刑罰（重罪刑および軽罪刑）を規定する（刑111-2条1項）。規則は，違警罪を定義し，法律にしたがって，適用される刑罰（違警罪刑）を規定する（刑111-2条2項）。

　この重さによる分類は，まず，裁判管轄に影響する。原則として，重罪は重罪院（cour d'assises），軽罪は軽罪裁判所（tribunal correctionnel），違警罪は違警罪裁判所（tribunal de police）にそれぞれ係属することとなる。

　次に，実体法に関しても，さまざまな相違点がある。例えば，重罪の未遂，および，特に法律が定める場合，軽罪の未遂は処罰されるが，違警罪の未遂は処罰されない（刑121-4条2号）。また，共犯の成否について，重罪および軽罪の場合，共犯は一般的に成立するが，違警罪の場合，幇助類型の共犯は不処罰である（刑R.610-2条）。さらに，重罪および軽罪と異なり，違警罪の場合，原則として故意は要求されないと解されている。

◆性質による分類

　一般法上の犯罪（délit de droit commun）と対置されるのは，政治犯罪（délit politique）と軍事犯罪（délit militaire）である。一般法上の犯罪を行う者は，本質的に反社会的であるのに対して，政治犯罪および軍事犯罪を行う者は，社会組織それ自体というより社会の一定の形態または側面を攻撃するのであって，

機会的に反社会的とされる。

(1) 政治犯罪

(i) 概　要　　政治犯罪と一般法上の犯罪を区別する原理は，1810年刑法においてすでにその根拠を見出すことができる。1810年刑法は，制定当初から，政治犯罪について，特別の刑罰（流刑（déportation），追放（bannissement），公民権剥奪（dégradation civique））を定めていた。1832年には，政治犯罪向けの新たな刑罰（禁錮（détention））が追加され，1848年には，政治犯罪に関する死刑が廃止された。

現行刑法の準備段階で，政治犯罪向けの刑罰は，制度上，もはや一般法上の刑罰と本質的に異なるところがないとの理由から，廃止も提案されたが，結局，現行刑法も政治犯に固有の刑罰制度を維持することとなった。

(ii) 区別基準　　現行刑法は，政治犯罪に関して，特別な指示を与えておらず，政治犯罪という文言も使っていない。法律が何らの指針も提示していないがゆえに，政治犯罪と一般法上の犯罪を区別するのは，容易ではない。

両者の区別基準について，刑法によって規定された刑罰によることはできない。政治犯罪の刑罰と一般法上の犯罪の刑罰は重罪に関しては異なるが，軽罪については，政治犯罪であれ一般法上の犯罪であれすべて，拘禁刑および罰金で処罰されるため，科される刑罰を基準に政治犯罪と一般法上の犯罪を区別するのは困難である。

そこで学説および判例は，法律上の基準の欠如を前にして，区別基準を導き出そうとした。その区別基準には，大別して，客観説と主観説の2つがある。客観説は，政治犯罪をその対象によって定義し，国家の公益であれ，市民の政治的権利であれ，公権力の組織および機能を侵害するすべての犯罪を政治犯罪とする（国民の基本的利益に対する侵害（刑410-1条以下），共和国の制度または領土の完全性に対する侵害（刑412-1条以下）等）。主観説は，行為者の動機によって区別し，政治的動機によって着想されまたは政治的目的において実行された一般法上の犯罪を政治的犯罪と擬律する（政治家または外交官の監禁，政治目的において行われる国家元首の謀殺等）。主観説によれば，さらに，政治犯罪と関係する一般法上の犯罪（牽連犯（délit connexe））も政治犯罪とされる（反乱の最中に行われる商店の略奪等）。現在，学説，判例とも，おおむね客観説にしたがってい

るが，判例は政治犯罪との牽連犯を政治犯罪と解することがある。

　(iii)　区別の実益　　区別の実益については，国際的観点と国内的観点の双方から検討されなければならない。国際的観点では，国際刑事裁判所の管轄に属するものを除いて，政治犯罪は犯罪者引き渡しの対象とならない点が挙げられる。国内的視点では，刑罰，裁判管轄および手続をめぐって区別の実益が見られる。

　政治犯罪向けの刑罰は，一般法上の刑罰と異なるが，それは重罪についてのみである。政治犯罪の重罪には，無期または有期の懲役のような一般法上の重罪刑は科されず，無期禁錮（détention criminelle à perpétuité）および30年，20年または15年の有期禁錮（刑131-1条）が科されうる。現行刑法は，追放および公民権剥奪（dégradation civique）を廃止した。

　軽罪に関して，政治犯罪向けの刑罰は存在しないが，自由刑の執行体制がより緩和される。政治犯罪で有罪宣告を受けた者は労働の義務に服さず，国家の基本的利益に対する侵害または出版犯罪で拘禁される者は，拘禁場所および訪問についてより自由な特別の制度に服する。

　他方，政治犯罪と一般法上の犯罪とでは，有罪宣告に伴う帰結が異なる。政治犯罪についての有罪宣告は，政治犯が刑の執行猶予の恩恵に浴することを妨げず（刑132-30条），得られた執行猶予の取消事由にもならない（刑132-35条）。また，政治犯罪についての有罪宣告は，軍の除隊のような失権や，医業の禁止のような職業禁止といった効果ももたない。政治犯罪について，保護観察付執行猶予を伴った刑の宣告はなされえない（刑132-41条）。

　裁判管轄および手続に関して，政治犯罪は，特別な制度に服する。政治犯罪の重罪は，原則的に，一般法上の重罪のように重罪院の管轄に属するが，以下の例外がある。国家の基本的利益を侵害する重罪は，戦時には，軍事裁判所（juridictions des forces armées）で裁判され（刑訴701条），刑法411-1条ないし411-11条【反逆および諜報】および413-1条ないし413-12条【国防に対する侵害】で定められる重罪，ならびに，その牽連犯は，平時には，陪審員のいない重罪院によって裁判される（刑訴702条2項・698-6条）。

　同様に，政治犯罪の軽罪も，一般法上の軽罪のように軽罪裁判所の裁判に服する。しかし，国家の基本的利益に対する軽罪は，戦時には軍事裁判所の管轄

に属し（刑訴701条），平時には，軍事に関して専門化された軽罪裁判所の管轄に属する（刑訴702条2項・697条）。

手続面でも，政治犯罪は，特別な制度にしたがう。訴追，予審および判決に関して，直接召喚（comparution immédiate）の手続は適用されない。1年以上の拘禁で有罪を宣告された一般法上の犯罪者に対して，勾留状（mandat de dépôt）または勾引勾留状（mandat d'arrêt）を発しうる軽罪裁判所は，政治犯罪に対してはもはやこの権限をもたない（刑訴465条1項）。

(2) 軍事犯罪

(i) 概要　軍事犯罪は，すべての軍人が服する軍事上の義務および規律に対する違反からなり，例えば，逃亡（désertion），帰隊違反（insoumission），職務放棄（abandon de poste），服従拒否（refus d'obéissance）がこれに当たる。2006年6月1日の軍事裁判法典第3編に定められるこれらの犯罪は，軍人のみが犯しうる犯罪であり，間違いなく軍事犯罪を構成する。

しかし，犯罪の性質によれば一般法上の犯罪であるが，それが軍人によって行われたことをもって当該犯罪は軍事犯罪となるのかが問題となる。判例は，ずっと以前から，このような「複合的」犯罪（délits《mixte》）をあらゆる点で軍事犯罪として扱った。現在では，軍事犯罪に専門化された一般法上の裁判所は，軍事裁判法第3編に定められる軍事犯罪，および，軍務の執行において軍人によって行われる一般法上の重罪および軽罪についてのみ裁判権を有する。

憲兵に関して，専門化された裁判所が管轄を有するのは，秩序維持の職務において行われた犯罪についてのみである。一般法上の犯罪が憲兵の司法警察または行政警察の職務において行われた場合，一般法上の裁判所が管轄を有する。

軍事犯罪の重罪の裁判，および，軍務の執行において軍人によって行われる一般法上の重罪の裁判について，国防上の秘密漏洩の危険が存する場合，専門化された重罪院が構成される（刑訴698-6条）。

(ii) 区別の実益　刑罰に関して，軍事犯罪の処罰における特殊性は，規律的であると同時に処罰的でもある軍事刑法の性質，および，多くの点で見られる軍事犯罪と政治犯罪の接近によって説明される。一般法上の刑罰のほか，軍事犯罪は，軍籍剥奪（destitution），階級剥奪（perte du grade）のような固有の

軍事的刑罰で処罰されうる（刑訴698-8条）。

　さらに，軍事犯罪の有罪宣告は，それが一般法によって処罰される犯罪について宣告された場合を除いて，新たな軍事犯罪の実行において刑罰加重事情を構成しない（軍事裁判法371条）。同様に，軍事犯罪の軽罪の有罪宣告は，刑の執行猶予の付与を妨げないし（軍事裁判法370条2項），得られた執行猶予の取消しをもたらさない（軍事裁判法370条1項）。しかし，軍事犯罪の軽罪の有罪は，保護観察付執行猶予を伴っては宣告されえない。

　最後に，政治犯罪と同様，軍事犯罪も，本来的な軍事犯罪が問題となっている限りで，当該行為者の引渡しを許容しない。

1) フランス刑法の歴史については，RENAUT, Marie-Hélène, Histoire du droit pénal, Du Xe siècle au XXIe siècle, Ellipses, 2005 等参照。以下では，同書の記述を中心に刑法典の歴史を概観する。
2) 現行刑法典の制定過程については，法務大臣官房司法法制調査部編『フランス刑法典〔改訂版〕』法務資料452号（1995年）1頁以下（新倉修）等参照。
3) 自動的付加刑とは，主刑に必然的に伴って科される付加刑のことで，懲役刑に伴う市民権剥奪等がこれに当たる。
4) フランスの法定原則は，犯罪と刑罰の法定という意味で用いられる場合，罪刑法定主義と同義であるが，保安処分の法定性等の形で論じられることもあり，法定原則の射程は罪刑法定主義よりも広いといえる。
5) フランスの体系論の概略については，井上宜裕「フランスの犯罪体系論」法時84巻1号（2012年）34-37頁，江口三角「フランス刑法学における犯罪論の体系（一）」岡法31巻4号（1982年）385頁以下等参照。
6) フランスの体系における違法要素をめぐる議論状況については，井上宜裕『緊急行為論』（成文堂，2007年）18-19頁参照。
7) フランスにおける責任概念の概略については，井上・前掲注6)189-190頁参照。
8) 刑法122-8条「1項　弁識能力を有する少年は，当該少年が対象となりうる保護，援護，監視および教育措置を規定する特別法によって定められる条件において，自己が有責とされる重罪，軽罪または違警罪につき刑法上責任を負う。2項　この法律は，同様に，10歳以上18歳未満の少年に対して宣告されうる教育的制裁，および，13歳以上18歳未満の少年が，その年齢ゆえに恩恵を受ける責任の軽減（atténuation de responsabilité）を顧慮した上で，宣告されうる刑罰を規定する。」
9) フランスで少年法に当たるのが，犯罪少年に関する1945年2月2日のオルドナンス第45-174号である。本オルドナンスについては，フランス刑事立法研究会訳「犯罪少年に関する一九四五年二月二日のオルドナンス（一）（二）（三・完）」法政81巻1＝2号（2014年）43-68頁，同82巻4号（2016年）1233-1247頁，同83巻1＝2号（2016年）111-123頁参照。

第2章　犯罪行為

I ◆──物的・客観的要素

　犯罪行為には，物的・客観的要素が不可欠である。行為（作為・不作為）がその中心であるが，結果の発生を要件とする犯罪類型においては，結果もここに含まれる。

　近時では，行為と結果の因果関係について言及する論者も増えてきている。この因果関係について，フランスではこれまでほとんど本格的に論じられることはなかった。このことは，フランス刑法における犯罪類型の規定ぶりと関係しているように思われる。当該行為が実行されればほぼ確実に当該結果が発生するといえるほど行為類型を詳細に規定しておけば，およそ因果関係の存在が推定されうるため，別途これを取り上げて論じる必要がなかったのではと推測される。

　因果関係論が展開されるのは，とりわけ過失犯において，人間の過失と自然現象が競合した場合や複数の人間の過失が競合した場合の処理をめぐってである。学説では，相当因果関係説を採用し，帰責範囲を限定しようとするものが散見される。しかしながら，判例は，条件説的な立場から，広く結果を帰属させる方向で動いているのが実情である。

1　不作為犯

◆不作為による作為犯[1]

(1) 意　義

　フランスでは，作為犯規定が不作為に適用されうるかという形で，不作為による作為犯論が展開されている。そこで議論される例としては，乳児に授乳し

ない母親，線路上の石を除去しない踏切警手，溺れている者を救助しない水泳指導員，および，事故の被害者を救助しない目撃者等が挙げられる。

フランスでこの問題が注目されるようになるきっかけとなったのが，「MONNIER 事件（POITIER 少女監禁事件）」である。MONNIER 事件の事案は次のとおりである。精神病に罹患している成人女性 Blanche MONNIER は，母親の下で長きにわたって，風通しの悪い日の当たらない部屋で，酷く汚いベッドの上にいうにいわれぬ不潔な状態で放置され，生存自体危険に晒されていた。また，被害者の兄弟の Marcel MONNIER は，同居はしていなかったが，定期的に訪問し，母の命を受けて被害者を監視していた。母親はその後死亡したため，Marcel MONNIER が暴行の共犯として訴追された。

原審である POITIERS 軽罪裁判所1901年10月11日判決は，まず，母親について，「ある人をそのような状態に置きまたはそのような状態を維持する行為は，その者がそこから逃れることができない状態にある場合，その者に対する暴行罪を構成し，刑法311条が適用される」とし，被告人の Marcel MONNIER については，「彼は，結局，なされた行為を受け入れ，閉じ込められた不幸な人に対する彼の介在および定期的な訪問によって当該行為に関与した」として，彼には暴行罪の共犯が成立すると判示した。

これに対して，被告人から上訴がなされ，それを受けた POITIERS 控訴院は，次のように述べて，被告人を無罪とした。「とりわけ，Marcel MONNIER に関して，本件行為は処罰規定の適用を受けえない。実際，暴行なくして暴行罪は考えられないであろう。公訴部がその要素を排除した監禁行為のほかに，この種のいかなる行為も MONNIER に対してさらには母親に対してすら証明されていない」と。[2]

(2) 罪刑法定主義との関係

フランスの判例・学説とも，不作為による作為犯に対しては圧倒的多数がこれに否定的な態度を示している。不作為による作為犯が否定される主たる根拠は，この理論が罪刑法定主義に反し，罪刑法定主義の派生原理とされる，刑罰法規厳格解釈の原則にも反する点である。

この点について，否定説によれば，実定法上，問題なのは，法律が処罰すべきかどうかではなく，法律が処罰しているかどうかである以上，不作為による

作為犯において，処罰が正当で，刑罰が世論によって要求されるように思われても，裁判官は，有罪宣告をすることができないとされる。そのうえで，不作為を犯罪とし，その限界を精確に確定するためには，法文が必要であって，法文がない場合，この欠缺がいかに遺憾なものであっても，裁判官は，この欠缺を埋め合わせる権限をもたないと主張されている。

また，禁止されていないものはすべて許容されるのであり，不作為が最も重大な結果を生じさせる危険を有し，特に目に余るように見える場合に，不作為犯を規定する法文を作る権限を有するのは，立法者であるとの指摘もある。

さらに，厳格解釈の原則が，実際，法律によって唯一規定された積極的行為と不作為の同視を禁じている以上，不作為による作為犯を肯定することは，明らかに禁止されている類推となり，到底受け入れられないとも説明されている。

これに対しては，社会防衛のためにも積極的に不作為による作為犯を肯定すべきとする論者から，厳格解釈の原則の容赦ない適用が今日刑法のあらゆる問題を解決しているかは疑わしいとする反論がある。

フランスでも，不作為の因果性から，不作為による作為犯論を否定する見解がある。すなわち，この見解は，行為と刑法上の損害との因果関係の必要性という点からも，原則的に，作為と不作為による作為は等価性を有さず，不作為には因果性が欠如することを根拠とする。

この点について，民事責任に関して，裁判所は，通常，有責な不作為（omission fautive）と損害の間に因果関係の存在を承認しているとして，必ずしも無である不作為からは何も生じえないと断言することはできないとする批判もある。

さらには，故意の証明の困難性も否定説の論拠とされている。不作為による作為犯において，故意が確定的故意であることは通常想定しえず，その場合，故意犯を成立させるには，未必の故意を故意として評価するしかなくなるが，フランスでは未必の故意は過失に分類されるのが一般である（**第2章Ⅱ1故意◆未必の故意参照**）とされる。

これに伴って，不作為が過失犯として処罰される可能性に言及されることも多い。すなわち，厳格解釈の原則が不作為の作為との同視をおよそ禁止するた

め，ある犯罪が不作為によって実行されうるのは，ある受動的態度が，擬律する法文によって，その実行態様の内に数えられる場合のみである（例えば，過失致死傷罪における「懈怠」，「不注意」）とされる。

　また，過失犯と故意犯を区別して次のような説明がなされる。過失犯の場合，過失と損害を結びつける因果関係が容易に認められるがゆえに，不作為は，確かに，積極的行為と等価でありうるが，故意犯の場合には，有責な不作為を過失犯の資格でしか取り上げない諸判決によっても，さまざまな特殊事例において，有責な不作為を可罰的な行為と同視した諸規定によっても，不作為による作為犯が原則として否定されることが裏付けられているように見えるとされる。

　結局，一部批判はあるものの，フランスの学説，判例においては，解釈論上，不作為に作為犯規定を適用することに反対する立場が圧倒的多数を占めているということができる。

(3) 立法的解決

　かくして，フランスでは，不処罰のまま放置できないと思われる不作為については，特定の犯罪の定義を拡張してこれまで作為のみを対象としていた規定に等価的不作為を盛り込むか，新たな不作為犯規定を創設するかのいずれかによって，立法的に解決してきた。

　不作為犯処罰規定の主なものを挙げると，1810年刑法62条1項【重罪の不通報】「重罪がすでに着手されまたは既遂に至ったことを知りながら，これを官憲に速やかに申し出なかった者（結果を防止もしくは限定できた場合，または，犯人の新たに犯した重罪が告発により防止できたと認められる場合）」，同条2項【虐待等の不通報】「15歳未満の者に対して虐待が行われ，または，生存に必要な保護がなされていないことを知りながら，官憲に申し出なかった者（前項と同様の状況にあった場合）」，63条1項【犯罪の不阻止】「自己の即座の行為により，自己または第三者に危険が及ぶことなく，重罪に当たる行為または身体の安全に関する軽罪を防止することができるにもかかわらず，故意にその犯行を防止しなかった者」，同条2項【不救助】「自己または第三者に危険が及ぶことなく，自己の行為によりまたは他者の助力をえて，危険な状態にある者に提供可能な救助を故意になさなかった者」，同条3項【無実証拠の不通報】「未決拘禁

中の者または重罪もしくは軽罪の被告人の無実の証拠を知りながら、故意にこれを官憲に速やかに申し出なかった者」等がある。これらの規定は基本的に現行刑法にも受け継がれている。例えば、現行刑法434-1条【重罪の不通報】、434-2条【公安犯罪の不通報】、434-3条【虐待等の不通報】、223-6条1項【犯罪の不阻止】、223-6条2項【不救助】、434-11条【無実証拠の不通報】等がそれである。

2 未遂犯[3]

物的・客観的要素の1つである結果が発生しなかった場合が未遂である。現行刑法は、121-5条で「実行の着手によって表明され、行為者の意思とは独立した状況によってのみ、行為が中断されまたは結果を欠いた場合、未遂が構成される」と規定している。

フランス刑法の未遂規定の特徴は、可罰未遂の定義の中に、中止未遂でないことが要件として含まれている点である。それに伴って、中止犯の場合、その効果が刑の免除にとどまらず、不処罰となる点も特徴的である。他方、未遂犯には特に減免が予定されているわけではなく、処罰の点では、既遂犯と同様の扱いを受けることになる（刑121-4条参照）。

◆実行の着手

実行の着手は、予備段階と区別され、未遂犯としての可罰性が発生する時点であるから、その特定はきわめて重要であるが、これについて、法律上の定義は存在しない。

実行の着手をめぐって、学説は客観説、主観説、折衷説と多岐に及んでいる。客観説によれば、実行の着手は、外部的事情にしたがって、物的・客観的観点から分析されなければならないとされ、未遂が処罰されうるのは、その者が犯罪の法律上の定義に入る行為の1つをすでに実行した場合のみであるとされる。これに対して、主観説によれば、行為者の内心状態が重視され、実行の着手は、行為者が犯罪を実行する意図を最終的に表明したことによって特徴づけられる。他方、判例は、内容に変遷はあるものの、折衷説的立場から、実行の着手を「直接的に犯罪に向かい、かつ、犯罪を犯す意図をもって実行する行為」と捉えることが多く[4]、学説の多くも折衷説に拠っている。

第I部　刑　法

◆中止犯

刑法121-5条は，未遂処罰の条件として，中止犯でないことを要求している。すでになされた実行行為の不処罰を承認することで，立法者は，自発的な放棄を動機づけようとしていると解される。

したがって，中止犯の減免根拠は，結果発生の阻止という刑事政策目的に求められる。すなわち，取り返しがつかない事態が発生する前に犯罪計画を放棄した者に不処罰という恩典を与えることで，既遂結果の発生を回避するというところに中止犯の意義が見出される。この点，中止犯の効果が単なる刑の減免にとどまらず不処罰であるだけにいっそう，既遂結果発生を回避するという政策目的の実現が促進されることになろう。

中止犯によって不処罰となるには，中止は犯罪が既遂に至る前でなければならず，その中止は自発的（中止の任意性）なものでなければならない。

介入が遅すぎて，ひとたび犯罪が既遂になると，中止は積極的悔悟に姿を変える。悔悟は犯罪の要素に対していかなる効果ももたらさず，悔悟者の徴表がいかなるものであっても犯罪は存続するが，この事情は量刑において顧慮されることが多い。

中止の任意性をめぐって，中止が自発的で，あらゆる外部的状況と無関係に，そして，純粋に個人的な感情から行われた場合には，この動機がいかなる性質のものであっても（後悔，憐憫の情，罰への恐怖），行為者は処罰から免れる。他方，犯行を中断したのが外部的・物理的事由からであると（逮捕，被害者の反撃，行為者の肉体的衰弱），未遂は可罰的である。問題となるのは，この両者の中間に位置する領域，すなわち，不可抗力性をもたない外部的事情が行為者の意思に影響し断念させた場合（例えば，誰かが現れたのをみて，物音を聞いて，恐怖に駆られた等）である。このような場合，中止が純粋に任意的であるとはいい難いであろうが，結局は，事実問題として，各事案ごとに，中止の主たる事由が外部的事情なのか内部的事情なのかを見極めるしかない。

◆不能犯

不能犯（infraction impossible）とは，行為を実行するものの，客体の不能（例えば，死体の殺害）や手段の不能（例えば，空ピストルによる殺害）等，物的・客観的不能により，結果が発生しえない場合をいう。

不能犯と欠効犯 (infraction manqué) は, 物的・客観的行為はすべて実行されたにもかかわらず結果が発生しなかったという意味では共通しているが, 欠効犯は失敗未遂ともいわれるように, 物的・客観的には結果は発生しえた場合であるから不能犯と同視することはできない。また, 欠効犯が未遂犯として処罰されるという点で争いはない。

問題は, 不能犯をどのように扱うかである。この点, 不能犯の場合, 物的・客観的に結果が発生しえないのであるから, そもそも実行の着手を観念することができないとする客観説, 犯意の点では可罰的未遂と何ら変わるところがなく未遂犯として処罰すべきとする主観説, 絶対的不能と相対的不能に区別したり, 法律的不能と事実的不能に区別したりする等さまざまな折衷説が展開されている。ちなみに, 判例は, 客観説から主観説に移行してきており, 不能犯として不処罰を肯定することはほとんどないのが現状である。

Ⅱ◆──人的・主観的要素

1 故　意[5]

◆故意の内容

刑法121-3条1項は, 故意犯処罰の原則を掲げており, 重罪または軽罪が成立するためにはそれを行う意思が必要であるとされる。フランス刑法において, 故意 (犯罪的意図) は, 次のように定義される。例えば, 犯罪的意図 (intention criminelle) とは, 「一定の作為または不作為によって, 法律に違反する意思」, 「法律によって保護された, 法的財を害する意思」とされたり, 犯罪的故意 (dol criminel) ないし犯罪的意図とは, 「法律によって規定された条件の下, 犯罪的行為を意識的に実行する意図」であると解されたりしている。また, 意図ないし犯罪的故意とは, 犯罪類型によって保護される社会的価値に対する敵意の表明であり, その際, 行為者は, 行為を意欲しているのみならず, 部分的な場合もあるが, 損害結果も意欲していると説明されることもある。

このように, フランス刑法における故意概念には, いずれも, 行為の違法性を認識しつつ当該行為に出る意思が含まれている。さらに, 論者によっては, 結果の意欲への言及が見られる。

第I部 刑　法

　フランスでは，故意をすべての故意犯に共通の一般故意（dol général）と，特定の犯罪において一般故意に加えて要求される特別故意（dol spécial）に分けて検討するのが通常である。

　一般故意とは，すべての故意犯に共通のもので，行為者による行為の違法性の認識を指す。すなわち，一般故意は，刑罰法規に違反する認識をもって，ある行為を実行する意思であるとされる。

　これに対して，一定の犯罪について，立法者が故意犯の成立要件として，さらなる要素を要求することがある。それが，特別故意と呼ばれるもので，結果の発生が要求される犯罪における結果発生の意欲や盗罪等における領得意思がこれに当たる。特別故意とは，立法者が特定の結果の発生を処罰対象としているいくつかの犯罪について，その構成要素として個々の規定によって要求される精確な意図であり，そこでは，行為者は，この結果を生じさせる意思を有していた場合にのみ非難されることになると説明される。また，端的に，特別故意とは，刑罰法規によって禁止された一定の結果を生じさせようとする意図であるといわれることもある。

◆未必の故意
(1)　概　要

　一般的に，未必の故意（dol éventuel）は，行為者が結果を予見しているが，それを意欲していない場合を指すと解されている。例えば，未必の故意とは，自己の行為が他者にとって危険であると知りながら，それにもかかわらず当該行為に着手し，しかも損害結果を全く望んでいない者の精神状態をいうとされ，また，自己の違法行為の可能な結果を認識したがそれを意欲することなく，意に介さずにこの結果を生じさせる行為を実行した場合を指すとされる。

　未必の故意の具体例としては，狭い道の坂の頂上手前数メートルで自動車運転者が故意をもって前方車両を追い越した際に，自車を対向車と激しく衝突させ，複数人の死を惹起した場合，意図的に高速度で走行し赤信号を無視して交通事故を起こし被害者を死亡させた場合，航空会社の社長が完全な耐航性がないのを知りながら飛行機を出発させた結果，飛行中に乗客が死亡した場合等が挙げられる。

　学説の一部で，結果の予見を重視する見解も主張されている。すなわち，こ

の見解は，意欲的行為が結果の予見を伴っている場合には常に，故意が存在すると解することができるとした上で，結局，刑法的観点から，「予見は意図をもたらす（Prévision vaut intention）」ということを承認する者にとっては，いわゆる未必の故意と直接的故意の間には程度の差，すなわち，質的差ではなく，量的差しか存在しないと結論づける。

これに対しては，行為者が結果を意欲したというためには，有害結果を生じさせる確実な意図が必要というべきであるという原則的な批判が向けられている。

(2) 類似概念との区別

未必の故意に類似する概念の主なものとしては，不確定的故意（dol indéterminé ou dol imprécis）と超過された故意（dol dépassé ou dol praeterintentionnel）が挙げられる。

不確定的故意とは，行為者がある犯罪結果を追求しつつも，結果がいかなるものかをあらかじめ正確に想定することができない場合である。例えば，殺意をもって群衆に発砲したり爆弾を投下したりする場合や，ある特定の人に殺意をもって発砲したところ，死亡したのが別人であった場合のほか，暴行，殴打による傷害結果の精確な事前把握がなされなかった場合がこれに当たる[6]。この場合，「不確定的故意は，その状況によって確定される（dolus indeterminatus determinatur eventu）」といわれ，行為者は故意犯とされる。

超過された故意とは，生じた結果が行為者の意図を越える場合をいう。例としては，傷害の故意をもって妊婦を殴打し，妊娠中絶を惹起する場合があり，行為者は，当該結果を望んでいなかった以上，堕胎罪には問われえないとされる。このような場合，行為者は，原則として，自己の行為から生じた意図していない結果について責任を負わないと解されている。

もっとも，「超過された故意」については，立法者が，いわゆる結果的加重犯規定を置くことがある。これには，傷害致死罪のように，傷害罪と故殺罪の中間的の刑罰が規定される場合と[7]，本来的意味における故意犯と同様に処罰する場合がある[8]。

(3) 未必の故意の法的性質

フランスでは，未必の故意は過失として扱われるのが一般的である。すなわ

ち，未必の故意は，伝統的に過失の最も上位の表現と見なされており，認識ある過失に属するといわれる。

未必の故意を過失に位置づける理由としては，まず，重過失であってもこれを故意と同視することは，道徳的にはともかく，刑法上は不可能であり，このことは法定原則の要請であるという点が挙げられる。例えば，罪刑法定主義の要請から，いかに重大なものであっても過失を当該法文によって要求される故意と同視することはできず，したがって，裁判官は，原則として，未必の故意ないしは認識ある過失を確定的故意と等価とみなすことに同意しないと主張される。

また，故意とは結果を意欲することであるという前提の下，危険を冒すことは，この危険が被害者の損害に転化することを意欲することではないとの指摘や，未必の故意の理論は，行為の結果を可能なものとして予見したにすぎない者に対して，これを意欲した者と同様の責任を肯定するものであって，承認されえないとする主張のほか，意欲された殺人と道路交通規則を意識的に破る者によって単に予見されたに過ぎない致死を同視することはできないとの主張も見られる。

最終的に，学説は，未必の故意をめぐる議論は魅力的ではあるが，実定法の解釈としては放棄すべきという結論に至っている[9]。

(4) 過失犯規定改正の影響

もっとも，未必の故意をめぐる議論状況は，後述する過失犯規定の改正（**第2章Ⅱ2過失◆過失犯規定の改正参照**）によって一変した。まず，総則で，過失の態様として「他人の身体を意図的に危険にさらすとき」が加えられ[10]，さらに，各則で，義務を意図的に懈怠する場合の加重類型が規定された[11]。

この刑法改正に伴って，未必の故意論がどのように変容したかが問題となる。まず，これらの一連の改正を未必の故意の立法化と見る立場がある。その際，意図的に高速度で走行し赤信号を無視した自動車運転者が交通事故を起こし被害者を死亡させた場合が例として挙げられ，1810年刑法の下では，この場合，殺人の故意も傷害の故意もなく，過失致死罪にしかならなかったため，現行刑法の立法者は，未必の故意の概念を承認し，処罰が加重される「意図的に危険にさらす過失（faute de mise en danger délibérée）」類型を創設する必要が

あったとされる。

　これに対して，これらの規定は，特に重い過失の処罰を可能にするものではあるが，未必の故意概念とは関係がないとの理解もある。

　実際問題として，未必の故意の理論は，今日，意図的に他者を危険にさらす罪の創設で終止符が打たれたという評価もなされている。

2　過　失

◆fauteの一元的理解[12]

　刑法上のfauteと民法上のfauteの関係について[13]，犯罪が人身または財産を侵害しない場合と民法上のfauteが犯罪類型の欠如から刑事の領域に影響を及ぼさない場合を除けば，大部分の人間の行為は，民法上のfauteと刑法上のfauteを同時に構成する余地があるとされる。1810年刑法319条の過失致死罪[14]，320条[15]およびR. 40条4号[16]の過失傷害罪の規定，ならびに，民法1382条[17]および同1383条[18]の不法行為・準不法行為規定の一般性に鑑みれば，両者はともに軽微なfauteまで含みうるため，両者の一元性を認める素地があるのも確かである。一元説に立つと，刑法上の軽率（imprudence）の存在は民法上の軽率の存在を意味し，刑法上の軽率の不存在は民法上の軽率の不存在を意味することになる。

　しかし，学説は，総じて，一元説に対しては批判的である[19]。ここでは，学説によって展開される一元説に対する批判的論拠について見ておく。

　まず，民事制裁と刑事制裁の目的の相違について，一般に，民事制裁は，損害の正当な金銭賠償を目的としており，この場合，軽微なfauteでも足りるが，刑事制裁は，一般予防，特別予防，応報の観点から，一定の重大性をもった公的混乱に対する報復として社会的不名誉を科すものであると解されている[20]。そこで，民事制裁と異なり，刑事制裁の場合，一定の重大性をもった軽率または懈怠のfauteを要求すべきとの主張がなされる[21]。

　また，評価基準の相違についても指摘されている。例えば，刑事裁判の評価基準の独自性と判決の独立性は守られるべきとされ，実際，民法上のfauteと刑法上のfauteの評価基準が同一でないのは明らかであるとされる。すなわち，民法上のfauteは，人間の行為と客観的行動規範の不合致を測る抽象的技

術的方法によるのに対し，刑法上のfauteは，本質的に社会的非難と結びついていることから，必然的に犯罪者の態度に関する道徳的価値判断を含む具体的判断になると主張される。

さらに，fauteを一元的に解することから生じる具体的な不都合として，とりわけ，既判力の問題と時効の問題が挙げられている。

一元説に起因する既判力をめぐる問題点は，刑法上のfauteと民法上のfauteが同一であるとすれば，刑事裁判において刑法上のfauteの存在が否定され，無罪判決が下された場合，犯罪被害者は，損害賠償を受けられなくなってしまうところにある。

この点，刑事裁判官が刑法上のfauteの不存在を認定した場合，被害者は，あらゆる賠償の可能性を失うことになるため，刑事裁判官は，損害賠償を認める（または，民事裁判官に損害賠償を認めることを可能にする）という唯一の目的の下，「fauteの塵」を顧慮するように義務づけられるようになるとの主張が見られる[22]。さらには，実務上，刑法上のfauteと民法上のfauteの統一性という公準から，刑事裁判官は，被害者の民法上の利益を犠牲にしないよう，公の秩序の点ではとるに足らない軽率のfauteを取り上げざるをえなくなり，いうなれば，特殊刑法的な視点を捨象し，民法学者の立場に身を置くことを余儀なくされるとして，被害者の賠償を危険にさらすことなく，刑事制裁を排除するためには，fauteの同一性原理を放棄するしかないとの指摘がある。

◆過失犯規定の改正[23]

(1) 軽率または懈怠行為の刑事責任に関する1996年5月13日の法律（Loi n° 96-393）

この法律によって，過失犯の定義規定が改正され[24]，刑法121-3条2項が以下の2条項に置き換えられた。すなわち，刑法121-3条2項「ただし，法律に特別の規定がある場合，他者の身体を意図的に危険にさらすときは軽罪になる」，121-3条3項「同様に，法律に特別の規定がある場合，軽率，懈怠，または，法律もしくは規則によって規定された注意義務もしくは安全配慮義務違反のとき，行為者が，場合によっては，その任務または職務の性質，その資格および権限の性質，ならびに，彼が用いた手段を考慮した上で，通常の勤勉さを果たした場合を除いて，軽罪になる」。

これらの規定は，立法者の意思によれば，刑法上の軽率のfauteを具体的に評価する制度を確立したものと解されており，本法の目的は，後述する2000年7月10日の法律と同様，公的決定者の刑事責任を制限することとされていた。この過失犯定義規定については，過失犯の主体の利益になるように一種の宥恕を導入したものとの理解もある。

(2) 非故意犯の定義を精確にするための2007年7月10日の法律（Loi n° 2000-647）

　この法律も，上記1996年5月13日の法律と同様，地方公共団体の長をはじめとする公的意思決定者を刑罰から解放するのが本来の目的である。一元説に立つと，「公的決定者」に次のような不都合が生じる。すなわち，ごく軽微なfauteでも，軽罪裁判所に訴追されることは不名誉であり，メディアの発達により，取調べを受けただけで当該公職者が有責であるかのように公衆の目に映る等，当該事案に対して均衡を失した大きな不利益がもたらされる。2000年7月10日の法律は，このような事態から「公的決定者」を保護するためのものではあるが，いずれにしても，平等原則の適用によって，本法の諸規定は，理論上，すべての市民にとって有利な取扱いをもたらす。

　この法律の柱は，2つある。1つは，過失犯の定義の精確化を図る点，もう1つは，刑法上のfauteの不存在と民法上のfauteの存在の両立可能性を肯定する点である。

　まず，過失犯規定の改正について，本法は，刑法121-3条3項を次の2条項に置き換える。すなわち，刑法121-3条3項「同様に，法律に特別の規定がある場合，軽率，懈怠，または，法律もしくは規則によって規定された注意義務もしくは安全配慮義務違反のfauteがあるとき，行為者が，場合によっては，その任務または職務の性質，その資格および権限の性質，ならびに，彼が用いた手段を考慮した上で，通常の勤勉さを果たさなかったことが証明された場合，軽罪になる」，121-3条4項「前項によって規定された場合において，損害を直接惹起しなかったが，損害の実現を可能にする状況を創出しもしくは創出に寄与し，または，損害の実現を回避しうる措置をとらなかった自然人は，法律または規則によって規定された特別な注意義務または安全配慮義務に明白な意図の下（de façon manifestement délibérée）違反したか，明確に特徴づ

33

けられた faute（faute caractérisée）を犯し，その faute が行為者が知りえない特に重大な危険に他者をさらすものであることが証明された場合，刑事責任を負う」。[25]

　この規定の内容を要約すると次のようになる。①行為者が自然人で，faute と損害の間に間接的因果関係が存する場合には，faute が意図的（délibérée）または明確に特徴づけられた（caractérisée）場合にのみ処罰される，② faute と損害の因果関係が直接的であるとき，行為者が自然人の場合も法人の場合も，犯罪の定義は修正されていない，③法人は，従来通り，単純な faute でも処罰される。したがって，この法律で非刑罰化が行われたのは，間接的主体である自然人が，非故意の刑法上の単純な faute を犯した場合のみである。

1) フランス刑法における不作為による作為犯論については，井上宜裕「不真正不作為犯と罪刑法定主義」立命327=328号（上巻）（2010年）1525頁以下参照。
2) POITIERS, 20 nov. 1901, *D. 1902, II, 81, S. 1902, II, 305*. 判例は，不作為による作為犯を否定する方向でほぼ一致していると解されている。例えば，ガソリンを給油するポンプの欠陥のため，意識的に，給油係に支払うべき額よりもはるかに少ない額しか支払わなかった者について，窃盗罪の成立を否定した判決（Crim., 1 juin 1988, *JCP, 1989, II, 21172*）等はこの流れの中に位置づけられる。もっとも，父親の死後，支払機関に受益者の死亡を申告することなく，退職年金を受領した相続人の事例で，詐欺罪の成立を肯定した判決（Crim., 20 mars 1997, *Droit pénal, 1997, comm. n° 108*）もあるが，この判決を不作為による作為犯の例と見るべきか否かについては見解が分かれている。
3) フランス刑法における未遂犯論については，末道康之『フランス刑法における未遂犯論』（成文堂，1998年）参照。
4) もっとも，判例は，実行の着手に関して，寛容さを示すこともある。LACOUR 事件判決（Crim., 25 oct. 1962, *D. 1963, 221*）は，被告人が殺し屋に殺害を依頼し金員を支払ったが，殺し屋が「契約」を守らなかったという事案で，被告人にはいかなる犯罪についても責任を問われることがないと判示した。
5) フランス刑法における故意論については，井上宜裕「フランス刑法における未必の故意」法政76巻4号（2010年）545頁以下参照。
6) フランス刑法では，傷害結果の程度によって刑罰が異なることから，ここでも不確定的故意の問題が生じる。刑法222-9条「暴行によって，身体の一部喪失または永続的な障害状態を惹起した者は，10年の拘禁刑および15万ユーロの罰金に処する」，222-11条「暴行によって，8日を越える完全労働不能の状態を惹起した者は，3年の拘禁刑および4万5000ユーロの罰金に処する」，R. 625-1条「222-13条および222-14条に規定する場合を除き，8日以下の完全労働不能の状態を惹起する故意の暴行は，第5級違警罪について定める罰金で処罰される」。

7) 刑法222-7条「暴行によって死が惹起されたが，死をもたらす故意がなかった場合は，15年の懲役で処罰する」，221-1条「故意に他人を殺害する行為は，故殺とする。故殺は，30年の懲役で処罰する」。

8) 刑法222-14条「1項　15歳未満の未成年者，または，年齢，疾病，身体障害，身体的欠陥，精神的欠陥もしくは妊娠状態によって著しく脆弱なことが明らかであるかもしくは行為者によってそのことが認識されている者に対する暴行は，以下の区分に従って処断する。1号　被害者を死亡させたときは，30年の懲役，2号　身体の一部喪失または永続的な障害を惹起したときは，20年の懲役，3号　8日を越える完全労働不能の状態を惹起したときは，10年の拘禁刑および15万ユーロの罰金，4号　8日を越える完全労働不能の状態に至らなかったときは，5年の拘禁刑および7万5000ユーロの罰金」，322-10条「1項　322-6条に定める犯罪〔故意の爆発，火災による破壊等〕によって，他人を死亡させた場合は，無期懲役および15万ユーロの罰金で処罰する」。

9) 判例も基本的に未必の故意を過失として扱っているとされるが（Crim., 27 mars 1902, *B. n° 128*; Crim., 17 juillet 1936, *S. 1937, I, 273*; Crim., 8 mai 1974, *B. n° 165* etc.），中には本来的意味における故意と同視しているように見えるものも散見される（Crim., 20 nov. 1962, *B. n° 331*; Crim., 18 janv. 1966, *JCP, 1966, II. 14663*; Crim., 12 avr. 1976, *D. 1977, 239*; Crim., 11 oct. 1989, *B. n° 355*）。

10) 刑法121-3条2項「前項の規定にかかわらず，法律が定める場合，不注意，懈怠，または，他者の身体を意図的に危険にさらすときは，軽罪になる」。

11) 刑法221-6条「1項　不熟練，軽率，不注意もしくは懈怠によって，または，法律もしくは規則によって課される安全配慮義務または注意義務に違反し，他者を死亡させる行為は，故意によらない殺人とし，3年の拘禁刑および4万5000ユーロの罰金で処罰する。2項　法律または規則によって課される安全配慮義務または注意義務に意図的に違反する場合には，5年の拘禁刑および7万5000ユーロの罰金で処罰する」，222-19条「1項　不熟練，軽率，不注意もしくは懈怠によって，または，法律もしくは規則によって課される安全配慮義務または注意義務に違反し，3月を越える労働完全不能の状態を他者に惹起する行為は，2年の拘禁刑および3万ユーロの罰金で処罰する。2項　法律または規則によって課される安全配慮義務または注意義務に意図的に違反する場合，3年の拘禁刑および4万5000ユーロの罰金で処罰する」，223-1条「法律または規則によって課される特別の安全配慮義務または注意義務に明白に意図的に違反し，死亡または身体の一部喪失もしくは永続的な障害を惹起しうる傷害の急迫した危険に他者を直接的にさらす行為は，1年の拘禁刑および1万5000ユーロの罰金で処罰する」。

12) フランス法における"faute"は，「故意・過失」，「罪過」などと訳されることもあるが，フランス法固有の概念であるため，あえて原語のまま表記する。

13) フランスにおける刑法上のfauteと民法上のfauteの関係について概観したものとして，上野芳久「フランスにおける刑事過失と民事過失（二・完）」国院8号（1987年）45頁以下がある。また，フランス民法におけるfauteについては，野田良之「フランス民法におけるfauteの概念」川島武宜編『我妻榮先生還暦記念　損害賠償責任の研究（上）』（有斐閣，1957年）109頁以下参照。

14) 1810年刑法319条「不熟練，軽率，不注意，懈怠，または，規則の不遵守によって故意に

よらずに人を死亡させ，または，故意によらず人の死を惹起した者は，3月以上2年以下の拘禁および1000フラン以上3万フラン以下の罰金に処する。」
15) 1810年刑法320条「熟練または注意の欠如から，3月以上の完全な就業不能に至る傷害または疾病が生じた場合，15日以上1年以下の拘禁および500フラン以上2万フラン以下の罰金，または，これら2つの刑罰の一方のみの刑に処する。」
16) 1810年刑法R.40条「4号　以下の者は，10日以上1月以下の拘禁および第5級違警罪で規定された罰金，または，これら2つの刑罰の一方のみの刑に処する。4号　不熟練，軽率，不注意，懈怠，または，規則の不遵守によって，故意によらず，傷害または疾病を惹起し，3月以上の完全な終業不能をもたらさなかった者」
17) 民法旧1382条（現1240条）「他人に損害を生じさせる人の行為はいかなるものであってもすべて，fauteによってそれをもたらした者にそれを賠償する義務を負わせる。」
18) 民法旧1383条（現1241条）「それぞれの者は，自己の行為によって生じさせた損害だけでなく，その懈怠によってまたはその軽率によって生じさせた損害についても責任を負う。」
19) この点，今日の過失による損害の増大に鑑みれば，軽微な過失でも裁判所が処罰できる余地を残すべきとし，一元説的理解を支持する見解も展開されている。
20) そのほか，刑法上のfauteが有責性の表現であるのに対し，民法上のfauteの場合は損害賠償を始動させるものとして観念できるとして，両者を区別するものもある。
21) 具体的には，刑法上の過失の場合，重過失（faute lourde）を要求すべきとする主張や非常に軽微なfauteを排除すべきとする主張がある。
22) fauteの統一性を前提とすると，民事裁判所に別途訴訟が係属している場合，公訴に関する刑事裁判所の判断は，民事裁判所による被害者の賠償を支配し，刑事裁判が被告人を無罪とする場合，それは被害者から賠償を受けるあらゆる権利を奪うことになる。
23) フランス刑法における過失犯論については，井上宜裕「緊急状況における刑法と民法の交錯——フランスの近時の立法を素材として」法雑55巻1号（2008年）58頁以下参照。
24) 同法による改正前の過失犯定義規定は以下の通りである。刑法121-3条「1項　重罪または軽罪は，それを行う意思がない場合，成立しない。2項　ただし，法律に特別の規定がある場合，軽率，懈怠，または，他者の身体を意図的に危険にさらす（mise en danger délibérée de la personne d'autrui）ときは，軽罪となる。3項　不可抗力の場合，違警罪は成立しない。」
25) なお，2001年9月20日のデクレ（Décret nº 2001-883）によって，R.610-2条が挿入され，過失犯の新たな定義が違警罪にも及ぶこととなった。

第3章　犯罪者

I　自然人

1　帰責性

　犯罪行為の要件がすべて揃ったとしても，それが行為者に帰責できなければ，犯罪（広義）は成立せず，犯罪行為者は処罰されない。ここで問題となるのは，いわゆる帰責性要件であり，フランスでは一般に，理性と自由の2つが挙げられる。

　ここでいう理性とは，知的能力，すなわち，責任能力を意味する。他方，自由は，犯罪行為以外の選択が可能であったかどうか，すなわち，他行為可能性ないしは期待可能性を指す。

　したがって，精神障害または精神神経障害を理由とする理性の欠如および強制による自由の欠如は，帰責不能事由を構成する。

2　共犯論

　1994年に施行された現行刑法は，正犯と共犯に関して，以下の規定を設けている。121-4条「犯罪の正犯者とは，以下の者をいう。1号　犯罪行為を行う者，2号　重罪の実行を試みる者，または，法律の定めがある場合に，軽罪の実行を試みる者」，121-6条「121-7条の意味における犯罪の共犯者は，正犯者として処罰される」，121-7条「1項　情を知りつつ，幇助または援助によって重罪または軽罪の準備または遂行を容易にした者は，その重罪または軽罪の共犯者である。2項　贈与，約束，脅迫，命令，もしくは，権力もしくは権限の濫用によって犯罪を教唆し，または，犯罪を実行するために指示を与えた者は，同様に共犯者である」，R.610-2条「121-7条2項の意味における違

警罪の共犯者は，121-6条にしたがって処罰される。」

　改正刑法の解釈指針とされる1993年5月14日の通達では，121-4条の正犯定義規定について，「121-4条は，現行刑法に欠けている，犯罪の正犯者——ないしは共同正犯者——の定義を与えている」とされ，この規定の実益は，「現行刑法のような『〜を行った者は，〜の刑で処罰される』という形態ではなく，『〜の行為は，〜の刑で処罰される』という形態で起草された第2部から第4部の一連の犯罪類型を補完する」点にあると述べられている。

◆正犯と共犯の区別
(1)　区別基準

　今日，フランスでは，主観説の支持者はなく，実行正犯のみを正犯とするいわゆる形式的客観説がほぼ異論なく承認されている。しかしながら，この基準は判例によって大きく変容を被ることになる。

　広義で共犯（complicité）という場合，共同して実行された犯罪に何らかの関与をしたすべての者の状況を指し，ここでは，第一義的関与（participation à titre principal）と副次的関与（participation à titre accessoire）を区別することはできないとされる。これに対して，狭義で共犯という場合，正犯と共犯の区別が可能になるといわれる。

　上述の通り，正犯と共犯の区別について，フランスでは，伝統的に客観的行為を実行する者が正犯者であるとされ，今もなおこの伝統が受け継がれている。ここで，正犯と共犯のそれぞれの意義を確認しておく。

　ある犯罪の正犯者（auteur）ないし行為主体（agent）とは，この犯罪を遂行，実行する者をいう。すなわち，犯罪の正犯者とは，物理的活動または不活動が犯罪を生じさせる者をいう。

　また，共同正犯者とは，犯罪を構成する客観的行為の全部または一部を実行する者をいう。この定義にも現れているように，フランス刑法では，一般に，正犯と共同正犯の間に特段の差異を認めていない。

　（共同）正犯の特徴として，（共同）正犯は固有の犯罪性を有しており，ある共同正犯者に固有の身分は，他の共同正犯者に影響しないという点が挙げられる。

　これに対して，共犯者とは，実行行為によるのではなく，刑法121-7条で

列挙された方法の1つによって，犯罪に関与した者であるとされ，共犯とは，刑罰法規で規定されたいかなる行為も自ら実行することなく犯罪的状況の実現を援助した者に対する帰責の一態様であるとされる。

したがって，原則として，犯罪の実行を命じた者や他者に犯罪を実行させた者が，共同正犯者とされてはならず，正犯者が盗罪を実行している間に見張りをしていた者は，共犯者であって共同正犯者ではない。

(2) 判例による区別基準の変容

判例はまず，犯罪行為と同時的に副次的関与がなされる場合に，いわゆる「必然的共同」という論拠に基づいて，副次的関与者に共同正犯者の擬律を付与している。すなわち，「犯罪の正犯者を，犯罪を遂行する行為において幇助する者は，必然的にこの犯罪の遂行を共同していることから，この者は当該犯罪の共同正犯者になる。したがって，犯罪はもはや単独の行為ではない」とされる。例えば，宝石店に侵入した2人のうち，1人が店員の注意を引きつけている間にもう1人が宝石を奪おうとした事案で，前者に共同正犯者の擬律がなされた。その際，破毀院刑事部は，同一の犯罪計画の実行への密接な協力について，この協力がいかなる性質のものであっても，共同正犯の擬律は正当化されると判示し，また，他者が盗罪を実行している間，見張りをしていた者についても，盗罪は共同でなされたとみなされなければならないとして，共同正犯者の擬律を付与した。

次に，判例は，教唆事例で，教唆者の決定的な役割に着目して，教唆者に共同正犯者ないし正犯者の資格を付与している。教唆者も共同正犯者になるとされた事例として，墓地において墓荒らしを命じた者は，実行者と同様に，共同正犯者として処断されなければならないとされたものがある。他方，教唆者が正犯者とされたものには，ある商人が，商品の質または量について偽って顧客に販売するよう従業員に命じた事案で，客観的実行者が従業員であったとしても，それによって利益を得た商人が正犯者になるとされた例がある。

さらに，判例は，いわゆる「相互共犯の理論」に依拠して，共同正犯者に共犯者の擬律を付与することがある。相互共犯の理論とは，「ある犯罪の共同正犯者は犯罪を遂行する行為において他の犯罪者を必然的に援助しており，ことの成り行き上，法律上その共犯者となる」とするものである。複数の正犯者の

うちの1人に刑罰加重事情があり他の正犯者にはその事情が存在しない場合に，この理論を用いることで，共同正犯者のいずれもが加重された刑罰を被るという結論が導かれる。すなわち，単なる共犯者より責任の程度が高い共同正犯者がより有利に扱われるのを回避する目的で，非身分者にも加重された刑罰を科すことができるようにするための方策が相互共犯の理論である。例えば，被害者の卑属の身分をもつ者とこれをもたない者が共同して尊属殺を実行した場合，原則通りに考えると，共同正犯ではそれぞれが独立して擬律され，非身分者には通常の刑が科されることになる。仮に，非身分者が共同正犯者ではなく，共犯者であった場合には，犯罪性借用説によると，共犯者にも加重された刑罰が科される。この両者を比較すると，共犯者より共同正犯者の方が一般に責任が重大だと考えられているにもかかわらず，共同正犯者の方が優遇されてしまう。これを回避するため，判例は，この場合に，共同正犯者は必然的に共犯者であるとして，非身分者である共同正犯者に共犯者の擬律を付与し，加重された刑罰，すなわち，尊属殺の刑罰を科している。[10)]

(3) 区別の実益

現行刑法下において正犯と共犯の区別を論じる実益には以下のものがある。まず，違警罪の共犯について，現行刑法では，違警罪も教唆形態の共犯は可罰的となり，違警罪の共犯で不処罰となるのは幇助形態のみとなった。また，加重盗罪については，従来，複数の共同正犯者によって犯された場合に限定されていたが，現在，共同正犯者または共犯者の資格で行動する複数の者によってなされた場合にまで拡大されている。さらに，相互共犯の理論との関連で，いわゆる混合的事由（人的原因によるが行為の犯罪性に影響する事情）の扱いが問題となる。現行刑法では，刑罰の借用が放棄されたことから，複合的事情が一部の者にのみ存在する場合，その者にのみ影響し，他の者には影響しないこととなった。

このようにみてくると，正犯と共犯の区別を論じる実益はますます縮減され，単に理論的な意味しかなくなったかの印象すら受ける。しかし，依然として，親族相盗例（刑311-12条）については正犯か共犯かは重要であるし，違警罪に対する幇助形態の関与についても両者の区別は意味を有する。

さらに，共犯の共犯，すなわち，間接共犯の事案において，正犯と共犯の区

別は実益をもちうる。犯罪性借用説からは，犯罪性を有するのは正犯行為のみ
で，共犯行為それ自体には犯罪性は存在しないことになるがゆえに，間接共犯
を直接共犯に対する共犯と考える限り，間接共犯行為は犯罪性のない行為への
関与となり不可罰という結論に至る。このような点も考えると，正犯と共犯の
区別を論じることにはやはり実益があるといえる。

◆共犯の処罰根拠

　フランスでは，伝統的に犯罪性借用説が採用されてきた。[11] 1810年刑法59条
は，「重罪または軽罪の共犯は，その重罪または軽罪の正犯と同一の刑に処す
る。ただし，法律に特別の定めがあるときはこの限りではない」として，いわ
ゆる絶対的な刑罰借用を規定し，この規定を根拠に，犯罪性借用説が展開され
た。もっとも，ここでいう犯罪性の借用は，共犯は正犯「行為」の犯罪性を借
用するという意味であり，共犯借受犯説ではないことに注意しなければならな
い。

　これまで，共犯行為は固有の犯罪性をもたず，正犯行為の犯罪性を借用して
はじめて処罰されうるとされ，共犯の事案においては，共同でなされる犯罪の
一体性，すなわち，意欲的に関与したすべての者に共通する同一の犯罪が存在
すると解されてきた。その上で，行為の擬律は正犯行為が基準とされることか
ら，正犯と同一の処罰規定が適用され，共犯は正犯と同一の法定刑で処罰され
ることとされた。

　現行刑法は，共犯について，上述の通り，正犯者として処罰される旨，規定
する（刑121-6条）。刑罰の借用が否定された現行刑法においてもなお，犯罪性
借用説が維持されているのか否かについては争いがあるが，[12] 擬律の統一性等の
考慮から，これを支持する見解が多数を占めている。

　犯罪性借用説の具体的帰結としては，正犯者に存する刑罰加重または軽減事
由の共犯者への影響がある。これについては，人的・主観的事由，物的・客観
的事由および混合的事由の3つに分けて論じるのが一般的である。

　人的・主観的事由は，累犯や未成年がその典型例であるが，正犯者に存する
一身専属的事由であって，正犯「行為」に作用するものではないため，共犯者
には影響しない。

　物的・客観的事由は，殺人罪における予謀[13]および毒物の使用[14]等，行為に内在

的な事由であり，共犯者に影響を及ぼす。

　混合的事由とは，正犯者の一身的事情から生じるにもかかわらず，行為の犯罪性それ自体に影響するものをいう。尊属殺における卑属等[15]がこれに当たる。1810年刑法の下では，混合的事由も行為の犯罪性にかかわる以上，共犯者に影響すると解されていたが，現行刑法の下では，大半の学説は，刑法121－6条に基づいて共犯者の刑は共犯者独自の事情によって加重，減軽されるとして，人的・主観的事由と混合的事由とを区別する実益が消滅したと考えている。もっとも，この解決を採るならば，犯罪性借用説の放棄すら導かれるとの指摘もある。

　いずれにせよ，フランスの共犯論は，共犯従属性説に依拠しており，実行従属性はもとより，擬律の統一性にも配慮するものである。要素従属性の関係では，正犯に存する一定の刑罰加減事由が共犯に連帯的に作用することから，誇張従属形式のようにも見える。しかし，すべての刑罰加減事由が連帯するのではなく，正犯「行為」に影響するもののみが共犯に対して連帯的効果をもつのであって，その意味では，基本的に「違法は連帯，責任は個別」という図式が妥当しているにすぎないといえる。この点を体系的にいうならば，共犯が成立するためには，正犯は，犯罪の客観面，すなわち，狭義の犯罪における法定要素と物的・客観的要素を充たしていればよく，心理的・主観的要素および帰責性の要素を充足している必要はないということになる。

II　法　人

1　歴史的経緯

　これまでも，「他人の行為に基づく責任（responsabilité pénale pour autrui）」として，従業員の犯罪行為につき，企業主が刑法上責任を負うことはあったが，その法的性質は，現在では，「何人も自己の行為についてのみ責任を負う」とする刑法121－1条に鑑み，企業主の従業員に対する管理・監督過失と解するのが支配的である。

　刑法における法人の位置づけについて，1810年刑法は，革命期の個人主義的発想に忠実で，法人の刑事責任については沈黙を保っていた。19世紀において

は，判例，学説とも，一貫して法人の刑事責任の観念を排除していた。19世紀末から徐々に，一定の法人は法主体と見なされ，刑事責任を問われるに十分な実体を備えているとする観念が学説を支配するようになる。

やがて，一般の認識としても，法人は，その自らが自由に使える手段によって，しばしば，公衆衛生，環境等に対する重大な侵害の原因となりうると解され，法人に対して国家が介入すべきであるとの主張がなされるに至った。

もっとも，現行刑法成立以前にも，補充刑という間接的な手段で，有罪判決の掲示，虚偽広告の訂正，または，施設の閉鎖等は行われていた。加えて，証券および競争に関して，法人の処罰を定める特別法がすでに存在していた。

そのような中，法人の刑事責任を正面から肯定したことは，現行刑法における特筆すべき点の1つである。刑法121-2条「1項　国を除き，法人は，121-4条ないし121-7条の区別により，自己の計算で，その機関または代表によって行われた犯罪につき刑法上責任を負う。2項　ただし，地方公共団体およびその連合は，公役務の委任契約の対象となりうる活動の際に行われた犯罪についてのみ刑法上責任を負う。3項　法人の刑事責任は，121-3条4項の留保の下，同一の事実について，正犯者または共犯者たる自然人の刑事責任を排除しない」[16]。

2　刑法121-2条の射程

◆法　人

刑法121-2条は，明文で「法人」と規定することで，法人格をもたないあらゆる形態の団体を適用対象外としている。したがって，事実上の会社（sociétés créées de fait）や匿名組合（sociétés en participation）のほか，設立中の会社も刑事責任を負わない。国家を除く，すべての法人に対して，刑事責任が追及されうる。

(1)　私法上の法人

刑事責任が必要とされたのは，主として私法上の法人である。学説の多くが注目したのは，民事会社（sociétés civiles）や商事会社（sociétés commerciales）といった，利潤を追求する法人であったが，犯罪をなしうる法人はこれらに限られるものではない。そこで，立法者は，利潤を追求しない法人も処罰対象に

含めている。具体的には，民事会社，商事会社のほか，届出非営利社団（associations déclarées），組合（syndicats），政党（partis politiques），共同所有者組合（syndicats de copropriétaires），企業委員会（comités d'entreprise），宗教団体（congrégations religieuses）等が広く本条の適用対象となる。

(2) 公法上の法人

国家の責任は追及されえず，地方自治体に対する責任の追及は制限を伴う。私法人の責任とは異なり，公法上の法人の刑事責任は，あらかじめ念頭に置かれていたものではなかった。刑法準備作業の際，元老院に提出された意見の中で，コンセイユ・デタは，公法上の法人の責任を承認することに反対していた。その際，公法上の法人は，その性質上，必然的に，公権力の一部の受託者であり，それと結びつく特権を行使するものであるとされ，三権分立と抵触するおそれが指摘された。その意味では，立法者が，公法上の法人の刑事責任を承認するに至ったことは，非常に重要な一歩といえる。

◆処罰根拠

法人が刑事責任を負いうるとしても，そこから直ちに，法人による犯罪への物的・客観的な関与が要求されるわけではない。法人処罰は，単に，一定の条件下で，自然人によって行われた犯罪が法人に帰責されうることを意味するにすぎない。したがって，責任は，必然的に犯罪への人的関与に基づく，「借用された（d'emprunt）」責任として現れる。この人的介入は，責任の分配の問題を提起する。

◆要 件

(1) 法人の機関または代表によって犯罪が行われたこと

私法上の法人の場合，例えば，商事会社については，支配人（gérant），株式会社社長（président-directeur général），取締役会（conseil d'administration），業務執行役員会（directoire），団体については，総会（assemblée générale）がこれに当たる。他方，公法上の法人の場合，地域圏レベルでは，地域圏議会議長（président du conseil régional），地域圏議会（conseil régional），県レベルでは，県会議長（président du conseil général），県会（conseil général），市町村レベルでは，市町村長（maire），市町村会（conseil municipal）等がそれぞれ挙げられる。

(2) 法人の計算で犯罪が行われたこと

　法人の責任が発生するためには，犯罪が法人の計算で行われなければならない。もっとも，法人が犯罪から利益を得たことまたは利益の獲得を期待したことは必ずしも要しない。

◆責任の分配

　法人の責任が「借用された」責任である以上，併科の原則は容易に理解されうる。立法者が併科の原則を規定したのは，法人の刑事責任が個人の責任を覆い隠しうる遮蔽物になることを回避しなければならないという点への配慮である。

　正犯者，共同正犯者または共犯者たる自然人は，自己に固有の責任が法人の責任とともに展開されることになる。それゆえ，法人は，正犯者，共同正犯者または共犯者たりうる。

　もっとも，併科の原則は，自然人と法人の双方が実際に訴追されることまで要請するものではない。

---

1) フランス現行刑法における共犯規定の改正点については，井上宜裕「犯罪性借用説と責任主義」清和10巻2号（2003年）61頁以下参照。
2) フランス刑法における正犯と共犯の区別については，井上宜裕「正犯と共犯の区別」清和11巻2号（2004年）43頁以下参照。
3) フランス共犯論における犯罪性借用説については，井上・前掲注1)53頁以下参照。
4) Crim., 24 août 1827, B. n° 224.
5) Crim., 4 août 1927, S. 1929. I. 33.
6) Crim., 9 avr. 1813, B. n° 72. そのほか，犯罪行為と同時的になされる関与の場合に，関与者が共同正犯とされた事案として，Crim., 17 déc. 1859, B. n° 281, S. 60.1.298, D. 60. 1.196; Crim., 9 nov. 1860. B. n° 229, S. 61.1.296, D. 61.1.358; Crim., 24 juin 1922, S. 1923. I. 41 etc.
7) Crim., 31 oct. 1889, B. n° 324, S. 91. I. 361, D. 90.1.137.
8) Crim., 4 mars 1864, B. n° 58, 29 juill. 1869, B. n° 184, D. 70. I. 46. そのほか，教唆者が正犯者とされた事案として，Crim., 26 juin 1885, B. n° 186, S. 1888, I. 487, D. 1886. I. 279; Crim., 29 nov. 1888, B. n° 339 etc.
9) Crim., 9 juin 1848, B. n° 178, S. 1848, I. 527.
10) Crim., 9 juin 1848, précité etc.
11) フランス刑法における共犯の処罰根拠については，井上・前掲注1)49頁以下参照。
12) この法典の解釈指針とされる1993年5月14日の通達には，共犯者は正犯者に科される刑罰を被るという「刑罰の借用」の原理は放棄されたとある。

13) 刑法221-3条「1項　予謀を伴ってなされた故殺は，謀殺を構成する。謀殺は，無期懲役で処罰される。」
14) 刑法221-5条「1項　死をもたらしうる物質の使用または投与によって，他人の生命を奪おうとする行為は，毒殺を構成する。2項　毒殺は，30年の有期懲役で処罰される。」
15) 刑法221-4条「1項　故殺が，以下の者に対してなされた場合，無期懲役で処罰される。2号　法律上もしくは自然上の尊属，または，養父母」
16) 現行刑法制定当初，法人の責任が肯定されるのは「法律または規則によって定められた場合」，すなわち，特定の犯罪に限定されていたが，2004年3月9日の法律で，この縛りがなくなり，一般的に法人の刑事責任が肯定されるに至った。

第4章 不処罰事由

I ◆ 客観的不処罰事由

1 正当化の一般原理

　正当化の一般原理は，緊急避難の法的性質をめぐる議論の展開と密接に関連している。緊急避難は，当初，明文規定をもたなかったこともあり，心理的強制や故意の不存在といった主観的不処罰事由と混同されていた。強制との混同に対しては，強制の場合は常に意思の自由な行使を排除するが，緊急避難の場合は自己もしくは他人を脅かす害悪と，害悪を避けることを可能にする犯罪との間で選択する余地があるのであり，この2つの概念は明確に区別されるべきとの批判がなされた。他方で，故意の不存在との混同に対しては，刑法によって禁じられた違法行為を実行する行為者の意識と定義される故意は，緊急犯罪の行為者においても欠けるところがないと批判された。

　やがて，緊急避難を客観的に把握しようとする流れが強まり，そこで展開されたのが，緊急避難を社会的有益性に基づく正当化事由とする理解である。すなわち，この見解によれば，犠牲にされた利益が守られた利益よりも価値が下回る場合，その行為は社会的に有益であり，同価値の場合，社会的に無害であるがゆえに，緊急避難は行為を正当化する。これは，まさに違法の実質論にほかならず，これに伴って，正当化事由と主観的無答責事由との区別が明瞭に意識されるようになった。

　通説的体系に基づくならば，違法性の実質論は，法定要素の消滅がいかなる場合に生じるかという形で議論されているということになる。ここでは，違法性論が体系的に存在しないことが違法性の実質論の不存在に直結するわけではない点を確認する必要があろう。

2 正当化事由

◆法律の命令・正当な権限を有する官憲の指令[1]

(1) 意 義

　1810年刑法は，法律の命令および正当な権限を有する官憲の指令について，各則規定である327条で，「殺人，傷害および殴打が，法律によって命じられ，かつ，正当な権限を有する官憲によって指令された場合，重罪も軽罪も存在しない」と規定していた。[2]

　文言どおりに解すると，この規定は，殺傷罪のみが対象で，さらには違警罪の不処罰を含んでいない。また，法律の許容についての言及もない。そのうえ，法律の命令と正当な権限を有する官憲の指令が重畳的に不処罰の要件とされている。

　しかしながら，実際上の解釈には，これとは異なる面もあった。まず，対象犯罪については，判例，学説とも，本条を殺傷罪以外の犯罪類型にも妥当する一般規定と解しており，また，重罪および軽罪を不処罰にする規定はそれより軽い違警罪にも当然適用されるとしていた。

　次に，法律の許容についても，判例，学説は，これを広く命令と同視しており，両者を区別することなく正当化を肯定していた。[3]

　他方，法律の命令と正当な権限を有する官憲の指令が重畳的に要求されている点については，修正提案がコンセイユ・デタによって否定された経緯もあり，[4] 法律の命令と正当な権限を有する官憲の指令のいずれかが欠ける場合，すなわち，法律の命令が正当な権限を有する官憲を介していない場合，および，正当な権限を有する官憲の指令が法律に基づいていない場合には，同規定の対象外となる。

　現行刑法は，総則において，122-4条1項で，「法律または規則の規定によって命じられまたは許容される行為を実行する者は，刑事責任を負わない」，同条2項で，「正当な権限を有する官憲によって指令された行為を実行する者は，当該行為が明白に違法でない限り，刑事責任を負わない」と規定する。

　現行刑法では，命令に加えて許容が明文化されたほか，規則の命令・許容が追加され，重罪，軽罪とともに違警罪も対象とされている。また，法律の命令と正当な権限を有する官憲の指令の重畳的要求が解消され，それぞれが別項で

規定された。

　フランスでは，一般的に，法律の命令および正当な権限を有する官憲の指令は，正当化事由と解されており，その効果は，共同正犯者や共犯者にも及び，民事責任をも排除するとされる。

(2)　法律の命令に基づく行為

　現行刑法では，法律または規則による命令・許容が単独で，正当な権限を有する官憲の指令を伴うことなく，正当化事由を構成する。これにより，私人による現行犯逮捕，医師による伝染病患者の公表といった，上位者の存在を前提としない法令行為が明文で捕捉されることになる。[5] もっとも，例えば，令状に基づく通常逮捕のように，法令行為が正当な権限を有する官憲の指令を前提としているような場合には，現行刑法においても正当な権限を有する官憲の指令の存在が正当化の要件となる。

　法令行為の正当化には，まず，法律または規則による命令・許容の存在を前提とした上で，命令または許容に対応する行動が一定の条件を満たす必要がある。[6] 一般的に要求されるのは，法律の命令と実際に実行される行為との間の相当性ないし均衡性である。さらに，明文で正当化の要件が別途定められている場合には，それにも従わなければならない。例えば，刑事訴訟法100条で許容される通信傍受は，2年以上の拘禁刑が科される重罪または軽罪に関して，情報の必要性により通信傍受が要請される場合に限られ，同法73条がすべての者に許容する逮捕は，重罪または拘禁刑が科される軽罪の現行犯に限られる。

　また，法令行為として例外的に正当化される行為は，他の状況下では，有害かつ犯罪的とみなされるものであり，したがって，実行者が過剰に及んだ場合（過度の熱意（excès de zèle））は正当化が排除される。[7] 例えば，石をもって友人の1人を威迫している子供に気づいた通行人がその子供の腕を掴み，ねじり上げて骨折させた場合，不救助罪は成立しないが，過失傷害罪に問われることになる。[8] 慣習によって親および教師が子供に対して，教育のためにきわめて軽微な暴行をすることが許容されているとしても，強い平手打ちや子供の頭を便器につけ，水を流す行為は許容されえない。[9]

(3)　正当な権限を有する官憲の指令に基づく行為

　正当な権限を有する官憲の指令は，法律の命令と異なり，法文，官憲および

実行者の三面構造であり，必然的に要件が複雑化する。特に，官憲と実行者の間で適法性の観念にずれがある場合には多くの困難が生じる。

正当な権限を有する官憲の指令の要件としては，官憲と実行者の間に序列的服従関係があることを前提にしつつ，執行を命じる権限が公的なものであること，および，その権限が管轄の枠内で行使されることが挙げられる。したがって，例えば，母親に命じられた息子による相続に関する隠匿や，夫の影響下で行われた妻による犯罪者の隠匿は正当化されえないし，要件を充足していない通信傍受の指令や，警視による部下への配偶者の殺害命令等は許されない。

◆正当防衛
(1) 意　義

1810年刑法において，正当防衛は殺傷罪に関する各則で規定されていた[10]。現行刑法は，すでに学説および判例で承認されていた財産に対する正当防衛を盛り込む等の修正を施した上で，これを総則に規定した。

刑法122-5条「1項　自己または他人に対する不正な侵害に直面して，その際，自己または他人の正当防衛の必要によって命じられる行為をする者は，用いられた防衛手段と侵害の重大性との間に不均衡がある場合を除いて，刑事責任を負わない。2項　財産に対する重罪または軽罪の実行を止めるために，故意の殺人以外の防衛行為をする者は，この行為が追求される目的にとって厳密に必要で，かつ，用いられた手段が犯罪の重大性と均衡している限りで，刑事責任を負わない。」

また，正当防衛の推定規定は，ほぼ1810年刑法の規定を引き継いでいる。

刑法122-6条「以下の目的のために行為をする者は，正当防衛状況で行為したものと推定される。1号　夜間，押し込み，暴力または策略による人の現住する場所への侵入を撃退するため，2号　暴力をもって実行される盗罪または略奪の行為者から自己を防衛するため。」

なお，正当防衛の不処罰根拠について，かつては，強制に基づく主観的不処罰事由とする理解もあったが，現在では，権利行使ないしは社会的有益性に基づく正当化事由と解する立場が支配的である。

(2) 成立要件

正当防衛が成立するためには，正当防衛状況に関する要件として，侵害の違

法性および現在性，防衛行為に関する要件として，防衛行為の必要性および均衡性が充足されなければならない。

　侵害の違法性について，侵害行為が正当化される場合，当該行為は甘受されなければならない。この場合，防衛行為は正当とはされえず，正当化を基礎づけることができない。例えば，家宅捜索や差押えが法律によって命じられている場合，これに反撃することは許されない。

　防衛が正当であるためには，防衛は侵害と「同時に」行われなければならない。この時間的要件は，反撃と復讐の区別を可能にする。攻撃は，現在していなければならない。すなわち，攻撃が行われている最中か，これが急迫していることが必要である。したがって，あまりにも遅すぎる介入は，もはや正当と見なされない。逆に，介入があまりにも早すぎ，「防衛」が将来の攻撃を予防するために行われる場合，解釈の困難さが現実化する。

　危難の現在性に関して誤信がある場合（誤想防衛（légitime défense putative）），正当防衛は主観的無答責事由ではないので，誤想された攻撃は，防衛行為を正当化しえない。しかし，学説には，極めて紛らわしい外観を前にして，誤想された防衛を正当防衛と同視するものもある。

　防衛行為に関しては，その反撃の必要性が求められる。被攻撃者が危難を回避するためには犯罪を実行する以外なかったという場合でなければ，防衛行為は正当化されない。これとの関連で，被攻撃者が退避可能な場合でも，反撃が許されるかについては争いがある。この点，確立された判例はなく，学説でも見解が分かれているが，精神障害者，未成年者，身体障害者の攻撃に対して反撃は許されず，この場合，あらゆる反撃が違法になるとの主張も見られる。

　現行刑法の正当防衛規定で特徴的なのは，用いられた防衛手段と侵害の重大性との均衡が明文化された点である。とりわけ，財産を防衛するために侵害者を故意で殺害する場合があらかじめ正当防衛の範疇から除外されており，社会的有益性に基づく正当化事由としての正当防衛という性格がここに色濃く表れているといえる。

　以上の要件が充足されると，重罪，軽罪または違警罪は成立せず，刑事責任のみならず，民事責任も阻却される。なお，正当防衛の要件の一部が欠如した場合，過剰防衛に関する規定は存在しないことから，ごく例外的に強制によっ

て不処罰となる余地はあるものの，通常の犯罪が成立する。[11]
◆緊急避難[12]
(1) 意　義

　フランスでは，1994年に現行刑法が施行されるまで，緊急避難の一般規定は存在しない。それゆえ，1810年刑法64条の強制の規定が，今日では緊急避難とされる事例にも適用されていた。[13] 19世紀前半では，緊急避難の概念自体成熟していなかったため，緊急避難と強制の関係が問題とされることがなかったのは当然ともいえるが，利益衡量を中核とする正当化事由としての緊急避難が学説によって承認されるのに伴って，次第に強制と緊急避難との相違が意識されるようになった。

　緊急状態とは，急迫した危難によって威迫された他人または自己を保護するために，刑罰法規によって禁じられた行為の実行を余儀なくされる状況であるとされ，また，「ある権利または利益保護のため，他人に属する他の利益を侵害する，それ自体犯罪的な行為の実行が要求される事物の状態（état de choses）」であると定義された。その他，決定の自由を残しつつも，自己または他人を脅かす危難から逃れるためには，無関係の第三者を侵害しうる犯罪を犯す以外に他の手段をもたないという人的状態が緊急状態であるとの定義も見られる。

(2) 成立要件

　現行刑法の緊急避難規定は次のとおりである。122-7条「自己，他人または財産を脅かす現在または急迫する危険に直面して，その者または財産の保護に必要な行為を行う者は，刑事責任を負わない。ただし，用いられた手段と脅威の重大性との間に不均衡が存する場合はこの限りでない。」

　緊急避難の成立要件は，緊急状況に関する要件と避難行為に関する要件とに大別できる。

　緊急状況に関する要件について，まず，危難の現在性，急迫性（actualité ou imminence）が挙げられる。この要件を認めることに異論はない。危難の概念は広義に理解されており，緊急避難は，肉体的（physique），精神的（moral），物質的（matériel）危難に対して援用されうる。また危難が，行為者に対するものか他人に対するものかは，緊急避難の成否にとって重要でないとされる。

さらに，危難の現実性（réalité）が要求される。緊急避難の不処罰根拠を優越的利益の保護に求める限り，現実の危難（danger réel）のみが緊急避難による正当化を可能にするとされる。一般に，誤想された危難（danger putativ）は犯罪を正当化しないことが承認されている。

そのほか，危難の支配下にある者が危難を被る職業上の義務（risque professionnel）を負っていないことも要件とすべきとの主張も一部で見られるが，これに対しては，この場合，せいぜい避難行為の必要性の不存在が推定されるにすぎないとする指摘がある。

緊急状況に関する要件で最も争われているのは，行為者の先行過失（faute antérieure）の不存在である。この要件は，もっぱら判例によって要求されている。ここでいう先行過失とは，この過失と緊急状況との直接の因果関係において行為者に帰せられる，避難行為に先行する個人的なあらゆる過失を指す。

学説はおおむねこれを緊急避難の要件とすることには批判的である。学説の批判は，次の3点である。

まず，第1の批判は，緊急避難の社会的有益性を根拠にしている。すなわち，緊急避難のすべての客観的要件を満たし，何ら社会的混乱（trouble sociale）を引き起こしていない者に対して，先行過失があったというだけで，犯罪を取り上げることはできないとするものである。

第2の批判は，先行過失の性質を問題とする。すなわち，先行過失が違法行為と結合する場合，行為者は，緊急避難によって不処罰となる犯罪と完全に区別された犯罪について罪責を負うが，避難行為が不処罰になる可能性は排除されない。また，先行過失が違法行為と結合しない場合，単なる道義的な過失（faute morale）はいかなる刑法上の帰結ももたらさず，したがって，緊急避難の成立に何らの影響も及ぼさないと批判される。

そして第3の批判は，刑法原理に関わる批判である。すなわち，先行過失の不存在が緊急避難の要件として考慮されるならば，「罪科の決定（qualification）は行為時に行われなければならない」という刑法理論上不可欠の原理を無視することになり，さらには，単なる軽率（imprudence）の責めを負うにすぎない者に対して故意犯を認めるという奇妙な結果に至るとされる。

つづいて，避難行為に関する要件については，まず，避難行為の必要性

（nécessité）が要求される。避難行為の必要性に関しては，2通りの解釈が可能である。1つは，避難行為の必要性を相対的（relatif）に理解するもので，もう1つは，これを絶対的（absolu）に理解するものである。避難行為の必要性を相対的必要性と解する立場は，避難行為が危難を回避する最良の手段（le meilleur moyen）と考えられる場合に，この要件が満たされるとする。そしてこの説は，行為が目的達成の唯一の手段であることはきわめて稀なことであり，したがって相対的必要性説だけが緊急避難の概念に合理的な適用範囲を与えることができると主張する。他方，判例，学説の多くは，避難行為が法的に保護された社会的価値を危難から守る唯一の手段であることを要求する絶対的必要説の立場に依拠している。

さらに，保護利益と侵害利益の均衡性（proportionalité）が要求される。この要件は，緊急避難を正当化事由として位置づけることを可能にし，緊急避難を主観的無答責事由である精神的強制と明確に区別しうるものと解されている。

◆被害者の同意

法格言に「欲する者は害されず（volenti non fit injuria）」というものがあるが，被害者が被害を甘受することに同意した場合，犯罪は消滅するのかが問題となる。

この点，フランスでは，この古い法格言は刑法上価値を有さないとされ，原則として，被害者の同意は正当化事由ではないと解されている。その際，刑法は，通常，特定被害者の個別的利益のみにおいて組織されているのではなく，一般利益を保護しているという側面が強調される。

もっとも，犯罪類型が被害者の不同意を要件としているようなものについては，例えば，「被害者」が同意している場合，強姦罪や監禁罪は成立しえず，物が窃取されず任意に引き渡された場合，盗罪は存在しない。これらは，「被害者」が刑罰法規によって保護される利益を自由に処分できる例外的場合であるがゆえに，「被害者」の同意が犯罪を消滅させることになると説明される。また，親告罪の場合，行為時に被害を甘受することに同意していた「被害者」が告訴することは通常考えられないため，事実上，同様の事態が生じうる。

これとの関連で，安楽死が問題となりうるが，フランスでは積極的安楽死（euthanasie active）は許容されていない。他方，消極的安楽死（euthanasie passive）については，患者の権利と生の終末に関する2005年4月22日の法律によって，公衆衛生法L.1110-5条以下に，刑法223-6条2項の不救助罪の適用を不能にし，これを処罰対象から外す規定が導入されている。

II ◆ ── 主観的無答責事由

1　有責性阻却事由

　故意も過失もない場合を偶発事故（cas fortuit）と呼ぶが，この場合は，当然無過失である以上，刑事責任を問われることはない。有責性の存否が問題となるのは，錯誤の場合である。錯誤には，大別して，法律の錯誤と事実の錯誤があるが，1810年刑法は，いずれの錯誤についても規定をもたなかった。しかし，法文の欠如を前にして，学説および判例は，刑法における錯誤の意義を追究しようとした。今日，現行刑法は，法律の錯誤を「法定の」無答責事由としているが，事実の錯誤については，忘れ去られたままである。

◆法律の錯誤

　法律の錯誤は，事実の実在性にもはや影響するものではなく，刑罰法規の内容に基礎を置くものである。「何人も法律を知らないとはみなされない（Nul n'est censé ignorer la loi）」という法諺が示しているのは，何人も，自己の義務，とりわけ自己の責任から逃れるために，法の不知の背後に立てこもることはできないという観念である。破毀院は，この法原則に忠実で，ほとんど法律の錯誤を認めてこなかった。

　他方で，学説においては，回避不可能な法律の錯誤の場合，有責性を否定すべきとの主張が有力であった。現行刑法は，学説の主張を取り入れ，回避不可能な法律の錯誤によって自己の行為が適法と信じた者を免責する旨規定するに至った。

　刑法122-3条は，「回避することができない法律の錯誤によって，適法に行為できると信じたことを証明する者は，刑事責任を負わない」と定める。立法準備作業において，回避不可能な法律の錯誤として想定されていた事例は，犯罪に先行して問い合わせを受けた行政機関が誤った情報を提供した場合と法文の公表が欠如した場合の2つである。

◆事実の錯誤

　事実の錯誤は，事実の実在性に関する誤信と定義されうる。事実の錯誤は故意の存否を左右しうる。しかし，事実の錯誤が故意に影響するのは，本質的要素に関する錯誤のみであって，例えば，クロークで自分のコートと隣の人のコートを間違えたような場合が本質的要素に関する錯誤に当たる。この場合，行為者はあらゆる責任から免れるわけではないが，犯罪的意思が欠落している。したがって，この論証が妥当するのは，故意犯のみである。

　これに対して，結果に関する錯誤，すなわち，客体の錯誤（XがYを殺すつもりで，Yだと思って発砲し狙い通り殺害したが，殺害されたのはYではなくZであった場合）や方法の錯誤（XがYを殺すつもりで，Yに向けて発砲したところ，狙いが外れてたまたま通りかかったZに命中し，Zが死亡した場合）は，副次的な錯誤とされ，故意を阻却しない。

2　帰責不能事由

◆責任無能力

　1810年刑法64条は，強制と並んで，心神喪失（démence）による不処罰を規定していた。しかし，同条で用いられた定式は，多くの点で，不適切かつ多義的と評されていた。まず，心神喪失という概念は，精神医学的には，精神異常の特定の形態を指すもので，あまりにも限定されている点が指摘される。精神異常の形態がどのようなものであっても，それに罹患した者に無答責が承認されなければならないのは明らかであり，判例もそのように解した。次に，「重罪も軽罪も存在しない」という表現は，心神喪失が犯罪そのものに物的・客観的に作用する正当化事由であるかのような様相を呈するが，心神喪失が主観的な帰責性を消滅させるものであることに争いはない。さらに，64条は，重罪と軽罪にしか言及していないが，心神喪失が違警罪についても当該行為者を免責することは，学説および判例で広く承認されているところである。

　これに対して，現行刑法は，強制とは別規定で，より内容を明確にした責任無能力規定を導入した。すなわち，刑法122-1条1項は，「行為時に，自己の弁識もしくは自己の行為の制御を失わせる精神障害または神経性精神障害に冒されていた者は，刑事責任を負わない」と規定し，精神医学および神経医学の

発展をこれまでよりも容易に考慮できるようにしている。

　したがって，責任無能力による不処罰が肯定されるためには，行為時に，精神障害によって，行為者から弁識能力または制御能力が奪われていたことが必要である。これらの点が予審段階で証明されれば，予審免訴決定がなされ，それ以後であれば無罪判決が下される。

　原則として，犯罪行為者が行為の前に精神異常を呈していた場合，または，行為後に精神異常に陥った場合は問題とならない。もっとも，犯罪行為以前の精神障害はしばしば量刑において顧慮され，犯罪行為後の精神障害は，訴追や予審の停止や自由刑の執行停止をもたらしうる。他方，行為時の精神障害が完全には弁識能力または制御能力を奪わず，自由意思を構成するこれらの状況の部分的な変質が存する場合には，当該犯罪の正犯者または共犯者は，刑法122－1条2項によって定められる枠組みで恩恵を受けうる。

　本来的な精神異常のほか，いわゆる精神異常の「隣接状態」についても責任能力の有無が問題となりうる。最も困難な問題を提起するのが，酩酊である。ある者が酩酊の影響下で行った犯罪行為について，その者に帰責することができるかどうかが問われることとなる。

　精神障害または神経性精神障害のゆえに，行為者が行為時に弁識能力または制御能力を奪われていたのか否かを決定するのは事実審裁判官であって，責任能力判断は事実問題の1つとされる。破毀院は，酩酊の刑事事件に対する影響が，個別事件との関係でしか決定されえない事実問題である旨判示している。

◆限定責任能力

　現行刑法の特徴の1つは，1810年刑法には存在しなかった，限定責任能力に関する規定を設けたことであろう。刑法122－1条2項は，「行為時に，自己の弁識を変質させもしくは自己の行為の制御を妨げる精神障害または神経性精神障害に冒されていた者は，なお可罰的である。ただし，裁判所は，刑罰を決定し，その方式を確定する際，この状況を顧慮する」として，新たに，責任能力が完全には排されない場合を規定した。

　これまで，時代によって，限定責任能力者は，「半狂人（demi-fous）」，「精神病質者（psychopathes）」，「変質者（anormaux）」などと呼ばれていた。原則を厳格に適用すると，これらの者は，通常人と同様の資格で有責である。実際に

は，鑑定人の肯定的な回答を顧慮して，このカテゴリーの行為者に酌量減軽が認められるという実務が定着していった。

　刑法122-1条2項は，従来の判例によって取られていた解決を追認したものといえる。しかし，弁識能力または制御能力を変質させる精神障害の存在が責任軽減事情ではない以上，同条の意義は消極的とされる。

　そのような中，2014年の改正で，刑法122-1条2項に以下の文言が追加された。「自由剥奪刑が科される場合，刑罰は3分の1に減軽され，無期懲役または無期重禁錮で処罰される重罪の場合，30年に縮減される。ただし，裁判所は，軽罪の場合，特に理由を付した決定により，この刑の減軽を適用しない旨，決定することができる。医学鑑定の後，裁判所は，障害の性質がこれを正当化すると思料する場合，被有罪宣告者が自己の状態に適合した治療の対象となることを宣告刑が可能にしているかを確認する」。

　この改正によって，刑法122-1条2項2文の内容が具体化されるとともに，限定責任能力が必要的減軽ではないことも明示されるに至った。

◆強　制[15]

(1)　意　義

　強制は，主観的無答責事由の中でも，帰責不能事由と呼ばれ，意思を排して行為者の自由を消滅させるものとされる。例えば，強制とは，意思が不能となりまたは意思が規定されることによって，すなわち，自由の完全な消滅または行為の自発性の欠如によって特徴づけられる無答責事由であるとされ，また，ある者が他様に行動する自由を奪われて犯罪行為を実行した場合に，その犯罪実行者が陥っていた状態，すなわち，その者が，自然力（éléments）に支配され，意思の命じていない，個人の内奥の力によって支配され，または，武器の脅迫のもとに置かれていたような場合であると定義される。

　強制は，その作用する対象が行為者の物理的自由か心理的自由かによって，物理的強制と心理的強制とに分類され[16]，それぞれについて，さらに，強制の原因が行為者の外部に存する事象であるか，行為者の内心であるかによって外的原因による強制と内的原因による強制とが区別される。したがって，強制には，外的原因による物理的強制・心理的強制，内的原因による物理的強制・心理的強制の4類型が存在することになる。

第1の類型，外的原因による物理的強制には，自然力による場合，動物による場合，第三者の行為による場合，国家機関による場合がある。

　自然力による場合として挙げられるのは，国外追放者が難破船によってフランス沿岸に漂着した場合や陪審員，証人等履行すべき法律上の義務を有する者が洪水，橋の倒壊，暴風雨，噴火等によってその義務の履行を妨げられた場合等である。動物によるものとしては，狼に追われたために羊の群を森に逃がしてしまった羊飼いの事例があり，第三者の行為によるものとしては，不法監禁された証人，陪審員，兵士の例が挙げられる。国家機関による場合，これは「君主の行為（fait du prince）」とも呼ばれ，国境閉鎖によって法律上の義務の履行が妨げられた場合や召集された予備役軍人が逮捕，勾留されていた場合がこれに当たる。

　第2の類型，外的原因による心理的強制は，緊急避難との限界領域に位置しており，例としては，緊急窃盗の事例や森林伐採事業者が山賊の脅迫に屈してその仲間を雇用した事例を挙げることができるが，これらを緊急避難とする見解も見られ，判例，学説ともに混迷を極めている。

　第3の類型は，内的原因による物理的強制で，かつて判例は，例えば，鉄道の乗り越し等の事案で，激烈かつ突然の疾患，深い睡眠，極端な疲労の場合に強制を認めていた。しかし，最近の判例は，先行過失の不存在ないしは予見不可能性の要件を課すことで，この類型の強制を許容することに対して著しく厳格な態度を示している。

　第4の類型，内的原因による心理的強制の例としては，心的動揺や病的衝動等があるが，判例，学説ともこの種の強制を認めるのに消極的である。この類型については，強制よりむしろ精神障害（心神喪失）としての解決が支持されている。

(2) 成立要件

　現行刑法の強制規定は次のとおりである。

　121-3条「5項　不可抗力の場合，違警罪は存在しない」，122-2条「自らが抵抗できなかった力または強制の支配下で行動した者は，刑事責任を負わない。」

　1810年刑法では同一の法条（刑64条）に規定されていた心神喪失と強制とが

別条に規定された点，および，解釈上認められていた強制規定の違警罪への適用が明文化された点が形式上の特徴である。

強制の成立要件について，1810年刑法64条および現行刑法122-2条は抗拒不能性しか要求していない。しかし，判例は，刑法上の強制を民法上の不可抗力と同視し，予見不可能性をも要求している[17]。学説の一部にも予見不可能性ないしは先行過失の不存在を強制の成立要件として挙げるものがある。

抗拒不能性は法律上要求されている唯一の要件である。判例は，ここでも民法上の不可抗力と同視し，この要件を当該行為者について具体的に判断するのではなく，抽象的に判断する傾向がある。すなわち，判例は，同じ状況に置かれた任意の者の行動に照らして抗拒不能性を判断する。そして，判例によれば，抗拒不能性は法律に従うことの「絶対的不可能性」[18]と理解され，著しい困難性もなお抗拒不能ではないとされる。

これに対して，刑法の文言が「行為者」が抗拒不能であったことを要件としているのみならず，当該行為に対する行為者の責任を問題とする刑法の性質からしてもこの判例の傾向は許容されえないとして，多くの論者は，抗拒不能性は当該行為者の個人的事情も考慮した上で個別具体的に判断すべきとしている。

予見不可能性（先行過失の不存在）について，判例は，ここでも不可抗力概念と同視することによって，強制を予見不可能性の要件にかからしめる。学説は，一部，判例に賛成するものもあるが，おおむね予見不可能性を強制の要件とすることには批判的である。また，予見不可能性と先行過失の不存在の関係について，両者は事実上重なるものとされ，先行過失の不存在は，独立した要件を構成するというよりむしろ，強制の予見不可能性の証明手段として現れるとされている。

1) フランス刑法における正当行為論については，井上宜裕「正当行為と違法の統一性」法雑58巻3＝4号（2012年）549頁以下参照。
2) 法律による命令にしたがった者の不処罰という原則は，アンシャンレジーム期にはすでに存在し，例えば，兵士，裁判官，および，死刑執行人の不処罰を保障していたとされる。
3) 例えば，1936年5月16日のデクレで公表が任意とされている，流行性耳下腺炎（oreillons）を公表した医師も当然正当化される。

第 4 章　不処罰事由

4) 1810年刑法327条の重畳的要求の意義について，それによって官憲の役人による恣意的な暴力を防ぎ（法律の命令がない限り不可），また，法の盲目的な適用を回避する（正当な権限を有する官憲によるチェックを要する）ことが可能になるとの評価もある。
5) この場合は，1810年刑法下でも，正当化事由として承認されていた。
6) 正当化の要件に関して，行為者の行動がそもそも犯罪的でなければ刑事責任の問題は提起されえないとして，当該行動が犯罪であるか少なくとも犯罪の外見を呈していることが必要という指摘もなされている。
7) 命令の実行者が過剰に及んだ場合について，1810年刑法は，この事象に関して明らかに不十分であり，64条の心理的強制または463条の刑罰軽減事情では埋めることのできない大きな欠缺を含んでいるとの評価もあった。
8) Alger, 9 nov. 1953, *D. 1954, 369*.
9) Crim., 21 févr. 1990, *RSC. 1990, 785*.
10) 1810年刑法327条「殺人，傷害及び殴打が，自己または他人の正当防衛の現在する必要によって命じられる場合，重罪も軽罪も存在しない。」
11) 1810年刑法には，挑発による宥恕規定が存在し，過剰防衛の際に適用可能であったが，現行刑法は，刑の下限の撤廃に伴い，宥恕規定も削除したため，挑発等の事情の評価は，すべて裁判官の裁量に委ねられることとなった。
12) フランス緊急避難論に関しては，井上宜裕『緊急行為論』（成文堂，2007年）16頁以下のほか，同「フランス緊急避難論の近時の動向」清和13巻1号（2006年）63頁以下，および，同「緊急避難論の現状」井田良他編『浅田和茂先生古稀祝賀論文集』（成文堂，2016年）179頁以下参照。
13) フランスで緊急避難論を飛躍的に発展させる契機となったのが，MÉNARD事件第一審判決（Trib. corr. Château-Thierry, 4 mars 1898, *D. 1899, 329*）である。本判決は，緊急窃盗の事案で，避難行為者の自由意思を問題とし，精神的強制にもとづいて被告人に無罪を言い渡した。
14) Crim., 25 juin 1958, *D. 1958, 693*.
15) フランス刑法における強制の理論に関しては，井上・前掲注12)『緊急行為論』189頁以下のほか，同「強制と緊急避難」刑法雑誌46巻2号（2007年）1頁以下参照。
16) 1810年刑法64条および現行刑法122-2条に物理的強制および心理的強制がともに含まれるという点はほぼ異論なく承認されている。
17) 例えば，Crim., 6 janv. 1970, *B. n° 11* は，強制を，「人間の意思から独立した事象で，人間の意思が予見することも回避することもできない事象」と定義している。
18) Crim., 8 fév. 1936, *D. 1936, I, 44*.

第5章　刑法各論の概観

　フランス刑法各論（犯罪の個別的構成要件の解釈）は，日本の刑法各論同様，保護法益ごとに分類されているが，分類の仕方は異なる。日本の場合，①個人的法益，②社会的法益，③国家的法益に3分類されることが通例だが，フランス刑法の教科書においては，大きく①個人（的法益）に対する犯罪，②（社会的法益や国家的法益に対する罪を含む）公的秩序（法益）対する犯罪に2分類されることが多い。

　また，法益によるいわば横断的な分類に対し，犯罪の重さにより縦断的に①重罪（crime），②軽罪（délit），③違警罪（contravention）の3種類に分類されている点も，日本と異なる点である。各犯罪に刑罰の重さが比例して決まっており，①重罪であれば下限は10年以上の重拘禁と決まっているため，上限しか規定されていない。

　1810年のナポレオン法典を全面改正した1992年新刑法典は，法律である第1巻とコンセイユ・デタのデクレである第2巻とに分かれている。第2巻はわが国でいう施行規則のように技術的な規定が多いので，本書では主として第1巻の内容を扱う。第1巻は，総則を構成する第1部のあとに，各則である第2部から第5部が規定されているが，重要な犯罪から順に規定されていると考えられる。

　第2部「人に対する重罪および軽罪」の冒頭に第1編「人道に対する重罪」を置き，いわゆるジェノサイド（集団殺害）や政治的立場，思想，人種等を理由とする非人道的行為を処罰している。第2編「人に対する侵害」は文字通り個人（的法益）に対する犯罪である。次に同じ個人（的法益）に対する犯罪でありながら，客体の性質に着目して第3部「財産に対する重罪および軽罪」が規定されている。さらに公的秩序（法益）対する犯罪として，第4部「国民，国家および公共の平和に対する重罪および軽罪」が規定される。最後に第5部

「その他の重罪または軽罪」として，第1編「公衆衛生に関する犯罪」の中に「生命倫理に関する犯罪」が，第2編「その他」の中に当時としては先進的な「動物虐待罪」が刑法典中に規定されている点も興味深い。

　日本と異なるフランス刑法各論の特徴は，①卓越した人権意識に裏打ちされ，かつマルク・アンセルの新社会防衛論[4]も取り入れた先進的な立法を，世界に先駆けて次々と実現してきたこと，それは，人道に対する罪[5]，生命倫理関連犯罪[6]，人の尊厳に対する罪としての差別罪[7]，性暴力犯罪[8]，セクシュアル・ハラスメント罪[9]，モラル・ハラスメント罪[10]，マインド・コントロール罪とも呼ばれる無知・脆弱性濫用罪[11]等に表れている。②人権尊重の観点から，処罰すべきものについては厳格な態度で臨み，特別法ではなく，峻厳な刑法典の中に規定している。逆に，人権侵害の観点から当罰性の高くない成人を対象とする通常ポルノや財産犯の中で必ずしも個人の責任のみに基づかない小切手の不正使用などを非犯罪化するなど，日本とは対照的な姿勢が際立っている（具体的には個々の犯罪の説明参照）。③同じ犯罪でも，子どもや障害者，妊娠している女性などの弱者が被害者となる場合は重く処罰され，性犯罪やドメスティック・バイオレンスなど社会の権力構造（強者と弱者の非対称性）が色濃く反映する犯罪では，尊属や上司，教師等，被害者に対して権力をもつ加害者がそれを濫用したような場合に刑が加重されるなど，人権侵害の度合いによって刑罰に差異を設けている点が特徴的である。まさに「弱きを守り，強きをくじく」正義感に基づく刑法といえる。その姿勢は，1994年の新刑法典における法人の刑事責任の導入にも表れている。すなわち，大規模鉄道事故や企業災害等においては，末端の従業員よりむしろ背後の大企業の責任が大きく，正面から法人の刑事責任を追及することが正義の要請であると考えられれば，法人の刑事責任導入に傾きやすいといえる。2000年前後に法人の刑事責任導入が法務省や刑法学会で話題になったにもかかわらず，結局刑法典改正に至らず，政治的な判断があったのではないかと疑われる日本とは，まさに対照的である。

　100年以上前の明治時代，家父長制度の下で制定され，当時の男尊女卑的価値観が色濃く残っている日本の刑法典（1907年）との相違は大きく，個々の犯罪内容だけでなく，その分類方法や，刑法典を貫くジェンダー平等[12]，弱者の保護という統一的価値観等，学ぶべき点は非常に多い。[13]

第 I 部　刑　法

1) 131-1 条 4 項（有期の懲役または禁錮の期間は，10 年以上とする）参照。ただし，132-18 条により，無期重拘禁は 2 年以上の重拘禁へ，有期の重拘禁は 1 年以上の重拘禁へ下限を下げることが認められている。
2) 国務院と訳され，フランス政府の諮問機関であるとともに，行政訴訟における最高裁判所としての役割をもつ。
3) デクレ（décret）には 2 種類あり，命令制定権を有する大統領または首相による一般的または個別的効力を有する執行行為（政令）と，法律と同等の効力をもつコンセイユ・デタのデクレとがある。
4) 邦訳は，吉川経夫訳『新社会防衛論——人道主義的な刑事政策の運動』（一粒社，1968 年）。
5) 後述第 6 章 I 人道に対する重罪参照。
6) 後述第 9 章 I 公衆衛生（生命医学倫理）に関する犯罪参照。
7) 後述第 6 章 II 5 人の尊厳に対する侵害参照。
8) 後述第 6 章 II 2 人の身体的・精神的完全性に対する侵害◆性的攻撃参照。
9) 前掲注 8)。
10) 前掲注 8)。
11) 後述第 6 章 II 3 人を危険にさらす行為参照。
12) 日本の刑法典は，むしろ「強きを守り，弱きをくじく」刑法となってはいないかが，筆者の関心事である。
13) G. ステファニほか著／澤登俊雄・澤登佳人・新倉修訳『フランス刑事法〔刑法総論〕』（成文堂，1982 年）の故平野龍一東大名誉教授による「序文」参照。

第6章 人身に対する罪

I ── 人道に対する重罪

　人道に対する重罪（Crime contre humanité）は，1992年の新刑法典において新設された犯罪で，死刑を1981年に廃止したフランスにおける最も重い刑罰である無期重拘禁で処罰される集団殺害罪（ジェノサイド）(刑211-1条）および人道に対するその他の重罪（刑211-2条以下）に分類される。後者は，具体的には，政治，思想，人権または宗教上の動機により，民間人の集団に向けられた処刑，排除（extermination），奴隷状態に置く行為（réduction en esclavage），組織的抑留（deportation ou transport forcé de population），略取（emprisonnement），拷問（torture），強姦や強制売春（viol, prostitution forcée）等の性暴力，その他の政治的動機等による非人道的行為（刑212-1条），戦時における非人道的行為（刑212-2条），非人道的行為目的での集団形成行為（participation forcée à un groupement）（刑212-3条）である。最後の集団形成罪は，そのような目的で形成された集団やその謀議に参加しただけで，その準備が客観的行為に至った場合は，最高刑である無期重拘禁で処罰される（刑212-3条）。
　2017年に日本でも立法され社会の関心を集めたいわゆる共謀罪（参加型）だが，実質的には日本の予備罪と同様，客観的な準備行為が処罰条件となっている。
　フランス刑法の個々の犯罪のほぼすべてに共通であるが，自然人に対する様々な補充刑として，「1号　131-26条に定める態様による公民権ならびに私法上および家族法上の権利の禁止，2号　131-27条に定める態様による公務執行の禁止，3号　131-31条に定める態様による滞在禁止，4号　財産の全部または一部の没収」（刑213-1条），外国人に対する滞在禁止（刑213-2条），

法人 (personne morale) の刑事責任（刑213-3条）が規定されている。また，これらの重罪の正犯または共犯は，法律もしくは規則の規定によって命令もしくは許容された行為または権限ある者に命令されて実行した事実だけでは免責されないが，裁判所が量刑において考慮しうるという免責抗弁に関する規定がある（刑213-4条）。さらに，これらの犯罪に関する公訴および宣告刑は，時効 (préscription) にもかからないという特徴がある（刑213-5条）。

2004年8月6日の法律により新設された人の種に対する侵害 (Crimes contre l'espèce humaine) は，人種の選別を可能とする優生学的行為および人のクローン作製行為を規定し，これらの行為は，30年以下の無期重拘禁および（または）750万ユーロ（約9億7500万円）以下の罰金で処罰され（刑214-1ないし214-2条），それらが犯罪行為に用いられた場合，無期重拘禁および（または）750万ユーロ以下の罰金で処罰される（刑214-3条）。これらの犯罪には，上述の自然人に対する補充刑（刑215-1条），外国人に対する滞在禁止（刑215-2条），法人の刑事責任（刑215-3条）が規定されている。公訴時効または刑の時効は30年とされ，その起算時期は，クローンとして出生した人間の成人後とされている（刑215-4条）。

II 人に対する侵害

1 生命に対する侵害

人に対する最も重要な生命という法益を保護する罪として，フランス刑法は，故意による生命侵害と過失による生命侵害とを規定する。前者は，①故殺罪 (meurtre)，②重罪または軽罪に伴う故殺罪，③謀殺罪 (assasinat)，④加重的故殺罪，⑤毒殺罪に分かれており，後者は過失致死罪（刑221-6条）のみであるが，法人の刑事責任が規定されている（刑221-7条）。

◆故意による生命侵害

故殺とは，計画性のない故意の殺人のことであり，有期の最高刑である30年以下の重拘禁で処罰される重罪である（刑221-1条）。この故殺は，重罪の前後または最中に行われる場合と軽罪の幇助や逃走援助などのために行われる場合（刑221-2条），予謀（計画）を伴う場合（刑221-3条）のほか，以下の加重事由

を伴う場合は，無期重拘禁で処罰される（刑221-4条）。加重事由は，①15歳未満の未成年者に対するとき，②正嫡関係もしくは自然的関係の尊属または養親に対するとき，③被害者が年齢，疾病，身体障害，身体もしくは精神的欠陥または妊娠のゆえに著しく脆弱な状態にあることが明白であるときまたは行為者がそれを認識しているとき，④司法官，陪審員，弁護士，公署官，刑務官または公権力を保持しもしくは公務を担当するその他すべての者に対するとき，ただし，職務もしくは任務を遂行中または遂行の機会にあって，その資格が明白である場合または行為者がそれを認識している場合（次の⑤においても同様），⑤教員，教育機関のすべての職員，公共交通機関職員，保健機関職員等に対するとき，⑥上記教員等の配偶者，尊属または卑属等，同居の家族に対するとき，⑦事実を告発し，告訴し，裁判所で証言することを妨害するために，またはその告発，告訴，証言を理由として，証人，被害者，民事訴訟当事者に対するとき，⑧真実であるか推測に基づくものであるかを問わず，被害者が属するまたは属さない民族，国籍，人種，特定の宗教を理由として犯されたとき，⑨被害者の性的指向や性自認を理由として犯されたとき，⑩集団により犯されたとき，⑪配偶者または内縁のパートナーにより犯されたとき，⑫結婚や内縁関係を拒否したことを理由に犯されたとき，である。1994年施行当時は5つのみであったが，その後，上記⑤ないし⑫が追加された。このような加重事由は多くの犯罪に共通して規定され，特に⑧⑨は差別や偏見に基づく刑法上の犯罪をより重く処罰するもの，⑪⑫はその中でも特にジェンダーに基づく権力構造（非対称的な関係）が背景にある犯罪を重く処罰するフランスという国の毅然とした姿勢をうかがうことができる立法例である[3]。

　ナポレオン刑法典時代から存在する「毒殺罪」（empoisonnement, 30年以下の重拘禁，221-5条，221-2ないし221-4条の加重事由に当たる場合は無期重拘禁）は現代にはふさわしくないとして廃止も検討されたが，最終的に残された。日本と同様フランスでも薬害エイズ事件が社会問題となった際，非加熱製剤を注射した医師が本罪で起訴されたことは有名である[4]。

　なお，2004年3月9日法は，殺人や毒殺の教唆を，被教唆者の実行どころか未遂さえ伴わない場合でさえ，10年以下の拘禁および（または）15万ユーロ以下の罰金で処罰する重罪命令罪（mandat criminel, 221-5-1条）を新設した。

この新規定の目的は，従来実行者の実行の着手を要件としていた共犯の一般原則では処罰できない前段階の行為を早期に捕捉することであるという。また，法人の刑事責任（刑221-5-2条），自首による刑の免除（刑221-5-3条），外国で起きた故殺等に対するフランス法の適用（刑221-5-4条），親権者が加害者の場合の親権の即時剥奪（刑221-5-5条）等の規定も2004年から2014年にかけて追加されている。

故意による生命侵害を伴う犯罪には，保安期間に関する132-23条が適用される。[5]

◆過失による生命侵害[6]

過失致死罪として，「不熟練（maladresse），軽率（imprudence），不注意（inattention）もしくは怠慢（négligence）によって，または法律もしくは規則によって課される安全義務（obligation de sécurité）もしくは注意義務（obligation de prudence）を怠り，他人を死亡させる行為は，過失致死とし，3年以下の拘禁および（または）4万5000ユーロ以下の罰金で罰する」と規定される（刑221-6条1項）。また，特別な義務または法律もしくは規則によって課される安全義務もしくは注意義務を意図的に怠る場合，刑は5年以下の拘禁および（または）7万5000ユーロ以下の罰金に加重される（2項）。

さらに，2003年には自動車運転過失致死罪（刑221-6-1条）が新設され，221-6条の罪が自動車運転者によってなされた場合，刑が5年以下の拘禁および（または）7万5000ユーロ以下の罰金に加重された（同条1項）。また，運転者が①特定の規則にあえて違反し，②酒酔い状態で，③薬物を使用して，④無免許で，⑤高速度で，⑥事故の責任を逃れるために，結果を招いた場合，刑は7年以下の拘禁および（または）10万ユーロ以下の罰金に加重される（同条2項）。さらに，前記①〜⑥の要件が2つ以上備わった場合，刑は10年以下の拘禁および（または）15万ユーロ以下の罰金に加重される（同条3項）。日本の危険運転致死傷罪と同様の交通犯罪重罰化がフランスでも行われていた事実は，興味深い。

2008年には，犬の攻撃を原因とする過失致死罪（刑221-6-2条）が新設され，飼い主は，様々な要件に応じて，5年以下の拘禁および（または）7万5000ユーロ以下の罰金から10年以下の拘禁および（または）15万ユーロ以下の

罰金の範囲で処罰されることとなった。犬を飼う人の割合が高いと言われるフランスならではの立法として，興味深い。

　法人の刑事責任（刑221-7条）も規定されており，鉄道の大事故や工場爆発等の事故で犠牲者が出た場合など，末端の従業員の個人責任を問うだけでは不十分と考えられる場合，法人に民事責任だけではなく，刑事責任も問うことにより，厳しく対処しつつ被害防止にもつなげることができると考えられている[7]。

2　人の身体的・精神的完全性に対する侵害

　日本では考えられていないフランス刑法特有の保護法益として，生命の次に重要な「心身の完全性（intégrité physique ou psychique de la personne）」という法益が存在する。この法益を故意により侵害する罪として，拷問および野蛮行為罪（刑222-1条），傷害致死罪（刑222-7条），傷害罪（刑222-9条以下），暴行によらない傷害罪（刑222-15条・222-16条），暴行罪（刑222-13条），脅迫罪（刑222-17条），性的攻撃罪（刑222-22条以下），強姦罪（刑222-23条），セクシュアル・ハラスメント罪（刑222-33条），麻薬取引罪（刑222-34条以下）等があり，故意によらず侵害する罪として，過失傷害罪（刑222-19条以下）があり，法人の刑事責任も規定されている（刑221-21条）。

◆心身の完全性に対する故意の侵害

　まず，処罰される通常の拷問（torture）および野蛮行為（acte de barbarie）は15年以下の重拘禁で処罰されるが，故殺または強姦以外の重罪の実行行為中に拷問および野蛮行為が行われた場合は，無期重拘禁で処罰される（刑222-2条）。また20年以下の重拘禁で処罰される場合として，前記故殺に関する加重事由と同じもの（①～⑫）以外に，⑬職務もしくは任務を遂行中または遂行の機会にあって，公権力を保持しもしくは公務を担当する者によるとき，⑭予謀を伴うとき，⑮武器の使用またはそれによる脅迫を伴うとき，等の15種類の加重事由が規定されている（刑222-3条）。

　また，少年・弱者に対する常習的拷問および野蛮行為（刑222-4条），行為に致傷結果が伴う場合（刑222-5条・222-6条）は30年以下の重拘禁で処罰される。

法人の刑事責任が2009年に追加され（刑222-6-1条），自首や中止による刑の減免が2004年に追加され（刑222-6-2条），国外のフランス人に対する犯罪にもフランス法が適用されることが2010年に追加された（刑222-6-3条）。

次に暴行（violence）は，その結果によって，①15年以下の重拘禁で処罰される「死を引き起こす暴行」（刑222-7条），②10年以下の重拘禁で処罰される「身体の一部喪失・永続障害を引き起こす暴行」（刑222-9条），③3年以下の拘禁および（または）4万5000ユーロ以下の罰金で処罰される「8日を超える労働不能を引き起こす暴行」（刑222-11条），④加重事由があるときのみ3年以下の拘禁および（または）4万5000ユーロ以下の罰金で処罰される「8日を超える労働不能を引き起こさない暴行」（刑222-13条）の4種類に分類される。そして，①の「死を引き起こす暴行」は上記拷問および野蛮行為におけるのと同様の15種類の加重事由を伴うときは20年以下の重拘禁に刑が加重され（刑222-8条1項），さらに，それが正嫡関係もしくは自然的関係の尊属，養親または未成年者に対する権限を有するその他すべての者によって，15歳未満の未成年者に対して行われた場合は，30年以下の重拘禁に刑が加重される（2項）。②の「身体の一部喪失・永続障害を引き起こす暴行」は，同様の15種類の加重事由を伴うときは15年以下の重拘禁に刑が加重され（刑222-10条1項），さらに，それが正嫡関係もしくは自然的関係の尊属，養親または未成年者に対する権限を有するその他すべての者によって，15歳未満の未成年者に対して行われた場合は，20年以下の重拘禁に刑が加重される（2項）。③の「8日を超える労働不能を引き起こす暴行」は，同様の15種類の加重事由を伴うときは5年以下の拘禁および（または）7万5000ユーロ以下の罰金に刑が加重される（刑222-12条1項1号ないし14号），さらに，それが正嫡関係もしくは自然的関係の尊属，養親または未成年者に対する権限を有するその他すべての者によって，15歳未満の未成年者に対して行われた場合は，10年以下の拘禁および（または）15万ユーロ以下の罰金に刑が加重される（2項）。④「8日を超える労働不能を引き起こさない暴行」はそれだけでは犯罪にならず，同様の15種類の加重事由があるときのみ3年以下の拘禁および（または）4万5000ユーロ以下の罰金で処罰される（刑222-13条）。

少年・弱者に対する常習的暴行（刑222-14条1項）は，被害者を死亡させた

場合は30年以下の重拘禁（同項1号），身体の一部喪失・永続障害を引き起こした場合は20年以下の重拘禁（同項2号）等，通常の暴行による結果的加重犯より重く処罰されている。その他，人の心身の完全性を害する有害物質の投与は，上記227-7条から227-14条に規定する区別に従い処罰される（刑222-15条）。

2007年3月9日法により新設された奇襲罪（embuscade）は，警察官，憲兵隊，刑務官等の権力的公務に従事する公務員による暴行や武器を使用しての脅迫を5年以下の拘禁および（または）7万5000ユーロ以下の罰金で処罰する（刑222-15-1条）。

また，日本でも騒音による傷害罪の成立を認めた判例があるが[8]，一般的には「暴行によらない傷害」と捉えられているのに対し，フランス刑法では，「悪意による電話呼び出しまたは音による攻撃が，他人の平穏を害する目的をもって反復される場合」を暴行の一種と捉え，何らかの傷害結果を要件としないで，1年以下の拘禁および（または）1万5000ユーロ以下の罰金で処罰している（刑222-16条）。法人の刑事責任（刑222-16-1条），外国で起きた故殺等に対するフランス法の適用（刑222-16-3条）等の規定も2006年から2010年にかけて追加されている。

脅迫罪（menace）は，「人に対する重罪または軽罪でその未遂が処罰されるものを実行する旨の脅迫で，反復してなされ，または文書，映像もしくはその他の手段によって表現される場合」と定義され（刑222-17条1項），6月以下の拘禁および（または）7500ユーロ以下の罰金で処罰される（2項）。「何らかの条件を充足することを求める脅迫」は3年以下の拘禁および（または）4万5000ユーロ以下の罰金で処罰され（刑222-18条1項），殺害する旨の脅迫は，5年以下の拘禁および（または）7万5000ユーロ以下の罰金で処罰される（2項）。

2004年には，脅迫が被害者の外見，民族性，国籍，人種，宗教等を理由として行われた場合，刑が1年から7年以下の拘禁および（または）3万ユーロから10万ユーロ以下の罰金に加重される規定が追加された（刑222-18-1条）。

2010年には，法律上または事実上のパートナーによって脅迫が行われた場合，刑が2年から7年以下の拘禁および（または）3万ユーロから10万ユーロ

以下の罰金に加重される規定も追加されている（刑222-18-3条）。

◆心身の完全性に対する過失の侵害

　心身の完全性に対する過失の侵害も結果によって、「3ヶ月を超える労働不能を引き起こす過失行為」（刑222-19条，2年以下の拘禁および（または）3万ユーロ以下の罰金）と「3ヶ月以下の労働不能を引き起こす過失行為」（刑222-20条，1年以下の拘禁および（または）4万5000ユーロ以下の罰金）とに分かれており、法人の刑事責任が定められていた（刑222-21条）。

　2003年には過失致死罪に追加された加重事由と同等の加重事由が追加され、221-19条の罪が自動車運転者によってなされた場合、刑が3年以下の拘禁および（または）4万5000ユーロ以下の罰金に加重された（刑221-19-1条）。また、運転者が①特定の規則にあえて違反し、②酒酔い状態で、③薬物を使用して、④無免許で、⑤高速度で、⑥事故の責任を逃れるために、結果を招いた場合、刑は5年以下の拘禁および（または）7万5000ユーロ以下の罰金に加重され（2項）、前記①〜⑥の要件が2つ以上備わった場合、刑は7年以下の拘禁および（または）10万ユーロ以下の罰金に加重される（3項）。

◆性的攻撃

　フランス刑法は、日本の強制わいせつ罪（刑176条）と強制性交等（旧強姦）罪（刑177条）を含む上位概念としての広義の性的攻撃罪について「暴行、強制、脅迫または不意打ちをもって実行されるすべての性的攻撃行為」（刑222-22条1項）と定義し、「強姦（viol）およびその他の（狭義の）性的攻撃等（autres agressions sexuelles）は、本章に規定する状況で被害者に対して行われるとき、婚姻を含む加害者と被害者のいかなる関係にもかかわらず、構成される（圏点筆者、以下同様）」として、いわゆる夫婦間強姦を明文で処罰している（2項、2006年に追加）。

　さらに2010年には、「222-22条1項に規定する強制とは、物理的および心理的なものをいう。心理的強制は、未成年被害者と加害者との年齢の差異や加害者が法律上または事実上被害者に及ぼしている権限により形成され得る」と追加された（刑222-22-1条）。すなわち、強制が心理的なものを含むとされて明示的に拡張され、さらにその心理的強制は、未成年被害者と加害者との年齢に差異がある場合や、加害者が法律上または事実上被害者に権限を及ぼしている

場合は事実上推定されることが明文上規定されたため、密室で行われることの多い性的攻撃罪の立証上の困難性を被害者に有利な形で緩和する効果をもたらした。また、2013年には、第三者に対して性的攻撃をさせる行為および未遂も、同様に処罰されるようになった（刑222-22-2条1項）。

また、日本の準強制わいせつ・準強制性交等罪（刑178条）にあたる規定は個別には存在しないが、フランスでも解釈上認められており、不意打ちまたは欺もう手段による場合も犯罪成立が判例・学説上認められている。[10]

かつてはフランスでも夫婦間強姦はなかなか認められなかったが、1980年代からすでに肯定判例が現れ（グルノーブル大審裁判所1980年6月4日判決、破毀院刑事部1984年7月17日判決、同1990年9月5日判決等）、破毀院刑事部1992年6月11日判決[11]は「夫婦の性交における同意の推定は、逆の証拠が出されれば無効となる」と明確に宣言し、欧州人権裁判所もこの考え方を支持した（1995年11月22日判決[12]）。このように判例上は1990年代から認められていたものの、「妻は夫の性的欲求に常に従わなければならない」という家父長制度時代の古い価値観である男性支配思想からの決別を象徴する規定が2006年に明文化されたことの意義は大きい。

フランスでは、強姦罪とそれ以外の性的攻撃罪という名称による区別を現在も維持しているが、日本の明治40年刑法典が、家父長制、男系中心の世襲制を前提とした血統の断絶可能性のある行為を強姦として特に重く処罰していた態度とは異なり[13]、あくまで性中立的な性的暴行の中で、法益侵害の程度の重い性的挿入罪とより程度の軽い性的攻撃罪とに分類し、前者を「強姦」、後者を「その他の性的攻撃」と呼んでいるに過ぎない。

次に、具体的な規定について見ると、強姦罪は「他人の身体に対し、暴行、強制、脅迫または不意打ちをもって実行するあらゆる性質の挿入行為」と定義され、15年以下の重拘禁で処罰される（刑222-23条）。また、①被害者に後遺障害を惹起した場合、②被害者が15歳未満の未成年者である場合、③年齢、疾病、身体的または精神的障害、妊娠等によって脆弱な状態であることが明白な場合、または加害者が特にその事情を知っている場合、④尊属または養親その他被害者に対して権限を有する者による実行の場合（2010年に追加）、⑤職務上付託された権限を有する者による実行の場合、⑥集団による実行の場合、⑦武

器が使用された場合，⑧被害者と加害者が不特定多数にあてたメッセージの利用を介して（1998年追加），またはインターネットを介して（2011年追加）知り合った上で実行された場合，⑨被害者の性的指向や性自認を原因として実行された場合（2003年追加），⑩他の被害者に対する単一または複数の強姦と同時に実行された場合（2005年追加），⑪配偶者または内縁のパートナーにより実行された場合（2006年追加），⑫薬物またはアルコールの影響により実行された場合（2007年追加）には，20年以下の重拘禁で処罰される（刑222-24条）。強姦致死罪は30年以下の重拘禁（刑222-25条），拷問強姦罪は無期重拘禁（刑222-26条）で処罰される。

　性的挿入行為とは，性器の結合だけでなく，口や肛門などへの性器挿入や手・異物の挿入などもすべて含まれる。男性による男性に対する強姦罪ももちろん成立し，性的攻撃罪より重く処罰される。

　性的攻撃（強制わいせつ）罪は，「強姦以外の性的攻撃行為」と定義され，5年以下の拘禁および（または）7万5000ユーロ以下の罰金で処罰される（刑222-27条）。強姦罪とほぼ同様の加重事由がある場合には，7年以下の拘禁および（または）10万ユーロ以下の罰金に刑が加重される（刑222-28条）。

　15歳未満の未成年者や，年齢，疾病，身体的または精神的障害，妊娠等によって脆弱な状態にある弱者に対する性的攻撃罪はより重く，7年以下の拘禁および（または）10万ユーロ以下の罰金で処罰される（刑222-29条）。さらに，強姦罪とほぼ同様の加重事由がある場合には，10年以下の拘禁または15万ユーロ以下の罰金に刑が加重される（刑222-30条）。これらの未遂も同じ刑で処罰される（刑222-31条）。2016年には，強姦およびその他の性的攻撃をめぐる近親姦罪の定義が改正され，「1号　尊属によるもの，2号　兄弟姉妹，叔父叔母，甥姪によるもの，3号　法律上または事実上の配偶者，親権者等によるもの」がすべて近親姦とされるようになった（刑222-31-1条）。

　また，日本にあるわいせつ物頒布罪（刑175条）のような「善良な性風俗（社会法益）」に対する罪は，フランスではいわゆる1970年代のポルノ解禁運動によって廃止され，新刑法典には存在しない。唯一残されたのは日本の公然わいせつ罪（刑174条）の行為態様を限定したような「公然性器露出罪」のみであり，1年以下の拘禁および（または）1万5000ユーロ以下の罰金で処罰される

（刑222-32条）。

　日本には存在しないが，1992年の新刑法典立法当時大いに話題となったセクシュアル・ハラスメント（以下，セクハラと略す）罪（刑222-33条）は，当初「職務上の権限を濫用し，性的関係を持つ目的を持って，命令，脅迫または強制によって他人に対し嫌がらせをする行為は，1年以下の拘禁および（または）1万5000ユーロ以下の罰金で処罰する」と規定し，いわゆるセクハラを刑法上の犯罪として新設した（刑222-33条）[14]。当初は，いわゆる環境型セクハラを除く対価（代償）型のセクハラを対象とし，目的や行為の面でも処罰範囲の限定が図られていた。

　判例でも，被告人（会社の上司）が見習い研修中の被害者の意思に反してバーでキスをしようとしたとしても，職務上の権限濫用や命令，脅迫または強制の有無の証明が不十分として破棄差戻したもの[15]や，被害者が望まない単なる愛情表現は職務上の権限濫用や命令，脅迫または強制がない限りセクハラ罪には当たらないとしたもの[16]など否定例も多く[17]，学説もそのような限定には概ね好意的であった[18]。

　2002年1月17日法[19]により，「職務上の権限を濫用し，」と「命令，脅迫または強制によって」という文言が削除され，この改正により，セクハラ罪の適用範囲は拡大した。その後，定義が不明確として憲法院に提訴され，2012年に違憲判決が出されたことから，セクハラ罪は1度削除された。しかし，同年の法律により，セクハラ罪は「ある人物に対し，性的な暗示を含む言葉または行為を繰り返し強いる行為であり，それらの言葉または行為は，その人物を傷つける，または侮辱するものであることから，その人物の尊厳を侵害する，またはその人物に対して威圧的な，敵対的なもしくは侮辱的な状況をつくるものである」と比較的明確に定義し直され（刑222-33条1項），刑罰も，2年以下の拘禁および（または）3万ユーロ以下の罰金へと2倍に加重された（3項）。さらに「繰り返す行為がなくとも，加害者本人のためであれ，第三者のためであれ，実際にまたは明らかに性的な行為を行う目的で，あらゆる形態の重大な圧力を用いる行為」もセクハラとみなされることとなった（2項）。さらに，セクハラ行為が3年以下の拘禁および（または）4万5000ユーロ以下の罰金で処罰される，①職権濫用により行われた場合，②15歳未満の未成年に対して行われ

第 I 部 刑　法

た場合など，5種類の加重事由が規定されている（4項）。

　しかしながら，当初から指摘されていた「性的暗示を含む」という要件の立証の困難さ[20]は依然として残り，問題として残されている。また，現実に起こりうる被害者による「誣告（dénonciation calominiuse）」の危険性については，実際はほとんどないことと，むしろセクハラで訴えられた雇用者が誣告罪（刑226-10条）で反訴することがあるが，そのことがセクハラ被害者への萎縮効果を伴わないよう慎重な適用を求める声がある[21]。このセクハラ罪は，自然人と同様，法人も処罰される（刑222-33-1条）。

　2002年1月17日法は，刑法典222-33-2条として，「他人の権利または尊厳を侵害し，身体的または精神的健康を害し，あるいは職業上の将来性を危うくするような，労働条件（conditions de travail）の悪化という目的ないし効果をもつ反復行為によって他人に対し嫌がらせをする行為は，1年以下の拘禁および（または）1万5000ユーロ以下の罰金で処罰する」と規定し，いわゆる「モラル・ハラスメント（以下，モラハラと略す）罪（harcèlement moral）」を新設した。Travailというフランス語は，報酬を伴う労働に限らず学生の勉学等も含むため，日本でも最近問題となっているいわゆる学校や職場での「いじめ」にも対応可能な広い射程を持つ規定であると思われる[22]。

　2010年7月9日の女性に対する暴力に関する法律により，法律上または事実上の配偶者またはパートナーによるハラスメント罪（刑222-33-2-1条）も新設された。2014年には，他人の心身の健康に影響を及ぼし，生活の質を低下させるようなハラスメントも，1年以下の拘禁および（または）1万5000ユーロ以下の罰金で処罰されることとなった（刑222-33-2-2条）。

　ただし，このような各種「ハラスメント罪」は，密室で行われることも多く，被害者（検察）側の立証の困難さは容易に予想できる。刑法分野では，「疑わしきは被告人の利益に」の大原則が妥当するため，なおさらである。そこで，フランスでは，刑事訴訟に訴えることよりも，独立行政法人である「差別との闘いのための高等局（Haute Autorité de Lutte contre les Discriminations et pour L'Égalité：略称＝H. A. L. D. E.）」などの裁判所以外の機関への依存度が高かった[23]。差別との闘いのための高等局は2011年に解散し，2008年のフランス憲法改正により再編された独立行政機関である「権利の番人（Déffenseur des

第 6 章　人身に対する罪

droits)」へ受け継がれた。

◆麻薬取引 (Trafic de stupéfiants)

　日本では特別法に規定されている麻薬に関する犯罪も刑法典中に規定されている。まず，最も重い罪として，「麻薬の違法な生産，製造，輸入，輸出，運搬，所持，提供，譲渡，取得または使用を目的とする集団を指揮または組織する行為」は無期重拘禁および（または）750万ユーロ以下の罰金で処罰される（刑222-34条）。麻薬の違法製造は個人による場合20年の重拘禁および（または）750万ユーロ以下の罰金で処罰され，組織による場合30年の重拘禁および（または）750万ユーロ以下の罰金で処罰される（刑222-35条）。

　その他，麻薬の違法輸出入（刑222-36条），違法所持等（刑222-37条）は，それぞれ10年以下の拘禁および（または）500万ユーロ以下の罰金で処罰され，これら4条の幇助犯も10年以下の拘禁および（または）100万ユーロ以下の罰金で処罰される（刑222-38条）。自己使用目的の麻薬の譲渡・提供は5年以下の拘禁および（または）50万ユーロ以下の罰金で処罰される（刑222-39条）が，少年に対してや教育施設や官公庁の建物内での譲渡または提供の場合，拘禁は10年以下に加重される。未遂や法人の刑事責任も規定されている（刑222-40条・222-42条）。自首により刑期を半分とする軽減規定もある（刑222-43条）。

　日本の覚せい剤取締法，麻薬取締法等の特別法では，自由刑の上限は無期懲役であるが，罰金刑の上限はせいぜい1000万円に過ぎない。フランスでは，自然人の犯罪でも罰金の上限は約10億円となり，法人の犯罪であれば自然人の5倍の50億円が上限となる。組織犯罪の典型である薬物犯罪の動機の大半が金銭欲である以上，罰金のリスクが高ければ高いほど抑止力は高まると言え，日本も参考とすべき点があろう。

　その他，自然人に適用される補充刑（刑222-44ないし48条），自然人および法人に共通の規定（刑222-49ないし51条）がある。

　2016年6月3日法により，武器の不正取引罪（Trafic d'armes）が新設された。すなわち，法令上の許可を受けずに，各種武器を取得し，所持し，譲渡する等の行為は，5年以下の拘禁および（または）7万5000ユーロ以下の罰金で処罰される（刑222-52条1項）。累犯の刑は，7年以下の拘禁および（または）10万ユーロ以下の罰金に加重され（2項），これらの行為により犯罪が実現さ

れた場合,さらに10年以下の拘禁および(または)50万ユーロ以下の罰金に刑が加重される(3項)。

　その他,武器の輸送(刑222-54条),偽造等(刑222-56条),密売等(刑222-57条),製造等(刑222-59条)が処罰され,未遂(刑222-60条),法人の刑事責任(刑222-61条),自然人に対する補充刑(刑222-62条),外国人の滞在禁止(刑222-64条),司法監視(suivi socio-judiciaire)(刑222-65条),没収(confiscation)(刑222-66条)等の規定がある。

3　人を危険にさらす行為

　次に,日本における遺棄罪のような生命・身体に対する危険犯を「人を危険にさらす罪」として,日本より広い範囲にわたって網羅している。これらはすべて軽罪である。

　まず,他人に対する危険行為(刑223-1条)として,義務違反により人身を危険にさらす行為は1年以下の拘禁および(または)1万5000ユーロ以下の罰金で処罰され,法人の刑事責任も規定されている(刑223-2条)。また,単純遺棄罪(刑223-3条)は軽罪であり,5年以下の拘禁および(または)7万5000ユーロ以下の罰金で処罰されるが,遺棄致死傷罪は重罪であり,致傷は15年以下,致死は20年以下の重拘禁で処罰される。

　次に,フランス刑法の特徴として,解釈上「法定原則(罪刑法定主義)」違反の疑いが生じる「不作為犯」をなるべく各則の規定で明記しようという方針がある(**第2章Ⅰ1不作為犯**参照)。その反映として,救助妨害罪(刑223-5条),犯罪の不阻止・不救助罪(刑223-6条),災害の放置罪(刑223-7条)という3種類の不作為犯の軽罪が規定されている。[24]

　また,これもフランス法の特徴だが,日本では未だ特別法でさえ整備されていない医療をめぐる様々な諸問題について,フランスでは20年以上前にすでに統一的な「生命倫理法」[25]として立法され,民法や刑法等各法律分野に組み込まれている。次に述べる同意のない生物学的研究(いわゆる人体実験)罪(刑223-8条)もその1つであり,3年以下の拘禁および(または)4万5000ユーロ以下の罰金で処罰されるとともに,法人の刑事責任も規定されている(刑223-9条)。

また，妊娠中絶関係では，不同意中絶（刑223-10条）や無資格者の中絶（刑223-11条）のみを処罰し，国際的にも差別的だと批判の多い自己堕胎罪（旧刑223-12条）は新刑法典施行前の1993年1月27日法により削除され，すでに25年が経過した。明治40年刑法典立法以来の自己堕胎罪（刑212条）を現在も維持し，国連の女性差別撤廃委員会（CEDAW）による最終勧告（2016年）の中でも廃止を勧告されている日本とは，対照的である。

自殺自体は日本と同様犯罪ではないが，自殺教唆罪（刑223-13条1項）やその手段の宣伝・広告（刑223-14条）さえ，自殺教唆と同じ3年以下の拘禁および（または）4万5000ユーロ以下の罰金で処罰されている。また，被害者が15歳未満の未成年者の場合，5年以下の拘禁および（または）7万5000ユーロ以下の罰金へ刑が加重される（刑223-13条2項）。自殺教唆や宣伝・広告が視聴覚による報道を手段として行われた場合，責任者の確定に関し，報道を規制する特別法が適用される（刑223-15条）。2009年に法人の刑事責任に関する規定も追加された（刑223-15-1条）。

日本でもいわゆるカルト団体等による洗脳（マインドコントロール）被害が後を絶たないが，依然として民事責任を問いうるのみであるのに対し，フランスでは，すでに2001年に，「人権および基本的自由を侵害するセクト的団体の防止および取締りを強化する2001年6月12日の法律」（反セクト法）が制定され，それにより，刑法典中に無知・脆弱性濫用罪（L'abus frauduleux de l'état d'ignorance et de faiblesse）が新設された。同罪は，「未成年者に対して，もしくは年齢，病気，身体障害，身体的欠陥，精神的欠陥または妊娠状態のため，著しく脆弱な状態にあることが明白な者または行為者にそれが認識される者に対して，もしくは重大または反復した圧力行為または判断を歪めうる技術の結果，心理的または精神的服従状態にある者に対して，その者に重大な損害を与えうる作為または無作為に導くために，その者の無知または脆弱状態を不法に利用する行為は，3年以下の拘禁および（または）37万5000ユーロ以下の罰金に処する」と規定する（刑223-15-2条）。深刻な人権侵害をもたらす洗脳行為は，フランスのように犯罪化すべきであると思われる。刑罰は決して高くはないものの，犯罪とされた場合の抑止力は高いと期待されるからである。この犯罪に特有の自然人に対する補充刑も規定されている（刑223-15-3条）ほか，もとも

とあった諸犯罪に関する自然人に対する補充刑も細かく規定されている（刑223-16条ないし223-20条）。

4　人の自由に対する侵害

　人の自由を保護法益とする逮捕監禁罪(刑224-1条)[26]は重罪であり，20年以下の重拘禁で処罰される。この場合，7日以内に被害者を解放した場合に刑を5年以下の拘禁および（または）7万5000ユーロ以下の罰金で処罰される軽罪に格下げする「解放軽減」規定が設けられている（3項）。また，監禁致傷（刑224-2条1項）は30年以下の重拘禁，監禁に伴う拷問等による監禁致死（2項）は無期重拘禁で処罰される。集団による監禁（刑224-3条1項）も30年以下の重拘禁で処罰されるが，解放軽減規定がある（3項）。さらに，①重罪もしくは軽罪の実行を準備もしくは容易にするため，重罪もしくは軽罪の正犯もしくは共犯の逃走を容易にしもしくは免れさせるため，または，命令もしくは条件とりわけ身代金の支払いを履行させるために，人質として人を逮捕し，略取または監禁した場合，30年以下の重拘禁で処罰される。224-1条ないし224-4条の被害者が15歳未満の未成年者である場合，30年以下の重拘禁は無期重拘禁に，20年以下の重拘禁は30年以下の重拘禁に刑が加重される（刑224-5条）。

　日本では特別法で処罰されている航空機，船舶もしくはその他すべての輸送手段の強取または支配行為（いわゆるハイジャック行為）（刑224-6条）もフランスでは刑法典に規定されており，20年以下の重拘禁で処罰される。航空機強取が拷問・野蛮行為を伴い，または致死の結果をもたらした場合，刑は無期重拘禁へ加重される（刑224-7条）。虚偽の情報を流布し，飛行中の航空機または航行中の船舶の安全を故意に危うくする行為は，5年以下の拘禁および（または）7万5000ユーロ以下の罰金で処罰される（刑224-8条）。2004年には，自首による刑の減免規定が追加された（刑224-8-1条）。

　自然人に対する補充刑（刑224-9条）も規定され，司法監視も科され得る（刑224-10条）。

5　人の尊厳に対する侵害

　日本にはない「人の尊厳（Dignité de la personne）」という法益を保護する罪

として差別罪（discriminations）（刑225-1条）が規定されている点もフランス刑法の特徴である。この規定は，前述のセクシュアル・ハラスメント罪（刑222-33条）など，多くの差別に基づく犯罪既定の基礎をなす構成要件であり，その捕捉範囲の広範さから，多くの人権侵害に対する予防的効果を持っている。

225-1条1項は，「①出身，性別，家庭状況，（2006年3月23日法により追加された）妊娠，（2001年11月16日法により追加された）外見，（2016年6月24日法により追加された）明白なまたは行為者に知られた経済状況に基づく特別の脆弱性（particulière vulnérabilité），住居の場所，健康状態，身体障害，（2002年3月4日法により追加された）遺伝子の型，素行，（2001年11月16日法により追加された）性的指向または（2012年8月6日法により追加された）性自認および年齢，政治的意見，組合活動を理由として，または，その真偽を問わず，特定の民族，国民，人種もしくは宗派への所属の有無を理由として，自然人の間でなされるすべての区別は，差別とする。②法人の構成員またはその構成員の一部の出身，性別，家庭状態，健康状態，身体障害，素行，政治的意見，組合活動等を理由として，または，その真偽を問わず，特定の民族，国民，人種若しくは宗派への所属の有無を理由として，法人の間でなされるすべての区別もまた，差別とする」と規定する。さらに，2012年8月6日法により追加された225-1-1条は，「ある人が222-33条により定義されるセクハラにあい，もしくはセクハラを拒否した事実またはセクハラを証言した事実を理由として，人々の間でなされる区別もまた差別とする」と規定した。日本では未だにセクハラが犯罪とされていない上，告発をした被害者が逆にバッシングを受けるなど，深刻な人権侵害が存在すると思われるが，フランスでは，2012年にセクハラ罪を改正し，詳細な定義を置くとともに重罰化したが，同時にセクハラ被害者の保護を目的として差別罪を拡張しており，日本も参考とすべきであろう。

そして，225-2条では，225-1条に規定する差別により，「1号 財物または役務の提供を拒否すること，2号 何らかの経済的活動の正常な遂行を妨害すること，3号 人の採用を拒否，懲戒または解雇すること，4号 225-1条に掲げる要素の1つを財物または役務の提供の条件とすること，5号 225-1条または225-1-1条に掲げる要素の1つを企業の雇用提供の条件とすること，6号 社会保障法典412-8条に規定する研修の受け入れを拒否するこ

と」等の行為を，3年以下の拘禁および（または）4万5000ユーロ以下の罰金で処罰している[27]（1項）。さらに，第1項に規定する差別的拒否が公共の場所へのアクセスを拒否する目的でなされた場合，刑は5年以下の拘禁および（または）7万5000ユーロ以下の罰金へ加重される（2項）。

225-3条には，雇用に関する健康状態，身体障害，性別に関する差別の適用除外規定があるが，225-4条では，法人処罰も規定されている。

さらに，2013年8月5日法により，脅迫や権利濫用等による人間の取扱いが，態様により，10年以下の拘禁から無期重拘禁および（または）150万ユーロから450万ユーロ以下の罰金までの刑に加重されることとなった（刑225-4-1条ないし225-4-9条）。

例えば，日本の企業等でセクハラが行われた際，民事の不法行為として損害賠償の対象にしかならないうえ，訴えた被害者に対する有形無形の嫌がらせが行われても，それに対する予防および制裁手段はほとんどない。これに対し，フランスではすでに25年以上前にセクハラ行為自体が刑法上の犯罪とされているうえ，被害の訴えを理由とする差別的取扱いは，上位規定である差別罪で処罰が可能となっており，彼我の差は益々開くばかりである。

次に，日本では特別法に規定されている売春斡旋罪も刑法典に規定されている（225-5条）。すなわち，225-5条の売春斡旋（proxénétisme）は，売春行為の援助・保護，他人の売春行為から利益を得，売春を継続するよう圧力をかける行為等は，態様のいかんを問わず，7年以下の拘禁および（または）15万ユーロ以下の罰金で処罰される[28]。それに一定の加重事由，すなわち，「1号　未成年者に対して実行したとき，2号　年齢，疾病，身体障害，身体的もしくは精神的な欠陥もしくは妊娠のゆえに著しく脆弱な状態にあることが明白である者または犯人がそれと認識している者に対して実行したとき，3号　数人の者に対して実行したとき，4号　フランス共和国の領土外においてまたはフランス共和国の領土に到着したときに，売春を行うよう唆された者に対して実行したとき，5号　売春を行う者の正嫡関係もしくは自然的関係にある尊属，養親により，または売春を行う者に対して権限を有する者によって，もしくは職務上付託された権限を濫用する者が実行したとき，6号　売春に対する闘争，健康の保護または公の秩序の維持に職務上関与することを要請されている者が

実行したとき，7号　武器を所持する者が実行したとき」が加わると，225-7条の加重的売春斡旋（proxénétisme agravé）として10年以下の拘禁および（または）150万ユーロ以下の罰金で処罰される。

　2003年に新設された15歳未満の児童に対する加重的売春斡旋（刑225-7-1条）は，15年以下の拘禁および（または）300万ユーロ以下の罰金で処罰される。また，組織的売春斡旋（刑225-8条）は，20年以下の重懲役および（または）300万ユーロ以下の罰金で処罰され，拷問等による売春斡旋（刑225-9条）は無期懲役および（または）450万ユーロ以下の罰金で処罰されるなど，非常に重い刑罰が特徴である。さらに，長らく売春そのものは処罰の対象としてこなかったフランスも，2003年に225-10-1条の売春罪を新設し，「受動的な態度を含むあらゆる方法で，報酬または報酬の約束と引き換えに性的関係をもつよう勧誘する行為は，2ヶ月以下の拘禁および（または）3750ユーロ以下の罰金で罰する」としたが，刑罰は比較的軽く，象徴的な意味合いもあると思われた。しかし，2016年に売春には社会の差別や貧困問題，移民問題が背景にあるとされ，売春者には処罰ではなく保護をという目的で売春罪は廃止され，代わりに成人を対象とする場合は全く同じ刑罰（3750ユーロの罰金）で処罰される買春罪が新設された（刑225-12-1条）。この買春罪は，未成年者や脆弱な人を対象とする場合，3年以下の拘禁および（または）4万5000ユーロ以下の罰金で処罰される（2項）。買春行為が常習的に行われたり，複数の相手に対して行われた場合，刑が5年以下の拘禁および（または）7万5000ユーロ以下の罰金へ加重される加重規定がある（刑225-12-2条）。

　本章の未遂はすべて既遂犯と同様の刑で処罰され（刑225-11条），法人の刑事責任も規定されている（刑225-12条）。売春斡旋が組織犯罪として行われる場合が多いことに鑑み，日本でも一層の重罰化が望まれよう。

　また，日本では労働刑法の分野に属する不正労働等「人の尊厳に反する労働罪」も，フランスでは「尊厳を害する」刑法上の犯罪として，明確に処罰される。すなわち，不正な役務提供を受けること（刑225-13条），不正労働（刑225-14条）は，5年以下の拘禁および（または）15万ユーロ以下の罰金で処罰され，被害者が多数の場合，刑罰は，7年以下の拘禁および（または）20万ユーロ以下の罰金へ加重される（刑225-15条）。法人の刑事責任も規定されている（刑

225-16条)。

　尊厳を保護法益とする最後の犯罪として，1年以下の拘禁および（または）1万5000ユーロ以下の罰金で処罰される死者への敬意に対する侵害罪（刑225-17条）が規定され，差別による場合の加重（3年以下の拘禁および（または）4万5000ユーロ以下の罰金，刑225-18条）も規定されている。

　その他，自然人に適用される補充刑（刑225-19条ないし225-20条），外国人に対する滞在禁止（刑225-21条），自然人および法人に共通の規定（刑225-22条ないし24条）が存在する。

6　人格に対する侵害

◆私的生活に対する侵害

　これも日本にはないフランス刑法の特徴として「人格」を保護法益とする犯罪がひとまとめにされている。その中には，日本でも「秘密を侵す罪」として規定されている秘密侵害罪等もあるが，日本にはないプライバシー侵害罪や個人カードまたは情報処理侵害罪，人の遺伝子情報による識別から生ずる侵害罪なども処罰されている。なお，名誉毀損罪は，刑法典ではなく「報道と通信に関する1881年7月29日法」に規定されている。

　まずプライバシー（私的生活）侵害罪として，①私的もしくは秘密なものとして話された言葉を，本人の承諾を得ないで，傍受し，録音し，伝達すること，②私的な場所にいる人の肖像を，その者の承諾を得ないで，写し，録画し，伝達することを手段として，他人の私生活の内奥に対し，故意に侵害する行為は，1年以下の拘禁および（または）4万5000ユーロ以下の罰金で処罰される（刑226-1条1項）。ただし，これらの行為が当事者の認識できる状況で行われ，当事者が防止できるにもかかわらず防止しなかった場合，承諾があったものと推定するという推定規定がある（同条2項）。

　226-1条によって得られた私的秘密の暴露も同様の刑で処罰される（刑226-2条1項）が，文字および（または）視聴覚による報道を手段として行われた場合，報道を規制する特別法が準用される（同条2項）。226-1条および226-2条は，親告罪である（刑226-6条）。また，盗聴装置の無許可製造（刑226-3条1項）やその宣伝も同様の刑で処罰される（同条2項）。

さらに，日本では自由に対する罪に分類される住居侵入罪が，プライバシー侵害と同様，「人格に対する罪」として捉えられている点が興味深い。すなわち，術策，脅迫，暴行または強制を用いて，他人の住居に侵入しまたは滞在する行為は，1年以下の拘禁および（または）4万5000ユーロ以下の罰金で処罰される（刑226-4条）。ただし，法律が許容する場合はこの限りでない。また，警察等，公権力を保持する者による住居侵入罪は，一般人によるものより重く処罰されている（刑432-8条）のもフランス刑法の特徴である。一般人の政治的なビラ配布のための集合住宅の共用部分への立入りが広く住居侵入罪で処罰される一方[31]，警察官による盗聴行為が職権濫用罪で起訴されず，告訴者による付審判請求が最高裁まで棄却され続ける日本と[32]，国家権力の濫用に対してより厳しい刑罰を規定するフランスとは[33]，対照的な姿勢が見て取れる。
　本節に規定する犯罪の未遂は，既遂と同様の刑で処罰され（刑226-5条），親告罪（刑226-6条）であり，法人の刑事責任も規定されている（刑226-7条）。

◆人の表象に対する侵害

　日本にはない肖像侵害罪（刑226-8条）も規定されており，①方法のいかんを問わず，口頭の説明または画像をもって作成された人の肖像を，その者の承諾を得ないで，公表する行為は，モンタージュであることが明白でなかった場合またはその旨の明示的な説明がなかった場合，1年以下の拘禁および（または）1万5000ユーロ以下の罰金で処罰される（刑226-8条）。未遂，法人の刑事責任についても規定がある（刑226-9条）。

◆中傷的告発

　日本の虚偽告訴罪と同様，不正確な事実に基づく告発は，5年以下の拘禁および（または）4万5000ユーロ以下の罰金で処罰される（刑226-10条1項）。訴訟障害（刑226-11条），法人の刑事責任（刑226-12条）についても規定されている。

◆秘密に対する侵害

　職業上の秘密に関する秘密漏えい罪は，1年以下の拘禁および（または）1万5000ユーロ以下の罰金で処罰される（刑226-13条）。ただし，法律が秘密漏えいを許可または強制する場合，226-13条は適用されない。特に，①15歳未満の未成年者または年齢もしくは身体的状態もしくは精神的状態のゆえに自己の身を守ることができない者に対する虐待または不保護の事実を知り，司法，医

療または権限ある行政機関に通知した場合，②性質のいかんを問わず，性的暴行が行われたと推知させる虐待の事実を，被害者の同意を得て共和国検事に通知する場合は，前条の適用は除外される（刑226-14条）。

　日本では，国家権力によるものを想定して憲法21条2項後段が保護し，民間人によるものについては特別法である電気通信事業法等に規定される通信の秘密侵害罪も，フランスでは刑法典中に規定されている。すなわち，悪意をもって第三者に向けられた通信を開示し，抹消もしくは破棄し，遅延させ，もしくは方向をそらせる行為，または不正にその内容を知る行為は，1年以下の拘禁および（または）4万5000ユーロ以下の罰金で処罰される（刑226-15条）。

◆個人カードまたは情報処理によって生ずる人の権利に対する侵害

　日本では「個人情報の保護に関する法律」（2003年）で禁止されているような行為について，フランスでは，10年以上前の1992年にすでに刑法上の犯罪として処罰しており，法定刑も重い。例えば，形式に違反する不正な情報処理は，5年以下の拘禁および（または）30万ユーロ以下の罰金で処罰され（刑226-16条），安全措置をとらない不正な情報処理も，同様の刑で処罰される（刑226-17条）。情報の不正収集（刑226-18条）や記名情報の不法保持（刑226-19条），不法情報処理（刑226-20条）も同様の刑で処罰される。これに対し，合法的な情報処理過程で得た情報を第三者に漏えいする行為（刑226-22条1項）は同様の5年以下の拘禁および（または）30万ユーロ以下の罰金で処罰される（同条同項）が，過失漏えいでさえ，3年以下の拘禁および（または）10万ユーロ以下の罰金で処罰される（同条2項）。これらは親告罪である（同条3項）。法人の刑事責任も規定されている（刑226-24条）。

◆人の特徴に関する遺伝学的研究または人の遺伝子情報による識別から生ずる人に対する侵害

　フランスでは，前述のように，生命倫理に関する犯罪も刑法典に規定されている[34]。日本では特別法さえ整備されず，厚生労働省や医師会のガイドライン等に頼っている現状とは対照的である。

　不正な遺伝学的研究（刑226-25条），遺伝子情報の不正取得（刑226-26条），遺伝子情報による不正な識別研究（刑226-27条），遺伝子情報によるその他の識別研究（刑226-28条）は，1年以下の拘禁および（または）1万5000ユーロ以下の

罰金で処罰され，未遂（刑226-29条），法人の刑事責任（刑226-30条）も規定されている。

自然人に対する補充刑（刑226-31条），鑑定人名簿からの削除に関する規定（刑226-32条）がある。

7　未成年者および家族に対する侵害

フランス刑法の特色として，ジェンダー平等，弱者の保護を重視している点は，冒頭に述べた通りである。特に未成年者に対する犯罪を本章にまとめて規定しており，日本では児童虐待防止法等の特別法に規定されているものも，刑法典中に規定されている。

◆未成年者の遺棄

15歳未満の未成年者を遺棄する行為は，7年以下の拘禁および（または）10万ユーロ以下の罰金で処罰され（刑227-1条），遺棄致傷罪は20年以下の重拘禁で，遺棄致死罪は30年以下の重拘禁で処罰される（刑227-2条）。

◆家族の遺棄

これは，日本には存在しない類型であり，未成年の実子や養子，卑属や尊属，配偶者のための扶養義務（扶養分担金に関する裁判上，司法上の協約）を2ヶ月を超えて履行しない場合，2年以下の拘禁および（または）1万5000ユーロ以下の罰金で処罰される（刑227-3条）。扶養義務者の債権者に対する住所変更の不通知さえ6ヶ月以下の拘禁および（または）7500ユーロ以下の罰金で処罰される（刑227-4条）。日本では，離婚に伴う生活費の支給義務を配偶者との間で取り決めた場合，不履行に対する民事制裁でさえ不十分であり，フランスのような刑事制裁を伴う強力な保護を，検討すべきであろう。

さらに，2010年10月1日法により，「家庭内暴力（ドメスティック・ヴァイオレンス＝以下，DVと略す）事件における裁判官命令違反」という節が新設され，民法515-9条または515-13条の適用により下された保護命令に違反した場合，2年以下の拘禁および（または）1万5000ユーロ以下の罰金で処罰されることとなった（刑227-4-2条）。同様に，養育費の支払い等の裁判官命令を受けた者が，住所変更を通知しない場合，6ヶ月以下の拘禁および（または）7500ユーロ以下の罰金で処罰される（刑227-4-2条）。

◆親権行使に対する侵害

また，日本では親権者による未成年者略取誘拐罪の成否は解釈（判例）に委ねられているが，フランスでは，明示的な規定がある。

未成年者の子の引き渡しを請求する権利を有する者に対し，正当な理由がないのに引渡しを拒む行為は，1年以下の拘禁および（または）1万5000ユーロ以下の罰金で処罰され（刑227-5条），離婚や別居後，子に対する面会権をもつ者に対し，住所変更後1ヶ月以内に変更を通知しない行為も6月以下の拘禁および（または）7500ユーロ以下の罰金で処罰される（刑227-6条）。

日本でも判例上争われた「尊属による子の奪取」罪は，1年以下の拘禁および（または）1万5000ユーロ以下の罰金で処罰され（刑227-7条），尊属以外の者による未成年の子の奪取罪は，5年以下の拘禁および（または）7万5000ユーロ以下の罰金で処罰される（刑227-8条）。また，この引渡し拒否罪（刑227-5条）の加重類型（引渡しを主張できる者が知らない場所で5日以上子を拘束する行為）や尊属による子の奪取罪（刑227-7条）の加重類型（正当な理由がないのに共和国の領土外で未成年の子を拘束する行為）は，3年以下の拘禁および（または）4万5000ユーロ以下の罰金で処罰される（刑227-9条）。[35] 227-5条および227-7条が親権を剥奪された者により行われた場合も，3年以下の拘禁および（または）4万5000ユーロ以下の罰金で処罰される（刑227-10条）。227-7条および227-8条のみ未遂が規定され，既遂と同様の刑で処罰される（刑227-11条）。

◆親子関係に対する侵害

フランス刑法の特徴として，親子関係を侵害する行為や代理母契約も刑法上処罰される。すなわち，営利の目的等により出生した子または出生すべき子の遺棄を両親または一方の親に教唆する行為は，6月以下の拘禁および（または）7500ユーロ以下の罰金で処罰され（刑227-12条1項），それを仲介する行為も，1年以下の拘禁および（または）1万5000ユーロ以下の罰金で処罰される（2項）。[36] 代理母契約を結んだ者は，同様の刑で処罰される（3項）。民事的身分の侵害は，3年以下の拘禁および（または）4万5000ユーロ以下の罰金で処罰され（刑227-13条），これらすべての罪につき，法人の刑事責任も規定されている（刑227-14条）。

第 6 章　人身に対する罪

◆未成年者を危険にさらす行為
　児童虐待も，刑法上の特別の構成要件として重く処罰されている。例えば，親権者または監護者が未成年の保護を怠り，その健康を危険にさらす行為は 7 年以下の拘禁および（または）10万ユーロ以下の罰金で処罰され（刑227-15条），致死の結果を生じさせた場合は30年以下の重拘禁で処罰される（刑227-16条）。また，父母による教育放棄等も 2 年以下の拘禁および（または） 3 万ユーロ以下の罰金で処罰される（刑227-17条）。正当な理由なく，子どもを教育機関に通わせない行為等も， 6 月以下の拘禁および（または）7500ユーロ以下の罰金で処罰される（刑227-17-1 条）。
　麻薬の使用教唆（刑227-18条）は， 5 年以下の拘禁および（または）10万ユーロ以下の罰金で処罰され，飲酒の教唆（刑227-19条）は， 1 年以下の拘禁および（または） 1 万5000ユーロ以下の罰金で処罰される。物乞いの教唆（刑227-20条）は， 3 年以下の拘禁および（または） 7 万5000ユーロ以下の罰金で処罰され，犯罪の教唆（刑227-21条）は， 5 年以下の拘禁および（または）15万ユーロ以下の罰金で，堕落の助長（刑227-22条）は， 7 年以下の拘禁および（または）10万ユーロ以下の罰金で処罰される。深刻な児童虐待に効果的な対処ができず，児童を死亡させてしまってから殺人罪や傷害致死罪でようやく逮捕するような日本の状況と異なり，それ以前の段階からきめ細かく犯罪化することにより，深刻な被害を未然に防止するフランスの姿勢は，大いに参考となろう。
　227-23条以下には，日本のいわゆる児童ポルノ禁止法に規定されるような児童ポルノに関連する処罰規定がある。まず，児童ポルノの定義は，日本の児童ポルノ禁止法 2 条 3 項 1 号ないし 3 号のように細かく定義されず，ポルノグラフィの性質をもつ未成年者（児童）の映像または表現（物）はすべて含まれる。前者は実在の児童の映像であるが，後者は児童を表現していれば含まれることとなり，児童を題材とし，かつわいせつな内容を持つ絵画，漫画，アニメーション，コンピュータ・グラフィックス等すべてが含まれる[37]。また，ポルノグラフィの性質とは，日本における「わいせつ」概念のように規範的要素として裁判官が判断するため，広い裁量に任されている。フランスの代表的な刑法各論教科書[38]によれば，「ポルノグラフィとは①旧刑法で用いられていた『善良な性風俗に対する侮辱』という概念より狭い。単なるヌード映像やゆるやか

な好色的表現（エロティシズム）は入らない。②特に，ポルノ関連犯罪は，未成年者しか保護していない」と説明される。

　日本とフランスでもっとも異なる点は，フランスでは1970年代以降いわゆるポルノ解禁が行われ，成人に関しては日本の「わいせつ物頒布罪」（刑175条）に当たる罪が存在しないという点である。すなわち，フランスの児童ポルノ規制は，「善良な性風俗（社会的法益）の保護」というような人々の多様な価値観・思想を規制する目的も内容も持たず，あくまでも広い意味での児童虐待の防止が念頭に置かれており，そのような虐待につながる可能性が少しでもある行為は，断固として規制する立法者意思が明確に表れている。例えば，1992年の立法当初，227-23条は児童ポルノの作成，提供のみを処罰していたが，その後2002年に所持が禁止され，2007年にはインターネットの児童ポルノサイトに常習的にアクセスする行為さえ処罰されるようになった。2005年1月5日の破毀院（フランスの最高裁）判決[39]では，児童ポルノをインターネットのサイトからダウンロードして媒体に保存，印刷したりせず，単に閲覧しただけでは，児童ポルノ作成罪（刑227-24条）を構成しないとされていたが，2007年の立法により，227-23条で処罰されるようになった。

　未成年者に対する性的攻撃罪は，刑法典第2部第2編第2章「人の身体的・精神的完全性に対する侵害」だけではなく，第7章「未成年者及び家族に対する侵害」の章においても規定されている。

　すなわち，「暴行，強制，脅迫を用いることなく，または不意を襲うことなく，成人が15歳未満の未成年者に対して行う性的攻撃は，5年以下の拘禁および（または）7万5000ユーロ以下の罰金で処罰され（刑227-25条），他の性的攻撃罪と同様，多くの加重事由が定められている（刑227-26条）。227-27条は，「暴行，強制，脅迫を用いることなく，または不意を襲うことなく，15歳以上であって，婚姻により親権を解かれていない未成年者に対する性的攻撃は，次に掲げる場合，2年以下の拘禁および（または）3万ユーロ以下の罰金に処する」とし，「1号　尊属または養親その他被害者に対して権限を有する者による実行の場合（2010年に追加），2号　職務上付託された権限を有する者による実行の場合」を挙げている。

　227-27-2条は，2010年に追加されたもので，フランスでかつて宗教上禁止

されるべきと長年考えられてきたものの，ナポレオン法典では同性愛処罰と同様不問に付された「近親姦罪」を刑法典の中に復活させたと話題になったものである。すなわち，227-25条ないし227-27条に規定する行為が，家族内で尊属または養親その他被害者に対して権限を有する者や，兄弟，姉妹によって行われた場合は，近親姦とみなされる（刑227-27- 2 条）。また，未成年者に対し近親姦罪が行われた場合，民法378条および379- 1 条に規定するあらゆる親権は剥奪される（刑227-27- 3 条，2010年に追加）。

1)　下限については本書第 5 章注1)参照。
2)　1 ユーロ＝130円で換算。為替レートにより，日本円は変動しうる。
3)　⑪は，2006年 4 月 4 日法2006-399号「配偶者間暴力および未成年者に対する暴力の防止と抑止の強化に関する法律（Loi n° 2006-399 du 4 avril 2006 renforçant la prévention et la répression des violences au sein du couple ou commises contre les mineur, JORF n° 81 du 5 avril 2006 page 5097）」により，⑫は，2010年 7 月 9 日法2010-769号「女性に対する特有の暴力および配偶者間暴力と，これらが子どもに及ぼす影響に関する法律（Loi n° 2010-769 du 9 juillet 2010 relative aux violences faites spécifiquement aux femmes, aux violences au sein des couples et aux incidences de ces dernières sur les enfants, JORF n° 0158 du 10 juillet 2010 page 12762）により新設された規定である。
4)　最終的には，無罪となった。詳細は，末道康之「HIV 感染をめぐる刑法上の諸問題――フランスの議論を素材として」南山36巻 2 号（2013年）49頁以下参照。
5)　10年以上の執行猶予なしの拘禁刑の言い渡しを受けた者は，刑期の 2 分の 1 （無期拘禁については22年）の保安期間中，刑の停止や分割，外出許可，半自由，仮釈放等を受けることができない等を定めた規定である。
6)　過失についての詳細は，**第2章Ⅱ2過失**参照。
7)　詳細は，**第3章Ⅱ法人**参照。
8)　最決平成17・3・29刑集59・2・54参照。
9)　2006年 4 月 4 日法2006-399号「配偶者間暴力及び未成年者に対する暴力の防止と抑止の強化に関する法律」前掲注3)により追加された。
10)　破毀院刑事部1857年 6 月25日判決，同1960年 4 月29日判決（Crim 29 avr. 1960, B. 225, S. 1960-253），同1973年 7 月10日判決（Crim., 10 juill. 1973, B. 322, RSC 1974-594），1992年 2 月11日判決（Crim., 10 juill. 1973, B. 322, RSC 1974-594），2007年 2 月21日判決（Crim., 21 fév. 2007, Bull. crim. n° 61, RSC 2007-301）等。
11)　Crim., 11 juin. 1992, Bull. crim. n° 232, RSC 1993-330.
12)　C. E. D. H., 22 nov. 1995, RSC 1996-512.
13)　日本の旧強姦罪（刑177条）は，2017年 6 月に強制性交等罪となり，構成要件や刑罰も改正された（同年 7 月施行）。
14)　上野芳久「セクシャル・ハラスメントと刑法――フランスのセクハラ罪創設を契機とし

て」『西原春夫先生古稀祝賀論文集（3）』（成文堂，1998年）103頁以下参照。
15) 破毀院刑事部2000年5月31日判決，*Bull. crim. 2000, nº 208 p. 613.*
16) ヴェルサイユ小審裁判所1993年6月30日判決，*D. 1993, IR. 228.*
17) ヴェルサイユ小審裁判所1996年11月29日判決，*R. S. C. 1998, 105,* ドゥエ小審裁判所1997年9月10日判決，*J. C. P. 1998, II. 10037* 等。
18) 代表的なものとして，Jean Pradel=Michel Danti-Juan, *Droit pénal spécial*, cujas, 5ᵉéd., 2010, p. 435 et s.
19) Loi nº 2002-73 du 17 janvier 2002 de modernisation sociale, J. O. nº 15 du 18 janvier 2002.
20) Jean Pradel=Michel Danti-Juan, *Droit pénal spécial*, précité, p. 481, Calude Katz, *La preuve en matière de harcèlement sexuel: pas vu, pas pris ? Gaz. Pal. du 28 mai. 1998*, p. 688 et s.
21) Calude Katz, *La dénonciation calominiuse en matière de harcèlement sexuel, Gaz Pal 1994*, p. 1378 et s.
22) 2007年7月に神戸市の高校生がいじめを苦に自殺した事件では，いじめた同級生が恐喝未遂罪で逮捕されたが，金銭要求という一部の行為を刑法で捕捉するのみでは限界があり，いじめの実態を正面から捉えているとも言いがたいように思われる。
23) 2008年6月27日大阪大学法学部内で開催されたポワティエ大学刑事科学研究所長ミッシェル・ダンティジュアン教授の講演会「刑法と法の下の平等」において紹介された。
24) 救助妨害罪（223-5条）の行為は「妨害」という作為であるが，救助をさせないという意味では，一種の不作為犯的側面をもつ犯罪である。
25) ①人体の尊重に関する1994年の法律第653号，②人体の要素及び産物の提供，利用，生殖に対する医学的介助及び出生前診断に関する1994年の法律第654号，③保健研究における記名データの処理に関する1994年の法律第548号の3法の総称である。
26) 構成要件は，人を逮捕し，略取し，抑留または監禁する行為である。
27) 1992年の立法当時は2年以下の拘禁または20万フラン（約3万ユーロ）以下の罰金であったが，2004年3月9日のいわゆるPerben II 法により加重された。
28) 1ユーロ130円で計算すると1950万円であり，日本の売春防止法の5〜30万円以下の罰金の65〜390倍である。
29) 約6億円であり，組織犯罪にも十分に打撃を与え得る罰金額である。
30) ちなみに，法人に適用される罰金は，自然人に対して定める額の5倍とされており（131-38条），例えば450万ユーロ（日本円で約6億円）以下の罰金で処罰される拷問等による売春斡旋が法人によって行われた場合は，その5倍の2250万ユーロ（日本円で約30億円）以下の罰金で処罰される。
31) 後述**第8章Ⅲ2 公務員による公務に対する侵害**参照。
32) 最判平21・11・30刑集63・9・1765。
33) 最決平1・3・14刑集43・3・283。
34) 前掲注25)参照。
35) 2002年3月4日の法律により，刑が加重された。
36) 2002年3月4日の法律により，刑が加重された。

37) Jean Pradel=Michel Danti-Juan, *Droit pénal spécial*, précié, p. 415.
38) Jean Larguier=Anne-Marie Larguier, *Droit pénal spécial*, 12éd., 2002, p. 315.
39) *Bull. crim. n° 9., JCP. 2005. IV. 1505.*

第7章 財産に対する罪

I ◆──不法領得

1 窃盗および強盗

　他人の財物の不法な領得と定義される窃盗罪（vol）は，軽罪である。311-3条は，3年以下の拘禁および（または）4万5000ユーロ以下の罰金という一種類の刑罰を規定する。日本の電気に関するみなし規定のような規定もエネルギー全般に関して存在する（刑311-2条）。以下のような加重事由が存在する場合は，5年以下の拘禁および（または）7万5000ユーロ以下の罰金で処罰される（刑311-4条1項）。①組織的暴力集団を構成しない複数の者によって犯された場合，②警察等公権力を保持する者が職務執行中に犯した場合，③警察等公権力を保持する者を仮装して犯された場合，④傷害に至らない暴行を伴って犯された場合，⑤被害者の年齢，疾病，身体的傷害，妊娠等による著しく脆弱な状態により犯罪の実行が容易になされ，かつその状態が明白であるときまたは行為者がそれを認識している場合，⑥住居侵入とともに行われた場合，⑦大量旅客輸送手段の車両中または駅や空港等で行われた場合，⑧実行行為の前後に破壊，破損，毀損行為を伴う場合，⑨真実であるか推測に基づくものであるかを問わず，被害者が属するまたは属さない民族，国籍，人種，特定の宗教を理由として犯されたとき（2004年に追加），⑩特定を避けるために変装等を伴って実行された場合（2010年に追加），⑪学校等の教育施設で行われた場合（2010年に追加）である。これらの事情が2個ある場合，刑は7年以下の拘禁および（または）10万ユーロ以下の罰金に加重され，3個ある場合，刑は10年以下の拘禁および（または）15万ユーロ以下の罰金に加重される（刑311-4条2項）。

　強盗致傷は，8日未満の傷害を生じさせた場合は7年以下の拘禁および（ま

たは）10万ユーロ以下の罰金で処罰され（刑311-5条），8日以上の傷害を生じさせた場合は10年以下の拘禁および（または）15万ユーロ以下の罰金で処罰される（刑311-6条）。さらに重傷を与えた場合の強盗致傷罪は，15年以下の重拘禁および（または）15万ユーロ以下の罰金で処罰される（刑311-7条）。武器を使用した強盗（刑311-8条）や組織的強盗（刑311-9条）も，同様の刑で処罰される。強盗致死は，無期重拘禁および（または）15万ユーロ以下の罰金で処罰され（刑311-10条），事後強盗罪も各類型の強盗罪の刑で処罰される（刑311-11条）。

未遂は既遂と同一の刑で処罰され（刑311-13条），親族相盗例の規定もある（刑311-12条）。法人の刑事責任も規定されている（刑311-16条）。

2　強要および恐喝

強要は，「暴力，暴力による脅迫または強制によって，署名もしくは約束を得，または権利を放棄させもしくは秘密を暴露させ，または資金，有価証券もしくは何らかの財産の引渡しを取得する行為」と定義され，7年以下の拘禁および（または）10万ユーロ以下の罰金で処罰される（刑312-1条）。加重的強要の場合，刑は10年以下の拘禁および（または）15万ユーロ以下の罰金に加重される（刑312-2条）。強盗罪と同様，強要致傷（刑312-3条・312-4条），持凶器強要（刑312-5条），集団強要（刑312-6条），強要致死（刑312-7条）等が処罰されている。

恐喝は，「名誉もしくは敬意を害する性質をもつ事実を暴露しもしくはそのような事実があると主張すると脅迫して，署名もしくは約束を得，または権利を放棄させもしくは秘密を暴露させ，または賃金，有価証券もしくは何らかの財産の引渡しを取得する行為」と定義され，5年以下の拘禁および（または）7万5000ユーロ以下の罰金で処罰される（刑312-10条）。加重的恐喝の場合，刑は7年以下の拘禁および（または）10万ユーロ以下の罰金に加重される（刑312-11条）。

3　詐　欺

詐欺は，「虚偽の氏名もしくは資格を用い，真実の資格を濫用し，または不

正な策略を用いて，自然人または法人を錯誤に陥れて，その者または第三者の利益に反して，資金，有価証券もしくは何らかの財産の引渡し，役務の提供または債務履行もしくは債務の免除について承諾させる行為」と定義され，5年以下の拘禁および（または）37万5000ユーロ以下の罰金で処罰される（刑313-1条）。加重的詐欺の場合，刑は7年以下の拘禁および（または）75万ユーロ以下の罰金に加重される（刑313-2条）。未遂や，親族の不訴追に関する規定もある（刑313-3条）。

　未成年者・弱者に対する準詐欺罪（刑313-4条），無銭飲食等の役務の不正提供罪（刑313-5条），競売妨害罪（刑313-6条）等も，詐欺の周辺の犯罪として処罰される。

　なお，クレジットカードの不正使用を広く詐欺罪で処罰する日本とは逆に，フランスでは，小切手の不正使用を非犯罪化した。不正使用が多すぎて警察や裁判所が扱うことを放棄したという説もあるが，小切手を受け入れる側が顧客の支払能力を調査すれば防げるということから，受け入れた店側の自己責任であり，刑法上の詐欺罪は成立せず，民事責任に委ねるという解決方法が採られた。このようなフランスの方向性は，示唆に富む。

4　横領および背信・倒産犯罪

　横領罪と背任罪を別々に規定する日本と異なり，フランスでは，背信罪（abus de confiance）として両者を兼ねたような規定となっているが，実質は横領罪である。すなわち，「資金，有価証券または何らかの財物について委託を受け，または返還，代理もしくは特定の利用を行うことを引き受けた者が，これらの物を横領する行為」を背信と定義し，3年以下の拘禁および（または）37万5000ユーロ以下の罰金で処罰する（刑314-1条）。加重的背信の場合，刑は7年以下の拘禁および（または）75万ユーロ以下の罰金に加重される（刑314-2条）。日本の背任罪・特別背任罪（会社法960条）に当たる会社財産濫用罪（abus des biens sociaux）は，フランス商法典241条の93や242条の6に規定されている。[1]

　質物の破壊・横領（刑314-5条）や差押物の破壊・横領（刑314-6条）は，3年以下の拘禁および（または）37万5000ユーロ以下の罰金で処罰される。

日本の競売妨害罪等に類似の犯罪として，支払不能状態の不法な作出も処罰される（刑314-7条）。

II ◆──その他の財産犯

1 贓物隠匿

贓物隠匿（recel）は，5年以下の拘禁および（または）37万5000ユーロ以下の罰金で処罰され（刑321-1条），加重的贓物隠匿の場合，刑は10年以下の拘禁および（または）75万ユーロ以下の罰金に加重される（刑321-2条）。贓物隠匿に類似する犯罪として，未成年者の財産犯からの利益収受は，5年以下の拘禁および（または）37万5000ユーロ以下の罰金で処罰され（刑321-6条），古物商等の記帳義務違反等も，6月以下の拘禁および（または）3万ユーロ以下の罰金で処罰される（刑321-7条）。

2 破壊，毀損および毀棄（器物損壊）

他人の所有に属する財産を破壊，毀損または毀棄する行為は，2年以下の拘禁および（または）3万ユーロ以下の罰金で処罰される（刑322-1条）。客体による加重（刑322-2条）や，主体または行為態様による加重規定（刑322-3条）を設けている。未遂も処罰される（刑322-4条）。

人に危険を及ぼす破壊，毀損および毀棄として，故意によらない爆発，火災による破壊等（刑322-5条），故意の爆発，火災による破壊等（刑322-6条），重い傷害結果が発生した場合の加重類型（刑322-7条），組織集団による場合の加重類型（刑322-8条），重大な身体障害結果が発生した場合の加重類型（刑322-9条），致死結果が発生した場合の加重類型（刑322-10条），未遂（刑322-11条）が処罰されている。さらに，破壊等に関する脅迫（刑322-12条），破壊等に関する強要（刑322-13条），破壊，災害等に関する虚偽の警告（刑322-14条）も処罰されている。

3 データの自動処理システムに対する侵害

フランスは，1992年の新刑法典公布当時より，世界に先駆けてコンピュータ

への不正アクセス行為を広く処罰していた。すなわち,「不法に,データの自動処理システムの全体または一部にアクセスしまたは滞留する行為」を1年以下の拘禁および(または)3万ユーロ以下の罰金で処罰していたが(刑323-1条),2004年に2年以下の拘禁へ,2015年に6万ユーロ以下の罰金へ刑が加重された。日本でもフランス新刑法典より4年早い1987年にコンピュータ犯罪に関する刑法一部改正が行われ,電子計算機使用詐欺罪(刑246条の2)や電子計算機損壊等業務妨害罪(刑234条の2)等は立法されたものの,データへの不正アクセスの処罰は時期尚早と見送られた。しかし,結局1999年にいわゆる不正アクセス禁止法が可決され,2000年から施行されたので,フランス刑法は,この点に関しても先見の明があったということになろう。

また,コンピュータ業務妨害(刑323-2条),データの不正操作(刑323-3条),それらの罪の共謀等(刑323-4条)が処罰され,法人の刑事責任も規定されている(刑323-6条)。

1) 京藤哲久「もう一つの背任罪——フランスの会社財産濫用罪が示唆するもの」京藤哲久・神田安積編『変動する社会と格闘する判例・法の動き』(信山社,2017年)153頁以下参照。

第 *8* 章　国家および公共の平和に対する重罪および軽罪

I ←──国家の基本的利益および国土に対する侵害

　国家の基本的利益とは，「独立，領土の保全，安全の保障，制度の共和的形態，国防および外交の手段，フランスおよび外国における国民の保護，自然環境およびその他の環境との均衡ならびに科学的経済的な能力および文化的遺産の基本的要素」とされており（刑410-1条），1992年の制定当時に，すでに環境法の発達により，環境を刑法上の保護法益（国家的法益）としている点が先進的である。

1　反逆および諜報

　反逆（フランス人またはフランスの外国人部隊に属する軍人が行う場合）や諜報（その他すべての人が行う場合）として，軍事力または領土の全部もしくは一部の引渡し（刑411-2条）は無期重拘禁および（または）75万ユーロ以下の罰金で処罰され，国防設備等の引渡し（刑411-3条）および通謀（刑411-4条）は，30年以下の重拘禁および（または）45万ユーロ以下の罰金で処罰される。単純通謀（刑411-5条）は10年以下の重拘禁および（または）15万ユーロ以下の罰金で処罰され，情報の引渡し（刑411-6条）は15年以下の重拘禁および（または）22万5000ユーロ以下の罰金で処罰され，情報の不正入手（刑411-7条）および情報の不正収集等（刑411-8条）は，10年以下の重拘禁および（または）15万ユーロ以下の罰金で処罰される。サボタージュ（刑411-9条）は，20年以下の重拘禁および（または）30万ユーロ以下の罰金で処罰され，虚偽情報の提供（刑411-10条）および教唆（刑411-11条）は，7年以下の重拘禁および（または）10万ユーロ以下の罰金で処罰される。

2 共和国の制度または領土の完全性に対するその他の侵害

共和国の制度または領土の完全性に危害を与える暴力行為は,無期重拘禁および(または)75万ユーロ以下の罰金で処罰される(刑412-1条)。同目的の陰謀は,10年以下の重拘禁および(または)15万ユーロ以下の罰金で処罰される(刑412-2条)。共和国の制度または領土の完全性に危害を与えるすべての集団的暴力行為は反乱を構成する(刑412-3条)。反乱への参加(刑412-4条)は,15年以下の重拘禁および(または)22万5000ユーロ以下の罰金で処罰され,加重的反乱参加(刑412-5条)は,20年以下の重拘禁および(または)30万ユーロ以下の罰金で処罰される。反乱指導等(刑412-6条)は,無期重拘禁および(または)75万ユーロ以下の罰金で処罰され,軍令権の侵害(刑412-7条)は,30年以下の重拘禁および(または)45万ユーロ以下の罰金で処罰される。武装教唆(刑412-8条)は,5年以下の拘禁および(または)7万5000ユーロ以下の罰金で処罰される。

3 国防に対するその他の侵害

外国政府への役務従事の教唆は,10年以下の重拘禁および(または)15万ユーロ以下の罰金で処罰される(刑413-1条)。軍事物資の運用阻害(刑413-2条),不服従の教唆(刑413-3条)および動員解除(刑413-4条)は,5年以下の拘禁および(または)7万5000ユーロ以下の罰金で処罰される。不法侵入(刑413-5条)は1年以下の拘禁および(または)1万5000ユーロ以下の罰金で処罰され,国防役務等の運用阻害(刑413-6条)は,3年以下の拘禁および(または)4万5000ユーロ以下の罰金で処罰される。不法侵入(刑413-7条)は6月以下の拘禁および(または)7500ユーロ以下の罰金で処罰され,未遂も処罰される(刑413-8条)。

国防の秘密とは,「国防に関係する情報,技法,物品,文書,情報処理データまたはファイルであって,配布を制限するための保護措置の対象となるもの」と定義される(刑413-9条)。特別義務者による国防秘密の漏えいは,7年以下の拘禁および(または)10万ユーロ以下の罰金で処罰される(刑413-10条)。非身分者による国防秘密の漏えいは,5年以下の拘禁および(または)7万5000ユーロ以下の罰金で処罰される(刑413-11条)。未遂も処罰される(刑413-

12条)。

特則として，戒厳令下における犯罪（刑414-1条），自首による刑の免除（刑414-2条・414-3条），自首による刑の軽減（刑414-4条），外国人に対する滞在禁止（刑414-6条）等の規定がある。

II ◆ テロ行為

テロ行為は，「威嚇または恐怖によって公の秩序を著しく妨げる目的をもって，個人または集団の企てと関連する次に掲げる行為」とされ，「1号　故意による生命侵害，人の完全性に対する侵害，略取および換金ならびに本法典第2部に定める航空機，船舶その他すべての輸送手段の奪取，2号　盗取，恐喝，破壊，破損および毀棄ならびに本法典第3部に定める情報処理に関する犯罪，3号　兵器製造に関する1870年9月4日のデクレを廃止する1871年6月19日の法律第3条に定める機械，殺傷兵器または爆発物の製造または所持」等が規定されている（刑421-1条）。「威嚇または恐怖によって公の秩序を著しく妨げる目的をもって，個人または集団の企てと関連して，人もしくは動物の健康または自然環境を危険にさらす性質を帯びた物質を大気中，地上，地下または水系ならびに領水に放出する行為」は，テロ行為とみなされる（刑421-2条）。421-1条に列挙する各犯罪がテロ行為と判断された場合，30年以下の重拘禁で処罰される犯罪は無期重拘禁へ，20年以下の重拘禁で処罰される犯罪は30年以下の重拘禁へ，15年以下の重拘禁で処罰される犯罪は20年の重拘禁へ，等の刑の加重が規定されている（刑421-3条）。

特則として，自首による刑の免除（刑422-1条），自首による刑の軽減（刑422-2条），外国人に対する滞在禁止（刑422-4条）等の規定がある。

III ◆ 国家の権威に対する侵害

1　公共の平和に対する侵害

表現・労働・結社・集会または示威行動の自由に対する侵害は，1年以下の拘禁および（または）3万ユーロ以下の罰金で処罰される（刑431-1条）。

第Ⅰ部　刑　法

「公道上または公共の場所において，公の秩序を害するおそれのある人の集合は，すべて不穏な人だかり」とされ（刑431-3条），不穏な人だかりへの単純参加は，1年以下の拘禁および（または）3万ユーロ以下の罰金で処罰される（刑431-4条）。武装した不穏な人だかりの教唆は，同様の刑で処罰される（刑431-6条）が，武器を携行しての不穏な人だかりへの参加は，3年以下の拘禁および（または）4万5000ユーロ以下の罰金で処罰される（刑431-5条）。

違法な示威運動は，6月以下の拘禁および（または）1万5000ユーロ以下の罰金で処罰され（刑431-9条），武器を携行しての示威運動への参加は，3年以下の拘禁および（または）4万5000ユーロ以下の罰金で処罰される（刑431-10条）。

階層的組織をもち，かつ公の秩序を乱すおそれのある武器を所持もしくは入手した者の集団は戦闘集団と定義され（刑431-13条），戦闘集団への参加は，3年以下の拘禁および（または）4万5000ユーロ以下の罰金で処罰される（刑431-14条）。戦闘集団および解散させられた違法結社の再建に参加する行為も，3年以下の拘禁および（または）4万5000ユーロ以下の罰金で処罰される（刑431-15条）。戦闘集団を組織する行為（刑431-16条）は5年以下の拘禁および（または）7万5000ユーロ以下の罰金で処罰され，違法結社の再建は，7年以下の拘禁および（または）10万ユーロ以下の罰金で処罰される（刑431-17条）。

自然人に対する補充刑，外国人に対する滞在禁止，法人の刑事責任，特別没収の規定がある。

2　公務員による公務に対する侵害

職権濫用罪，贈収賄罪等，日本の刑法にもある犯罪はフランスにもあるが，公務員による自由侵害，差別行為など，日本の刑法にはない犯罪も多く規定されていることがフランス刑法の特徴である。また，公務員による住居侵入や通信の秘密に対する侵害が一般人によるそれより刑が加重されている点も，フランス人の国家権力と国民との関係を象徴するものとして，興味深い。

まず，職務遂行中の法執行を妨げる目的での何らかの措置を行う行政権の濫用は，5年以下の拘禁および（または）7万5000ユーロ以下の罰金で処罰される（刑432-1条）。それが結果的に法執行の妨害につながった場合，刑は10年以

下の拘禁および（または）15万ユーロ以下の罰金へと2倍に加重される（刑432 - 1条）。

公務員による私人に対する権限の濫用は，日本より広範に処罰されている。すなわち，「公権力を保持する者または公務を担当する者が，職務または任務の遂行中または遂行の機会にあって，個人の自由を侵害する行為を恣意的に命令しまたは実行する行為」は，7年以下の拘禁および（または）10万ユーロ以下の罰金で処罰される（刑432-4条1項）。その侵害行為が7日間以上に及ぶ拘禁または抑留を構成する場合，刑は30年以下の重拘禁および（または）45万ユーロ以下の罰金で処罰される（同条2項）。また，公務員の不法介入は，類型毎に1年から3年以下の拘禁および（または）1万5000ユーロから4万5000ユーロ以下の罰金で処罰される（刑432-5条）。

日本にはない犯罪として，公務員による差別罪（刑432-7条）がある。その構成要件は，「公権力を保持する者または公務を担当する者が，その職務または任務の遂行中または遂行の機会にあって，自然人または法人に対して，225-1条に定める差別を行い，その行為が次に掲げる場合に当たるときは，5年以下の拘禁および（または）7万5000ユーロ以下の罰金で処罰される。1号　法律によって与えられる権利の享受を拒否すること，2号　何らかの経済的活動の正常な行使を妨害すること」である。通常の差別より公務員による差別の方が重く処罰される点に，次に述べる公務員による住居侵入の扱いとともに，国家権力による人権侵害から国民を守るフランスの姿勢を如実に見ることができる。

公務員による住居侵入も，通常の住居侵入罪（刑226-4条）の刑の2倍である2年以下の拘禁および（または）3万ユーロ以下の罰金で処罰される（刑432-8条）。日本の住居侵入罪（刑130条）は，例えば戦争反対のビラを自衛隊宿舎で配布するような一般国民の表現の自由に関わるような場合にまで処罰され[1]，あるいはATMを使用する他人の暗証番号を盗撮する目的で銀行に立ち入るような，通常は誰にでも開放されているような場所でも「管理権者の意思に反する態様の立入り」であれば広く処罰する[2]など，国家が私人を効率的に処罰するための便利な道具のように扱われているが，フランスではむしろ逆であり，国家権力側が私人の住居等に不当に侵入しないための規定という位置づけであ

る。日本とフランスの住居侵入罪をめぐる規定形式，運用実態を見るにつけ，刑法の根底にある価値観そのものが異なる印象を受ける。

同様に，公務員による通信の秘密の侵害も，通常の通信の秘密の侵害罪（刑226-15条）に比べ，3倍重い3年以下の拘禁および（または）4万5000ユーロ以下の罰金で処罰される（刑432-9条）。

さらに，清廉義務の不順守としての公金横領は5年以下の拘禁および（または）50万ユーロ以下の罰金で処罰され（刑432-10条），単純収賄罪も10年以下の拘禁および（または）100万ユーロ以下の罰と，日本よりずっと重く処罰されている（刑432-11条）。

また，私企業の監督または統制を任務としていた公務員が，退職後5年間について，これらの私企業に労働，相談，資本による参加を行い，または参加を受け入れる行為も，単に違法というだけではなく，3年以下の拘禁および（または）20万ユーロ以下の罰金で刑法上処罰される（刑432-13条）。日本のような天下り天国とは一線を画しているのである。さらに，公契約への参入の自由を公務員が侵害して不正な利益を得た場合，2年以下の拘禁および（または）20万ユーロ以下の罰金で刑法上処罰される（刑432-14条）。公務員による職務上の財産罪も通常の窃盗罪の3倍以上の10年以下の拘禁および（または）100万ユーロ（約1億3000万円）以下の罰金で処罰される（刑432-13条）。一般人より権力をもち，立場上誘惑も多い公務員に対してこそ厳しく対処するフランス刑法は，「強きをくじき弱きを守る」刑法である。日本の刑法は，むしろ逆ではないだろうか。フランス刑法から学ぶべき点は多いように思われる。

3 私人による公務に対する侵害

いわゆる贈賄も日本より重く，10年以下の拘禁および（または）100万ユーロ以下の罰金で処罰される（刑433-1条）。

脅迫や暴力により，公務執行に対し影響力を与える行為も，同様に10年以下の拘禁および（または）100万ユーロ以下の罰金で処罰される（刑433-3条）。公の寄託物に対する窃盗や損壊罪も，通常の窃盗罪などより重い7年以下の拘禁および（または）10万ユーロ以下の罰金で処罰される（刑433-4条）。

逆に，公務員に対する侮辱（刑433-5条）や反抗（刑433-6条）などは，日本

の公務執行妨害罪（刑95条）よりずっと軽く，6月以下の拘禁および（または）7500ユーロ以下の罰金で処罰される（刑433-7条1項）。ただし，集団的反抗は1年以下の拘禁および（または）1万5000ユーロ以下の罰金で処罰され（刑433-7条2項），武器による反抗は，1年以下の拘禁および（または）7万5000ユーロ以下の罰金で処罰される（刑433-8条）。

その他，私人による公務に対する侵害としては，1年以下の拘禁および（または）1万5000ユーロ以下の罰金で処罰される公土木の執行妨害罪（刑433-11条），公務偽装罪（刑433-13条），公的標章の不正使用罪（刑433-14条），称号の不正使用罪（刑433-17条），重婚罪（刑433-20条）等があり，6月以下の拘禁および（または）7500ユーロ以下の罰金で処罰される警察官・軍人の偽装罪（刑433-15条），資格の不正使用罪（刑433-18条），人の民事身分の侵害罪（刑433-19条）がある。職務の不正行使罪（刑433-12条），標章等の加重的不正使用罪（刑433-16条）は，3年以下の拘禁および（または）4万5000ユーロ以下の罰金で処罰される。

4　司法作用に対する侵害

まず，司法権への付託に対する妨害行為として，犯罪の不通報が3年以下の拘禁および（または）4万5000ユーロ以下の罰金で処罰され（刑434-1条），テロ行為等の公安犯罪の不通報の場合，刑が5年以下の拘禁および（または）7万5000ユーロ以下の罰金に加重される（刑434-2条）。また，15歳未満の未成年者や脆弱な状態にある者に対する虐待等の不通報も3年以下の拘禁および（または）4万5000ユーロ以下の罰金で処罰される（刑434-3条）。

証拠の隠匿行為（刑434-4条），犯罪被害者の脅迫等（刑434-5条），犯人蔵匿（刑434-6条）は，すべて3年以下の拘禁および（または）4万5000ユーロ以下の罰金で処罰される。

司法権の行使に対する妨害行為として，裁判官等による裁判拒否は，7500ユーロ以下の罰金で処罰され，5年から20年の公職活動の禁止も伴う（刑434-7-1条）。司法関係者に対する脅迫（刑434-8条）や無実証言の拒否（刑434-11条），証人等買収（刑434-15条），虚偽の宣誓（刑434-17条），鑑定人の買収（刑434-21条）等は，すべて3年以下の拘禁および（または）4万5000ユーロ以下

の罰金で処罰される。

　偽証（刑434-13条），虚偽の通訳（刑434-18条），虚偽の鑑定（刑434-19条），氏名の詐称（刑434-23条）等，より重大な侵害を伴う行為は，すべて5年以下の拘禁および（または）7万5000ユーロ以下の罰金で処罰される。加重的偽証（刑434-14条），加重的虚偽鑑定（刑434-19条）は，7年以下の拘禁および（または）10万ユーロ以下の罰金で処罰される。また，司法関係者の収賄は，この類型の中では最も重く，10年以下の重拘禁および（または）100万ユーロ以下の罰金で処罰される（刑434-9条）。

　ここでも，一般国民より国家権力側により厳しいフランス刑法の姿勢が表れている。逆に，重罪または軽罪の正犯に関する情報の証言を拒否する行為（刑434-12条）は1年以下の拘禁および（または）1万5000ユーロ以下の罰金，事故後の逃走（刑434-10条）や封印破棄（刑434-22条）は2年以下の拘禁および（または）3万ユーロ以下の罰金など，一般人の行為で期待可能性の低い行為は，より軽く処罰されている。

　司法権の権威に対する侵害として，司法侮辱罪（刑434-24条）が1年以下の拘禁および（または）1万5000ユーロ以下の罰金で，司法への信用失墜罪（刑434-25条），虚偽の告発罪（刑434-26条）等が6月以下の拘禁および（または）7500ユーロ以下の罰金で処罰される。

　逃走の罪に関し，単純逃走（刑434-27条），準逃走（刑434-29条），単純逃走援助（刑434-32条1項）など期待可能性の低い一般人の行為は，3年以下の拘禁および（または）4万5000ユーロ以下の罰金で処罰される。しかし，武器等を用いた加重的逃走（刑434-27条）や加重的逃走援助（刑434-32条2項）は，7年以下の拘禁および（または）10万ユーロ以下の罰金と刑が加重される。一方，看守者による逃走援助は10年以下の重拘禁および（または）100万ユーロ以下の罰金で処罰される（刑434-33条）など，一般国民より国家権力側により厳しいフランス刑法の一貫した姿勢が表れている。

　またフランス刑法は，拘禁や罰金以外にも，滞在禁止，職業活動の禁止，様々な権利はく奪刑，公益奉仕労働等，多様な刑罰を定めているが，それらに対する不遵守を「刑事司法の権威に対するその他の侵害」として，すべて2年以下の拘禁および（または）3万ユーロ以下の罰金によりまとめて処罰している。

第8章　国家および公共の平和に対する重罪および軽罪

Ⅳ────公の信用に対する侵害

1　文書偽造

　文書偽造は,「権利または法的効果をもつ事実に関し, その証明を目的としまたは結果としてその証明に役立つことのできる文書またはその他すべての思想表現手段に対し, 損害を引き起こす性質をもつ不法な改変を加え, その真性を害するあらゆる行為は, その方法のいかんを問わず, 文書偽造とする」と定義され（刑441-1条1項), 文書偽造および偽造文書行使は, 3年以下の拘禁および（または）4万5000ユーロ以下の罰金で処罰される（同条2項）。[3]

　権利, 身分もしくは資格を証明しまたは許可を与えることを目的として行政官庁が発行する文書を偽造する証明文書の偽造・行使は, 5年以下の拘禁および（または）7万5000ユーロ以下の罰金で処罰される（刑441-2条1項・2項）が,「1号　公務員が職務遂行中に行ったとき, 2号　常習として行ったとき, 3号　重罪の実行を容易にする目的または重罪の行為者に処罰を免れさせる目的で行われたとき」は, 刑は7年以下の拘禁および（または）10万ユーロ以下の罰金へ加重される（刑441-2条3項）。これらの偽造文書の所持は, 2年以下の拘禁および（または）3万ユーロ以下の罰金で処罰され（刑441-3条1項), 複数の偽造文書の所持は, 5年以下の拘禁および（または）7万5000ユーロ以下の罰金で処罰される（2項）。

　公文書の偽造・同行使は, 10年以下の重拘禁および（または）15万ユーロ以下の罰金で処罰される（刑441-4条1項・2項）が, 公務員が職務遂行中に行ったときは, 刑は15年以下の重拘禁および（または）22万5000ユーロ以下の罰金へ加重される（3項）。証明文書の不正調達も, その偽造・行使と同様, 5年以下の拘禁および（または）7万5000ユーロ以下の罰金で処罰され（刑441-5条1項), 441-2条3項と同様の加重事由がある場合, 刑が7年以下の拘禁および（または）10万ユーロ以下の罰金へ加重される（2項）。証明文書の不正交付は, 2年以下の拘禁および（または）3万ユーロ以下の罰金で処罰される（刑441-6条）。

　虚偽文書作成・文書変造等は, 1年以下の拘禁および（または）1万5000

ユーロ以下の罰金で処罰され（刑441-7条），それが国庫または他人の財産に損害を加える目的で行われた場合，刑は3年以下の拘禁および（または）4万5000ユーロ以下の罰金へ加重される（2項）。

刑法典創設当初に441-8条に規定されていた虚偽文書作成に関する贈収賄罪は削除され，2016年3月7日法により，各種身分証明書の偽造罪に変更された。すなわち，「シェンゲン条約に基づく領土内に入るためまたは滞在するために第三者に属する身分証明書や旅券を使用する行為または身分や利益を得るためにそれらの資格を不法に取得する行為は，5年以下の拘禁および（または）7万5000ユーロ以下の罰金で処罰され（刑441-8条1項），常習として行われた場合，刑は7年以下の拘禁および（または）10万ユーロ以下の罰金へ加重される（3項）。

なお，これらの文書偽造すべてについて，自然人に対する様々な補充刑（刑441-10条）外国人に対する滞在禁止（刑441-11条），法人の刑事責任（刑441-12条）が規定されている。

2　通貨偽造

通貨偽造罪は，30年以下の重拘禁および（または）45万ユーロ以下の罰金で処罰される（刑442-1条）。保安期間（刑132-23条）の適用もある。442-1条に定める偽造または変造通貨の輸送等は，10年以下の重拘禁および（または）15万ユーロ以下の罰金で処罰され（刑442-2条1項），それが組織犯罪集団により行われた場合，刑は30年以下の重拘禁および（または）45万ユーロ以下の罰金に加重される（同条2項）。

法定通用力のない貨幣の偽変造，非認可通貨の行使は，5年以下の拘禁および（または）7万5000ユーロ以下の罰金で処罰される（刑442-3条）。通貨偽造予備や，通貨模造は，1年以下の拘禁および（または）3万ユーロ以下の罰金で処罰され（刑442-5条・442-6条），善意取得後の偽造通貨行使は，7500ユーロ以下の罰金で処罰される（刑442-7条）。未遂も既遂と同一の刑で処罰される（刑442-8条）。

自首による刑の減免（刑442-9条・442-10条），自然人に対する様々な補充刑（刑442-11条），外国人に対する滞在禁止（刑442-12条），没収（刑442-13条），法

第8章　国家および公共の平和に対する重罪および軽罪

人の刑事責任（刑441-14条）が規定されている。

3　有価証券の偽造

　有価証券の偽造は，7年以下の拘禁および（または）10万ユーロ以下の罰金で処罰される（刑443-1条）。郵便切手等の偽造は，5年以下の拘禁および（または）7万5000ユーロ以下の罰金で処罰される（刑443-2条）。その他，偽造証券の代替物の製造（刑443-3条）や外国切手等の偽造（刑443-4条），未遂（刑443-5条）も処罰される。自然人に対する様々な補充刑（刑443-6条），外国人に対する滞在禁止（刑443-7条），法人の刑事責任（刑443-8条）が規定されている。

4　公的機関の印章標章の偽造

　国璽，国の印紙，金製品，銀製品もしくはプラチナ製品の記号に用いる刻印を偽造もしくは変造する行為，またはこれらの偽造もしくは変造の印章，印紙もしくは刻印を行使する行為は，10年以下の拘禁および（または）15万ユーロ以下の罰金で処罰される（刑444-1条）。国の刻印等の不正使用は，7年以下の拘禁および（または）10万ユーロ以下の罰金で処罰される（刑444-2条）。公の印章等の偽造は，5年以下の拘禁および（または）7万5000ユーロ以下の罰金で処罰される（刑444-3条）。印章の不正使用は，3年以下の拘禁および（または）4万5000ユーロ以下の罰金で処罰される（刑444-4条）。公用文書の模造は，1年以下の拘禁および（または）3万ユーロ以下の罰金で処罰される（刑444-5条）。

　未遂が処罰され（刑444-6条），自然人に対する補充刑（刑444-7条），滞在禁止（刑444-8条），法人の刑事責任（刑444-9条）が規定されている。

V　凶徒結社への参加

　日本でも2017年にいわゆる組織犯罪処罰法に関して共謀罪（テロ等準備罪）が新設され[4]，社会の関心を集めたが，フランスでは，1992年の新刑法典創設以来，凶徒の結社への参加のみが処罰されている。すなわち，「1または数個の

重罪または10年以下の拘禁で罰せられている軽罪を準備する目的をもって結成された集団またはなされた謀議はすべて，その準備が1または数個の客観的行為によって特徴づけられる場合は，凶徒の結社とする」(刑450-1条1項) と定義され，凶徒の結社への参加は，10年以下の拘禁および (または) 15万ユーロ以下の罰金で処罰される (2項)。5年以下の拘禁で罰せられている軽罪を準備する目的をもって結成された凶徒の結社への参加は，5年以下の拘禁および (または) 7万5000ユーロ以下の罰金で処罰される (3項)。

自首による刑の減免 (刑450-2条)，自然人に対する補充刑 (刑450-3条) が規定されている。

1) 最決平20・4・11刑集62・5・1217参照。
2) 最決平19・7・2刑集61・5・379参照。
3) 真性 (vérité) とは，事実の真実性だけでなく，文書の作成名義の真正も含む概念で，筆者の造語である。これにより，フランス刑法が，戦後長い間多くの刑法教科書で「無形偽造を中心に処罰する実質主義を採る」とされてきた理解に異議を唱え，「有形偽造を処罰する形式主義」を採用していることを明らかにした論稿として，島岡まな「フランス刑法における文書偽造罪」法研68巻3号 (1995年) 61頁以下参照。
4) 組織的な犯罪の処罰及び犯罪収益の規制等に関する法律6条の2参照。

第9章 その他の犯罪

I ◆ 公衆衛生（生命医学倫理）に関する犯罪

　フランス刑法が施行された1994年に公布されたいわゆる生命倫理三法[1]により，医学倫理に関する犯罪は，第1節「人の種の保護」，第2節「人体の保護」，第3節「人の胚の保護」の3つの部分に分かれている。

　第1節「人の種の保護」は，「選別的優生学的措置」を20年以下の重拘禁で処罰する511-1条のみから構成される。

　第2節「人体の保護」は，511-2条「臓器の有償取得」，511-3条「臓器の無断摘出」（以上，7年以下の拘禁および（または）10万ユーロ以下の罰金で処罰），511-4条「身体組織等の有償摘出」，511-5条「身体組織等の無断摘出」，511-6条「配偶子の無断採取」，511-9条「配偶子の有償取得」（以上，5年以下の拘禁および（または）7万5000ユーロ以下の罰金で処罰），511-7条「無許可施設の臓器摘出等」，511-8条「臓器等の配分」，511-10条「配偶子提供にかかる情報漏示」，511-11条「無検査配偶子の採取」，511-12条「違法な人工授精」，511-13条「配偶子の不正提供」，511-14条「配偶子の無許可採取」（以上，2年以下の拘禁および（または）3万ユーロ以下の罰金で処罰）の全13条から構成されていたが，1998年7月1日の法律535条により，511-8-1条および511-8-2条が追加され，全15条となった。すなわち，細胞治療または遺伝子治療のための使用を予定されていない人の組織，細胞を，保健医療法典L.672-15条の規定に違反して，治療目的で使用するために，準備，保存および改良した者は，2年以下の拘禁および（または）3万ユーロ以下の罰金に処する（刑511-8-1条）。細胞治療または遺伝子治療のための使用を予定されていない人の臓器，組織，細胞を，流通制限に服し，警察，憲兵隊，税関間の補足的活動に服する

ある種の物質に関する1992年12月31日の法律1477号18条の規定に違反して、輸入または輸出した者は、2年以下の拘禁および（または）3万ユーロ以下の罰金に処する（刑511-8-2条）。

第3節「人の胚の保護」は、胚の有償取得（刑511-15条）、胚の不正取得（刑511-16条）、工業商業目的での体外受精（刑511-17条）、研究実験目的での体外受精（刑511-18条）、胚に関する研究実験（刑511-19条）（以上、7年以下の拘禁および（または）10万ユーロ以下の罰金で処罰）、無許可の出生前診断（Diagnostique prénatal）（刑511-20条）、違法な着床前診断（刑511-21条）、無許可の人工授精（刑511-22条）、胚に関する情報漏示（刑511-23条）（以上、2年以下の拘禁および（または）3万ユーロ以下の罰金で処罰）、違法な目的での人口授精（刑511-24条）、無検査胚の移転（刑511-25条）（以上、5年以下の拘禁および（または）7万5000万ユーロ以下の罰金で処罰）等を処罰する全11条から構成されている。511-26条により犯罪の未遂が処罰され、511-28条により法人の刑事責任も規定されている。

日本では臓器移植や生殖補助医療に法制定が追いついていないが、フランスでは、四半世紀前からすでに、民法、刑法をはじめ、関係法の中で詳細に規定を整備しており、そのようなフランスの姿勢に学ぶべきであると思われる。

II ◆──その他（動物虐待罪）

人間だけでなく、動物虐待罪も特別法ではなく刑法典中に処罰規定がある点が、フランス刑法の特徴である。

すなわち、「公然であると否とを問わず、必要がないのに、家畜、飼いならされた動物または捕獲された動物に対して重大な虐待もしくは性的侵害（2004年に追加）または残虐な行為をすること」は、2年以下の拘禁および（または）3万ユーロ以下の罰金で処罰される（刑521-1条）。コンセイユ・デタのデクレに定める規定に従わずに、動物に対して実験または科学的もしくは実験的な研究を行う行為は、521-1条に定める刑で処罰される（刑521-2条）。

1) 本書第6章注25)参照。

第 9 章　その他の犯罪

刑事司法　重罪の有罪件数

	2006	2007	2008	2009	2010	2011	2012	2013(未確定)
重罪の全有罪件数	3,325	3,273	2,923	2,756	2,740	2,497	2,703	2,681
罪名								
人に対する罪	2,548	2,569	2,285	2,191	2,175	1,926	2,018	1,901
殺人	491	557	444	439	457	367	420	420
暴行・傷害	347	344	345	333	357	301	323	293
強姦	1,710	1,668	1,496	1,419	1,361	1,258	1,275	1,188
財産に対する罪	690	607	555	471	460	524	655	744
薬物犯罪	18	23	14	36	55	24	9	22
他の重罪	69	74	69	58	50	23	21	14
刑の種類								
自由刑	3,274	3,244	2,884	2,720	2,695	2,464	2,658	2,640
重罪拘禁	1,291	1,234	1,038	1,111	1,145	937	1,031	1,032
実刑又は一部執行猶予	2,865	2,877	2,571	2,415	2,392	2,176	2,371	2,360
1年未満	100	119	103	70	50	63	70	75
1年以上3年未満	251	300	298	217	275	235	252	233
3年以上5年未満	238	230	218	189	157	165	136	172
5年以上10年未満	917	902	827	762	710	714	789	781
10年以上20年未満	1,132	1,093	935	988	992	817	935	900
20年以上の有期拘禁	195	220	172	176	189	167	175	187
無期拘禁	32	13	18	13	19	15	14	12
実刑の平均期間(無期を除く)	110.8	110.0	106.6	112.9	115.2	111.1	111.7	112.0
全部執行猶予	409	367	313	305	303	288	287	280
単純執行猶予	177	175	128	124	123	101	108	95
保護観察付執行猶予	228	191	185	181	180	187	179	185
公益奉仕労働付執行猶予	4	1	0	0	0	0	0	0
他の判決	51	29	39	36	45	33	45	41
有罪とされた者の性質								
[性別]								
男性	3,163	3,130	2,783	2,625	2,583	2,365	2,565	2,564
女性	162	143	140	131	157	132	138	117
[年齢]								
16歳未満	415	394	345	336	330	299	321	311
16歳以上18歳未満	221	264	261	193	178	219	207	246
18歳以上20歳未満	280	253	249	203	206	233	257	261
20歳以上25歳未満	588	559	442	462	460	432	472	453
25歳以上30歳未満	402	454	386	414	363	340	384	375
30歳以上40歳未満	774	679	645	593	608	503	559	520
40歳以上60歳未満	592	607	550	495	544	417	453	466
60歳以上	53	63	45	60	51	54	50	49
[国籍]								
フランス人	2,808	2,749	2,469	2,306	2,290	2,161	2,331	2,278
外国人	383	413	352	358	348	284	345	362
ヨーロッパ人	89	131	119	122	100	78	105	110
ポルトガル	27	27	15	29	12	19	15	19
ポーランド	5	2	6	13	10	6	2	3
ルーマニア	6	10	9	10	7	7	23	22
トルコ	12	24	20	13	19	9	20	11
その他	39	68	69	57	52	37	45	55
マグレブ(アラブ系北アフリカ人)	153	138	123	105	93	103	107	111
アルジェリア人	63	56	60	46	42	46	49	52
モロッコ人	67	64	52	48	33	36	39	40
チュニジア人	23	18	11	11	18	21	19	19
マグレブを除くフランス語圏アフリカ人	55	61	54	45	39	42	53	63
フランス語圏以外のアフリカ人	12	9	9	6	5	9	17	14
アジア太平洋地域人	27	24	27	13	40	25	22	27
アメリカ人	47	50	20	67	71	27	41	37
不明	134	111	102	92	102	52	27	41

範囲：フランス国内及び海外県
出典：フランス司法省— SG/SDSE —全国前科簿

第Ⅰ部　刑　法

刑事司法　軽罪の有罪件数

	2006	2007	2008	2009	2010	2011	2012	2013
軽罪の全有罪件数	582,761	587,841	590,681	587,614	567,159	552,373	570,638	571,452
罪名								
財産に対する罪	146,036	141,638	138,199	132,461	129,062	123,491	127,522	129,323
窃盗罪―贓物隠匿罪	110,361	105,857	102,229	97,799	95,783	92,862	95,874	99,096
詐欺罪―背信罪	15,157	15,809	16,281	16,241	16,189	15,385	16,564	15,817
破壊・器物損壊罪	20,518	19,972	19,689	18,421	17,090	15,244	15,084	14,410
交通犯罪	242,055	247,193	242,102	246,745	235,317	232,562	236,780	233,263
交通犯罪	238,618	243,205	238,400	243,135	231,904	229,149	233,698	230,333
運送関連犯罪	3,437	3,988	3,702	3,610	3,413	3,413	3,082	2,930
経済・金融犯罪	16,835	16,378	16,321	15,787	14,248	12,939	13,883	13,355
小切手犯罪	3,164	2,918	2,677	2,635	2,553	2,153	2,383	2,551
社会保障関連犯罪	6,494	6,706	6,735	6,801	6,149	5,498	5,763	5,417
偽造罪	1,308	1,305	1,228	1,186	919	799	890	740
不正競争関連犯罪	1,783	1,686	1,687	1,510	1,379	1,340	1,573	1,524
会社法関連犯罪	1,422	1,392	1,555	1,473	1,245	1,257	1,297	1,236
公共財に対する罪	2,664	2,371	2,439	2,182	2,003	1,892	1,977	1,887
人に対する罪	95,668	98,938	101,865	99,586	94,663	90,630	92,754	92,464
暴行罪	54,849	58,892	61,885	61,885	59,753	56,927	57,759	57,442
過失致死罪	1,646	1,406	1,433	1,271	1,201	1,198	1,121	1,112
過失傷害罪	10,698	10,244	10,163	9,004	7,667	7,457	7,671	7,449
家族に対する罪	6,023	5,915	5,632	5,598	5,449	5,120	5,312	5,264
性的侵害	10,401	10,160	10,132	9,523	8,749	8,574	8,771	8,456
人に対する他の侵害	12,051	12,321	12,620	12,305	11,844	11,354	12,120	12,741
健康に対する侵害	35,850	37,832	43,902	47,789	49,457	49,508	53,120	57,169
薬物犯罪	35,377	37,357	43,355	47,306	49,049	49,075	52,630	56,697
公衆衛生に対する他の犯罪	473	475	547	483	408	433	490	472
公共の安全に対する罪	12,437	11,930	12,646	11,821	11,332	10,606	11,285	10,189
外国人警察―ジプシー	5,767	5,312	5,643	4,988	4,328	3,804	3,367	2,171
商業関連・銃器運搬罪	4,802	4,568	4,840	4,879	4,926	4,795	5,597	5,836
軍事関連犯罪	764	1,002	1,060	782	894	759	757	742
公共の安全に対する他の罪	1,104	1,048	1,103	1,172	1,184	1,248	1,564	1,440
一般公共秩序の侵害	8,064	8,071	8,415	7,282	7,201	6,850	7,711	7,818
公文書ないし私文書偽造罪	4,738	4,558	4,884	4,240	4,269	4,068	4,707	4,721
環境犯罪	3,326	3,513	3,531	3,042	2,932	2,782	3,004	3,097
行政及び司法に対する罪	25,816	25,861	27,231	26,143	25,879	25,787	27,583	27,871
刑の種類								
拘禁	314,897	318,790	320,888	306,838	298,891	290,322	299,175	295,851
実刑又は一部執行猶予	118,280	123,492	123,827	118,399	120,857	121,546	126,337	126,849
3月年未満	39,115	41,393	38,208	36,906	35,591	33,055	34,624	33,148
3月以上6月未満	36,899	37,665	36,237	33,636	34,493	35,279	37,049	37,760
6月以上1年未満	23,331	23,929	25,116	23,831	25,134	26,185	27,900	28,676
1年以上3年未満	14,667	16,161	19,865	19,875	21,138	22,322	22,041	22,208
3年以上5年未満	2,989	3,161	3,333	3,163	3,375	3,519	3,616	3,802
5年以上	1,279	1,183	1,068	988	1,126	1,186	1,107	1,255
実刑の平均期間(無期を除く)	6.9	6.8	7.2	7.2	7.5	7.7	7.5	7.7
全部執行猶予	196,617	195,298	197,061	188,439	178,034	168,776	172,838	169,002
単純執行猶予	135,554	131,657	130,522	122,062	114,459	111,015	115,392	111,561
保護観察付執行猶予	51,370	54,581	57,733	57,124	54,406	49,207	48,913	48,129
公益奉仕労働付執行猶予	9,693	9,060	8,806	9,253	9,169	8,554	8,533	9,312

範囲：フランス国内及び海外県
出典：フランス司法省―SG/SDSE―全国前科簿

第9章　その他の犯罪

刑事司法　軽罪の有罪件数

	2006	2007	2008	2009	2010	2011	2012	2013
刑の種類(fin)								
罰金	170,715	174,676	175,478	183,576	175,422	170,767	178,750	180,932
全額納付又は一部執行猶予	159,221	163,491	163,893	171,125	163,832	159,872	167,311	169,451
罰金の平均額(ユーロ)	542	706	538	736	518	501	505	507
全部執行猶予付き	11,494	11,185	11,585	12,451	11,590	10,895	11,438	11,481
代替刑	61,024	59,518	59,211	62,387	59,712	60,303	62,718	65,296
運転免許停止	19,818	17,711	14,489	12,938	11,656	13,838	14,755	16,042
運転免許禁止	1,976	2,046	2,033	2,054	1,675	1,426	1,375	1,535
公益奉仕労働	14,519	14,301	14,208	16,385	15,653	14,607	15,504	16,187
日数罰金	19,971	20,292	22,099	23,377	23,963	24,001	24,705	25,286
滞在禁止	885	795	843	569	328	236	174	82
小切手振出し禁止	32	25	15	12	13	11	14	10
その他	3,823	4,348	5,524	7,052	6,424	6,184	6,191	6,154
教育的手法	27,923	26,532	25,913	25,274	24,550	23,003	22,433	22,153
訓戒	19,387	17,725	16,930	15,671	15,167	14,109	13,399	12,931
教育的制裁	825	1,038	7,437	2,022	1,967	1,831	1,627	1,688
刑の免除	7,377	7,287	1,754	7,517	6,617	6,147	5,936	5,532
有罪とされた者の性質								
[性別]								
男性	527,983	532,316	534,420	531,997	512,888	498,340	513,275	513,396
女性	54,778	55,525	56,261	55,617	54,271	54,033	57,363	58,056
[年齢]								
16歳未満	24,043	24,065	24,252	23,636	22,539	21,970	21,695	20,692
16歳以上18歳未満	30,972	31,435	31,192	30,016	28,672	27,234	27,457	26,501
18歳以上20歳未満	58,982	56,697	56,937	56,835	56,178	52,659	54,203	54,477
20歳以上25歳未満	122,626	121,526	121,252	121,827	118,660	114,106	118,226	117,383
25歳以上30歳未満	82,255	85,424	87,610	89,210	87,760	85,717	89,938	89,939
30歳以上40歳未満	124,945	126,463	125,877	123,441	117,938	115,645	120,997	122,695
40歳以上60歳未満	126,273	128,962	129,432	128,038	120,994	120,096	122,434	123,658
60歳以上	12,665	13,269	14,129	14,611	14,418	14,946	15,678	16,107
[国籍]								
フランス人	470,368	471,714	476,238	482,507	473,159	465,673	485,975	486,111
外国人	73,489	73,128	71,323	70,888	71,635	71,984	77,031	80,177
ヨーロッパ人	24,103	24,961	24,263	24,671	26,469	28,110	29,383	31,608
ポルトガル	5,085	5,102	5,180	5,119	5,163	4,934	5,009	5,099
ポーランド	1,510	1,438	1,216	1,265	1,262	1,165	1,213	1,290
ルーマニア	3,351	4,135	3,993	4,413	6,154	7,836	8,229	9,474
トルコ	4,666	4,877	4,796	4,575	4,260	3,838	3,848	3,724
その他	9,491	9,409	9,078	9,299	9,630	10,337	11,084	12,021
マグレブ(アラブ系北アフリカ人)	26,549	26,024	24,989	24,881	23,880	22,898	24,207	24,183
アルジェリア人	11,394	10,748	10,316	10,057	9,672	9,028	9,370	9,137
モロッコ人	10,778	10,714	10,269	10,004	9,692	9,001	9,207	9,358
チュニジア人	4,377	4,562	4,404	4,820	4,516	4,869	5,630	5,688
マグレブを除くフランス語圏アフリカ人	12,862	12,138	11,787	11,479	11,491	11,023	11,674	11,662
フランス語圏以外のアフリカ人	2,598	2,549	2,519	2,448	2,304	2,323	2,685	2,729
アジア太平洋地域人	4,742	4,965	4,991	4,805	5,018	5,015	6,326	6,705
アメリカ人	2,635	2,491	2,774	2,604	2,473	2,615	2,756	3,290
不明	38,904	42,999	43,120	34,219	22,365	14,716	7,632	5,164

範囲：フランス国内及び海外県
出典：フランス司法省－SG/SDSE－全国前科簿

第Ⅰ部　刑　法

刑事司法　第5級違警罪罪の有罪件数

	2006	2007	2008	2009	2010	2011	2012	2013
第5級違警罪の全有罪件数	46,445	51,689	46,249	43,366	40,093	38,273	37,161	35,872
罪名								
交通犯罪	23,864	27,351	24,812	23,548	21,773	21,338	20,262	20,049
交通犯罪	11,993	14,633	13,563	13,852	13,288	14,236	14,556	14,647
運送関連犯罪	11,871	12,718	11,249	9,696	8,485	7,102	5,706	5,402
人に対する罪	10,655	11,774	11,255	10,303	9,689	9,033	8,827	8,279
過失傷害罪	647	618	626	454	358	260	276	285
暴行罪（8日以下の治療を伴う）	9,732	10,876	10,409	9,636	9,172	8,624	8,426	7,898
風俗に対する罪	0	0	0	0	0	0	0	0
人に対する他の侵害	276	280	220	213	159	149	125	96
環境犯罪	3,491	3,635	2,852	2,739	2,619	2,284	2,425	2,470
経済法違反	3,946	3,573	2,459	1,953	1,672	1,443	1,353	1,204
社会保障関連犯罪	715	563	413	430	451	357	379	327
経済秩序違反罪	3,231	3,010	2,046	1,523	1,221	1,086	974	877
行政及び司法に対する罪	12	8	31	34	35	29	43	45
財産に対する罪	4,139	4,989	4,449	4,424	3,988	3,843	3,933	3,532
公共の安全に対する罪	330	350	387	361	311	300	314	289
健康に対する侵害	6	7	2	2	0	2	3	4
その他の第5級違警罪	2	2	2	2	6	1	1	0
刑の種類								
拘禁	0	0	0	0	0	0	0	0
実刑又は一部執行猶予	0	0	0	0	0	0	0	0
全部執行猶予	0	0	0	0	0	0	0	0
罰金	43,336	48,417	43,199	40,304	37,102	35,282	34,389	33,109
全額納付又は一部執行猶予	40,941	45,562	40,503	37,508	34,359	32,667	31,830	30,613
罰金の平均額（ユーロ）	373	385	385	378	369	376	386	378
全部執行猶予付き	2,395	2,855	2,696	2,796	2,743	2,615	2,559	2,496
代替刑	1,645	1,840	1,619	1,730	1,769	1,856	1,761	1,855
運転免許停止	826	872	651	684	670	662	673	755
教育的手法	849	795	818	752	668	613	565	520
訓戒	612	560	560	553	449	433	378	353
教育的制裁	17	24	29	31	29	30	35	19
刑の免除	598	613	584	549	525	492	411	369
有罪とされた者の性質								
[性別]								
男性	42,319	47,170	42,173	39,606	36,647	35,088	33,972	32,844
女性	4,126	4,519	4,076	3,760	3,446	3,185	3,189	3,028
[年齢]								
16歳未満	529	521	529	474	457	425	412	348
16歳以上18歳未満	705	703	768	695	589	505	497	422
18歳以上20歳未満	2,445	2,996	2,846	2,772	2,691	2,673	2,514	2,307
20歳以上25歳未満	6,796	8,153	7,454	7,429	7,093	6,879	6,822	6,429
25歳以上30歳未満	5,732	6,395	5,977	5,916	5,389	5,184	5,235	5,075
30歳以上40歳未満	11,714	12,831	10,959	10,208	9,079	8,652	8,481	8,161
40歳以上60歳未満	16,388	17,714	15,612	13,846	12,869	11,990	11,423	11,313
60歳以上	2,136	2,376	2,104	2,026	1,908	1,965	1,777	1,817
[国籍]								
フランス人	31,957	33,598	30,675	29,036	27,239	26,029	25,721	25,230
外国人	7,445	7,535	7,020	6,596	5,678	5,456	4,987	4,660
ヨーロッパ人	5,590	5,623	5,369	5,058	4,322	4,224	3,914	3,669
ポルトガル	698	729	614	695	532	503	512	481
ポーランド	206	254	279	257	217	226	201	198
ルーマニア	513	407	370	360	304	357	377	365
トルコ	475	455	401	331	281	268	235	209
その他	3,698	3,778	3,705	3,415	2,988	2,870	2,589	2,416
マグレブ（アラブ系北アフリカ人）	1,098	1,152	1,002	912	799	737	620	583
アルジェリア人	424	430	340	333	304	275	220	210
モロッコ人	463	542	474	412	350	325	279	271
チュニジア人	211	180	188	167	145	137	121	102
マグレブを除くフランス語圏アフリカ人	293	329	285	283	257	216	232	208
フランス語圏以外のアフリカ人	66	63	48	51	54	50	29	33
アジア太平洋地域人	179	182	164	163	137	131	115	105
アメリカ人	219	186	152	129	109	98	77	62
不明	7,043	10,556	8,554	7,734	7,176	6,788	6,453	5,982

範囲：フランス国内及び海外県
出典：フランス司法省― SG/SDSE ―全国前科簿

第 II 部

刑事訴訟法

第10章　刑事訴訟法総説

I ◆──刑事訴訟の目的

1　刑事訴訟の目的とその重要性

　刑事訴訟法は罪を犯したと疑われている者の捜査および裁判に関する規定の総体を定めた法規である。刑事手続は社会の基盤と強く関係し，これまでも激しい議論の対象となってきた。フランスの刑事訴訟法を学ぶうえで，まず，刑事訴訟法に関連する国際法上・国内法上の法規およびその歴史を概観することが有益である。

2　刑事訴訟法の法源

　刑事手続に関する基本事項は刑事訴訟法典において定められる。刑事手続は基本的人権と密接に関係している。刑事訴訟に関する規定は，憲法および人権宣言（1789年）において保障されている憲法上の規定に従わなければならないので，憲法院は刑事訴訟に関する規定の合憲性を監視する。

　憲法61-1条により，法律公布前の事前の合憲性の審査のほかに，合憲性を優先付託することができる。すなわち，裁判所による審理の際に，法規が憲法の保障する権利および自由を侵害すると判断されるときは，憲法院は，国務院または破毀院からの付託により合憲性の審査問題を係属することができる。憲法61-1条の適用方法については，組織法律がその詳細を規定する。

　刑事手続に関する国際法およびEU法による法源も重要である。まず，フランスと他国とに関連する犯罪人引渡条約や国際共助に関する条約がある。次に，刑事問題に関するEUの権限であり，現在ではEU機能条約82条により，司法上の判決および決定に関する相互承認（reconnaissance mutuelle）の原則に

基づき司法協力が規定されるに至っている。[1] リスボン条約以降は指令によって，EU レベルでの刑事立法が制定され，それを構成国が国内法に置換するという手続がとられ，EU レベルでの刑事立法の調和が進められる。[2] また，欧州人権条約は特に重要な役割を果たしている。欧州人権裁判所は，欧州人権条約を適用して，フランスの刑事手続の実情を批判する多くの判断を示している。[3]

II ◆──刑事訴訟の流れ

フランスの刑事訴訟は4段階に区別される。第1段階は司法警察による捜査である。司法警察による捜査は，検事正の指揮下に置かれ，警察または憲兵隊に所属する司法警察員および司法警察職員によって実行されるが，犯罪行為を検証し，証拠を収集し，犯罪行為者を捜査することを目的として行われる（刑訴14条）。第2段階は予審である。予審は，重罪の場合は義務づけられ，軽罪の場合は選択的に行うことができ，違警罪の場合は例外的に行うことができる。予審は予審判事の権限の下で行われ，法律に従って，真実の発見に有用であると認める一切の処分を行うことができる（刑訴81条）。第3段階は公判である。重罪については重罪院が，軽罪については軽罪裁判所が，違警罪については違警罪裁判所が裁判管轄をもつ。第4段階は刑罰の執行であり，これは実体刑法の問題と関係する。フランス刑事訴訟法の特色として，捜査，予審段階までは職権主義（糾問主義）的色彩が強く，公判段階では当事者主義（弾劾主義）的色彩が強いといわれている。

フランス刑事訴訟における指導原理として重要な点は，司法機能の分立である。公訴を担当する検察官，予審を担当する裁判官，判決裁判を担当する裁判官は，すべて司法官（magistrat）として司法省に属する。したがって，司法官としてのそれぞれの役割・機能は，公平な裁判を実現するために，独立していることが重要である。まず，公訴を提起する役割と予審を行う役割とは区別され，前者は検察官に，後者は予審担当判事の権限に属する。予審判事は単独で予審を開始することはできず，検察官からの予審開始請求に基づき事件について予審の審理を開始する。予審が開始された場合には，検察官はいかなる予審処分も行うことはできない。次に，予審と公判（判決裁判）との区別である。

第10章 刑事訴訟法総説

一般法における刑事裁判組織図[4]

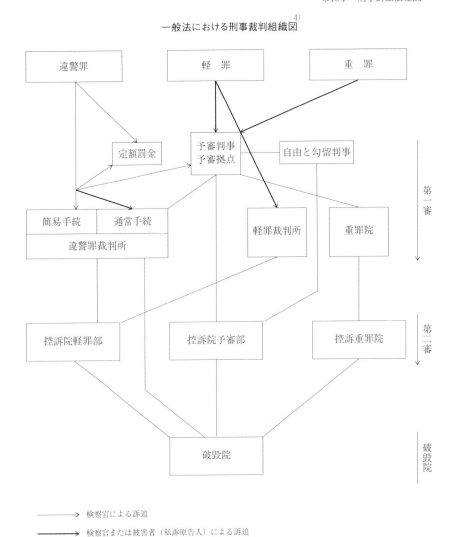

予審の機能は，後に判決裁判所に付託されることになる証拠を収集することである。裁判官は，訴追された者の罪責について言い渡し，有罪判決の場合は刑を言い渡すことになるので，裁判官の公平性を保障するために，証拠を収集する権限が予審に属するという予審の機能は非常に重要である。したがって，予

審判事は，自分が予審で関与した事件についての公判（判決裁判）には関与することはできない（刑訴49条2項・253条）。自由と勾留判事にも同じ制限が適用される（刑訴137-1条）。なお，少年事件についても，憲法院の違憲判断を受けて，現在では成人と同様に予審担当判事は公判には関与できない。最後に，訴追機能と公判機能との区別である。公訴権は検察官に属し，裁判官には属していない。したがって，訴追を行った検察官は，司法官として自らが訴追した事件の事実審理に裁判官として関与することはできない。

フランスでは，裁判については二審制をとる。破毀院はいわゆる上告審であるが，破毀院は法律問題についての破棄申立（上告）のみを審理するので，第三審として存在するわけではない。

Ⅲ ◆ 刑事訴訟法の歴史

フランスの近代刑事訴訟法は1808年に公布され1811年1月1日に施行された治罪法典（Code d'instruction criminelle）にその起源を求めることができる。治罪法はその後，1959年に刑事訴訟法典が成立するまで命脈を保つこととなった。

フランスでは，刑事法分野の立法政策の策定には，政権交代の影響が非常に大きい。ミッテラン大統領の刑法改正実現への強い意思のもと，フランス新刑法典は1992年に成立し，1994年に施行された。新刑法典の編纂作業が終了した後，刑事訴訟法典についても，改正が問題とされるようになった。1993年1月4日法による改正は，アングロサクソンモデルを標榜して，警察留置，予審，未決勾留などに関して防御権を前進させる野心的なものであったが，政権交代とも重なり，1993年8月24日法によって，主として予審の改革の部分は廃止されることになった。刑事訴訟の効率化を強化するための1999年6月23日法では，起訴，不起訴以外の第三の道として「刑事示談（刑罰命令）」（composition pénale）が創設され，国際司法共助に関する規定が整備された。

1990年代からの刑事司法に関する改正の動向については，シラク大統領とジョスパン首相のコアビタシオン政権下で，無罪推定の保護および被害者の権利を強化するための2000年6月15日法（無罪推定法）が大きな影響を及ぼした。

2000年6月15日法は，刑事手続の様々な諸原則を前置条項として法典の冒頭に置き，警察留置を改善し，自由と勾留判事を創設し，予審，未決勾留，当事者の防御権，被害者の諸権利などを改正し，重罪院判決に対する不服申立の導入など，重要な改正を含むものであった。2000年6月15日法は，無罪と認定された有罪判決を受けた者への補償を容易にし，刑事訴訟の調整に関する諸規定についての2000年12月30日法によって補足されている。また，2002年3月4日法は無罪推定の保護と被害者の権利を強化するものであった。

犯罪の進化への司法の適応に関する2004年3月9日法（Perben II法）は，組織犯罪に対する新たな捜査手段として，監視，潜入捜査を導入し，既存の捜査手段の強化として，警察留置の期間延長，防御権の制限，自由と勾留判事の許可に基づく深夜の捜査等を整備し，捜査権の強化が実現した。さらに，公訴権，捜査，予審，判決および刑の適用に関する諸規定について改正した。また，訴追代替手段として，有罪の事前自認に基づく出頭手続を創設した。

フランスの刑事司法を揺るがす誤判事件となったウトロー（Outreau）事件を受けて成立した刑事手続の均衡を強化することを目的とした2007年3月5日法は，刑事手続上の改革をもたらした。警察留置に置かれた成人被疑者の尋問，重罪事件に関する予審の尋問について録画すること，未決勾留の濫用を避けるために，未決勾留理由を制限し，その決定手続についても厳格化した。さらに，予審についての合議制を推進することとなった。

刑事司法および少年裁判の運用への市民の参加に関する2011年8月10日法は，重罪以外の刑事裁判について，市民参審員が関与することを認めた。EU法およびフランスの国際公約を適用するための司法の領域における適用諸規定に関する2013年8月5日法は，EU内での刑事司法共助，翻訳および通訳を受ける権利の強化，被害者支援の強化などの改正を行った。

サルコジ大統領下の刑事司法改革は予審制度の廃止というフランス司法制度の根幹を否定するような改正を含んでいたため法曹界から激しい批判を受け頓挫した。オランド政権下では，刑罰の個別化に関するおよび制裁の効率化を強化する2014年8月15日法によって，刑罰の個別化および社会内処遇の推進強化，修復的司法の導入（刑訴10-1条）等の改革が実現された。その後も，21世紀の司法を現代化する2016年11月18日法による改正，刑事に関する時効の改正

第Ⅱ部　刑事訴訟法

に関する2017年2月27日法等が相次いでいる。

1) EUにおける相互承認の原則については，末道康之『フランス刑法の現状と欧州刑法の展望』(成文堂，2012年）360頁以下参照。
2) EUにおける刑事立法の調和については，末道・前掲注1)289頁以下を参照。
3) 欧州人権裁判所判決を受けて，重罪院判決に対して控訴が認められるようになった。
4) François Fourment, *Procédure pénale 14ᵉ éd.*, Larcier, 2013, p. 20 をもとに一部修正を加えた。
5) 2000年6月15日法および2000年12月30日法については，白取祐司『フランスの刑事司法』(日本評論社，2011年）55頁以下を参照。
6) 2004年3月9日法については，末道康之「フランス刑事立法の動向——Loi Perben II について」南山29巻2号（2006年）123頁，白取・前掲注5)55頁を参照。
7) 2007年3月5日法については，白取・前掲注5)99頁を参照。
8) サルコジ大統領による刑事司法の改革については，白取・前掲注5)117頁以下を参照。
9) B. Sayous et R. Cario, La justice restaurative dans la réforme pénale: de nouveaux droits pour les victimes et les auteurs d'infractions pénales, *A. J. Pénal*, 2014, nº 10, pp. 461 et s.

第11章 刑事訴訟の基本原理

　無罪推定の保護および被害者の権利に関する2000年6月15日法による改正で，刑事訴訟法の中に刑事手続の指導原理を含む「前置条項（article préliminaire）」が設けられた。前置条項では，適正手続（procès équitable）を受ける権利，刑事事件に関する証拠に関する指導規定等が置かれている。

Ⅰ ◆──適正手続の保障

　適正手続を受ける権利は種々の法源によって認められている。欧州人権裁判所の判例も適正手続を受ける権利の保障に重要な役割を果たしている。

1　法　源

　適正手続を受ける権利は国内法および国際法において承認されている。
◆国内法
　前置条項は，「刑事訴訟は公平で，対審的〔当事者主義的〕でなければならず，当事者の権利の均衡を保持するものでなければならない」という文言から始まる。弾劾主義と糾問主義との区別を超えて，対審主義〔当事者主義〕の原則を尊重することを重視している。憲法院は，「特に刑事事件において，防御権尊重の原則は，当事者の権利の均衡を保障しながら，公正で公平な手続の存在を含意する」ことを肯定することで，均衡性と公平性を重視している。
◆国際法
　公平性の要求は，世界人権宣言10条，市民的および政治的権利に関する国際規約14条1項において表明されている。この国際規約は，一方では国内法に対して自律的に執行され，他方ではその適用は国連の人権委員会によって監督されているという点で，重要である。また，適正手続を受ける権利の根拠は欧州

人権条約6条に求められる。

2 適正手続を受ける権利の保護

　適正手続を受ける権利は，民事上の権利および義務に対する異議申立ならびに刑事事件における訴追に関する国際法で保障されている。迅速な裁判を受ける権利のほかに，適正手続を受ける権利は，相互に補完する方法で，裁判を受ける権利および刑事司法の質を保障している。

◆裁判を受ける権利

　憲法院は人権宣言16条に基づき裁判所に訴える権利を認めている。欧州人権条約6条によって要求される適正手続は，まず具体的で効果的な裁判を受ける権利を含意している。

　かつては，刑事訴訟法583条の規定に従い，6月以上（1999年6月23日法が施行された後は1年以上）の自由刑を宣告された被告人が破棄申立をしたときは，有罪判決を下した裁判所から収容されることを免除されていない限りは，法廷が開廷される前日には収容される義務があり，この義務に従わないときには，破棄申立権が剥奪されていた。欧州司法裁判所は，欧州人権宣言6条1項に基づき，このような制裁は裁判を受けるという権利の観点からは合理性を欠くと判断し，訴訟前に身柄を拘束されることは，裁判を受ける権利，すなわち公平な裁判を受ける権利への過度な侵害であると判断した。この判断を受けて，刑事訴訟法583条は2000年6月15日法により廃止された。

◆刑事裁判の質の保障

　裁判を受ける権利を有することだけでは十分ではなく，満足できる条件の中で裁判が行われることが必要である。刑事裁判の質の保障は，憲法上，法律上および条約上，要求されている。欧州人権裁判所は欧州人権条約6条を大胆に解釈し，その判例の射程は，独立した公平な裁判所についてと同じく，裁判の公開性および合理的な期間に裁判を受けることまたは防御権および手段の公平性についても及ぶこととした。

(1) 独立した公平な裁判所

　刑事裁判は，独立し公平な裁判を受ける権利を保障することによって，公平な訴訟の実現を担保することができる。裁判所の存在，管轄および構成につい

ては法律によって定められなければならない。裁判所はできる限り広く公平性を担保しなければならない。公平性を担保することは、裁判所が、裁判を受ける者に対して与えなければならない信頼を保証することにつながるからである。公平性は、個々の裁判官の個人的な行動が問題になるときには主観的な方法で評価され、同時に、個々の裁判官の立場が問題となるときには客観的な方法で評価されなければならない。

　欧州司法裁判所は、かつては、同一の事件において同一の裁判官による異なった裁判官職務を続けて行使することを禁止することによって、公平性を厳格に解釈していた。欧州司法裁判所の判例はその後変更され、職務の兼任はすべて否定されることはなくなった。裁判官の前の職務が、事件の審理に影響し、それにより被告人の罪責についてある種の偏見を与えることにならないかということが問題であり、検察官としての職務と裁判官としての職務のように、一定の職務について兼任は禁止されている。欧州人権裁判所は、破毀院と同様に、この兼任の禁止を認めている。予審判事は自分が予審の審理にあたった事件の裁判に関与することはできず（刑訴49条2項）、自由と勾留判事も同じく、自分が関与した刑事事件の裁判に関与することはできない（刑訴137-1条3項）。

　予審部の裁判官は判決裁判所への送致を言い渡すが、判決裁判所の裁判官として事件に関与することはできない。破毀院は、欧州人権条約6条1号、刑事訴訟法の前置条項に基づいて、訴追の基礎となった証拠の価値を審理した予審部を構成した裁判官は判決裁判所に関与することができないと判断している。ただし、関係する裁判官が予審部において釈放の拒否に関する控訴のみの裁定に関与したにすぎないときには、判決裁判所の裁判に関与することは可能である。

(2)　裁判の公開および合理的な期間内に裁判を受ける権利

　公判廷は、口頭主義および対審主義のほかに、審理の公開を前提とする弾劾主義手続を取り入れている。憲法院は、1789年人権宣言6条、8条、9条および16条から、自由の剥奪を導きうる刑事事件の判決は、非公開を必要とする特別な事情がある場合を除いて、公開の法廷で言い渡されなければならないとしてこの原則を支持している。

刑事訴訟法306条1項は,「審理は,公開することが公の秩序または善良の風俗にとって危険である場合を除いて,これを公開しなければならない。」と規定するが,公開の原則には例外が認められている。公の秩序または善良の風俗にとって危険である場合以外にも,裁判長は,未成年者が公判廷に入ることを禁止することができる。強姦または性的攻撃を伴う拷問もしくは野蛮行為について公訴が提起されたときは,私訴原告人である被害者の少なくとも1人が非公開を請求すれば,審理は当然に非公開となる。その他の場合には,私訴原告人である被害者の少なくとも1人が反対しないときに限り,非公開を命じることができる。事実に対する判断は常に公開の法廷において言い渡さなければならない。少年犯罪者への判決は原則として非公開で言い渡されるが,少年重罪院の公判については,例外も認められる。審理の公開は欧州人権条約6条によって保障されているが,公判廷の傍聴は,訴訟の全部または一部の期間,民主社会における道徳,公の秩序または国家の安全の利益のために,少年の利益もしくは当事者の私生活の保護のため必要な場合においてまたはその公開が司法の利益を害することなく特別な状況において裁判所が真に必要であると認められる限度で,報道機関および一般大衆には禁止されることがある。

審理の公開の要求に対応するために,録画システムを用いて訴訟の録画および配布を許可することは必要ではない。フランスでは,原則として,録画は禁止されているが,一部は緩和されている。司法当局のみを対象として録画が認められるときがある。具体的には,警察留置された少年の尋問の録画(1945年オルドナンス4条Ⅳ),重罪事件について警察留置中の尋問または予審における尋問の録画(刑訴64-1条・77条・116-1条・154条),性犯罪の未成年被害者の尋問の録画(刑訴706-52条),単一の裁判所に限定して利用するために重罪院裁判長の命令に基づく審理の全部または一部の録画(刑訴308条)が認められている[4]。

欧州人権条約6条は,さらに,すべての者は,合理的な期間内に,その主張が聴取される権利を有していると規定する。前置条項によれば,訴追の対象者について,合理的な期間内に,裁判を確定しなければならない。ただし,訴訟にかなりの時間がかかったことは,その訴訟の無効原因とはならない[5]。

(3) 防御権

　防御権（droits de défense）は憲法，欧州人権条約6条および前置条項によって保障されている。防御権は裁判においてのみならず，捜査の開始時点から尊重されなければならない。欧州人権条約6条は自分に不利になる証言をしない権利に言及していないが，欧州人権裁判所は黙秘権および自己負罪拒否の権利は公平な手続の要求から必然的に導かれると判断している。

　被告人は，自分に対する訴追の本質とその原因を告知されなければならない。被告人は犯罪事実および犯罪の罪名についても告知されなければならない。裁判官が訴追の対象となった犯罪の罪名を変更した場合，被告人は新たな犯罪の罪名に対応した防御をすることができる。弁護人の援助を受ける権利は，捜査においても裁判においても適用される。この権利は基本権として，欧州人権裁判所，憲法院および破毀院によって保障されている。

　出頭することを拒否する被告人は，そのことのみを理由として，弁護を受ける権利を剥奪されることはない。上記の理由で弁護を受ける権利を剥奪することは比例性・公平性に反するからである。破毀院は，かつては，刑事訴訟法410条を適用して，公判に出頭せず2年以上の拘禁刑を科せられることについて弁明しない被告人は裁判所において弁護を受ける権利を剥奪されると判断していたが，欧州人権裁判所は，裁判官に対して，出頭せず弁明しなかった被告人によって委任された弁護人の意見を聞くことを義務づけることを明確に示した。欧州人権裁判所は，「弁護人によって弁護を受けるという被告人の権利は公平な裁判を受ける権利の基本的な要件の中に位置づけられており，被告人は公判に出席しなかったという事実のみによって弁護を受ける権利を失うことはない。」と判断している[6]。欧州人権裁判所判決を受けて，破毀院は大法廷において従来の判例を変更し，公平な裁判を受ける権利および被告人が弁護人の援助を受ける権利を保障し，「裁判所が，出頭せず弁明しない被告人を，その弁護をするために公判に出席している弁護人の意見を聴取することなく，裁判することはできない。」と判断するに至った[7]。その後，410条が改正され，出頭せず弁明しない被告人の弁護を確保するために出廷している弁護人の意見は聴取されなければならないという条項が追加された。また，重罪院における欠席裁判の制度も改正され，欠席した被告人の弁護を認める欠席裁判手続に変更された。

また，2013年8月5日法によって，前置条項Ⅲが改正され，被疑者または被告人がフランス語を理解できない場合には，被疑者または被告人がその権利を放棄しない限り，手続の終了時まで，捜査および公判段階において，弁護人との接見も含めて，通訳の援助を受ける権利ならびに防御権の行使のためおよび公平な訴訟を保障するために重要な証拠を翻訳してもらえる権利を有することが明示された。

(4)　手段の対等性

　刑事訴訟法575条は，検察官の破棄申立がない場合には，私訴原告人は，犯罪の成否，訴追された事実の罪名決定および手続の適法性を判断した予審部の裁判が法令に反することを破毀院によって判断してもらう機会を失うとしていたが，手段の対等性(égalité des armes) の観点から，憲法院はこの規定が憲法違反であると判断した。憲法院は，私訴原告人は，予審対象者または検察官と同等の立場にはなく，刑事訴訟法によって予審裁判において保障されている権利の実質的な行使の一部を剥奪しており，この規定は防御権への不当な制限であるから，同条は削除されなければならないと判断した。[8]

　手段の対等性は公平な手続の保障から導かれる原則である。最近では，欧州人権条約6条および前置条項に基づき，破毀院は「公平で対審による手続の要請から導かれる手段の対等の原則は，刑事訴訟の当事者は同一の権利を行使することを義務づけている。特に，検事正の立会いの下その請求に基づいて実施される鑑定人の尋問に当事者の弁護人が立ち会う権利も同じである。」と判断した。[9]

(5)　被害者の権利保護

　前置条項には，司法権は，刑事手続のすべての過程において，被害者の権利の保障に留意するという規定が置かれている。EUレベルでは，犯罪被害者の権利，支援および保護に関する最低限の法規を定めた2012年10月25日の指令が採択され，[10] EU法およびフランスの国際公約を適用するための司法の領域における適用諸規定に関する2013年8月5日法によって，この指令の内容がフランス国内法に置換され犯罪被害者の支援・保護が強化された。また，2014年8月15日法によって，各大審裁判所に被害者支援部(bureau d'aides aux victimes)が創設された。

II ◆──刑事事件における証拠──挙証責任

　刑事事件における証拠は，挙証責任の問題を支配する無罪推定の原則と証拠方法を支配する証拠自由の原則（principe de la liberté de la preuve）によって特徴づけられる。
　挙証責任は検察官にあり，検察官は，法的に認められる場合を除いて，訴追された被告人の利益となる無罪推定を覆さなければならない。

◆無罪推定の原則

　1789年の人権宣言9条によれば，すべての者は有罪と宣告されるまでは無罪であると推定される。欧州人権条約6条2項は，「犯罪の嫌疑を負ったすべての者は有罪であることが法的に立証されるまでは無罪であると推定される」ことを保証している。無罪推定の原則は，前置条項にも規定されている。
　無罪推定の原則によって，被疑者または被告人は，有罪の証明がなされるまでは，防御の体勢を取り続けることができる。検察官が，裁判官に単なる疑いしか喚起できず有罪の確信を喚起できなかったときには，無罪が言い渡されなければならない。「疑わしきは被告人の利益に」という原則の尊重は，刑事訴訟法304条の改正を通して再確認された。304条によれば，重罪院の裁判長は，陪審員の宣誓の際には，「被告人は無罪であると推定され，疑わしいときには被告人の利益にならなければならない」ことを確認しなければならない。

◆無罪推定の例外

　被告人に対する無罪推定の例外はいくつか規定されている。欧州人権裁判所は，有罪が推定される場合をすべて違法であるとしているわけではなく，無罪推定の例外は厳格な条件のもとで認められるとしている。有罪の推定は非常に軽い刑罰に処せられる犯罪についてのみ許容され，有罪の推定を覆すことは可能である。破毀院は，関税法違反の罪および報道犯罪について，無罪推定の一定の例外を認めている。憲法院は，欧州人権裁判所と同じ基準に従って，例外的に有罪の推定の可能性を認めた。

Ⅲ ◆ 証拠方法

　裁判官の判断に服する要素については，多様な証拠方法の原則が認められており，裁判官は自由な心証に基づき判断を下す。

1　多様な証拠方法

　裁判官は，状況証拠，書証または供述に基づき心証を形成する。裁判官の判断を明確にするために鑑定人の意見に従うこともできる。法の定める条件に従って権限のある者により作成された調書に基づき判断が下される。被疑者でもなく被害者でもない者は宣誓の下で証言しなければならない。かつては「証拠の女王」といわれた自白（aveu）も，現在では，他の証拠と同様に，裁判官の判断に委ねられる証拠方法の1つにすぎない。自白の重要性はその精度の程度または他の証拠要素との一致に応じて変化する。

　自由な証拠には証拠の調査方法における緩和の要求から帰結される限界もある。刑事訴訟法は，この分野において公官署に認められる特権，その条件およびその限界を詳細に規定する。例えば，警察留置（garde à vue），捜索または通信傍受等は，捜査の必要性と基本的人権の保護との間で受け入れ可能な均衡を保持するために，法定の枠内で認められる。裁判官は，無効とされた行為によって得られた証拠要素を証拠として考慮することはできない。

　公官署は信義誠実の原則を尊重しなければならない。警察官および司法官に対して課せられる制限は私人の当事者および証人には同じ厳格さで適用されることはない。証拠調べには信義誠実義務が課せられるわけではないが，防御権の尊重と対審の原則に基づき，証拠を討議する際には信義誠実義務が課されている。刑事訴訟法427条2項に従い，裁判官は，審理の過程において提出され，その面前で対審によって討議された証拠のみに基づいて判決しなければならない。この討議の後で，裁判官の判断が原則として自由な心証に基づき示される。

2　自由心証主義

　刑事訴訟法427条１項によれば，「法律に特段の定めのある場合を除き，犯罪は，一切の証拠方法をもって証明することができる。裁判官は自由な心証に従って判決する」。調書は，通常，単なる参考資料としての価値しかもたない。しかし，法律が定めるときには，調書は，書証または証人によってしか提出することのできない反証と同じ価値をもつ。例えば，違警罪を実行したことを確認した調書の場合である（刑訴537条）。ある調書は偽造確認の申立があるまで真実とみなされ，調書の作成者が偽造したと認めない限りはそれに反論することができない。具体例として，２人の税関職員によって作成された税関の調書またはそのほか一切の行政機関の調書は記録された客観的な事実の偽造確認の申立があるまで真実とみなされる。他方，１人の職員によって作成された調書は，関税法336条および337条に規定に従って，反証がなされるまでしか真実とはみなされない。

Ⅳ　　刑事訴訟の主体

　刑事手続は，裁判官の心証をもたらすために必要な要素を収集することで，犯罪行為とその行為者を発見することを主眼としている。刑事手続における制度上の主体は，刑事事件を捜査し，訴追し，裁判するために法律で定められている。被告人，被害者も刑事手続における主体ではあるが，制度上の主体ではない。被告人，被害者が存在しない訴訟というものも制度上あり得るからである。

1　刑事裁判所

　刑事裁判所の役割は，刑事事件について予審を行い，裁判し，刑罰適用に関する問題を解決することにある。それぞれの段階に対応して，準備段階裁判所，判決裁判所，行刑裁判所が存在する。

◆準備段階裁判所

　準備段階の裁判所としては，予審裁判所が存在する。予審裁判所は，犯罪が成立するかを決定するために証拠を収集し，犯罪行為者を捜査し，犯罪事実を

立証し，管轄の判決裁判所に事件を送致し有罪の立証ができる証拠が存在するかを決定する権限を有する。

第1審の準備段階裁判所は，予審判事（juge d'instruction）と自由と勾留判事（juge des libertés et de la détention）である。予審判事については第14章で説明する。自由と勾留判事は2000年6月15日法によって導入された裁判所であり，予審の係属中，未決勾留に関する問題の大部分についてその管轄を有する。自由と勾留判事は，勾留を継続するか，釈放するかを決定する権限を有する。憲法66条によって保障される個人の自由を擁護する司法官として，自由と勾留判事の存在が重要視されている。現在では，自由と勾留判事は，予備的捜査または現行犯捜査，予審，公判，刑罰の適用など手続の各段階で介入する権限のほかに，不法滞在外国人の行政留置手続のような行政手続においても権限を有する。自由と勾留判事は，大審裁判所所長によって任命され，裁判長（président），主席次席判事（premier vice-président），次席判事（vice-président）の階級にある裁判官である。

準備段階裁判所の第2審は予審部（chambre d'instruction）[15]である。各控訴院には予審部が設置されている。予審部については第14章で説明する。

◆判決裁判所

フランスでは裁判は二審制を原則とする。普通法裁判所としての第1審裁判所は，犯罪の種類によってその管轄が区別されている。重罪については重罪院（cour d'assise）が，軽罪については軽罪裁判所（tribunal correctionnel）が，違警罪については違警罪裁判所（tribunal de police）がその裁判管轄を有する。

2017年7月1日までは，第1級違警罪から第4級違警罪までは原則として近隣裁判所（juge de priximité）がその管轄を有し，第5級違警罪のみ違警罪裁判所がその管轄を有していたが，近隣裁判所は廃止され，2017年7月1日から，すべての違警罪について違警罪裁判所がその管轄を有することになった。

軽罪裁判所はすべての軽罪と軽罪と不可分一体をなす違警罪（刑訴381条・382条）についてその裁判管轄を有する。軽罪裁判所は大審裁判所の構成と同じである。軽罪裁判所は原則として裁判長1人と陪席裁判官2人から構成される。さらに，最近の法改正によって，刑事訴訟法399-2条に列挙される犯罪[16]の公判には3人の職業裁判官のほかに2人の市民参審員（citoyen assesseur）が

関与することになった（刑訴10-1条・399-1条）。

　重罪院は重罪事件に関して裁判管轄を有する。重罪院は各県単位で設置され，その県内において土地管轄を有する。重罪院は3人の職業裁判官と6人の陪審員（juré）（刑訴296条）から構成される。また，重罪院の法廷には，最終決定には参加しないが，検事局の代表者と書記官が参加する。被告人に不利な判断には6人の賛成が必要である。なお，2011年8月10日法の施行後は，重罪院の判決には理由を付さなければならない。

　第2審裁判所としては，控訴院軽罪部（chambre des appels correctionnels de la cour d'appel）と控訴重罪院がある。軽罪裁判所および違警罪裁判所の判決に対しての控訴は控訴院軽罪部が審査する。控訴院軽罪部は3人の職業裁判官から構成され，うち1人が裁判長となる。控訴院軽罪部は控訴院と同一の土地管轄を有する。2014年から，2人の市民参審員が，一定の事件について，3人の職業裁判官とともに判断を下す。重罪事件については，重罪院の判決に対して，破毀院刑事部によって指定された他の重罪院に控訴を提起することができる。いわゆる控訴重罪院は，3人の職業裁判官と9人の陪審員（刑訴296条）によって構成される。

　破毀院（cour de cassation）は，法の解釈を統一することをその主たる任務としている。破毀院は，破棄申立（上告）によって事件を係属する。破毀院は，法律問題についてのみ判断し，事実問題については判断しない。破毀院は純然たる法律審裁判所であり，新たな審級として数えられることはない。したがって，フランスは原則二審制をとる。破毀院は，下級審が最終審として言い渡した判決が適切であると判断したときは，破棄申立を棄却し，下級審の判決が適切ではないと判断したときは，その判決を破棄し事件を同級の他の裁判所に差し戻す。破毀院には，民事部3部，商事部，社会部，刑事部がある。事件によっては，混合部，大法廷が編成される。

◆行刑裁判所

　刑罰の適用については行刑裁判所および行刑裁判官が第1審として機能する。行刑裁判官（juge d'application des peines）について，各大審裁判所においては，原則として1人以上の裁判官が行刑裁判官の職務を担う（刑訴712-2条）。行刑裁判官は，刑罰の調整や刑の個別化について幅広くその管轄を有す

る。行刑裁判所（tribunal de l'application des peines）[19]は，合議体で審理され，裁判長1人と控訴院の管轄内の行刑裁判官から控訴院長によって指名された2人の陪席裁判官から構成される（刑訴712-3条）。行刑裁判所は，宣告された自由刑と残刑期について一定の条件を具備したときには，保安期間の取消処分，仮釈放処分または医学的な理由での刑の停止の取消しについて管轄権限を有する。

　行刑裁判官および行刑裁判所の裁判についての上訴は，控訴院行刑部（chambre de l'application des peines）または行刑部裁判長に送致される（刑訴712-1条）。控訴院行刑部は，行刑裁判官が言渡した各処分に対する抗告について裁判する（刑訴712-13条）。行刑部裁判長は一定の処分に関する抗告について裁定する（刑訴712-12条）。控訴院行刑部は，裁判長1人と陪席裁判官2人から構成されるのが原則であるが，行刑裁判所の裁判について，事件によっては，受刑者の社会復帰支援協会の代表者，被害者支援協会の代表者が加わることもある（刑訴712-13条）。なお，仮釈放処分，保安期間の取消処分，刑の停止処分についての控訴事件については，3人の職業裁判官のほかに，2人の市民参審員が審理に加わる（刑訴712-13-1条）。

◆保安監置裁判所

　保安監置裁判所（les juridictions de la rétention de sûreté）[20]は，保安監置と精神障害を理由とする刑事無答責の宣告に関する2008年2月25日法[21]によって導入された特別な裁判所である。保安監置および保安監視は，地域保安監置裁判所によって言い渡される（刑訴706-53-15条）。地域保安監置裁判所の決定に対しては，国家保安監置裁判所に不服申立をすることが可能である。

　地域保安監置裁判所は，控訴院院長によって指名された控訴院部長判事1人と控訴院判事2人から構成される。地域保安監置裁判所は地域圏において管轄を有することになり，その所在地および管轄区域は司法大臣のデクレによって定められる（刑訴706-53-21条）。

　国家保安監置裁判所は，破毀院院長によって指名された3人の破毀院判事により構成される。任期は3年である。国家保安監置裁判所は，理由を付した決定によって，地域保安監置裁判所の決定に関する破棄申立の可否を判断する。

◆特別裁判所
(1) 少年事件に関する裁判所

　少年係裁判官（juge pour enfants）は，少年によって犯された第5級違警罪および少年によって犯された軽罪について管轄権を有する。少年裁判所（tribunal pour enfants）は，少年によって犯された第5級違警罪，少年によって犯された軽罪，犯罪行為時に16歳未満の少年によって犯された重罪について管轄権を有する。少年裁判所は，1人の少年係裁判官と職業裁判官ではない2人の陪席員によって構成される。少年軽罪裁判所（tribunal correctionnel pour mineurs）は，2011年8月10日法による改正によって設立された軽罪裁判所に属する特別な裁判所であり，16歳以上の少年が，法定の累犯として，3年以上の拘禁刑に処せられる1または複数の軽罪を犯したことで訴追されたときに（1945年オルドナンス24-1条1項），少年の軽罪を裁判するための管轄権を有する。また，少年軽罪裁判所は，少年の犯した軽罪と牽連する軽罪および違警罪を審理する権限を有し，特に，それらの犯罪の成人の共同正犯または共犯を審理する権限を有する。少年軽罪裁判所は3人の裁判官から構成され，2人の市民参審員も審理に参加することができる。事件を少年軽罪裁判所に送致した少年係裁判官は原則として少年軽罪裁判所の裁判長を担うことはできないが（同24-1条3項），例外も認められる（同24-1条4項）。少年重罪院（cour d'assises pour mineurs）は，16歳以上18歳未満の少年によって犯された重罪，16歳未満の少年によって犯された重罪または軽罪が，主として訴追された重罪と牽連しまたは個別に一体となるときには，その重罪または軽罪を裁く（同20条）。少年重罪院は，裁判長1人，陪席判事2人（原則として，陪席判事は少年係裁判官から選任される）および陪審員から構成される。

(2) その他の裁判所

　1958年の憲法によって創設された司法高等法院（Haute Cour de justice）は高等法院（Haute Cour）となったが，高等法院は，大統領の任期中の職務の執行とは明らかに両立しえない職務違反行為について，共和国大統領を裁く権限を有する。

　共和国法院（Cour de justice de la République）は1993年に創設され，政府の閣僚がその職務の執行にあたり犯した重罪または軽罪について裁く権限を有す

る。共和国法院は，1999年，薬害エイズ事件について初めて開廷された。

各控訴院の土地管轄内において，平時における軍人の軽罪事件と重罪事件についてはそれぞれ軽罪裁判所と重罪院が，裁判管轄を有する（刑訴697条）。戦時においては，軍事裁判所が開廷される（刑訴699条1項）。

◆特別に構成される普通法裁判所

特別重罪院は，軍事事件に関する重罪，軍人によって犯された重罪によって国防の秘密が漏示される危険がある場合および刑法70条ないし85条に定める国家の安全に対する重罪について審理する。特別重罪院は，テロ犯罪と関連する重罪についても審理する権限を有する（刑訴706-25条）。特別重罪院は，1人の裁判長と控訴院長によって指名された第1審の場合は4人，第2審の場合は6人の職業裁判官から構成され，陪審員は関与しない。

2　検察官

◆検察官の概念

刑事訴訟法31条によれば，検察官は公訴を追行し法律の適用を請求する。検察官は民事事件においても刑事事件においても関与するが，検察官は公訴の提起者であることから，刑事訴訟において主たる当事者としてその重要な役割を果たす。検察官は，司法官職高等評議会（Conseil supérieur de la Magistrature）の権限組織の意見具申の後，司法大臣の提案に基づき大統領のデクレによって任命される（1958年12月22日のオルドナンス28条2項）。

検察官は司法大臣の権限の下に置かれる。司法大臣は，政府が決定した公訴に関する政策を指揮し，共和国の領域内における政策の適用の一貫性に留意する（刑訴30条1項）。司法大臣は，検察官に対して公訴についての一般的な指示を出す（刑訴30条2項）。また，司法大臣は，刑罰法規に反する犯罪の存在を知ったときは，検事長に通知し，訴訟記録に添付される書面による指示をもって，訴追を追行しまたは追行させまたは大臣が適切であると認めた書面による請求の受理を管轄裁判所に求めることができる（刑訴30条3項）。

検事長（procureur général）は，控訴院の管轄に属するすべての地域において刑罰法規の適用を監視しおよびその管轄に属する検察官の職務を指揮する（刑訴35条1項）。検事正（procureur de la République）は，自らまたは検事正代

理（substitut）によって大審裁判所の検察官を代表する。検察官は各刑事裁判所においてその職務を代表する。

検察官は，一方の当事者であるから，否定され忌避されることもなく（刑訴669条2項），誤った訴追を行ったとしても責任を負わない。ただし，個人的な過失がある場合には，責任を問われることはある。また，検察官は，判決裁判所および予審裁判所に対して，被害を受けた当事者に対して，独立している。検察官は階級化されている。検察官は解任され罷免されうる。

検察官は，裁判官とは異なり，同一の裁判所においては，訴訟の期間中，公判の進行中，相互に代替することができる。検察庁の構成員それぞれが検察官としての職務を担い，個々の検察官が検察権を有する（検察官一体の原則）。

◆検事局および検察官の構成

検事局は，裁判所に所属する。破毀院検事局には，検事総長（procureur général près la Cour de cassation），次長検事（premier avocat général），検事（avocats généraux）が配属される。控訴院検事局には，検事長（procureur général près la Cour d'appel），次席検事（avocats généraux），検事（substituts du procureur général）が配属される。大審裁判所検事局には，検事正，検事正補佐，検事が配置される。重罪院には，重罪院が控訴院所在地に設置されるときには検事長職にある検察官（刑訴34条）が，重罪院が控訴院所在地以外の場所に設置されるときには大審裁判所検事局の検察官（刑訴39条）が配属される。違警罪裁判所および近隣裁判所には，第5級違警罪の場合は大審裁判所検事局検事正が配置され，第4級から第1級の違警罪の場合は小審裁判所所在地の警視（刑訴45条1項）が検事の任務を負う。[22]

◆検察官の職務及び土地管轄

検察官は，社会を代表して，訴訟の当事者となる。検察官は公訴を提起する。検察官は，告訴および告発を受理し，その処理を判定する（刑訴40条1項）。検察官は，自分の所属する裁判所の管轄区域内において，司法警察員および司法警察職員の行動を指揮する。検察官は，司法による判決の執行に責任を負う。検察官は，犯罪の予防に重要な役割を果たす。また，民事事件等でも，公益の代表者としての役割を担い，倒産手続においても重要な役割を果たす。

第Ⅱ部　刑事訴訟法

犯罪地の検事正，犯罪に関与した嫌疑を受けている者のうちの1人の居住地の検事正，犯罪に関与した嫌疑を受けている者のうちの1人の者の逮捕地の検事正は，この逮捕がそのほかの原因のために行われたとしても，および，犯罪に関与した嫌疑を受けている者のうちの1人の勾留地の検察官はこの逮捕がほかの原因によって行われたとしても，それぞれ管轄権を有する（刑訴43条）。

3　司法警察

　司法警察は，国家警察と国家憲兵隊から構成される。司法警察は，検事正の指揮のもと，検事長の監督および控訴院予審部の管理に服し，職務を執行する。国家警察および国家憲兵隊は，犯罪を予防し，秩序を維持し，困難にある市民を援助するという行政警察としての職務を負うが，刑事訴訟法上問題となるのは司法警察としての職務である。

◆司法警察の構成

　刑事訴訟法上，司法警察は，司法警察員（officier de police judiciaire），司法警察職員（agent de police judiciaire）および司法警察職員補（agent de police judiciaire adjoint），法律によって司法警察の職務を付与された公務員および職員に区別される（刑訴15条）。

(1)　司法警察員

　刑事訴訟法16条によれば，司法警察員としての有資格者は，①市町村長および助役，②憲兵将校および下士官ならびに3年以上憲兵隊で勤務し委員会の同意を得て司法省および内務省の省令によって個別的に指名された憲兵，③国家警察の総務警視監，内部部局副局長，警視監，警視および警部，④国家警察指揮団・幹部職団に属する公務員で3年以上の勤務経験を有し委員会の同意を得て司法省および内務省の省令によって個別的に指名された者，内務大臣に直属する司法警察の局長または局次長の職務を行う者および国防大臣に直属する憲兵隊の局長または局次長の職務を行う者などである。

　司法警察員の任務は，①刑罰法規に反する犯罪を検証し，その証拠を収集し，予審が開始されない限りにおいて犯人を捜査すること（刑訴14条1項），②予審が開始されたときには，予審裁判所の委託を執行し，その請求に応じること（刑訴14条2項），③告訴および告発を受理し，予備捜査を行い，重罪または

軽罪の現行犯の場合には付与された権限を行使することである。また，その任務の執行のため，警察力の協力を直接請求する権限を有する（刑訴17条）。
(2) 司法警察職員および司法警察職員補
　(i) 司法警察職員　　2011年3月14日法によって改正された20条によれば，司法警察職員とは，憲兵および司法警察員の資格を有しない国家警察の現業の公務員をいう。在職中，司法警察職員または司法警察職員の資格を有していた国家警察の退職職員および国家憲兵隊の退役憲兵が，国家警察の市民予備役または国家憲兵隊の実践予備役として召集されたときは，司法警察職員としての資格を有することができる（刑訴20-1条）。
　司法警察職員の任務は，司法警察員の職務を補佐すること，重罪，軽罪または違警罪を検証しその調書を作成すること，これらの犯罪の犯人および共犯に関する徴表，証拠および情報を提供することのできるすべての人によってなされた申告を調書によって受理することである。司法警察職員は警察留置を決定する権限をもたない（刑訴20条）。
　(ii) 司法警察職員補　　21条によれば，司法警察職員補とは，国家警察の現業の公務員で20条に定める要件を充足しない者，憲兵隊において軍人として資格をもち軍務に服する志願者および国家憲兵隊の実戦予備兵としての資格をもち軍務に服する軍人で20-1条に定める要件を充足しない者，保安補助員，パリの監視員，市町村警察員および一定の条件の下での田園監視員をいう。
　司法警察職員補の任務は，司法警察員の職務を補佐すること，重罪，軽罪または違警罪を知りえたときは直属上官に報告すること，直属上官の命令に従い，刑罰法規に反する犯罪を検証しその犯罪の犯人を発見するためにすべての情報を収集すること，土地管轄を有する国家警察または国家憲兵隊の司法警察員に知りえたすべての重罪，軽罪または違警罪を報告すること，道路交通法の規定に反する違警罪を検証することなどである。
(3) 一定の司法警察の任務を負う公務員または職員
　ある種の行刑機関の公務員または職員，山林技官，地方山林主事および山林技術職員ならびに田園監視員などの公務員（刑訴22条），労働監督官または公正取引委員会の職員，税関職員および税務署職員（刑訴28-1条・28-2条），宣誓をした個人の監視員（狩猟監視員および漁業監視員）（刑訴29条）は，その管轄を

有する特別な領域の犯罪については，司法警察の任務を負う。

◆司法警察権を付与された官憲
(1) 検事正の司法警察権

　検事正は司法警察員としての身分に付与されるすべての権限および特権を有する。検事正は，刑罰法規に反する犯罪の捜査および訴追に必要な一切の処分を行い，または行わせ（刑訴41条1項），告訴および告発を受理し（刑訴40条1項），その職務を行うに当たって直接警察力を請求する権限を有する（刑訴42条）。検事正が重罪または軽罪の現行犯の犯行現場に到着したときは，司法警察員はその職務を免れ，検事正は刑訴法に定める司法警察の一切の処分を行い，また，すべての司法警察員に対してその処分を続行すべきことを命じることができる（刑訴68条9）。現行刑事訴訟法では，検察官と裁判官の権限を明確に区別し，検事正は司法警察員としての身分を喪失したが，司法警察員の上官としての性格は維持している。

(2) 予審判事の司法検察権

　予審判事はその職務を行うにあたって直接警察力を請求する権限を有する（刑訴53条3項）。予審判事は，私訴原告人の告訴を受理し，予審が開始されたときには，司法警察は予審判事の委任を執行しその請求に応じなければならない（刑訴14条2項）。予審判事は，裁判事務嘱託（共助の嘱託）をもって，すべての司法警察員に対し必要と思われる予審処分を行うことを請求することができる。司法警察員はその事実を検事正に報告する（刑訴151条1項）。

1) C. E. D. H., Piersack c. Belgique, 1er oct. 1982, *J. D. I.*, *1985*, *210*, obs. T. Travenier.
2) Crim., 5 déc. 2001, *J. C. P.*, *2002. IV. 1298.*
3) Crim., 15 sept. 2004, *D. 2005. 1138*, note S. Lavric et G. Royer.
4) 例外として，文化財法 L. 221-1 条は，司法の歴史的記録を構成するために利益があるときには，裁判における審理を録画することが認められる。
5) Crim., 26 sept. 2001, *D. 2002, 1462*, obs. J. Pradel.
6) C. E. D. H., VanPelt c. France, 23 mai. 2000, *D. 2001. Somm. 1061*, obs. J.-F. Renucci; *R. S. C.*, *2001*, *p. 429*, obs. F. Massias.
7) Ass. plén. 2 mars. 2001, *D. 2001. 1899*, note J. Pradel.
8) Cons. const., 23 juill. 2010, n° 2010-15/23 QPC.
9) Crim., 11 mai. 2010, *B. C.*, *n° 78.*
10) 末道康之「EU における被害者の権利保護——犯罪被害者の権利，支援及び保護に関する

最低限の法規を定めた2012年10月25日の指令の概要」被害者学研究24号（2014年）45頁以下参照。
11) C. E. D. H., Salabiaku c. France, 7 oct. 1988, *R. S. C., 1989, p. 167*, obs., L. Pettiti ; C. E. D. H., 25 sept. 1992, *J. C. P., 1993, I, 3654*, obs., F. Sudre.
12) Crim., 10 févr. 1992, *B. C., n° 231*.
13) Crim., 3 déc. 1998, *B. C., n° 332*.
14) Cons. const., 16 juin. 1999, *D. C., 99-411*.
15) 予審部はかつて公訴部（chambre d'accusation）と呼ばれていた。
16) 刑事訴訟法399-2条によれば，市民参審員が参加する裁判の対象となる犯罪は，刑法典第2部第2編に規定される5年以上の拘禁刑に処せられる人に対する罪，刑法311-4条最終項，311-5条1項および最終項，311-6条に定める暴力を伴う窃盗，312-1条および312-2条に定める恐喝罪（extorsions），刑法典第3部第2編第2章第2節に定める5年以上の拘禁刑に処せられる人に危険を及ぼす破壊，毀損および毀棄の罪，である。
17) 刑事訴訟法399-2条（注16を参照）・399-3条所定の犯罪が対象となる。
18) 刑罰適用判事と訳されることもある。
19) 刑罰適用裁判所と訳されることもある。
20) 〈rétention de sûreté〉については，保安留置と訳されることもある。
21) 2008年2月25日法については，末道康之『フランス刑法の現状と欧州刑法の展望』（成文堂，2012年）186頁以下を参照。
22) そのほか，森林犯罪については，山林技官または山林局長の指名する地方山林主事もしくは山林技術職員（刑訴45条2項）が検事の任務を負う。不都合が生じた場合または裁判所所在地に警視がいない場合，同一県内の近隣する大審裁判所の管轄地域内に居住する警視（commisaire），警察指揮官（commandant）または警察部隊長（capitaine）（刑訴46条），公判の開廷のために絶対的に必要であるときには，例外的に，少審裁判所判事は違警罪裁判所が所在する地域の市長またはその代理に検察官の職務を行うことを求めることができる（刑訴46条2項）。

第12章 捜　　査

　司法警察は，犯罪を発見し，犯罪行為者を捜査し，証拠を収集する任務を負うが，その任務を完成させるために，捜査を行う。

I ◆──司法警察による捜査の種類

　司法警察が行う捜査としては，現行犯に関する捜査，予備捜査，その他の特別な捜査がある。

1　現行犯に関する捜査

　現に犯しまたは現に犯し終わった重罪または軽罪を，重罪または軽罪の現行犯という（刑訴53条）。犯罪行為と極めて近接した時点で嫌疑を受けている人が公衆の叫声によって追跡されている場合，犯罪と極めて近接した時点で重罪または軽罪に関与したと疑わせる物品を所持または証跡もしくは徴表を示した場合も同様に現行犯とされる。予備捜査において，現行犯であることの明白な徴表が発見されたときは，直ちに現行犯捜査に移行する。

　現行犯捜査の対象となる犯罪は自由刑を科せられる重罪または軽罪である（刑訴67条）。事後に，捜査の対象となった犯罪が自由刑を科すだけの重大な犯罪ではなかったと判明したとしても，捜査時点で警察が合理的に現行犯捜査に該当すると判断した場合には，問題にはならない。現行犯捜査は司法警察員によってのみ指揮され，強制力をもつ。現行犯捜査は8日間実施することができる（刑訴53条）。5年以上の自由刑を科せられる重罪または軽罪については，検事正は最大8日間の延長を認めることができる（刑訴53条）。

2　予備捜査

　現行犯捜査の対象とはならず，その他特別な捜査の対象とはならない場合には，司法警察は予備捜査をすることができるが，刑事訴訟法75条以下に規定される予備捜査には制限がある。予備捜査は任意捜査である。司法警察員またはその監督下にある司法警察職員（刑訴20条）は，検事正の指示に基づきまたは職権により，予備捜査を行う。予備捜査を命じた検事正は予備捜査の期間を定める。捜査官が期間の延長を認めうるに足りる物証を提供すれば，検事正は期間の延長を認めることができる。職権によって予備捜査が開始された場合，捜査の開始から6ヶ月が過ぎた時点で，司法警察員は捜査の進展を検事正に報告しなければならない。重罪または軽罪に関する予備捜査を行っている司法警察員は，罪を犯したと思われる者を特定することができる徴表が存在するときには直ちに検事正に報告する。

　予備捜査は，検事が起訴するかどうかの判断に役立つ。新たな要素が現行犯であることを特徴づけるときには，予備捜査を現行犯捜査として延長することができる。

3　その他の捜査

　その他の捜査（刑訴74条以下）として，不審死に関する捜査，失踪者の探索に関する捜査があるが，いずれも現行犯捜査と同様に処理される。なお，8日が経過すれば，予備捜査として捜査を継続することができる。

　勾引勾留状が出された者または1年以上の自由刑判決が確定した者が逃走している場合も現行犯捜査と同じ処分を行うことができる（刑訴74-2条）。

II　捜査における捜査官の権限

1　身分検査

　身分検査（contrôle d'identité）は，司法警察員または司法警察員の監督の下で司法警察職員によって実施される。フランス領土内に所在するすべての者は定められた条件下で警察当局によって行われる身分検査を受けることを受忍しなければならない（刑訴78-1条2項）。

第Ⅱ部　刑事訴訟法

◆身分検査と身分証
　司法警察員，司法警察員の命令を受けその責任下にある司法警察職員および司法警察職員補は，重罪もしくは軽罪を犯したまたは犯そうとしたこと，重罪または軽罪を犯す準備をしたこと，重罪または軽罪の捜査のために有用な情報を提供することができること，司法官憲によって命じられた捜査の対象となっていることを推認させる徴表が存在するすべての者に対して，その身分を適宜の方法により証明するよう求めることができる（刑訴78-2条）。
　検事正が指定した者について，検事正が指定した場所および指定した期間においても，検事正の請求に基づき，身分検査を行うことができる（刑訴78-2条2項）。この身分検査によって，検事正の請求に記載されていない犯罪が明らかになったとしても，その事実は手続の付帯的無効事由とはならない。
　治安，特に，人または財産の安全に対する侵害を予防するために，その挙動の如何にかかわらず，司法警察による身分検査と同じ方法により，すべての者に身分検査（行政警察による身分検査）を行うことができる（刑訴78-2条7項）。

◆外国人に対する身分検査
　外国人の滞在許可の検査は，行政警察によって行われる。外国籍の者は，司法警察員が請求するとき，ならびに司法警察員の命令および監督下で刑事訴訟法20条および21条に定める司法警察職員および司法警察職員補が請求するときには，フランスにおいて通行し滞在することが認められていることを証明する身分証または書類を提出しなければならない。

◆国境における身分検査
　行政警察による身分検査は，シェンゲン条約加盟国を合わせてフランスの陸上の国境から一定の範囲内の地域，港，空港，鉄道駅または道の駅で公衆がアクセスできる場所で行うことができ，また，海外県の国境周辺において，法定の証明書および文書の所持，携帯および提出の義務を遵守しているかを検証する目的で行うことができる（刑訴78-2条4項ないし6項）。

2　身分確認

　身分検査の際に，対象者が自らの身分を証明することができないまたは証明したくない場合には，身分確認（vérifications d'identité）を行うことができる

（刑訴78-3条以下）。身分確認は強制処分であり，司法警察員のみが実施することができる。対象者は，その場でまたは警察署で，必要最小限の時間しか拘束されず，身分検査の開始から4時間を超えることができない。司法警察員は対象者に適宜の方法で自らの身分を証明するための資料を提供することを求めることがでる。資料の提供が拒否されたまたは不正確であったときには，司法警察員は，対象者の身分の証明にそれ以外の方法がない場合には，法的な身分確認すなわち指紋採取または写真撮影の手続をとることができる。指紋採取または写真撮影を行うためには，検事正または予審判事の許可が必要であり，特別な理由を示した調書にその旨を記載する必要がある。指紋採取または写真撮影を拒否した場合，3月以下の自由刑または3750ユーロの罰金に処せられる（刑訴78-5条）。身分が確認されない場合でも，4時間が経過すれば，対象者は拘束を解かれる。また，検事正はいつでも対象者の拘束を解くことができる。

　身分検査および身分確認に関する規定に違反した場合，その手続は無効となる。調書が無効とされることにより，犯罪行為の検証が無効となる。市民には以下の事項が保障されている（刑訴78-3条）。①被拘束者を司法警察員に会わせなければならず，司法警察員がその拘束の適法性を評価する。②原則として，未成年者は法定代理人に付き添われなければならない。拘束が開始されるとすぐに，未成年者が拘束されたことを，検事正に告知しなければならない。③被拘束者には，拘束されたことが検事正に通報されたことをすぐに告知しなければならない。また，被拘束者は，いつでも，家族または本人が選択した者に知らせることができる。特別な事情により必要なときには，司法警察員が，その事実を被拘束者の家族または本人が選択した者に報告する。④身分確認の調書は，訴訟の順調な進行を証明することになり，訴訟の次の段階に進める。被拘束者は調書に署名するが，署名を拒否したときにはその理由が調書に記述されなければならない。調書は検事正に伝達される。司法手続上，必要な場合には，拘束の期間は警察留置の期間に算入される（刑訴78-4条）。⑤警察留置の維持を伴う捜査手続および執行手続を司法官憲に対して行う理由がある場合には，被拘束者は自己が対象となっている措置について検事正へ通知させる権利を告げられる（刑訴78-3条10項）。78-3条に定める規定を遵守しなかったときには，手続全体が無効となる（刑訴78-3条11項）。

3 自動車の検問および事業活動が行われている場所への立入

　事業活動，具体的には，建築，製造，加工，修繕，給付または商品化の活動が行われている場所への立入は，検事正の請求に基づき，司法警察員，司法警察職員，司法警察職員補によって行われる。

　自動車の検問については，①特にテロ犯罪の捜査と訴追の目的で検事正の書面による請求に基づく場合，②運転手または同乗者に対して，正犯もしくは共犯として，現行犯として重罪もしくは軽罪を犯したまたは犯そうとしたことを疑うに足りる理由が存在するときに，公道を走行しているまたは公道もしくは一般人が近づくことができる場所に停車している自動車に対して，③人または財産に対する重大な侵害を予防することが問題となるときに，司法警察員は，運転手の同意を得てまたは同意がない場合には適宜示された検事正の指示の下で，公道を走行しているまたは公道もしくは一般人が近づくことができる場所に停車している自動車に対して，行うことができる。

4 監視と潜入捜査

　監視（surveillance）を行うことが手続上問題となるのは，土地管轄を超えて行う監視の場合である。刑事訴訟法706-80条に従い，司法警察職員および司法警察員の監督の下で司法警察職員は，検事正に告知した後で検事正の反対がない場合には，組織犯罪としての重罪または軽罪を犯したことを疑うに足りる理由が存在する者に対する監視をフランス国内全域で行うことができる。告知を受ける検事正は捜査が開始される場所に属する検事正であるか，組織犯罪に関する特別な裁判所に属する検事正である。

　潜入捜査（infiltration）は，偽計を利用して犯罪を検証しその犯人を発見することが問題となるので，より厳格な条件の下で行われる。706-81条によれば，706-73条に定める組織犯罪に関する捜査の必要性があるときには，検事正はその監督下で潜入捜査を許可することができる。潜入捜査は，司法警察員または特別な資格をもつ司法警察職員によって行われる。潜入捜査によって司法警察員または司法警察職員が違法な物質を取得したまたは法的もしくは経済的な犯罪行為への支援を行うなど違法な行為を行ったとしても，刑事責任を問われることはない。

2011年3月14日法によって，潜入捜査に類似する捜査が規定された。すなわち，電子通信手段によって証拠収集またはテロ行為を教唆した者もしくはテロ行為を賛辞した者の捜査を行うことである。内務省の省令によって指定され権限を与えられた特別な部局によってこの捜査が行われ，司法警察員または司法警察職員は仮名で電子的な交流を行い犯罪行為者となる可能性のある者と接触しさらに犯罪の行為者となる可能性のある者に関する証拠や情報を収集する。なお，当該行為は犯罪の教唆行為とはならない。

5　検査と協力

◆協　力
　現行犯捜査について，技術的または科学的な検証を行う必要があるときには，司法警察員は資格のあるすべての者に協力を求めることができる（刑訴60条）。検事正の指示に基づき，司法警察員は被疑者および被害者に関する調査の結果を知ることができる。予備捜査に際しても，現行犯捜査の場合と同様である（刑訴77-1条）。

◆身体検査
　司法警察員は，現行犯捜査において，情報を提供することのできる者または被疑者から体外採取の手続をとりまたはその手続をとらせる（刑訴55-1条）。予備捜査においては，検事正または検事正の許可を受けた司法警察員は，体外採取の手続をとりまたはその手続をとらせる（刑訴76-2条1項）。体外採取とは，指紋採取，掌紋採取，警察のデータファイルへの情報提供または検索に必要な写真撮影などである。被疑者がこの採取を拒否したときには1万5000ユーロの罰金に処せられる。

Ⅲ　捜査の実行

1　尋　問
　すべての者は尋問（audition）を受けることを求められる。予備捜査においては，尋問は強制力をもつ。司法警察員は，検事正の事前の許可を得た後，出頭要請に応じない者，出頭要請に応じる可能性がない者に対して警察力をもって

出頭を強制することができる（刑訴78条1項）。

　司法警察員または司法警察員の監督の下で司法警察職員は取調べを受けた者の供述について調書を作成する（刑訴78条3項）。尋問を受けた者に罪を犯しまたは犯そうとしたことを推認させる徴表がない場合には，4時間以内で尋問のために必要最小限の時間しか拘束することができない（刑訴78条2項）。なお，重罪事件および軽罪事件については，弁護人と接見することができずかつ弁護人の扶助を受けることができずに行った供述のみに基づいて，いかなる有罪判決も言い渡すことはできない（前置条項）。

2　逮　　捕

　自由刑で処罰される重罪または軽罪の現行犯の場合，司法警察員のみならずすべての者は，最寄りの司法警察員のところに犯人を引致するために，犯人を逮捕することができる（刑訴73条1項）。犯人が警察力ではなく私人によって現行犯逮捕され司法警察員のところに引き渡されたときには，警察留置の条件を充足していても，捜査官の手に委ねられることを強制されず，そしていつでも警察署または憲兵隊を立ち去る権利を告知されている以上，必ず警察留置とされるわけではない（刑訴73条2項）。

　3年以上の自由刑で処罰される重罪または軽罪の現行犯に関する捜査の必要性から，検事正は，罪を犯したまたは犯そうとしたと疑うに足りる相当な理由が存在するすべての者に対して捜索状を発することができる（刑訴70条）。逮捕された者は司法警察員によって尋問が行われる逮捕地で警察留置される。検事正は，事件が係属された捜査部署に対象者を引致する命令を下すことができる。捜索状の対象者が捜査の途中で発見されず，検事正が指名手配されていない者に対して予審の開始を請求したときには，捜索状は，予審判事によって撤回されない限り，予審手続の進行中は有効である。

3　警察留置

◆警察留置の条件

　警察留置（garde à vue）制度は，2011年4月14日法によって，大幅に改正された。刑事訴訟法77条は，現行犯捜査の場合と予備捜査の場合において，同じ

規定が適用されることを明示している。警察留置は強制処分であり，司法警察員が，その職権でまたは検事正の指示の下，対象者を警察留置することができる（刑訴63条）。司法警察員は，司法官憲の監督下で，拘禁刑で処罰される重罪または軽罪を犯したまたは犯そうとしたと疑うに足りる1または複数の理由が存在する者に対して，捜査官のために，警察留置することができる。警察留置は，以下の目的，①対象者の存在または関与を含む捜査の実行を許可するため，②検事正が捜査の結果を評価することができるようにするため対象者を検事正のもとに引致させることを保証するため，③対象者が証拠または客観的な徴表を改変することを阻止するため，④対象者が証人，被害者またはその家族に圧力をかけることを阻止するため，⑤対象者の共同正犯または共犯となりうるその他の者と共謀することを阻止するため，⑥重罪または軽罪を止めさせることのできる手段の実行を保証するため，のうち少なくとも1つを達成するための唯一の手段でなければならない（刑訴62-2条）。なお，証人の警察留置は認められていない。重罪または軽罪を犯したまたは犯そうとしたと疑うに足りる理由が全くない場合には，対象者を警察留置することができるのは，4時間以内で尋問に必要な最小限の時間のみである（刑訴62条5項）。

　警察留置の期間は，通常の犯罪の場合は24時間であり，対象者が犯したまたは犯そうとした犯罪が1年以上の拘禁刑に処せられる重罪または軽罪であるときで，警察留置することが，刑事訴訟法62-2条①から⑥に定める目的を達成するための唯一の手段であるときには，検事正の書面による理由を付した許可に基づき24時間の延長は可能である。組織犯罪の場合には，24時間の警察留置の後，自由と勾留判事または予審判事の書面による理由を付した許可に基づき，延長を裁定する判事の前に引致されたことを条件として，それぞれ24時間の2回の延長が認められる。2回目の延長の場合には，対象者は必ずしも判事の面前に引致される必要はない（刑訴706-88条）。現行犯の場合には予審判事も対象者を警察留置する権限を有する。

◆市民に認められる保障

　警察留置の対象となった者に対して，①警察留置すること，警察留置の期間およびその延長，②対象者が犯したまたは犯そうとしたと疑われる罪の罪質およびその罪が犯されたと推定される日時，③刑事訴訟法63-2条に従って，近

親者およびその雇用主に通知させる権利，63-3条に従って，医師の診断を受ける権利，63-3-1条から63-4-3条に従って，弁護士の立会いを求める権利，尋問の際に身元確認を拒否した後，供述をする権利，黙秘権など，要件が告知されなければならない。

警察留置の経過において司法警察員が作成した供述調書では，①警察留置に付されることを正当化する理由，②警察留置された者の尋問の時間，尋問中の休憩時間，食事をした時間，警察留置が開始された日時，警察留置から解放された日時および管轄司法官の下に引致した日時，③場合によっては，警察留置の期間内にその他の手続の範疇で実行された警察留置された者の尋問，④刑事訴訟法62-2条から63-3-1条までを適用して与えられた情報およびなされた請求とその結果，⑤完全な身体検査または体内検査が行われたかどうか（刑訴62-2条1号ないし6号），が記載されていなければならない。

警察留置の開始時間と終了時間，尋問を行った時間，尋問中の休憩時間，完全な身体検査または体内検査については，警察留置された者を収容する警察または憲兵隊のすべての留置場に特別に備えつけられる帳簿にも記入しなければならない（刑訴64条Ⅱ1項）。さらに，司法警察員が供述録取手帳を所持すべきものとされている隊または署においてはこの手帳に上記内容を記入しなければならない（刑訴64条Ⅱ2項）。

重罪で警察留置された者の尋問については，技術的に不可能な場合を除き，検事正が命じたときには，ビデオ録画が可能である（刑訴64-1条）。警察留置された人数が多くすべての尋問を録画することができないときには例外が認められている。

検事正は，警察留置が開始された時点で，司法警察員から警察留置について報告を受ける。司法警察員は，検事正に対して，対象者を警察留置したこと，警察留置することの理由（刑訴62-2条），留置者に通知した犯罪事実の罪名（刑訴63-1条1項2号）を検事正に報告しなければならない。

警察留置された者，その家族，司法警察員または検事正は，被留置者が医師による診察を受けることを請求することができるが，請求された時点から3時間以内に診察が行われなければならない。警察留置が延長された場合も診察を請求することができる。医師は，司法警察員または検事正によって指名され

る。組織犯罪については，警察留置された者は最初の延長が決定されたときに，医師によって診察が行われなければならない（刑訴706-88条4項）。テロ犯罪に関して96時間を超えて144時間まで延長された場合には，96時間の期限が終了する前に，検事正，予審判事または司法警察員が義務的な請求に基づき，2回の追加延長のそれぞれの開始時に警察留置に先行して医学的な診察が行われる（刑訴706-88-1条3項）。

警察留置された者は，特別の事情があるときを除いて，警察留置開始時から起算して3時間以内に，警察留置された者が通常生活を共にしている者，直系の両親もしくは兄弟姉妹の1人または警察留置された者が対象となっている処分の保佐人もしくは後見人に対して，電話により通知してもらうことができる。また，警察留置された者は，その雇用者に対して，電話により通知してもらうことができる。司法警察員が，捜査の必要性を理由として，この請求が認められないと判断したときは，司法警察員は直ちに検事正に判断を委ね，検事正はこの請求を認めるべきか否かを決定する。テロ犯罪について96時間を超えて例外的に警察留置を延長する際，請求が拒否された場合，警察留置された者はこの請求を再度繰り返すことができる（刑訴706-88-1条）。

警察留置された者は，その開始時から，弁護人との接見を請求することができる（刑訴63-3-1条1項）。弁護人は以下の2段階で介入する。まず，警察留置された者は，その開始時から，弁護人と接見することができる。弁護人との接見は30分間秘密裏に行われる。警察留置が延長された場合，延長開始時から弁護人と接見できる。テロ犯罪に関して96時間を超えて警察留置が例外的に延長されたときには，弁護人との接見は96時間後，120時間後に可能である（刑訴706-88条8項）[1]。それ以降，弁護人は，警察留置された者の尋問および対質に立ち会うことができる（刑訴63-4-2条）。ただし，例外として，司法警察員の請求に基づき，検事正または自由と勾留判事は，詳細な条件の下で書面による理由を付した決定によって，弁護人との接見を延期することができる（刑訴63-4-2条4項）。

法律に違反して警察留置の手続をした司法警察員に対しては，民事的および刑事的な制裁をすることができる。関係当事者の利益を侵害することになる重要な方式を遵守しなかった場合，警察留置の無効が宣告される。

第Ⅱ部　刑事訴訟法

1)　憲法院2012年2月17日判決（Cons. const., 17 fév. 2012, n° 2011-221 QPC）では，テロ犯罪に関して弁護士の選任を制限していた刑事訴訟法706-88-2条の規定は憲法違反である判断され，同条は削除された。

第13章　公訴と私訴

　ある事実が社会に混乱をもたらしたときには，検察官は，社会を代表して，公訴を提起する。検察官は，複数の手段の中から，公訴の提起の方法を選択する。また，被害者は，一定の条件の下で，公訴を提起することができる（刑訴1条2項）。検察官は公訴を遂行し，法律の適用を請求する（刑訴31条）。検察官は，民事事件および刑事事件においてその任務を遂行するが，刑事事件において，公訴の請求者すなわち刑事事件における主たる当事者として重要な役割を担っている。

I 公　訴

1　起訴便宜主義（opportunité des poursuites）の原則

　検事正は，告訴および告発を受理し，その処分について判定する（刑訴40条）。検事正は，その管轄区域内でのすべての告訴および告発について告知を受ける。さらに，その職務の執行に際して，重罪または軽罪の存在を認知したすべての警察官憲は，遅滞なく，検事正にそのことを告知し，すべての関係する情報，調書および関係書類（actes）を検事正に送付しなければならない。検事正には以下の4つの選択肢がある。すなわち，不起訴処分とするか，公訴を提起するか，訴追の代替手続を開始させるか，有罪の事前自認出頭手続を用いるか，のいずれかを選択する。ただし，例外もある。私生活への侵害があるときまたは名誉毀損もしくは侮辱に対しては，被害者の告訴によって訴追が開始される。また，税金，通貨，社会保障に関する事件については，法律上，行政機関の告訴を要求している。告訴が提起されたとしても，検事正は必ずしも訴追をしなければならないという義務はない。

　なお，国会議員の不逮捕特権剥奪の請求については，国会（議院）の許諾を

得る必要があり，事前の命令を訴訟条件として訴追しなければならない。また，検事正は，告訴人および被害者が特定されたときには，告訴人および被害者の告訴または通報の結果，訴追されまたは訴追の代替措置がとられたことを告訴人および被害者に告知しなければならない（刑訴40-2条）。

2　不起訴処分

不起訴処分（classement sans suite）とは，犯罪成立要件をすべて充足しないあるいは犯罪の立証が困難であるなどの理由で，訴追が受理不能と考える場合，検事正が訴追しないという決定である。検事正は，告訴人または被害者に告知するときには，不起訴とした法的な理由または不起訴処分に至った判断の妥当性を示す義務がある（刑訴40-2条）。検事正に事実を告発したすべての者は，その告発の結果，不起訴の決定に対して，検事長に不服申立をすることができる（刑訴40-3条）。検事正は，公訴時効の期間が終了するまでは，不起訴処分を見直すことができる。

3　訴追の代替処分または〈第三の途〉

多様な形態の条件付きの不起訴処分が存在する。

◆刑事訴訟法41-1条により提示された代替処分

検事正が，被害者が受けた損害の賠償を保障し，犯罪から生じた混乱を終結させ，犯罪行為者の再分類に寄与すると認めるときは，複数の処分を用いることができる。検事正は，公訴についての決定に先行して，直接または司法警察員もしくは検事正の代理もしくは斡旋者を介して，処分を命令することができる。命令できる処分は，犯罪行為者に対して法律から導かれる義務を命じること，犯罪行為者を保健衛生的，社会的または職業的な組織に向けて指導すること，法律または規則に照らして犯罪行為者にその状況を正常化することを求めること，犯罪行為者に自分が惹起した損害の賠償を求めまたは当事者の同意を得て犯罪行為者と被害者との間で和解を進めること，一定の場合にその内縁者，パートナーまたは配偶者の住居を訪問することを控えさせること，である。

訴追の代替手続は公訴時効を中断させる。犯罪行為者の行動のために処分が

失敗に終わった場合，検事正は刑事和解を適用するかまたは訴追を追行する。処分が成功したとしても公訴時効を消滅させることはない。

◆刑事示談（刑罰命令）

　刑事示談（刑罰命令 composition pénale）とは，検事正が，主刑として罰金刑もしくは5年以下の拘禁刑に処せられる1もしくは複数の軽罪を犯したことまたは違警罪を犯したことを認めた成人に対して，刑罰としての性格をもつ一定の処分を執行させることを提示することができる処分である（刑訴41-2条・41-3条）。刑事示談（刑罰命令）は，報道犯罪，過失致死罪または政治犯罪には適用されない。13歳以上の少年には，自らまたはその法定代理人が認めることを条件に，刑事示談を適用することができる。

　刑事示談（刑罰命令）処分は，警察留置中または司法と法センター（Maison de justice et du droit）においても提示されうる。刑事示談（刑罰命令）を提示された者は，その同意を得る前に，弁護人の扶助を受けることができることを告知される。検事正は，示談を有効と認めてもらうために，請求をもって，裁判長に係属する。裁判長は，同じ目的で，裁判所の管轄内で職務を執行する裁判官を指名することができる。少年が関係するときは，少年係判事が刑事示談（刑罰命令）を有効と認めるための管轄を有する。

　対象者が刑事示談（刑罰命令）を受け入れずまたは完全には刑事示談（刑罰命令）を執行しないときは，検事正は公訴を追行させる。刑事示談（刑罰命令）は公訴時効を中断する。示談の執行は公訴を消滅させるが，私訴原告人は軽罪裁判所への直接呼出手続の可能性を保持する。刑事示談（刑罰命令）を執行すれば，前科簿（犯罪記録）に記載される。市町村長も同じく賠償について和解を提示することができる（刑訴44-1条）。

4　検察官による公訴の追行

◆公訴の追行の伝統的手続

　公訴の追行については，一般的には以下の2種類がある。まず，検察官による予審開始請求（réquisitoire introductuif）または予審請求（à fin d'informer）である。予審判事は，検事正の請求による以外には，予審の審理を行うことができない（刑訴80条以下）。次に，直接呼出し（citation directe）である（刑訴550条

以下)。直接呼出しとは，予審対象者を直接裁判所に訴追することで，管轄判決裁判所に直接事件を付託することである。検事正または私訴原告人の請求に基づき発布された執行官の執達書（exploit d'hussier）によって行われる。直接呼出しは，予審が選択的である軽罪事件および違警罪事件においてのみ可能である。

◆判決裁判所の急速係属手続（刑訴389条以下）

検事正は，訴訟記録を判決裁判所に付託することができると認めるときは，判決裁判所の急速係属手続をとることができる。この手続には以下の6種類が存在する。

通告状または任意出頭（刑訴389条）とは，検察官によって発せられる単なる召喚である。この手続は，直接呼出しと類似している。

法廷への召喚（convocation en justice）が，検事正の指示に基づいて，書記官，司法警察員もしくは司法警察職員，または被告人が勾留されているときは刑事施設の長により，被告人に告知されたときは，被告人に対する召喚と同じ効力を生ずる。召喚は，被告人が署名した調書によって確認され，被告人は調書の写しを受領する（刑訴390-1条）。

調書による召喚（convocation par procès-verbal）とは，検事正が，送致された者を10日以上2ヶ月未満の期間内に，軽罪裁判所に出頭させることができる手続である。この告知は調書に記載され，調書の写しは直ちに被告人に交付される（刑訴394条）。この手続は，未成年者に対して用いることはできず，報道犯罪，政治犯罪または特別法によって訴追手続が定められている犯罪については用いることはできない。

即時出頭（comparution immédiate）とは，被告人を直ちに裁判するための手続である。即時出頭手続は，未成年者に対して用いることはできず，報道犯罪，政治犯罪または特別法によって訴追手続が定められている犯罪については用いることはできない。現行犯か否かによって，即時出頭手続は同一ではない。軽罪の現行犯の場合，法定刑の長期が6ヶ月以上のとき，および検事正が訴訟の係争点に照らして即時出頭が相当と認めたときにのみ，この手続を用いることができる（刑訴395条2項）。軽罪の現行犯ではない場合，法定刑の長期が2年以上であり，検事正が，収集された証拠が十分で裁判ができる状態にあ

ると認めるときにのみ，この手続を用いることができる（刑訴395条1項）。

職権による事件係属（saisine d'office）とは，公判廷において犯された罪については，検察官の請求に基づき，判決裁判所がその職権で事件を係属することである。

有罪の事前自認に基づく出頭（comparution sur reconnaissance préalable de culpabilité）（刑訴495-7条以下）とは，検事正が，対象者に，犯罪の状況および行為者の人格を考慮して決定する刑罰を執行することを提案する手続である。拘禁刑が問題となる場合は，その刑期は1年を超えることができず，科せられる刑期の半分を超過することもできない。検事正はこの手続を，少年犯罪，人の完全性を侵害する罪，性的攻撃の罪，報道犯罪，過失致死罪，政治犯罪および訴追手続が特別法に定められる犯罪を除く，すべての犯罪に適用することができる。調書による召喚または即時出頭を適用して，検事正に召喚されたときに，この手続をとることができる。この手続の進行中，対象者は必ず弁護人の援助を受けなければならない。対象者は，10日の期間内に，この手続を受け入れるかを返答する。検事正は，職権で，対象者の請求またはその弁護人の請求により，この手続を用いることができる。対象者がこの手続を受け入れた場合，対象者は大審裁判所に出頭し，対象者が勾留されていないときは，対象者は1ヶ月以内に大審裁判所または受任裁判官（juge délégué）に召喚され，大審裁判所は提案された刑罰を認めるか否かを判断する。2011年12月13日法による改正により，予審判事は，有罪の事前自認に基づく出頭を適用するために，決定により，事件を検事正に送致することを言い渡すことができるようになった（刑訴180-1条）。

5 公訴権の消滅

公訴権の消滅事由はいくつか存在する。公訴権を一定期間行使しないときは，犯罪事実の違法性が失われる。公訴時効（prescription de l'action publique）の期間（2017年2月27日法により改正）は，重罪の場合20年（刑訴7条），軽罪の場合6年（刑訴8条），違警罪の場合1年（刑訴9条）である。ただし，例外もある。人道に対する罪は，その犯罪の重大性ゆえに，公訴時効が存在しない。また，優生学的犯罪およびクローン作製の罪（刑214-1条以下），テロ犯罪と薬

物取引の罪についての公訴時効は30年である。強姦以外の性的攻撃の罪（刑222-29-1条）および尊属等による未成年者への性的攻撃の罪（刑227-26条）を除き，刑事訴訟法706-47条所定の軽罪が未成年者に対して行なわれたときには，公訴時効は10年である（刑訴8条2項）。加重暴行罪，強姦以外の性的攻撃の罪，尊属等による性的攻撃の罪が未成年者に対して行われたときには，公訴時効は未成年者が成人となった日から起算して20年である。

公訴時効は，犯罪行為が実行された日すなわち即成犯についてはすべての犯罪構成要素が充足された日，継続犯については犯罪行為およびその結果において違法な状態が終了した日，常習犯については常習性を構成する最後の行為が行われた日から起算される。判例では，公訴時効の起算点を遅らせている場合もある。例えば，社会的財産への背信罪については，判例では公訴の執行を行うことができる条件で犯罪が確認された時点から公訴時効が起算されるとしている。[1] 時効期間の中断は，犯罪行為とそれを中断させる処分との間に経過した期間を消去し無効とする。中断の原因はすべての訴追処分または予審処分である。時効期間の停止は，時効の進行を停止させる効果しかない。停止の原因は判例（公訴の執行について法律上または事実上の障害がある場合）または明文の規定（戦争状態，占領された場合等）によって定義される。

その他の公訴権の消滅事由としては次のようなものがある。①犯罪者が死亡したときは，公訴権は消滅する。原則として，公訴権は犯罪者の相続人に対して行使することはできない。共犯または共同正犯の場合は公訴権を行使できる。犯罪者が死亡したとしても，私訴権を消滅させることはない。予審判事は，予審対象者の死亡によるまたは刑事責任無能力を理由として予審免訴の決定をしたときは，対象者が罪を犯したことを立証するための十分な嫌疑が存在することを明示しなければならない（刑訴177条2項）。②恩赦は遡及的に犯罪行為の違法性を消滅させる。恩赦によっても私訴権は消滅しない。③犯罪後に新法によって刑罰法規が廃止されたときは，新法は，いまだ開始されていない訴追または開始はされたが確定判決には到達していない訴追には直ちに適用される（rétrocativité *in mitius*）。ただし，被害者は私訴を提起することができる。④被害者と被告人との間に成立した和解（transaction）は公訴権を消滅させるが，私訴権は消滅させない（刑訴6条3項）。刑事示談（刑罰命令）も和解の一種

であるが，示談が成立すれば，公訴権は消滅する。⑤被害者の告訴が訴訟条件である場合を除いて，告訴の取消しは公訴権を消滅させる。⑥公訴に関する判決裁判所の確定判決は公訴権を消滅させる（刑訴6条1項・368条）。

II ◆── 私　　訴

　私訴とは，犯罪によって惹起された損害の賠償を求める目的のためになされる訴訟の形態である。私訴は，民事裁判所または刑事裁判所に提起することができる。

1　私訴を提起する条件

　私訴の請求者は被害者（victime）またはその権利を有する自然人もしくは法人である。私訴を提起しようとする者は，訴えを提起できる法律能力を有していなければならない。裁判所保護下にある成人（majeur sous sauvgarde de justice）および成人の被保佐人（majeur sous curatelle）については，行為能力が認められるので，自ら私訴を提起することができるが，成人の被後見人（majeur sous tutelle）は自ら私訴を提起できないので，その後見人が私訴を提起する。

　私訴を提起するためには，犯罪から生じた直接的な被害によって個人的に苦しんでいることが必要である。その損害は確実で現在するものでなければならない。

　私訴を提起される被告は刑事責任を負う正犯または共犯である。私訴は，犯人の相続人（héritier），民事責任者もしくは保険者（assureur），または行政機関に対しても提起することができる。

2　私訴の提起

　被害者は，私訴を刑事裁判所または民事裁判所のいずれかに提起することができる。被害者は選択権をもつ。[2] 刑事例外裁判所が私訴を裁定することができない場合，権利の譲受人（cessionnaire）の私訴が刑事裁判所に提起できない場合には，被害者は刑事裁判所に私訴を提起することができないこともある。

　被害者が刑事裁判所か民事裁判所かのどちらかに私訴を提起すれば，その選

択は決定的であり取消しはできない（刑訴5条）。裁判所を選択すれば取消しできないという原則は、刑事裁判所が事実についてまだ裁定していないときには、緩和されることもある。

◆刑事裁判所への私訴の提起
(1) 私訴原告人となることの申立て

　検察官によって公訴が提起された後に、私訴原告人となることの申立ては、予審の進行中、第1審の判決裁判所に対していつでもこれをなすことができる（刑訴87条1項）。被害者は、捜査の時点から、私訴原告人の申立てをすることで損害賠償を請求することができる。被害者は、土地管轄にかかわりなく警察のどの部局に対しても、私訴を提起することができる。

　検察官が公訴を提起していないときには、被害者は、違警罪を除いて、予審判事に私訴原告人となることの申立てをすることができる。ただし、私訴原告人としての告訴が受理されるかは、軽罪については、検事正が自分にまたは司法警察担当部局に提起された告訴の結果として訴追を行わないことを通知したこと、あるいは、検事正に告訴が提起されてからまたは司法警察担当部局に提起された告訴のコピーが検察官に送達された日から3ヶ月間検察官が放置したこと、を証明するという条件にかかっている（刑訴85条2項）。出版法違反の罪および公職選挙法違反の罪についてはこの制限措置は適用されない。私訴原告人は、司法扶助を受けている場合を除き、供託金を支払わなければならない（刑訴88条）。犯罪事実につき法律上訴追を提起できないまたは刑法上の犯罪の対象とはならない場合、あるいは、私訴原告人によって告発された犯罪事実が実行されていなかったことが明らかに立証されたときには、検事正は予審不開始の請求をすることができる（刑訴86条4項）。

　私訴原告人となることは、結果として、公訴を提起させ、被害者が当事者として訴訟に関与し損害賠償を獲得する道を開くことになる。

(2) 直接呼出し

　一定の場合には、被害者は、執行官の執達書によって、被告人を直接判決裁判所に呼び出すことができる。その条件は、検察官が直接呼出しを用いる場合と同じである。

◆民事裁判所への私訴の提起

　民事裁判所に提起された私訴は民事訴訟法に従うが，刑事訴訟法上の特定の原則は尊重されなければならない。「刑事は民事を現状に留む」（刑訴4条2項）とは，刑事裁判所に公訴が提起されているときには，その公訴について確定判決が下されない限り，民事裁判所に提起された私訴の判断は延期するという原則である。ただし，2007年3月5日法が適用され，刑事裁判所に公訴が提起されている犯罪行為によって惹起された損害の賠償を求めて私訴が提起されている事案を除いたすべての事案について，判決の延期はもはや義務づけられることはなくなった（刑訴4条3項）。

3　私訴権の消滅

　私訴は，時効，和解，放棄（renonciation），取下げ（désistement），訴訟を終結させることの承認（acquiescement）または既判力等の固有の原因によりその権利が消滅する。

　民事法においては，普通法の時効期間は20年である（民2232条）。公訴権と私訴権の時効の連帯性が原則であり，私訴は公訴時効と同一の期間で時効となる。1980年12月23日法による改正後，刑事訴訟法10条1項は，私訴は，公訴権の時効期間が満了した後は，刑事裁判所に提起することができないが，報道犯罪を除き，民法が定める期間において，民事裁判所に私訴を提起することを認めている。

1) Crim., 10 août 1981, B. C., n° 244.
2) 名誉毀損の事案または生徒に対してもしくは生徒によって惹起された損害を理由とする小学校教諭の刑事責任の事案については，被害者は民事裁判所に私訴を提起することができない。

第14章 予　審

　予審制度はフランス刑事手続の大きな特色の1つである。予審制度については，予審判事の権限をめぐって大いに議論され，法改正も度々行われている。

I ◆ 予審裁判所

1　予審判事

　予審判事は大審裁判所の裁判官であり，その管轄（区域）は所属する大審裁判所の管轄（区域）と同じである。ただし，テロ犯罪，経済犯罪，組織犯罪については土地管轄の例外がある。予審判事の管轄権は，犯罪地，犯罪に関与したと疑われている者の居住地，犯罪に関与したと疑われている者が逮捕された場所または勾留されている場所に及ぶ。予審判事は，検事正からの予審請求があったときまたは被害者が私訴原告人となって告訴したときに，事件を係属する。予審判事は予審対象者（mise en examen）の自由の剥奪については管轄権をもたない。自由と勾留判事は予審判事と競合して，勾引勾留状，勾引状および召喚状の発布，予審対象者を司法監督（司法統制処分）下に置くことについて管轄権をもつが，予審対象者を未決勾留に置き拘留状を発布する権限は自由と勾留判事のみが有する。

2　予審拠点

　2008年3月1日に予審拠点（pôles de l'instruction）が設置された。予審拠点は重罪事件および共同係属が申請された軽罪事件に関する予審について管轄権を有する（刑訴52-1条・83-1条・83-2条）。予審拠点が置かれた大審裁判所において，大審裁判所所長は，予審が開催された時点で，職権でまたは検事正が予審開始請求をしたとき，予審を担当する予審判事の補助として1人または複

数の予審判事を指名することができる。重罪についておよび重大なまたは複雑な軽罪事件について共同係属が申請された場合において，予審拠点が置かれていない大審裁判所付検事正は土地管轄のある拠点の司法官に対して予審の開始を請求する権限を有する。予審拠点の構成員である予審判事は，重罪に関する情報を知りうる唯一の権限を有する。

3　控訴院予審部

◆予審部の構成

　控訴院予審部は，3人の控訴院判事，内1人は裁判長の役職にある者，によって構成される控訴院の特別な法廷である（刑訴191条）。予審部付の検察官の職務は検事長またはその代理によって執行される。予審部部長は控訴院の管轄に属する予審事務局の運営を監督し（刑訴220条），未決勾留の濫用を防ぐために未決勾留を監督する（刑訴222条）。予審部はいくつかの固有の権限を有し，予審判事の予審処分と裁判処分を監督する。

◆予審部の予審に関する職務

　予審部には2つの主要な役割がある。第1に，予審部は予審の適法性を監督する。予審部が無効原因事由を発見したときは，瑕疵ある予審処分の無効を宣告し，必要があれば，その後の手続の全部または一部の無効を宣言する。第2に，予審部は予審処分行為の時宜性を監督する。予審の時宜性を監督することによって，予審の第2審として予審をやり直しまたは補足することができる（刑訴206条）。

　予審部は，重罪に関して予審の第2審の手続を行うことはないが，検事長の請求，訴訟当事者のうちの一部の請求またはその職権によって，必要と思われる補充の予審処分を命じることができる。また，予審対象者の釈放を職権で命じ，予審対象者を未決勾留するまたは司法監督（司法統制）下に置くことを命令することができる（刑訴201条）。同じく，予審部は，職権でまたは検事長の請求に基づき，同部に移送されてきた予審対象者または被告人に関して，訴訟記録から明らかになった重罪，軽罪および違警罪であって，予審判事の決定の対象にならなかったもの，または，一部免訴，審理の分離もしくは軽罪裁判所もしくは違警罪裁判所への移送の決定によって分離されたもののすべての罰条

について，それが主たるものでも付帯するものでも，予審の審理を命じることができる（刑訴202条）。最後に，予審部は，同部に移送されなかった者の予審開始決定を命じることができる。ただし，免訴の確定決定の対象者である場合はこの限りではない。また，この決定に対して破棄申立をすることはできない（刑訴204条）。

最後の予審処分が行われた日から4ヶ月が経過したとき，予審対象者が未決勾留されてから2ヶ月が経過したときには，予審部に事件の係属を求めることができる（刑訴221-2条1項）。予審部は，その請求が受理可能であると判断したときには，担当の予審判事もしくはその他の予審判事に事件を送致することまたは同部が一定の処分を遂行することを命じるができる（刑訴221-2条2項）。

一定の条件下で，刑事訴訟法221-3条は，予審部部長がその職権で，検察官または予審開始決定者の請求に基づき，同部が手続全体を検証するために，予審部に事件を係属することを認めている。この特別な法廷は，当事者に認められている破棄申立に代替するものではなくそれを補完するものである。この法廷が開廷されるには，①予審対象者が未決勾留されてから3ヶ月が経過していること，②対象者の勾留またはその他の予審対象者の勾留が継続していること，③刑事訴訟法175条が定める予審終結の告知が発せられていないこと，の3条件が充足されなければならない。

◆第2審としての予審部の裁判機能

予審部は，予審判事または自由と勾留判事の裁判処分について，第2審として法的な監督を行う（刑訴206条）。予審対象者および私訴原告人はある種の決定に対してしか抗告することはできないが，検事正および検事長は予審判事または自由と勾留判事のすべての決定（ordonnance）について抗告することができる（刑訴185条）。予審の判断に関する不服申立については，後述する。

◆予審部の副次的機能

予審部は，司法警察員への監督（刑訴224条ないし230条），裁判管轄が抵触したときの裁定（刑訴658条），復権（刑訴783条），大赦訴訟（刑訴778条7項），重罪院判決の訂正および重罪院判決に関する執行上の付帯事項の審理（刑訴710条），重罪院判決の訂正または重罪院判決が出された後の前科簿の訂正（刑訴778条2

項），犯罪人の引渡し（刑訴696-13条），訴訟費用に関する査定命令への上訴（抗告）について権限を有している。

II ◆ 予審手続の追行——自由の剥奪を伴わない予審処分

1 予審の一般的性格

　予審判事は，予審開始請求（réquisitoire introductif）または告訴において記載された事実についてのみ予審に付する。予審判事が自ら事件を係属することはない。予審判事が新たに発見した事実は検察官に通知される調書に記載されなければならず，検察官がその事実を訴追するか否かを判断する。予審判事は，十分な証拠がそろっているすべての者に対しても予審の審理をすることができる。予審の対象者が特定されていなくてもよい。

　予審判事は，罪責を問いうるか否かを審理する。その判断を行うために，予審判事は自ら様々な予審処分を行うことができ，共助の嘱託（commission rogatoire）という手段を介して司法警察員に予審処分を行うことを請求することができる。予審判事は，その職務の遂行において，直接，警察力を請求することができる。予審は秘密裏に行われる。

　予審の期間は，予審対象者に問われる事実の重大性，真実の発見に必要な捜査の複雑性および防御権の行使に照らして，合理的な期間を超えることはできない（刑訴175-2条）。2年を超えた場合，予審判事は，6ヶ月ごとに，予審継続の必要性を正当化しなければならい。

　予審を終えた後で，予審判事（または予審拠点）は，予審終結の決定（ordonnance de règlement）または審議終了の決定（ordonnance de clôture）を出し，予審を終了するか，事件不係属とするかを決定する。十分な証拠がないと判断したときには，予審免訴の決定をする。訴追が正当であると判断したときには，判決裁判所への移送決定をする。予審審理をした犯罪行為が重罪を構成すると評価したときには，予審対象者を重罪院に移送することを決定する。予審審理をした犯罪行為が軽罪を構成すると評価したときには，予審判事は軽罪裁判所へ移送することを決定する。予審審理をした犯罪行為が違警罪を構成すると評価したときには，予審判事は違警罪裁判所へ移送することを決定する。

なお，2011年12月13日法による改正で，今後，有罪の事前承認に関する出頭を開始する目的で，予審判事が事件を検事正に移送する決定をすることが認められた（刑訴180-1条）。

予審判事は，予審終結の決定に先立ち，関係当事者に告知し，意見を求めなければならない。刑事訴訟法175条は，予審終結決定後，予審対象者が勾留されている場合は１ヶ月またはその他の場合は３ヶ月以内に，検察官の請求（réquisitions）を当事者に通知し，当事者の意見（observations）を検察官に通知することを認めている。この期間が終了した後，検事正または当事者は，事前に実施された告知に基づき，予審判事に請求または補足意見を提出しなければならない。

2　予審開始決定

予審判事は，付託された犯罪行為の実行に対象者が正犯または共犯として関与したことを推認させる重大なまたは一致する徴憑が存在する場合には，対象者を予審に付することができる。この予審開始決定は，最初の出頭による尋問の際に行われる。最初の出頭による尋問の際には，対象者は弁護人による補助を受けることができ，弁護人は直ちに事件記録を調査することができる。

検事正は，その尋問の一部始終に立ち会うことができる。事後的な尋問は，当事者の弁護人および援助を要する証人（temoin assisté）の弁護人の出席の下で実施される。弁護人は，尋問の前に，事件記録を閲覧調査することができる。

予審判事は，援助を要する証人の手続を用いることができないと判断した場合は，予審開始決定の手続をとることができる。

予審対象者は，予審開始決定が告知された日から６ヶ月以内に予審開始決定の取消しを請求することができる（刑訴173-1条）。予審対象者は，一定の条件下で，予審判事にその決定を取り消し，援助を要する証人の身分を付与するよう請求することができる（刑訴80-1-1条）。

3　尋問と対質

検事正は，予審対象者，私訴原告人および援助を要する証人の尋問（audition）および対質（confrontation）に立ち会うことができる。

◆単なる証人の尋問

　予審判事は，その供述を聴くことが有用であると認められるすべての者の尋問を請求することができる（刑訴101条）。証人聴取のため証人として呼び出しを受けた者は，出頭し，宣誓し，供述しなければならない。ただし，16歳未満の子供の場合はこの限りでない。

◆援助を要する証人の尋問

　援助を要する証人の聴取の場合は以下のように行われる。援助を要する証人とは，予審開始請求書または追加的請求書（réquisitoire supplétif）において氏名が明記されたが予審対象者ではない者，告訴または被害者による召喚において氏名が明記されて対象となった者，証人によって召喚された者または予審判事に付託された犯罪行為の実行に正犯または共犯として関与したことを推認させる重大なまたは一致する徴憑が存在する者である。予審判事は，対象者に，書留郵便を送付して，援助を要する証人として聴取することを告知する（刑訴113-4条2項）。援助を要する証人は，予審対象者と同じく，弁護人に立ち会ってもらう権利等の一定の権利を享受できる。弁護人は事前に尋問の告知を受け，訴訟の一件記録を閲覧できる（刑訴113-3条1項）。また，援助を要する証人は，予審判事に，自らを召喚した者との対質を請求し，取消しを請求することができる（刑訴113-3条2項）。援助を要する証人としての最初の尋問の際に，対象者は予審判事からその権利を告知される（刑訴113-3条3項）。援助を要する証人は宣誓をすることはない（刑訴113-7条）。予審判事は，その手続の進行中，援助を要する証人を予審対象とするに足りる著しいまたは符合する徴表があると判断したときには，その証人に対して予審開始決定の手続をとることができる（刑訴113-8条）。援助を要する証人は，手続の進行中いつでも，予審判事に，予審対象者となることを請求することができる（刑訴113-6条）。

◆予審対象者の尋問

　予審対象者が予審判事の前に最初に出頭し尋問されるのは，予審開始決定の手続においてである（刑訴80-2条以下）。尋問の対象となった者は，要求があれば弁護人の立会いの下で尋問を受けるか，黙秘するか，供述をすることができる（刑訴116条4項）。最初の尋問によって，予審対象者となることも，援助

を要する証人の身分となることもありえる。予審対象者が予審に付されていた場合，事後的な尋問は弁護人の立会いの下で行われ，弁護人は遅滞なく訴訟記録を閲覧することができる（刑訴114条）。予審対象者は，鑑定，対質，臨検（transport des lieux），医学的または心理学的診断等の処分を遂行することを請求することができる。予審対象者は有益と思われるすべての措置の遂行を請求することができる。事後的な尋問の際に，予審対象者は弁護人を介して質問を提起することができる。予審対象者が4ヶ月以上予審判事に召喚されないときには，予審対象者は書面による理由を付した請求により聴取されることを求めることができる（刑訴82-1条3項）。また，予審対象者は予審の期間を監督することができる（刑訴116条6項）。重罪事件については，予審判事の事務室で行われる予審対象者の尋問は録音される（刑訴116-1条）。

◆私訴原告人の尋問

私訴原告人の尋問は，予審対象者の将来の尋問と同じ条件において実施される。訴訟行為および訴訟書類（書証）の伝達に関する規定は，私訴原告人の弁護人にも適用される。刑事訴訟法706-51-1条は，予審判事による尋問が行われるときから，一定の犯罪（性的攻撃または侵害行為，未成年者に対する売春のあっせん，未成年者の売春の依頼）の未成年被害者は弁護人によって扶助されることが義務づけられる。また，上記犯罪の未成年被害者の尋問の映像による録画は義務づけられている（刑訴706-52条）。

◆対　質

対質（刑訴114条）は，複数の者を同時に尋問することである。複数の者から非難されているときには，予審対象者または援助を要する証人に，非難している者それぞれと個別に対質することを請求することができる（刑訴120-1条）。重罪事件については，対質は映像による録画の対象となる。予審判事は，刑事訴訟法82-1条に定める条件（棄却するときには，請求を受理してから1ヶ月以内に理由を付した決定を下さなければならない。この決定に対しては予審部に上訴（抗告）することができる。）に基づき裁定する。個別的な請求は，集団的な対質がすでに実施されたことのみを理由として，棄却することはできない。

4 その他の処分

その他の予審処分は一般的には共助の嘱託の手段により行われ，現行犯の場合と同様に実施される。

◆臨　検

現場への臨検（刑訴92条・93条）は有用な検証をするためおよび捜索をするために行われる。検事正は臨検について通知され，予審判事とともに臨検に同行することができる。

◆捜索および差押

捜索および差押（刑訴94条以下）は，現行犯捜査の場合に適用されるものと同じ規則に従って実施される。ただし，組織的犯罪については，特に緊急事態の場合は，特別な規定（刑訴706-91条）が存在する。司法警察員は，共助の嘱託の執行に必要があるときには，捜索が実施される場所に設置された情報処理システムを用いて，実施中の捜査に関係し当該情報処理システムまたはその他の情報処理システムにおいて保存されているデータを閲覧することができる（刑訴97-1条）。

◆検察意見

検察意見（réquisition）については，現行犯捜査の場合と同様である。

◆通信傍受

通信傍受（刑訴100条ないし100-8条）の実施については，予審の審理の進行中，予審判事が判断する。通信傍受は，予審判事の権限とその監督のもとで実施される。通信傍受は重罪については可能であるが，軽罪の場合は2年以上の拘禁刑を科せられる軽罪についてのみ可能である。通信傍受は，予審のために必要である場合にのみ実施される。傍受された記録の調書は予審判事または予審判事の嘱託を受けた司法警察員によって作成される。

◆鑑　定

鑑定は，予審判事，検察官または訴訟当事者によって請求することができる。予審判事は，理由を付した命令によって，訴訟当事者による鑑定の請求を拒否することができるが，訴訟当事者はその命令に対して抗告することができる。鑑定人は，全国または各控訴院の地域のリストの中から選任される。鑑定人は予審判事の監督下で与えられた期間内に活動する。予審判事は，鑑定人に

よる鑑定結果を，訴訟当事者およびその弁護人を召喚した後で知らせる。出席した証人に対しても関係するときには鑑定結果を知らせる。鑑定については，訴訟当事者は一定の権利を行使する。鑑定を命じた予審判事の決定のコピーは，検事正および訴訟当事者の弁護人に遅滞なく送付される（刑訴161-1条）。検察官および弁護人は，10日以内に，原則として予審判事に対して，鑑定人に提起される質問を修正しまたは補充することを要求することができる。訴訟当事者は，鑑定人がその最終報告を作成する前に，鑑定人の結論に異議を申し立てることができる（刑訴167-2条）。

◆犯罪が継続され更新されることを防止する措置

予審判事は，犯罪行為が実行された一定の施設の閉鎖を命じることができる（刑訴706-33条・706-36条）。

◆人格調査

人格調査（刑訴81条6・7項）については，予審判事は二通りの処分を行うことができる。予審判事は，予審対象者の人格調査および金銭的，家族的，社会的な状況の調査を実施しまたは実施させることができる。この調査は，重罪事件では必ず行われるが，軽罪事件では選択的に実施される。予審判事は，簡易調査を行わせることもできる。他の方法として，予審判事は，健康診断，心理学的・精神学的検査を命じるか，または，その他の有益な処分を命令することができる。この処分は，当事者から請求することもできる。

◆音声の録音および映像の録画

組織的犯罪については，予審のために必要であるときには，予審判事は，検事正に意見を求めた後，理由を付した決定によって，共助の嘱託に基づき司法警察員および司法警察職員に，対象者の同意なく，人の私的もしくは秘密の会話を，または，最長4ヶ月間（更新は可能であるが）私的な場所で見いだされる人の映像を，傍受し，固定し，伝達し，記録することを目的とした装置を，私的なもしくは公の場所または自動車内に設置することを許可することができる。

Ⅲ ◆ 予審手続の追行──自由の剥奪を伴う予審処分

　自由の剥奪を伴う予審処分としては，令状，司法上の監督，電子監視を伴う住居指定，自由を剥奪する未決勾留などがある。

1　令　状

　令状は，人を召喚しまたは身柄を拘束するために判事に認められた手段である。令状には以下の種類がある。捜索状 (mandat de recherche) は，警察力に，令状が発布された者を捜査し，警察留置に置くことを許可するものである。召喚状 (mandat de comparution) は，判事が当事者を召喚することを認めるものである。勾引状 (mandat d'amener) は，予審判事が警察力に対して与える命令であって，当事者を予審判事の前に引致させるものである。勾留状 (mandat de dépôt) は，刑事施設の長に対して，未決勾留に置く命令の対象となった予審対象者を受理し勾留することを命じるものである。勾引勾留状 (mandat d'arrêt) は，警察力に対して与える命令であって，対象者を捜査し，令状に指定された拘置所に引致し，そこで対象者を受理し勾留することを命じるものである。なお，欧州逮捕状 (mandat d'arrêt européen) については，刑事訴訟法695-11条以下に規定されている。

　勾留状以外の上記の令状は予審判事によって発される。勾留状は自由と勾留判事によって発せられる。召喚状，勾引状または勾引勾留状は，正犯または共犯として，犯罪行為の実行に関与したことを疑うに足りる重大なまたは一致する徴憑が存在する者に対してのみ発することができる。勾留状は，未決勾留に置く命令の対象となった予審対象者に対して発することができる。

2　司法上の監督（司法統制処分）

◆司法上の監督（司法統制処分）の条件

　予審判事および自由と勾留判事は，予審の進行中，予審対象者をいつでも司法上の監督 (contrôle judiciaire) 下に置く権限を有する（刑訴137-2条）。科される刑罰が少なくとも軽罪についての拘禁刑以上であるときにのみ司法上の監督

に置く処分を言い渡すことができる（刑訴138条1項）。

◆司法上の監督（司法統制処分）の効果

予審対象者は，リストの中から選択され判事によって決定された一定の義務に従わなければならない（刑訴138条2項）。予審対象者は，補償金を提供することを義務づけられる（刑訴138条2項10号）。監督に付された者が司法上の監督に課せられた義務を遵守しなかったときは，当該監督に付された者が判決裁判所に送致された場合，予審判事および検事正は，科せられるべき刑罰がいかなるものであれ，監督に付された者を未決勾留に置くことができる（刑訴141-2条）。予審判事はこのために自由と勾留判事に付託しなければならない。

◆司法上の監督（司法統制処分）の期間

予審終結決定は，司法上の監督を終了させる（刑訴179条2項）。判事は，特に理由を付した別の決定によって，管轄裁判所に監督に付された者が引致されるまでこの処分を延長することができる（刑訴179条3項）。予審判事は，犯罪事実が重罪を構成すると評価したときには，司法上の監督はその効果を保持し続ける（刑訴181条5項）。司法上の監督は，その取消しによって終了させることができる。検事正の請求に基づきまたは監督に付された者の請求に基づき検事正の意見を聴いた後で，判事は職権で取消しを決定することができる。

3　電子監視を伴う住居指定

電子監視を伴う住居指定（assignation à résidence avec surveillance électronique）の処分は，2009年11月24日法によって創設されたが（刑訴142-5条ないし142-13条），対象者に自宅または予審判事が定めた居所にとどまることを義務づけ，予審判事が定めた条件に従いおよび理由があるとき以外は住居を離れることを認めないという処分である。

◆電子監視を伴う住居指定の条件

司法上の監督処分では十分ではないことが明らかになったとき（刑訴137条2項）または家庭内暴力がある場合（刑訴142-12-1条），予審の必要性を理由としてまたは保安処分として，電子監視を伴う住居指定を検討することができる。この処分は，予審対象者に科せられるべき刑罰が2年以上の軽罪刑としての拘禁刑以上である場合に適用可能となる。電子監視を伴う住居指定は，予審

の中で，予審判事の理由を付した決定によって言い渡される。判事は，この処分の適用可能性を検証した後で，刑事訴訟法145条に従い，未決勾留に置く場合と同じく，対審による弁論の後で裁定する。釈放の請求を裁定する決定の場合は，対審による弁論を経ることなく，決定することができる。

◆電子監視を伴う住居指定の態様

　住居指定は，電子監視措置の制度に従い（刑訴145-5条3項），定められた期間において，行刑判事によって指定された唯一の場所に受刑者が現在するかまたは現在しないかを遠隔監視することを認める手続として，実施される（刑訴723-8条1項・142-5条3項）。7年以上の拘禁刑で罰せられ社会内司法追跡を科せられる犯罪について予審の対象となったとき，社会内司法追跡に課せられる義務は携帯型（移動型）電子監視措置の制度に従い実施される（刑訴763-12条1項）。予審対象者は，司法上の監督について定められた義務と禁止を課せられる（刑訴138条・142-5条4項）。予審対象者が無罪となったときには，未決勾留の場合と同じ方法により，その損害の賠償を求める権利を有する（刑訴142-10条・149条・150条）。電子監視を伴う住居指定の義務を遵守しないときには，遵守しなかった者に対して，勾引勾留状もしくは勾留状が発され，または，自由と勾留判事に事件が係属された後で未決勾留に置くことができる（刑訴141-2条・142-8条2項）。

◆電子監視を伴う住居指定の期間

　電子監視を伴う住居指定処分は，6ヶ月を超えない期間で言い渡される。同じ期間延長は可能であり，初回と同じ態様で実施される。ただし，この処分は2年を超えて延長することはできない。電子監視を伴う住居指定処分の取消しについては，予審判事は，その職権により，検事正の請求に基づき，検事正の同意を得た後対象者の請求に基づき，いつでも決定することができる（刑訴142-8条1項・140条1項）。

　予審判事は，5日以内に，理由を付した決定をもって，対象者の請求について裁定する（刑訴142-8条2項・140条1項）。与えられた期間内に予審判事の決定がない場合には，予審対象者は直接予審部に請求の受理を求めることができる。予審部は，検事正の書面による理由を付した申請に基づき，20日以内に事件を受理するか審理する。この期間内に裁判がなければ，司法上の監督は当然

に取り消される（刑訴142-8条3項・140条1項）。

電子監視を伴う住居指定の期間は，場合によっては言い渡される自由刑の期間に完全に算入される（刑訴142-11条）。

4　未決勾留

刑事訴訟法137条によれば，予審対象者は，無罪が推定され拘束されることはないが，予審審理の必要性を理由としてまたは保安処分として，司法上の監督処分に置かれることがある。司法上の監督処分では不十分であるときには，予審対象者を，電子監視を伴う住居指定処分に置くことができる。司法上の監督処分または電子監視を伴う住居指定処分に課せられる義務では上記目的を達成できない場合には，例外的に，予審対象者を未決勾留（détention provisoire）することができる。

重罪の場合を除き，自由と勾留判事が事件を受理する前の予審判事による尋問の際に，未成年者の健康，安全および徳性が危険にさらされることまたは未成年者の教育条件が著しく危険にさらされることを避けるために適切な手段がない場合には，16歳未満で住居を共にしている未成年者の単独の親権者に対しては，未決勾留処分またはその延長が禁止される。

◆未決勾留の条件――対象となる刑罰

違警罪については，未決勾留することはできない。軽罪については，科せられる刑罰が3年以上の拘禁刑であるときにしか，未決勾留を認めることができない。重罪については，科せられる刑罰にかかわらず，未決勾留は可能である。司法上の監督処分または電子監視を伴う住居指定処分に課せられる義務を遵守しなかったときは，科せられる刑罰の如何にかかわらず，未決勾留は可能である。

◆未決勾留の条件――未決勾留の理由

刑事訴訟法144条は，未決勾留が下記の1つ以上の目的を達成するための唯一の方法であること，下記の目的は司法上の監督処分または電子監視を伴う住居指定処分では達成できないことを条件に，裁判官に，未決勾留をするための手続から帰結される正確で詳細な要件を正当化することを義務づけている。その目的とは，①真実の発見に必要な証拠または物的徴憑を保存する目的，②証

人または被害者もしくはその家族への威迫を防止する目的，③予審対象者およびその共同正犯またはその共犯との間の不正な通謀を防止する目的，④予審対象者を保護する目的，⑤司法に役立つために予審対象者の確保を保障する目的，⑥犯罪を終了させるまたはその再犯を予防する目的，⑦犯罪の重大性，犯行状況または犯罪に起因する被害の大きさによって惹起される公の秩序への特別で持続的な混乱を終了させる目的（ただし，この目的による未決勾留については，軽罪には適用されない）である。

◆未決勾留の手続

　自由と勾留判事は，未決勾留をする手続および未決勾留されている者の釈放の請求について裁定する手続について管轄する（刑訴145条）。自由と勾留判事は，予審判事の決定によってまたは特別な場合――重罪事件の場合または10年の拘禁刑を科せられる軽罪事件の場合，あるいは，捜索が，完全にまたは一部分，刑事訴訟法144条4号から7号に定められた理由によって正当化された場合――には検事正によって直接，事件を係属する（刑訴137-4条2項）。

　自由と勾留判事は，対象者を未決勾留に置くことを検討するときには，防御のための準備期間を有する権利があることを対象者に告知する。対象者がこの期間を使いたいと申し出たときは，自由と勾留判事は，予審対象者を未決収容することを求めることができるが，4日を超えて収容することはできない。自由と勾留判事は，予審判事が予審対象者の個人的な事情に関するまたは非難されている行為についての検証をするために，職権で，対象者の未決収容を決定することができる。自由と勾留判事のこの決定に対しては，抗告または釈放仮処分（référé-liberté）の対象となる。

　自由と勾留判事による裁判では，予審対象者は必ずその弁護人によって援助されなければならない。自由と勾留判事による法廷では公開が原則であり，非公開は例外である（刑訴145条）。

　対審による弁論によって，自由と勾留判事は，対象者を未決勾留するか否かの判断をするために，情報を収集することができる。対審による弁論は，自由と勾留判事の面前で，対象者，その弁護人および検察官の立会いのもとで行なわれる。

　自由と勾留判事が対象者を未決勾留すると判断したときには，判事は，司法

上の監督処分では不十分であることについての事実的および法的な考察の内容ならびに刑事訴訟法143-1条および144条の規定に照らして勾留する理由を記載した決定を出さなければならない（刑訴137-3条）。判事は，勾留状を作成する。

対象者および検察官は未決勾留に置く決定に対して抗告することができるが，私訴原告人は抗告することはできない。この未決勾留に対する抗告は停止効をもたないが，予審対象者または検事正は，抗告をした同日またはその翌日までに，抗告と同時に，抗告により未決勾留が停止されることを求めて予審部部長に請求を提出することができる。これが〈référé-liberté〉（釈放仮処分）である。

予審部部長は，この請求がなされてから平日であれば3日以内に，判断を示さなければならない。予審部部長の決定は理由を示す必要はなく，不服申立の対象ともならない。144条に定める条件が充足されないときには，予審部部長は対象者の釈放を命じなければならない。請求が棄却されれば，未決勾留におかれた者はその請求を取り下げ，自分に有利であると判断するときに釈放の請求を後で提出する可能性を留保することができる。

◆未決勾留の期間

合理的な期間を超えて未決勾留することはできない。刑事訴訟法144条に定める条件が充足されなくなると同時に，釈放が命令されなければならない（刑訴144-1条）。

刑事訴訟法221-3条は，予審対象者が未決勾留されて3ヶ月が経過したとき，対象者の勾留またはその他の予審対象者の勾留が継続されているとき，刑事訴訟法175条に定める予審の終結決定が発布されていなかったときには，手続についての予審部による監督の制度を導入した。

(1) 重罪についての未決勾留期間

重罪についての未決勾留の期間を決定する原則は以下の通りである（刑訴145-2条）。未決勾留の期間は1年である。対審による弁論を経た後で出された理由を付した命令によって6ヶ月延長することができる。未決勾留期間が1年を超えたときには，延長または釈放の拒否を命じた決定には予審の継続と手続が終了する予測期間を正当化する特別な事情を記述しなければならない。新たな

延長の更新は可能であり，科せられる刑罰が20年以下の懲役または禁錮のときには，2年を超えることはできないが，その他の刑罰の場合は3年を超えることができる。犯罪が国外で実行されたとき，または，対象者が，人に対する重罪，国民・国家および公共の平和に対する重罪，薬物取引の罪，テロ犯罪，売春あっせん罪，財物強要罪もしくは組織的犯罪について訴追されているときには，この期間はそれぞれ3年および4年となる。ただし，予審判事の捜査が継続される必要があり，予審対象者の釈放が人および財産の安全に著しく深刻な危険を惹起するときには，例外的に，予審部はさらに最長8ヶ月延長することができる。予審対象者は当然召喚される。

(2) 軽罪についての未決勾留期間

軽罪についての未決勾留は，予審対象者が普通法上の重罪または軽罪で，1年以上の期間執行猶予が付されない重罪刑あるいは軽罪刑に処する有罪判決を受けたことがないとき，および，予審対象者が5年以下の刑を科せられたとき，原則，4ヶ月を超えることはできない。ただし，例外もありうる。未決勾留は最長4ヶ月の期間延長することができる。また，未決勾留に置く決定は，未決勾留の期間が全体で1年を超えない場合は，更新することができる。犯罪構成事実の1つがフランス領土外で実行されたとき，または，薬物取引の罪，テロ犯罪，兇徒の結社の罪，売春あっせんの罪，資金の強要の罪もしくは犯罪組織によって犯された犯罪行為で訴追されているとき，および，予審対象者が10年の拘禁刑に処せられているとき，この期間は2年まで延長することができる。

例外として，予審判事の捜査が継続されなければならないとき，および，予審対象者の釈放が人または財産に対して特別に重大な危険を引き起こすと思われるときは，予審部は，軽罪事件に対して理論的に予定されている最大の期間である4ヶ月間延長することができる。予審部は，自由と勾留判事の理由を付した決定によって事件を係属する。予審開始決定者を個人的に召喚することは法律上認められている（刑訴145-1条）。

(3) 司法上の監督の取消または電子監視を伴う住居指定の取消し

刑事訴訟法141-3条によれば，同一事実に対して事前に未決勾留に置かれた者に対して，司法上の監督の取消しの後で未決勾留が決定されたときは，勾

留の併合期間は法定の最長の期間である4ヶ月（刑訴145-1条・145-2条）を超えることはできない。科せられる刑が143-1条に定める刑より低いときは，勾留期間の合計は4ヶ月を超えることはできない。電子監視付住所指定措置にも同じ原則が適用される（刑訴142-8条2項・141-3条）。

◆未決勾留の終結
(1) 予審の期間内

　まず，検察官の意見聴取後，判事または予審部は職権で釈放を決定できる（刑訴147-1条・201条2項）。次に，検察官の請求に基づき釈放が決定される。検察官の請求について，予審判事は5日以内に決定しなければならず，続いて，自由と勾留判事は3日以内に決定しなければならない（刑訴147条2項）。最後に，予審対象者自身またはその弁護人は釈放を請求できる。この場合，次の2つの手続を遵守しなければならない。予審対象者またはその弁護人はいつでも請求をすることができる。判事は，検事正の請求の後で，決定する（刑訴148条）。予審対象者は，釈放の請求が棄却されたとき，および，検察官は，釈放の請求に反対の決定をしたとき，それぞれ抗告することができる。4ヶ月以上判事によって尋問されていない予審対象者は，予審部に釈放を請求することができる（刑訴148-4条）。

　検事正の請求に反して，自由と勾留判事または予審判事が未決勾留された者を釈放する決定をしたときには，検事正はその決定に対して抗告することができる（刑訴148-1-1条）。同時に，検事正は，この抗告は停止効をもつと宣告するために，控訴院院長に対して，勾留仮処分（référé-détention）を申し立てなければならない。検事正への決定の送達から起算して4時間内に，予審対象者は釈放されうる。控訴院院長は，上訴を受け付けない理由を付した決定によって，検事正の抗告の調査まで，釈放を停止するか否かについて判断する（刑訴187-3条）。

　予審対象者を釈放することが被害者への危険をもたらす可能性があるときには，釈放は，被害者との面会を禁止しまたはいかなる方法でも被害者と関係を持つことを禁止することを伴う司法上の監督に置かれることを条件に，認められる（刑訴144-2条）。

(2) 予審の終結

予審免訴の決定がなされたときには，未決勾留されている予審対象者は釈放される（刑訴177条1項）。その他の場合には，軽罪の場合と重罪の場合で異なっている。軽罪の場合，判事が未決勾留を継続することを決定した場合を除いて，未決勾留は法律上終了する。裁判所が特別に決定した場合を除き判決裁判所に被勾留者が召喚されたとき（刑訴464-1条），軽罪裁判所が事実について審理を開始しないときには，2ヶ月の期間を経過すれば（刑訴179-4条），未決勾留を継続する決定はその効力を失う。重罪の場合，法律上，未決勾留は継続される。重罪院送致の決定が確定した日または事後的に未決勾留に置かれた日から起算して1年の期間が経過しても重罪院に召喚されなかったときは（刑訴181条8項），被勾留者は直ちに釈放される。ただし，予審部は，特別な場合には，例外的に未決勾留を新たに6ヶ月間（この期間は1回更新することができる）延長する決定をすることができる（刑訴181条9項）。

(3) 判決裁判所への釈放の要求

判決裁判所に釈放の請求がなされたときは，判決裁判所は，検察官，被告人またはその弁護人の意見聴取の後，事案によって異なる期間内に，この請求について裁判する（刑訴148-2条）。裁判所の決定は，その決定に対して抗告がなされたとしても，直ちに執行される。

(4) 予審免訴，軽罪裁判所の無罪判決または重罪院の無罪判決

予審免訴または無罪が確定したときには，被勾留者は，勾留に起因する損害に対して補償を受けることができる（刑訴149条）。対象者は，控訴院院長に損害賠償の請求をする（刑訴149-1条・149-2条）。控訴院院長の決定に対しては，3人の破毀院判事から構成される勾留賠償委員会に抗告を申し立てることができる（刑訴149-3条）。

Ⅳ 予審の決定

予審判事は，予審対象者に対して犯罪を構成するだけの嫌疑が存在するかを審理し，判決裁判所に事件を係属するか否かを決定する。事件を係属できないと判断したときは，予審判事は予審免訴決定または精神障害に基づく責任無能

力の決定を言い渡す。事件を係属できると判断したときは，判決裁判所に送致する判断をする。

1　予審免訴決定

　予審判事は，事実が犯罪を構成しないと認めるとき，犯人が誰か知られていないとき，または，予審対象者に対して十分な嫌疑が存在しないときには，予審免訴を宣告する（刑訴177条1項）。

　予審免訴決定は，未決勾留または司法上の監督を終結させる。同時に，予審判事は，押収物の還付について裁判する。還付によって人または財産に危険が生じる場合には，還付を拒否することができる。また，予審判事は，予審免訴の決定の全部または一部の公表を命じ，または，自らが指定する1つもしくは複数の新聞，定期刊行物，電子的方法による公衆への通信事業者に，決定の主文および決定理由の掲載もしくは放送を命じることができる（刑訴177-1条）。

　私訴原告人となることの申立てに基づき予審が開始された後，予審免訴決定がなされたときには，予審対象者および告訴において対象とされた者は，民事上の手段を行使しないときには，告訴人（plaignant）に損害賠償を請求することができる。ただし，誣告罪による訴追を妨げない（刑訴91条）。さらに，私訴原告人となることの申立てに基づき予審が開始された結果，予審免訴の決定がなされたときは，予審判事は，私訴原告人となることが権利の濫用または審理の遅延策にすぎないと判断したときは，1万5000ユーロを超えない額の民事的罰金を私訴原告人に言い渡すことができる（刑訴177-2条）。

　予審免訴決定が，強制，法律の錯誤，正当行為，正当防衛および緊急避難等の犯罪阻却事由のうちの1つを理由としてまたは予審対象者の死亡を理由として言い渡されたときは，その決定において予審対象者が犯罪行為を実行したことを立証するために十分な嫌疑が存在しているかを明示する（刑訴177条2項）。

2　精神障害に基づく刑事責任無能力の決定

　予審判事が予審対象者に対して罪を犯したと疑うに足りる十分な嫌疑が存在すると判断したが，刑法122-1条1項（責任無能力）を適用する相当な理由があるときには，予審判事は，検事正またはその他の当事者が請求すれば，予審

部に事件を係属するために、検事正から訴訟記録が検事長に伝達されることを命令する。予審判事は職権によってもこの伝達を命じることができる。請求または職権による伝達がないときには、予審判事は、精神障害による刑事責任無能力の決定をし、対象者が罪を犯したと立証するに十分な嫌疑が存在したことを詳述する（刑訴706-120条）。この決定は、未決勾留または司法上の監督を終了させる（刑訴706-121条1項）。

訴訟記録が伝達されたときは、未決勾留または司法上の監督は予審部の公判まで継続される。ただし、予審判事が釈放の決定または司法上の監督の取消しを決定したときは、この限りではない（刑訴706-121条2項）。予審部が事件を受理したときは、裁判長は、職権でまたは私訴原告人、検察官もしくは予審対象者の請求により、召喚に応じる状況にあれば、予審対象者の召喚を命令する（刑訴706条・122条）。弁論は公開の公判廷で行われる。予審対象者は、出席していれば、尋問される。鑑定人は、裁判長の決定について意見を聴取され、当事者によって召喚された証人または検察官も意見聴取される。

3　判決裁判所への移送の決定

移送の決定において、十分な嫌疑があると結論付けることができる理由を示さなければならない。指名されていない者に対して予審が開始されたときは、予審対象者を特定しない限り移送をすることができない。

予審判事は、事実が違警罪を構成すると認めたときは、決定をもって、事件を違警罪裁判所に移送することを言い渡す（刑訴178条1項）。

予審判事は、事実が軽罪を構成すると認めたときは、決定をもって、事件を軽罪裁判所に移送することを言い渡す（刑訴179条）。移送の決定が言い渡されれば、未決勾留、電子監視付住居指定、または、司法上の監督は終了する。

ただし、予審判事は、特別に理由を付した別の決定をもって、軽罪裁判所に召喚されるまでは、被告人に未決勾留、電子監視付の住居指定、または、司法上の監督を継続することを決定することができる。移送の決定の日から起算して2ヶ月の期間内に、軽罪裁判所が事実について調査が開始されないときは、被勾留者は直ちに釈放される。ただし、事実についての公判がこの期間の失効前に開始されないときは、裁判所は、例外的に、事実の審理の障害となってい

る事実上または法律上の理由を示した決定をもって，新たに2ヶ月間勾留を延長することができる。この期間は1回延長できる。被告人は，新たに延長された期間内に裁判されないときには，直ちに釈放される。

　2011年12月13日法により規定された刑事訴訟法180‐1条に従い，予審判事が，事実が軽罪を構成すると認め，予審対象者がその事実を認め，軽罪の罪名を受け入れたときは，検事正，予審対象者および私訴原告人の請求によりまたは承諾を得て，有罪の事前自認出頭の手続の開始を目的として，事件を検事正に移送する決定を言い渡す。

　予審判事が，事実が重罪を構成すると認めるときは，予審対象者を重罪院に移送する決定を言い渡す（刑訴181条1項）。

　被告人（acuusé）が司法上の監督または電子監視付住居指定に置かれているときは，その効果は継続する。被告人が未決勾留されているときは，被勾留者に対して発布されている勾留状はその執行力を保持し，重罪院による裁判までは被告人は勾留され続ける。1年の期間内に重罪院に召喚されなかったときは，原則として釈放される。ただし，事実に関する審理が1年の期間内に，公判が開始されなかったときは，予審部は，例外的に事実の審理の障害となっている事実上または法律上の理由を示した決定をもって，新たに6ヶ月の期間未決勾留を延長することを決定することができる。この6ヶ月の延長は1回更新することができる。新たな延長期間経過後も，被告人が重罪院に召喚されないときは，被告人は直ちに釈放される。

V　予審の決定に対する不服申立（抗告）

　予審部は予審処分を無効とする権限を有する。予審判事の決定については，予審処分に反して，予審部への抗告の対象となり，予審部の決定に対しては破棄申立の対象となりうる。

1　予審処分への不服申立

　取消しを目的とした請求は，訴訟行為（actes de procédure）には適用されず，訴訟行為は当事者からの抗告の対象とはならない。予審処分は訴訟行為で

はないため，不服申立の対象とはならず，手続に違反したときには，処分を取り消すことができる。

◆無効の範囲

手続上の方式違反が処分を無効とするためには，無効事由に該当する必要があり，また，無効を主張する者の利益を侵害するか公の秩序に属するものである必要がある。

無効事由については，法律の規定で明確に定義されている規定無効事由と，原則は法律で認められているが判例によって導かれた実質無効事由とに区別できる。

法律が明示的に無効となる場合を規定している場合を規定無効事由という。例えば，捜索および押収の場合（刑訴59条），身分検査の場合（刑訴78-3条）または通信傍受の場合（刑訴100-7条），規定された手続に反する場合には，無効とされる。

重要な方式違反による無効（実質無効 les nullités substantielles）とは，刑事訴訟法171条が規定する場合であり，刑事訴訟法またはその他の刑事訴訟法規が定める重要な手続を遵守しなかったことが関係当事者の利益を侵害するときは，手続を無効とする。

重要な方式違反による無効（実質無効）とされる場合は，予審対象者の宣誓，予審判事処分における日付の欠如，証人の宣誓の欠如または警察留置者の権利の侵害の場合である。裁判官には，法律によって明示的に規定されてはいない無効による重大な方式違反を制裁する裁量権が認められている。

◆無効と利益侵害の要求

手続の方式違反を告発する者にとって利益侵害が存在するときにも，法律上，無効を宣告する。利益侵害の要求は民事的秩序の無効に合致するが，方式違反が公の秩序から生じるときは，利益侵害は示されない。

(1) 民事的秩序の無効

刑事訴訟法802条は，「法律がそれに違反するときは無効とする旨を定めている方式に違反した場合または重要な手続を守らなかった場合には，その無効の請求を受理しまたは職権でそのような方式違反を指摘する裁判所は，破毀院をも含めてすべて，それが関係当事者の利益を害する効果を有する場合でなけれ

ば，その無効を宣告することができない。」と規定する。この規定によれば，無効を請求した者に対して利益侵害が存在しない場合には無効を宣告することができず，この規定は重要な方式違反の場合および規定無効の場合に適用される。

破毀院は，802条の規定は刑事訴訟の重要な点についての方式違反に関係する公序による無効には適用されないと認めている。公序を定義することは非常に難しいが，予審対象者に対する宣誓の禁止または管轄法規は公序に該当するとされている。また，破毀院は，公序による無効の概念に明示的に触れることはなく，関係当事者の利益を必ず侵害することになる無効を考慮している。

当事者が無効を主張することを放棄したときは，公序による無効の放棄が，個別の問題点を超えて司法への侵害をもたらすとすれば，その放棄は認められない。

◆無効手続の運用

予審判事は，自らが行った手続違反のある処分を無効とし，自ら再度，処分を行うことはできない。予審の無効については，予審部が裁判しなければならない。予審判事は，まず，検事正の意見を聴き，当事者にこれを告げた後，予審部に請求する（刑訴173条）。検事正は，予審部に無効を求める請求書を提出するために，予審判事に対して訴訟記録の伝達を請求するとともに，当事者にこれを告げる（刑訴173条2項）。当事者または援助を要する証人は，無効を求めて，理由を付した請求書をもって，予審部に事件を係属することができる。理由を付した請求書の写しは予審判事に送付する。予審判事は訴訟記録を予審部部長に伝達する（刑訴173条3項）。無効の請求は，予審処分についてだけではなく，警察の捜査において，予審が開始される前になされた処分についても行いうる。

私訴原告人および援助を要する証人には予審処分の無効を請求することが認められたので，捜査を抑制し予審部を混雑させる請求の増加を避けることに留意する必要がある。それゆえ，当事者または援助を要する証人が行った請求は予審部に提出されなければならない。予審部は，法律が定める条件が遵守されていないときは，自ら係属せず，訴訟記録を予審判事に移送することができる。

第14章　予　審

　2000年6月15日法は，予審対象者に，予審開始の送達から起算して6ヶ月の期間内に，最初の出頭時の尋問の前になされた無効な処分または無効な尋問からとられた手段に言及することを義務づけた。ただし，予審対象者が送達を知りえないときはこの限りではない（刑訴173-1条1項）。その後の尋問の前になされた無効な処分からとられた手段が問題となるときも同じである。6ヶ月の期間を経過した後の失効は，最初の尋問（聴取）またはその後の尋問（聴取）から，私訴原告人（刑訴173-1条3項）と援助を要する証人（刑訴173-1条2項）にも適用される。予審部が予審処分の取消しを目的として請求を受理したときは，予審部に伝達された無効な手続からとられたすべての手段は予審部に提示されなければならない。当事者が知り得なかった場合を除き，当事者は無効な手続からとられたすべての手段に言及することはできない（刑訴174条1項）。当事者に課せられる請求を再編成することによって，予審部は，同一事件に関する手続違反について相次ぐまたは複数の係属を免れることになる。予審判事が，予審が終結したと認めたときは，当事者にこれを告知する。無効を提起できる期間は，予審対象者が勾留されているときは1ヶ月，または，その他の場合には3ヶ月である（刑訴175条4項）。

　重罪院送致の決定に先行する無効は，重罪院において提起することができる。なぜなら，この決定が確定すれば，手続の瑕疵が存在する場合，その瑕疵は治癒されるからである（刑訴181条4項）。軽罪裁判所および違警罪裁判所は，原則として，付された手続違反を確認する。ただし，軽罪裁判所および違警罪裁判所は，予審判事によってまたは予審部によって移送の決定をもって係属したときには，手続の無効を言い渡す資格を失う（刑訴385条1項・522条3項）。この規定は，移送の決定は，手続の瑕疵が存在するときは，その瑕疵を治癒することを明示している刑事訴訟法178条2項および179条最終項によっても追認されている。例外的に，予審終結意見に関する175条の方式が遵守されなかったときは，法定の期間内に当事者が行動することができなくなるので，無効を裁判所に提起することができる（刑訴385条3項）。

◆無効の効果

　無効の効果については，2つの概念が検討の対象となる。手続違反の処分のみが無効とされると考えるか，手続違反の処分と関係するその他の処分にまで

無効の効果が及ぶと考えるかである。刑事訴訟法174条2項は，予審部は，排除（annulation）を瑕疵ある予審手続の処分もしくは証拠の全部または一部に限るべきか，その後の手続の全部または一部にまで広げるべきかについて決定すると規定するが，刑事訴訟法206条は，予審部が，無効原因を発見したときは，瑕疵ある予審処分の無効を宣告し，必要があるときは，その後の手続の全部または一部の無効を宣告すると規定している。

予審部は，告発された処分の手続違反部分，手続違反を含む処分の全体，その後の手続の一部またはその後の手続全体を取消すための評価権限をもつ。その判断基準は手続違反と手続違反が含まれる処分との間の因果関係である。

刑事訴訟法174条3項の規定に従って，排除される予審処分または証拠は，予審の訴訟記録からは除去され，控訴院書記課において整理される。一部分が排除された訴訟の処分または証拠は，控訴院書記課で整理される原本と一致する写しであることが証明された後で，排除部分が抹消される。排除された予審処分および証拠または予審処分および証拠の一部から当事者の利益に反するいかなる情報も引き出すことは禁止される。これに違反すれば，弁護人および司法官については懲戒裁判の訴追を受ける。

無効宣告の後，予審部は自ら予審を追行するか，予審を追行するため同一の予審判事または他の予審判事に訴訟記録を移送するかについて決定する（刑訴206条3項）。

2　裁判処分への不服申立——予審判事の決定に対する抗告

予審判事の裁判処分は不服申立の対象となりうる。まず，予審判事の裁判所としての決定に対して抗告することができ，予審部に付託する。次に，予審部の判決に対して抗告をすることができ，破毀院に付託する。

予審判事は予審の第1審である。予審判事の裁判所としての決定は不服申立の対象となり，その条件と効果は法律に定められる。

◆不服申立（抗告）の条件

第1に，申立ての権利を有するかは申立人の身分にかかわり，第2に，法律が定める期間および方式を遵守する必要がある。

(1) 不服申立（抗告）を申し立てる権利

　予審判事の裁判所としての決定のみが不服申立の対象となりうる。予審部によって破棄できる純粋な予審処分はこれには含まれない。検察官または当事者のみが不服申立を行うことができる。援助を要する証人は，予審の当事者ではないため，不服申立を行うことができない。不服申立の権利は申立人の身分にかかわり，申立てができるのは，検察官，予審対象者または当事者である。

(2) 検察官の不服申立権

　検事正は，予審部に対して，予審判事または自由と勾留判事の裁判所としての一切の決定に対して不服申立（抗告）ができる（刑訴185条1項）。検事長も不服申立の権利を有する（刑訴185条4項）。

(3) 予審対象者の不服申立権

　予審対象者は，法律が定める特別な場合にのみ不服申立（抗告）ができる。また，予審対象者は，刑事訴訟法186条1項に従って，援助を要する証人（temoin assisté）の地位を獲得することを拒否した決定，私訴原告人となることの申立てを受理した決定，鑑定の請求を拒否した決定，司法上の監督，未決勾留もしくは電子監視付住居指定に関する決定または重罪院送致の決定に対して抗告ができる。さらに，予審対象者は，裁判官がその管轄について裁判した決定に対して抗告ができる（刑訴186条3項）。また，予審対象者は，医学的もしくは精神医学的検査の請求または社会復帰処分を棄却する決定，処分の請求を棄却する決定，いわゆる公訴時効の確認を拒否する決定または鑑定の請求を棄却する決定に対して抗告ができる（刑訴186-1条1項）。この場合，予審部部長は，決定をもって，予審部がこの抗告を受理する必要があるか否かについて裁判する。なお，予審部部長の決定に対して不服申立をすることはできない。

　予審対象者は，軽罪裁判所に送致された事実が重罪を構成すると認めるときに限って，軽罪裁判所へ事件を送致した決定に対して抗告をすることができる。なお，事実が重罪を構成すると認めるときには，重罪院へ事件を送致する決定をしなければならない（刑訴186-3条）。

(4) 私訴原告人の不服申立権

　私訴原告人は，予審不開始の決定，予審免訴の決定および自己の民事上の利益を侵害する決定に対して抗告ができる。ただし，予審対象者の司法上の監督

または未決勾留に関する決定または決定中の処分（disposition）については，私訴原告人は抗告をすることができない（刑訴186条2項）。私訴原告人は，裁判官がその管轄について裁判した決定に対して抗告をすることができる（刑訴186条3項）。

私訴原告人は，予審対象者と同じく，医学的もしくは精神医学的検査の請求または社会復帰処分を棄却する決定，処分の請求を棄却する決定，いわゆる公訴時効の確認を拒否する決定または鑑定の請求を棄却する決定に対して抗告ができる（刑訴186-1条1項）。

さらに，私訴原告人は，予審対象者と同じく，軽罪裁判所に送致された事実が重罪を構成すると認めるときに限って，軽罪裁判所へ事件を送致した決定に対して抗告をすることができる。なお，事実が重罪を構成すると認めるときには，重罪院へ事件を送致する決定をしなければならない（刑訴186-3条）。

◆不服申立（抗告）の期間

検事正によって行われた不服申立（抗告）は，決定の送達から5日以内に裁判所書記課に対する申立てによってなされなければならない（刑訴185条2項）。予審対象者が，重罪院への訴追決定に不服を申し立てたときは，検事正は不服申立期間としてさらに5日の期間を有する（刑訴185条3項）。検事長は，予審判事の決定または自由と勾留判事の決定から10日以内に当事者に対して不服申立を送達しなければならない（刑訴185条4項）。

当事者（parties privées），予審対象者または私訴原告人の不服申立は，決定の通告または決定の送達がなされた日から10日以内に行わなければならない（刑訴186条4項）。

◆不服申立（抗告）の方法

検事正の不服申立（抗告）は，予審が行われた原裁判所書記課に対する申立てによって行われる（刑訴185条2項）。2011年5月17日法による改正で，検事長も原裁判所書記課に対する申立てによって抗告を行うことができるようになった（刑訴185条4項）。

私訴原告人の不服申立（抗告）については，軽罪裁判所判決に対する控訴に関する刑事訴訟法502条，503条の規定が適用される（刑訴186条4項）。申立人が勾留されているときは，抗告は，刑事施設の長に対する申立ての方法で行う

ことができる。
◆不服申立（抗告）の効果
　予審判事の決定への不服申立（抗告）は，判決裁判所の判決に対する不服申立と同じく，停止効および移審効をもつ。不服申立を受理した予審部は，申立が受理可能か，理由があるかを調査する。
(1) 停止効
　原決定の執行は，検事長が行った不服申立（抗告）の場合は除き，1度不服申立がなされれば，予審部の決定まで，不服申立の期間内は停止される。
　停止効は，2002年9月9日法によって拡大され，刑事訴訟法187-3条に，勾留仮処分（référé-détention）手続が導入された。検事正は，その請求に反する釈放の決定の送達から起算して4時間以内に，この決定に対して不服申立（抗告）をすることができ，同時に，控訴院院長，やむを得ないときは，代理の裁判官に，この抗告が停止効をもつと宣告するために勾留仮処分を申し立てる。裁判官は，遅くとも請求後執務日2日以内に裁判する。この期間は，釈放決定の効果は停止され，勾留が継続される。この期間内に裁判官が裁判できないときは，対象者は，その他の理由で勾留されない限りは，釈放される。裁判官は理由を付した決定をもって裁判するが，その決定に対しては不服申立ができない。裁判官は，予審部が検察官の抗告について裁判するまでは対象者の勾留を係属することが明らかに必要であると認めるときは，この期日まで釈放の決定の効果を停止させることを命じる。予審部は，抗告から10日以内に早急に，判断しなければならない。そうでなければ，その他の理由で勾留されない限り，対象者は職権で釈放される。勾留が明らかに必要であるとは認められないときには，その他の理由で勾留されない限り，裁判官は対象者の釈放を命じる。
　勾留仮処分は，刑事訴訟法187-1条に定める釈放仮処分の代償として理解される。ただし，釈放仮処分には停止効はない。未決勾留に付す決定への不服申立（抗告）の場合は，予審対象者または検事正は，遅くとも未決勾留に付す決定日の翌日に抗告がなされたときは，予審部部長に，やむを得ないときは，代理の裁判官に，予審部の公判を待つことなく，直ちに抗告を調査検討するよう請求することができる。この請求は，受理できないことがなければ，予審部

に対する抗告と同時になされなければならない。裁判官は，訴訟記録の証拠に照らして，理由を付さない決定をもって，遅くとも請求日から執務日3日以内に，裁判する。なお，この決定に対しては不服を申し立てることはできない。裁判官は，自由と勾留判事の決定を破棄でき，対象者の釈放を命じることができる。この場合，予審部から訴訟が取り下げられる。反対の場合には，裁判官は抗告の調査検討を予審部に移送しなければならない。

抗告は，原則として，原判決の執行を停止させるが，予審の進行を停止させることはないので，予審は追行される。原決定が予審終結の決定であるときは，予審判事が予審は終結したと認めている以上，予審を停止させる必要はなく，予審部部長が予審の進行を停止させると決定したときも，同じである。

(2) 移審効

抗告の移審効によって，予審部は抗告がなされた事実的争点および法的争点を係属する。私訴原告人は限定された不服申立の権利しかもたず，その申立ては提起することが認められている事項についてのみ予審部に付託することができる。ただし，私訴原告人が免訴の決定に不服を申し立てたときは，予審部は，検察官が提起しないとしても，公訴についても私訴についても係属する。

(3) 予審部の公判および判決

検事長は，訴訟記録が完全であることを確認して，事件を調整する。検事長は，当事者に公判期日を告知する。

審理は部分的に口頭で対審によって行われるが，非公開の評議部において審理が行われることもある。審理の開始時に，成人の予審対象者またはその弁護人が請求したときは，公開の法廷で審理は行われ，決定が言い渡される。ただし，公開することが予審に必要な特別な尋問を妨害する可能性があるとき，人の尊厳または第三者の利益を害する可能性があるときは，この限りではない（刑訴199条1項）。未決勾留の事件については，予審対象者が成人であるときは，公開の法廷で，審理は行われ，決定が言い渡される（刑訴199条2項）。

裁判官の報告の後，請求をした検事長および当事者の弁護人は，簡略化した意見書を提出する。予審部は，当事者を個別に呼び出す命令をし，証拠物件（pièce à conviction）の提出を命令することができる。

訴訟記録全体が伝達された予審部は，予審の拡大調査を行うことができる。

有用であると認めた一切の補充的な予審処分を命令することができ，職権で勾留された者の釈放を言い渡し，反対に，予審対象者を未決勾留に付すまたは司法上の監督に付すことを命令することもできる（刑訴201条）。

予審部は，原判決を維持するかまたは破棄することができる。最後に，予審部は予審終結の決定をし，予審免訴の宣告，精神障害による刑事責任無能力の宣告，軽罪裁判所または違警罪裁判所への移送の宣告，重罪院への訴追決定の宣告をする。

3　裁判処分への不服申立──予審部の決定に対する破棄申立──────────◆

終審として言い渡されたすべての裁判については原則として破棄申立が可能である。ただし，立法者は，訴訟の無用な遅滞を避けようとして，引き伸ばすための申立てはできないとしている。このために，法律では，原判決だけではなく，申立人の身分も考慮するという制限的な規定が設けられている。破毀院刑事部長が，不服申立をすることのできない決定に対して破棄申立がなされたことを確認したときは，破棄申立の不受理の決定を行う（刑訴567-1条）。

◆破棄申立の条件

予審部の決定に対する破棄申立は，訴訟の当事者すなわち検察官または当事者（parties privées）のみがこれを行うことができる。予審部の決定に対してなされた破棄申立についても，破毀院の審理を開始させる条件に合致する法律の違反を援用しなければならない。

事件の事実に向けられた破棄申立または予審対象者の自由に向けられた破棄申立は直ちに受理されるが，最終判決前の決定に対してなされた破棄申立は，予審部が事実について決定を言い渡した後で，この決定に対してなされた破棄申立と同時にしか受理されない。原判決が訴訟を終結させたときまたは即時の調査が公の秩序または適正な司法行政の利益が認められるときには，破棄申立は直ちに受理される。

検察官は，私訴ではなく公訴が問題となるときには，予審部のすべての決定に対して破棄を申し立てることができる。

予審対象者は，自らに不利益となる決定に対してのみ破棄を申し立てることができる。予審対象者は，未決勾留または司法上の監督が問題となる場合，自

らの自由を侵害する決定に対して不服を申し立てることができ，申立ては直ちに受理される。重罪院への移送決定に対する予審対象者の破棄申立は受理されるが，軽罪裁判所または違警罪裁判所への移送決定に対しては，裁判所が管轄について裁判するときまたは受訴裁判所が修正する権限をもたない終局的処分を示しているときにのみ，予審対象者の破棄申立は受理される（刑訴574条）。

私訴原告人は，予審対象者の自由に関する決定に対して破棄を申し立てることはできない。

◆破棄申立の効果

予審部の判決に対する破棄申立は，原則として，判決裁判所の判決に対して行われるときと同じである。破毀院が，予審終結決定（ordonnance de règlement）への不服申立について裁判する予審部の決定を破棄するときは，訴訟手続全体の追行について管轄を有するその他の予審部に訴訟および当事者を移送する。破毀院がそれ以外の事項においてなされた予審部の決定を破棄するときは，破毀院がそれと異なる決定したときを除き，移送を受けた予審部の管轄は，係属の理由となった係争事項の解決にのみ限定される。決定が確定した後，当初に事件を係属した予審部に訴訟記録を差し戻す（刑訴609-1条）。

第15章　公判手続——第一審裁判所とその裁判

　判決裁判所は，訴追された被告人の有罪または無罪について宣告する裁判機関である。本章では，通常裁判所である，重罪院，軽罪裁判所，違警罪裁判所の公判手続について検討する。

I ◆──重罪院での裁判

1　審理開始前の手続

　法廷での審理が開始される前に，いくつかの手続が行われる。まず，重罪院の開廷への準備手続，次に，重罪院が開廷されれば陪審員の構成，また，場合によっては，準備段階で手続の無効が問題とされることもある。

◆重罪院開廷への準備手続

　重罪院へ訴追するとの決定（ordonnance）または判決によって，重罪院に事件が係属される。この決定と重罪院での公判の開始までには，いくつかの手順を踏まなければならない。重罪院送致の決定が確定すれば，被告人（accusé）は，勾留されていれば，重罪院が開廷される場所にある拘置所（maison d'arrêt）に移送される（刑訴269条）。被告人が逃走したときまたは出頭しなかったときは，被告人は欠席のまま裁判が行われる（刑訴270条）。

　重罪院の裁判長または受命裁判官は，被告人が拘置所に到着し，証拠物が書記課に送付された後，遅滞なく，被告人を尋問する。審理は，重罪院の裁判長による尋問の日から5日以上を経なければ開始することができない。被告人とその弁護人はこの期間の利益を放棄することができる（刑訴277条）。被告人が勾留されていないときは，行政的手段によって，重罪院書記課に召喚される。被告人が正当な理由なく出頭しないときは，裁判長は，理由を付した決定によって，勾引勾留状を発布することができる（刑訴272-1条1項）。裁判長は，

人違いでないかの尋問をし，重罪院に訴追されたとの決定の送達を受理したかを確認する（刑訴273条）。被告人は弁護人を選任するように求められる。選任しなかったときは，裁判長または受命判事官は職権で弁護人を指名する（刑訴274条）。被告人は弁護人と自由に接見することができ，弁護人は一切の訴訟記録を閲覧することができる（刑訴278条）。

弁論開始の少なくとも24時間前までに，検察官および当事者は，証人として供述させようとする者の名簿を相互に送達する。予審審理の過程において鑑定人として作業を担当した者に，その作業について説明を求めるために召喚したときは，その氏名を送達しなければならない（刑訴281条）。当該開廷期の陪審員名簿も，弁論開始の少なくとも前々日までに，各被告人に送達する。この名簿には，住所または居所に関するものを除き，陪審員の人定をするのに十分な記載がなされていなければならない（刑訴282条）。被告人または弁護人が忌避の申立てを準備するために，この情報は重要である。

上記の義務的手続以外に，選択的処分も行いうる。裁判長は，予審が不完全であると認めるときまたは予審終結後新たな証拠が発見されたときは，有用と認める一切の予審審理を命令することができる。この審理は，裁判長，陪席判事の1人またはこの目的で委託された予審判事が行う（刑訴283条）。裁判長は，裁判しうる状態にない当該事件を，次の開廷期に延期することを命じることができる（刑訴287条）。

◆陪審員の構成

各事件について指定された日に，裁判長1人および陪席判事2人により構成される法廷が開廷され，被告人を入廷させる。公判の陪審員は，公判廷において抽選で選任される。第1審においては，6人の陪審員によって構成される。その他，1人または複数の補充陪審員も抽選で選任される。補充陪審員は，重罪院の判決が言い渡されるまで審理に参加し，場合によっては，審理の継続の支障となる陪審員の代わりとなる（刑訴296条）。

重罪院が第1審として裁判するときには，被告人またはその弁護人は4人の陪審員まで，検察官は3人の陪審員までを禁忌することができる（刑訴298条）。被告人またはその弁護人および検察官は，禁忌の理由を陳述する義務もなく権利もない（刑訴297条2項）。

裁判長は、陪審員に対して、刑事訴訟法304条の説示を行う。その説示において、基本的には陪審員の義務を明示し、形式的には重罪院を構成する特別な威厳を強調する。各陪審員は、1人ごとに裁判長の点呼に応じ、説示に従うことを宣誓する。

◆審理開始以前の手続の無効

確定した付公判の決定によっては治癒できない無効事由を理由とする審理（弁論）開始前の手続に関する抗弁（exception）は、公判の陪審の構成が確定するのと同時にこれを提起しなければならない。これに反するときは、抗弁の権利を失う（刑訴305-1条）。この付帯的係争は陪審員を除いた公判廷において裁判される。

2　審理の開始から判決の言渡しまで

重罪院および陪審員が自由な心証を形成しそれを表明するまでの重要な段階においては、審理（les débats）、審議、判決言渡しの順で手続が進行する。

◆審　理

審理においては、その指導原理が適用され、段階を踏んで、重罪院および陪審員は自由な心証を形成する。

◆審理において適用される諸原則

審理において適用される原則は、公開の原則と対審の原則である。

(1)　公開の原則

公の秩序（ordre）または善良な風俗（mœurs）に対する危険がある場合を除いて、審理は公開される。強姦または性的攻撃を伴う拷問および野蛮行為の罪で公訴が提起されたときには、私訴原告人が請求すれば、審理は非公開となる。その他の場合には、私訴原告人が反対しないときに限り、非公開を命ずることができる（刑訴306条）。

少年重罪院にも、特別な点を除き、普通法の規定が適用されるが、審理の公開には一定の制限が加えられる。審理に参加できるのは、被害者、証人、近親者、少年の後見人または法定代理人、弁護士会の構成員、少年の世話をする支援団体および機関または施設の代表者、保護観察員（délégués à la liberté surveillée）のみである（1945年オルドナンス20条8項）。

被告人が，犯罪時には少年であったが，審理の開始時には成人となり，被告人，検察官またはその他の被告人がそれを請求したときは，少年重罪院は刑事訴訟法306条に定められる公開の範囲を拡大することを決定することができる。その他の被告人がまだ少年であるときまたは犯罪時に少年であった被告人の人格上の利益のために審理が公開されないことが必要不可欠であるときには，少年重罪院はこの請求を認めない。

(2) 対審の原則

　審理は裁判長の指揮のもとに置かれ，審理では対審の原則が尊重されなければならない。

　裁判長は，真実の発見にとって適切であると信じるすべての処置をとるため自由裁量権を与えられている。裁判長は，審理の進行中，すべての者を召喚し，聴取し，または真実の発見にとって有益であると思われるすべての新たな証拠を提出させることができる（刑訴310条）。陪席判事（assesseurs）と陪審員は，自らの意見を表明することはできないが，裁判長に発言を求めたうえで，被告人および証人に質問をすることができる（刑訴311条）。被告人および私訴原告人は裁判長を介して質問することができるが（刑訴312条2項），検察官および当事者の弁護人は被告人，私訴原告人，証人および法廷に召喚されたすべての者に直接質問をすることができる（刑訴312条1項）。

　公判廷では，被告人はその弁護人に伴われて出席しなければならない。必要であれば，裁判長は職権で弁護人を1人選任する（刑訴317条）。このために委任された執行官によってなされた催告にもかかわらず，被告人が出頭することを拒否したときは，警察力によって被告人を法廷に勾引することができる（刑訴319条・320条）。被告人が意図的に欠席しても，裁判長は審理を進行することを決定することができる。

◆審理の諸段階

　公判の進行は，刑事司法および少年裁判の運用への市民の参加に関する2011年8月10日法によって修正された。2012年1月1日以降，重罪院裁判長は，簡潔な手段で，不利な証拠および有利な証拠を示すことによって，被告人の罪責について自らの意見を表明せずに，付公判の決定書に記載された犯罪事実を被告人に提示する。この提示に続いて，裁判長は公訴事実についての罪名を朗読

する（刑訴327条）。裁判長は，被告人の罪責について自らの意見を表明することなく，被告人を尋問し，その供述を聴く（刑訴328条）。検察官および当事者が呼び出した証人は，その証言を聴取される（刑訴329条）。その供述（déposition）を始める前に，「憎悪や恐怖の念を去って，一切の真実を述べ，真実以外の何事も述べない」旨を宣誓する（刑訴331条3項）。供述中または供述後において，裁判長は，被告人または証人に証拠物（les pièces à conviction）を示して，その意見を聴取する（刑訴341条）。

　公判廷における審理が終結すれば，私訴原告人またはその弁護人が聴取される。次に，検察官は論告を行い，その後，被告人およびその弁護人は，それに対して最終弁論を行う。私訴原告人および検察官はこれに抗弁をすることができるが，被告人またはその弁護人には常に最後に陳述する機会が与えられている（刑訴346条）。裁判長は，審理を終結することを宣告する（刑訴347条1項）。

◆評　議

　裁判長は，公判が中断される前に，重罪院および陪審に示された設問を読み上げて，評議（délibération）を準備しなければならない。この準備段階の後，評議室で評議が開始される。

(1)　評議の準備

　裁判長は，重罪院および陪審が答申しなければならない設問を読み上げる。設問は「被告人は，……の行為を犯したことで罪に問われるか」という形式で提示される。付公判の決定書の主文において特定された各事実については，それぞれ1個の設問を提示する。各加重事由については，独立の設問の対象となる。設問は複雑ではなく単純でなければならないので，1つの設問の書式の中に複数の事実または加重事由が含まれてはならない。この設問は，法律家であるとはみなされない陪審員に向けて提起されるから，法律問題ではなく，事実問題について作成される。この設問に対して，「然り（oui）」または「否（non）」によって返答される。

　裁判長は，刑事訴訟法353条に示された説示書（心得書）を朗読し，自由な心証の原則を正式に再確認する。さらに，この説示書（心得書）は評議室において掲示されなければならない。裁判長は，被告人を退廷させ，守衛長に評議室の出入口を監守させる。裁判長の許可なく，何人も評議室に立ち入ることがで

きない（刑訴354条）。その次に，裁判長は公判の中断を宣言し，いわゆる評議を開始する。

(2) 評議の進行

裁判官および陪審員は，評議室に退き，評決をするまで評議室を出ることができない（刑訴355条）。裁判官および陪審員は，評議し，それぞれの設問について「然り」または「否」と記述した投票用紙で秘密投票する。その投票用紙は各開票の後で焼却される。被告人に不利益な決定には，第1回投票で9票のうち少なくとも6票が必要である（刑訴359条）。被告人の有罪についての特定多数決は，得票が接近していた場合には被告人の有利に働き，3人の裁判官が被告人を有罪にしたい場合には有罪に賛成する陪審員の少なくとも3票が必要であり，いわば陪審に無罪とするか否かの判断を委ねていることになる。

被告人が有罪であることを認めれば，重罪院と陪審は刑罰の適用について評議しなければならない（刑訴362条）。刑罰に関する決定は，投票者の絶対多数票，したがって，第1審では9票のうち5票以上の多数によってなされる。ただし，科せられる自由刑の長期は9票のうち6票以上の多数をもって決定される。

重罪院判決には理由が付されてこなかったことについて，破毀院は，法律上および条約上の要求に応じていると判断していたが[1]，欧州人権裁判所判決や憲法院の判断（2011年4月1日決定）[3]を受けて[2]，2011年8月10日法による改正で，2012年1月1日より，重罪院の裁判長または陪席判事のうち1人が重罪院の判決に理由を付すことが義務づけられた。有罪判決の場合，判決理由において，被告人に問われるそれぞれの事実について，罪責の主要な要素の内容を示さなければならない。判決理由は設問集に添付された理由書類（feuille de motivation）と呼ばれる文書（document）に記載される。事件が非常に複雑で直ちに作成することができないときは，判決の言渡しから起算して遅くとも3日以内に，この理由書類が作成され，書類に添付されて，重罪院書記課に提出されなければならない（刑訴365-1条）。

3 判　決

重罪院裁判官と陪審員は法廷に入った後，裁判長は，被告人を出頭させ，各

設問に対する答申を読み聞かせ，判決を言い渡す（刑訴366条）。裁判長は，判決の言渡しから起算して10日の期間内に，被告人に控訴することができることを告知する（刑訴380-9条1項）。その他の事由（cause）で勾留されない限り，刑を免除されたとき，無罪とされたとき，自由刑の実刑以外の刑を言い渡されたときまたは自由刑の実刑を言い渡されたがその刑期が未決勾留によって尽くされているときには，被告人は直ちに釈放される（刑訴367条1項）。重罪院が，刑法122-1条1項に照らし，精神障害を理由に被告人に責任能力がないと言い渡したときは，重罪院は，理由を付した決定をもって，精神医学的治療の許可（刑訴706-135条），種々の禁止処分（刑訴706-136条）を命じることができる。

　重罪院は，私訴について裁判することができ，陪審なしで，被告人に対して私訴原告人によってなされた，あるいは，私訴原告人に対して無罪とされた被告人によってなされた損害賠償の請求について判断することができる。重罪院は，私訴についての判決が公訴について裁判した結果と矛盾しない以上，無罪判決を言渡した後で，私訴原告人に損害賠償を認めることができる。

4　欠席による裁判

　2004年3月9日法により，現行の欠席裁判手続が導入された。

◆旧欠席裁判手続

　かつて，重罪院裁判長は，欠席裁判命令を出し，欠席した被告人に10日以内に出頭するように命令し，その期限が切れれば，命令に従わなかった被告人は法律に違反したと宣告されてきた。出頭しなかった被告人は，公民権を剥奪され，その財産が供託されることを甘受しなければならなかった。さらに，新たな10日の期間が経過すれば，重罪院は，陪審抜きで，欠席者を裁判することができ，欠席者の利益は弁護人によって防御されることはできなかった。公判は公開されるが，審理は対審ではない方法で行われる。有罪判決の場合，財産が没収されない限り，財産の供託は維持される。刑の時効期限前に欠席者が逮捕されまたは刑事施設に収容されたときには，欠席裁判は消滅し，すでに出された判決は無効となり，通常の手続に従い新たな裁判が行われた。

　公民権の剥奪および財産の供託は非常に厳しい処分であるとみなされ，弁護人が防御することができない欠席裁判は欧州人権裁判所判決に違反していた。

そこで，新たな欠席裁判制度が導入された。

◆現行の欠席裁判手続

新たな制度では，公判開始時に有効な理由なく欠席した被告人または公判の進行中に欠席した結果公判を中断することができなかった被告人は，欠席のまま裁判される。勾引勾留状がいまだ発せられていないときに，重罪院が被告人に対して勾引勾留状を発することで審理を後日の公判日に延期することを決定した場合は，この限りではない（刑訴379-2条）。

出頭している他の被告人が同時に裁判されるときまたは被告人の欠席が審理の開始後に確認されたときを除き，重罪院は，陪審抜きで，事件を調査し，重罪院送致について裁定する。欠席裁判される被告人の利益を防御するために弁護人が出席しているときには，弁護人は，通常の手続においてと同様に，訴訟に参加し被告人を弁護することができる。そうでない場合には，重罪院は私訴原告人またはその弁護人および検察官の意見を聴取した後で裁定する。欠席裁判をされた被告人が自由刑の実刑を言い渡されたときは，重罪院は被告人に対して，勾引勾留状が発せられていない限り，勾引勾留状を発する。

欠席裁判で刑の言渡しを受けた者には控訴は認められていない。刑の時効が満了する前に刑事施設に収容されまたは逮捕されたときには，欠席裁判は消滅し，重罪院の判決は無効となり，新たに重罪院で裁判される。発せられた勾引勾留状は勾留状に相当し，被告人は召喚されるまで勾留される。被告人は，勾留に置かれた日から1年の期間内に召喚されなければならないが，6ヶ月の延長は可能であり，さらに6ヶ月再延長することができる。それでも召喚されないときには，被告人は直ちに釈放される（刑訴379-4条・181条）。

II　軽罪裁判所での裁判

軽罪裁判所での公判と判決は，通常の手続が問題となるときには，一般的な手続に従うが，一定の急速手続には特別な規則が適用される。

1　一般的手続

一般的手続は，対審による審理と軽罪裁判所によって下される判決に適用さ

れる。

◆審　理

　軽罪裁判所の公判は原則として公開される。ただし，公開することが公の秩序，審理の平穏，人の尊厳または第三者の利益にとって危険であると確認したときは，裁判所は審理を非公開で行うことを命令することができる。本案（le fond）についての判決は，公開の裁判で言い渡されなければならない（刑訴400条）。裁判長は，未成年者の全部または一部が公判廷に入ることを禁止することができる（刑訴402条）。なお，少年裁判所の公判に参加を認められるのは，被害者，証人，近親者，少年の後見人または法定代理人，弁護士会の構成員，少年の世話をする支援団体および機関または施設の代表者，保護観察員（délégués à la liberté surveillée）のみである（1945年2月2日オルドナンス20条8項）。

(1)　審理の展開

　被告人は原則として裁判所に出頭しなければならない。私訴原告人となる申立てをしていない被害者は，公判中に私訴原告人となることができる。審理の後で裁判所は判決を言い渡す。

(2)　被告人の出頭

　正規に召喚された被告人は，被告人を召喚した裁判所が有効であると認める理由を提示しない限り，出頭しなければならない。欧州人権裁判所判決を受けた法改正により，出頭せず理由も提示しなかった被告人の弁護人は，被告人の防御権を保障するために出廷したときには，請求すれば，常に意見を聴取される（刑訴410条3項）。

　科せられる刑罰がどのようなものでも，被告人は，裁判長に宛てた手紙をもって，不出頭のまま，弁護人が自分の代わりに公判に出席することで裁判を受けることを請求することができる。弁護人は審理の途中いつでも介入することができ，その陳述を聴取される。ただし，裁判所が被告人本人の出頭が必要であると判断したときは，被告人を再召喚することを命じて，後日の公判に審理を延期することができる（刑訴411条）。

　召喚が被告人に対してなされず，かつ，被告人がこの召喚を知ったものと証明できない場合において，被告人が出頭しなかったときは，欠席裁判が行われる。弁護人が被告人の防御権を保障するために出廷したときは，弁護人が請求

すれば弁護人は意見を聴取され，対審による裁判となる。裁判所は，後日の公判に審理を延期することもできる（刑訴412条）。

被告人が勾留されているときは，警察力によって被告人は公判に引致される（刑訴409条）。被告人が公判前に弁護人を選任しなかった場合で，弁護人に立ち会ってもらえる権利を必ず告知された後で，被告人が弁護人の立会いを請求したときは，裁判長は職権で弁護人を付す。被告人が自らの防御を危うくするような性質の病気にかかっているときには，弁護人を必ず立ち会わせなければならないが，それ以外の場合は，弁護人の立会いは義務ではない（刑訴417条）。

(3) 私訴原告人となることの申立て

犯罪によって被害を受けたと主張するすべての者は，私訴原告人となる申立てをしていないときは，公判廷において私訴原告人となることを申し立てることができる（刑訴418条）。

私訴原告人となることの申立ては，遅くとも本案についての検察の請求の前に，これを行わなければならない（刑訴421条）。私訴原告人となった者は，以後，証人として供述することはできない（刑訴422条）。私訴原告人は常に弁護人を代理人として出廷させることができる。

正規に召喚された私訴原告人が，法廷に出頭せずかつ代理人をも出頭させなかったときは，私訴原告人となることの申立てを取り下げたとみなされる（刑訴425条1項）。ただし，私訴原告人が，申立てを取り下げる意思がないことを示した場合は，この限りではない。

(4) 証拠の処理

原則として，犯罪は一切の証拠方法をもって証明され，裁判官は自由な心証に従って判決する（刑訴427条1項）。裁判官は，審理の過程で提出され，その面前で対審によって討議された証拠に基づいて判決しなければならない（刑訴427条2項）。

裁判所は鑑定を依頼することができる。証人として呼び出された者は，出頭し，宣誓をし，供述をしなければならない（刑訴437条）。有効で正当であると認められる理由を弁明せずに出頭を拒否した証人は警察力をもって裁判所に勾引されることができる。この場合，事件を次の公判日に移すことができる（刑訴439条）。

裁判長は，証人を尋問する前に，被告人を尋問し，その供述を聴く（刑訴442条）。検察官および当事者の弁護人は，裁判長に発言を求めて，直接，被告人，私訴原告人，証人および法廷に呼び出されたすべての者に質問をすることができるが，被告人および私訴原告人は，裁判長を介して，質問をすることができる（刑訴442-1条）。証人は口頭で供述するが，例外的に，裁判長の許可を得て，文書の助けを借りることができる（刑訴452条）。

　公判廷での審理（instruction）が終結すれば，私訴原告人はその請求を行い，検察官は論告（réquisitions）を行う。一方，被告人および民事責任者があるときはその民事責任者は弁論を行う。私訴原告人および検察官には反論する権利が認められているが，被告人またはその弁護人には常に最後に陳述する機会が与えられなければならない（刑訴460条）。

　2011年8月10日法によって新設された刑事訴訟法466-1条以下では，市民参審員に十分な情報を与えることを目的として，市民の参加する軽罪裁判所での公判廷について特別な規定を置いている。軽罪裁判所裁判長または陪席判事のうち1人は，簡潔な方法で，被告人の罪責について自らの意見を表明することなく，被告人に問われている犯罪事実および一件記録（訴訟記録）に記載されている被告人に不利なおよび有利な証拠を提示する。審理の過程で，捜査または予審の過程で尋問された証人の供述を考慮に入れるときには，そして，この証人が召喚されずまたは出頭しなかったときには，裁判長は証人の供述の全文または供述を要約して朗読する。裁判長は同様に，鑑定の結論を朗読し，さらに十分に，市民参審員が事後的に一件記録（訴訟記録）の一切の証拠を知り得たことにも留意する。市民参審員は，陪席判事と同じく，裁判長に発言を求めて，被告人，私訴原告人，証人および鑑定人に質問をする。

◆判　決

　判決は，審理の行われたのと同一の公判期日または裁判長が告げた後日の公判期日に言い渡す（刑訴462条）。判決の朗読は裁判長または裁判官のうちの1人によって公開で行われなければならない（刑訴485条）。軽罪が成立すると認めるときは，刑の免除または刑の宣告の延期を選択しない限りは，裁判所は適切な刑罰を言渡し，私訴があるときには，これについて裁判する（刑訴464条）。軽罪裁判所が軽罪の罪名で事件を受理したが，違警罪が成立するに過ぎないと

されるときには，裁判所は刑を言渡し，私訴があるときには，これについて裁判する（刑訴466条）。

軽罪裁判所が軽罪を構成するとして受理した事実が重罪とされなければならないときは，裁判所は，原則として検察官に送致して新たな請求を行わせる（刑訴469条1項）。裁判所は被告人に対して勾留状または勾引勾留状を発することができる。ただし，予審判事または予審部の決定によって送致が決定された事件を係属したときは，被害者が私訴原告人となる申立てをし，この送致が決定されたときに，弁護人が被害者に立ち会っていたときは，軽罪裁判所は，職権でまたは当事者の請求に基づき，検察官に送致して新たな請求を行わせることができない。過失犯として提起された訴追を受理した軽罪裁判所が，犯罪事実が，故意により実行されたことにより，重罪刑をもたらす可能性のあるものであると確認した場合は，この限りではない。重罪の罪名で検察官が新たな請求をするように軽罪裁判所が検察官に移送することができる場合を制限することで，立法者は軽罪化という実務を安定化させた。軽罪化とは，当事者および裁判官の暗黙の同意を得て，例えば，加重事由を指摘することを無視することで，法的には重罪であるものを軽罪として処理することである。

訴追された事実が，証明されず，何らの犯罪行為も構成せずまたは被告人に帰責しえないときには，軽罪裁判所は無罪を言い渡す（刑訴470条）。この場合，私訴原告人が公訴を提起したときには，私訴原告人となることの申立ての濫用を理由に，軽罪裁判所は，被告人が私訴原告人に対して提出した損害賠償の請求について，裁判する（刑訴472条）。軽罪裁判所が，被告人には判断能力を失わせるような精神障害または神経性精神障害があると認めるときは，裁判所は，精神障害による刑事責任無能力を宣告する判決を言い渡し，必要に応じて，私訴原告人が提起した損害賠償の請求および種々の保安処分について宣告する（刑訴706-133条）。

2　急速手続

調書による召喚に基づく公判は，被告人を司法上の監督に付しまたはその措置を継続することができる場合（刑訴397-3条）および証人を遅滞なく適宜の方法によって召喚する場合（刑訴397-5条）を除いて，一般的規則に従って進

められる。即時出頭には，被告人が開廷中の公判で裁判されることを拒否することができるため，特別な重要性がある。即時出頭による手続は真の意味での裁判のための公判であるが，有罪の事前自認に基づく召喚は，承認裁判（audience d'homologation）の場合にのみ，裁判官の面前で行われる。略式命令（ordonnance pénale）をもって，公判をせずに済ませることができる。

◆即時出頭

即時出頭においては，裁判長は，被告人の弁護人がその場にいるときにのみ徴することのできる同意があるときでなければ，その日に裁判されない旨を被告人に告げる（刑訴397条）。被告人が同意しないときまたは事件が開廷中の公判で裁判を受ける状態ではないと思われるときには，被告人が明示的に放棄した場合を除き，裁判所は2週間以上6週間以下の期間内に行われる後日の公判に延期することができる。科せられる刑が7年以上の拘禁刑であるときには，この権利を告知された被告人は，事件を，2ヶ月以上4ヶ月以下の期間内に開催される公判に延期することを請求することができる（刑訴397-1条）。当事者の請求に基づきまたは職権で，軽罪裁判所は，裁判官のうちの1人または予審判事に委託して，補充審理を行わせることができる（刑訴397-2条）。軽罪裁判所は，重要な捜査が必要であると認めるときは，事件を検事正に送致することができる。検事正は予審の開始を請求することができる。軽罪裁判所は，被告人を司法上の監督に付しもしくはその措置を継続するまたは未決勾留することができる（刑訴397-3条）。証人を，遅滞なく適宜の方法で，召喚することができる（刑訴397-5条）。

◆有罪の事前自認に基づく出頭

有罪の事前自認に基づく出頭においては，大審裁判所の裁判長または受任裁判官は，検察官が提示して該当者が受け入れた刑を認めるように促す。裁判官は，対象者が犯罪事実を認めて刑を受け入れていることを確認すると同時に，犯罪の状況および行為者の人格に照らして，刑が適切であることを確認する（刑訴495-11条1項）。裁判官は提示された刑を変更することはできない。裁判官は，刑の承認に同意するか，それを拒否するかのいずれかであるが，いかなる再調整もすることはできない。承認命令は有罪判決の効果を有する。

該当者が提示された刑を受け入れないときまたは裁判官が承認を拒否する命

令を言い渡したときは，検事正は，新たな証拠があるときを除き，軽罪裁判所に事件を付託するかまたは予審の開始を請求することができる（刑訴495-12条1項）。調書は予審裁判所または判決裁判所に伝達されることはなく，検察官も当事者も，この裁判所において，有罪の事前自認出頭手続の際に行った供述または提出した書面を考慮に入れることはできない（刑訴495-14条）。

　立法者は，当初，承認裁判は評議室で行われると規定していたが，憲法院は，裁判所が自由刑の判決を言い渡す公判が非公開で行われることは裁判の公開の原則に反すると判断した[4]。

　承認の決定に至りうる公判に検察官が出席することについては激しい議論があった。検察官の出席が義務づけられれば，この手続から実務上の利益の大部分を奪うことになるからである。最終的に，2005年7月26日法で，刑事訴訟法495-9条が改正され，承認公判は公開とされ，検察官の出席は義務づけられないことになった。2005年7月22日判決で，憲法院は，承認公判への検察官の不在は憲法違反ではないと判断した[5]。

◆略式命令

　略式命令という簡易手続をもって事件係属した裁判長は事前の審理なく無罪または罰金刑の宣告，場合によっては，主刑として言い渡すことができる1つまたは複数の補充刑の宣告をもたらす命令をもって裁判する。裁判長が事件には対審による審理が必要であると認めまたは拘禁刑が言い渡されるべきであると認めるときは，裁判長は一件記録（訴訟記録）を検察官に送致する。

　略式命令には，法律上の罪名，犯罪が行われた日時および場所，適用される罰条を記載しなければならず，有罪判決の場合には，言い渡される刑を記載しなければならない。軽罪事件の場合，略式命令には理由を付さなければならない（刑訴495-2条2項）。

　検察官は，略式命令から10日以内に，裁判所書記課に申し立てることをもって，略式命令の執行に異議を申し立てることができる。この期間が経過すれば，検察官は異議を申し立てることができず，略式命令は被告人に告知されるが，被告人は軽罪事件の場合，45日の期間内に略式命令の執行に異議を申し立てることができる（刑訴495-3条）。軽罪に関する略式命令に対して検察官または被告人から異議の申立てがあった場合，事件は軽罪裁判所の公判に移送され

る。審理の開始まで，被告人はその異議申立を明示的に放棄することができ，略式命令はその執行力を回復する。

Ⅲ ◆ 違警罪裁判所での裁判

　違警罪は違警罪裁判所が管轄する。違警罪事件については，裁判官は，通常手続によって，あるいは，略式命令手続によって裁判する。

1　通常手続

　裁判長は，公判期日に先立ち，検察官または私訴原告人の請求に基づき，損害を見積りまたは見積らせ，調書を作成しまたは作成させ，急速を要する一切の処分をしまたはこれを命ずることができる（刑訴534条）。裁判の公開の原則および対審の原則，私訴原告人となることの申立ておよび判決の言渡しなどの手続には，軽罪裁判所に対して定められた規定が適用される。

　被告人および民事責任者の出頭とその代理人に関して軽罪裁判所に適用される規定は，違警罪裁判所においても同じように適用される。ただし，訴追された違警罪には罰金刑のみが科されるときは，被告人は弁護人または特別代理人（un fondé de procuration spécialee）を代理人として出頭させることができる（刑訴544条）。

　違警罪は，調書または報告書をもって，調書および報告書がない場合には証人をもって，証明する。違警罪事件については，法律が別に定める場合を除き，司法警察員，司法警察職員および司法警察職員補または司法警察のある種の職務を担当する公務員もしくは職員が作成した調書または報告書は，書面をもってまたは証人をもってしか報告されることのできない反証（prevue contraire）があるまでは，真実とみなされる（刑訴537条）。補充審理を行う必要があれば，違警罪裁判所判事がこの手続を行う（刑訴538条）。

　違警罪裁判所は，事実が違警罪を構成すると認めるときは，刑を言渡し，私訴があるときは，その私訴について裁判する（刑訴539条）。違警罪裁判所は，事実が重罪または軽罪を構成すると認めるときは，管轄違いを言渡し，検察官に移送し，相当な処置をとらせる（刑訴540条）。違警罪裁判所は，事実が刑罰

法規に反するいかなる犯罪も構成しない，事実が立証されないまたは事実を被告人に帰責できないと認めるときは，無罪を言い渡し，訴追を終結させる（刑訴541条）。

2 略式命令

簡易手続を選択する検察官は，違警罪裁判所裁判官に，事件記録および事件の請求を送付する。裁判官は，事前の審理なく，略式命令をもって裁判し，無罪，罰金刑，場合によっては，1つ以上の補充刑を言い渡す。裁判官は，対審による審理が有用であると認めるときは，通常手続の形式によって訴追を行わせるために，事件記録を検察官に返送する（刑訴525条）。

違警罪事件に関する略式命令は，軽罪事件に関する略式命令とほぼ同様であるが，違警罪事件については，裁判官は略式命令に理由を付す必要がない（刑訴526条2項）。

検察官は，略式命令から10日以内に，その執行に異議を申し立てることができる。検察官が異議を申し立てなかったときは，略式命令は，書留書簡をもって，被告人に通知される。被告人は，書留配達の日から起算して30日以内に，その執行に異議を申し立てることができる（刑訴527条）。検察官または被告人から異議が申し立てられた場合，通常手続に従って，事件は違警罪裁判所の公判に付される（刑訴528条）

1) Crim., 14 oct. 2009, *B. C.*, *n° 170*; *D. 2009, 2778*, note J. Pradel; *J. C. P., 2009, 456*, note H. Matsupolou; *Dr. pénal*, 2009, comm. 143, obs. A. Maron et M. Haas.
2) Taxquet 対 Belgique 事件判決（C. E. D. H., gr. ch., Taxquet c. Belgique, 16 nov. 2010, req. *no926/05, §92*; *D. 2011. 47*, notes J.-F. Renucci et J. Pradel; *J. C. P., 2011. 1228*, note H. Matsupulou.）
3) Cons. const., 01 avril 2011 n° 2011-113/115 QPC.
4) Cons. const., 2 mars 2004, D. C., 2004-492, §117-118.
5) Cons. const., 22 juill. 2005, D. C., 2005-520, §3.

第16章　不服申立

Ⅰ ◆──通常の不服申立手段

通常の不服申立の方法は，控訴と異議申立である。不服申立では，法律問題および事実問題について事件を再度審理する。

1　異議申立

異議申立（opposition）は，軽罪事件または違警罪事件については，欠席裁判による判決に対しての通常の不服申立手段または取消請求手段（rétractation）であり，その裁判によって既判力が生じることを防止する手段である。重罪事件については，欠席裁判手続が適用される。

◆異議申立の条件

異議申立は，決定（ordonnance），軽罪裁判所，違警罪裁判所，控訴院または破毀院の判決に対して行うことができる。

異議申立は，被告人の不出頭による裁判で言い渡された判決を前提としているが，被告人が出席しなかったというだけでは，欠席（défaut）と認めるには十分ではない。裁判は対審によるものあるいはそれに相当するものであり，被告人が自分に宛てて正規の呼出しを受けたまたは自分に宛てて呼出しを受けていなくても正規の呼出しを知っていたとき，出頭しないという被告人の弁明が有効であると認められないとき（刑訴410条2項），被告人が，出頭せずに裁判を受けることを請求し，その弁護人によって代理されることを求めたとき，裁判所が被告人の出頭が必要であると判断したとき（刑訴411条），被告人が自分に宛てて正規の呼出しを受けていないときおよび正規の呼出しを知っていたとは証明できないが，その弁護人は少なくとも被告人の防御（弁護）を保障する

211

ために出席していたとき,被告人が公判期日の冒頭に出席したときは欠席することを申し立てることはできないので(刑訴413条)その後出頭しなかったとき,被告人の健康上の理由で,自宅または勾留されている拘置施設において尋問されたときは,対審による審理を受けたものとして,異議申立は認められない(刑訴416条)。呼出しが被告人に送達されず,かつその呼出しを認識していたと証明できないときは,被告人が出頭しないときには,欠席判決をする。

被告人がフランス本土内に居住しており,判決が本人に送達されたときは,送達の日から起算して10日以内に,それ以外の場合は1ヶ月以内に異議申立をしなければならない(刑訴491条)。判決が被告人本人に送達されなかったときは,被告人がフランス本土内に居住していた場合,判決の送達が住居,執行官事務所または検事局になされた日から起算して10日以内に,それ以外の場合は1ヶ月以内に異議申立をしなければならない。ただし,有罪判決の場合,書留郵便の配達通知書またはその受取書により,または何らかの執行行為により,被告人が判決の送達を知り得たと帰結できなかったときは,民事上の利益に関するものでも,刑事有罪判決に関するものでも,刑の時効期間の満了まで異議申立は受理される(刑訴492条)。

民事責任者および私訴原告人は,自己に不利益なすべての欠席裁判に対して,判決の送達の日から起算して,フランス本土に居住していれば10日以内に,それ以外であれば1ヶ月以内に,異議申立をすることができる(刑訴493条)。異議申立は,口頭による単なる申告によっても検察官に通知されうる。検察官は,配達証明付書留郵便によって私訴原告人にこれを通知する(刑訴490条)。異議申立人が勾留中であるときは,異議申立は,刑事施設の長に対する申告書によって行うことができる(刑訴490-1条1項)。

◆異議申立の効果

異議申立の期間は,実質的に,判決の執行を停止させる効果をもつ。ただし,出頭しなかった者に対して発された勾引勾留状はその効力を継続する(刑訴465条2項)。また,仮執行による制裁は,異議申立の停止効を持続させない。

異議申立は消滅効を有する。欠席裁判は,被告人がその執行に異議を申し立てたときは,すべての条項を無効とする。ただし,勾引勾留状が発布されているとき,被害者に給付された前渡金があるとき,欠席裁判により無罪が宣告さ

れたときは，この限りでない．

　被告人は，判決の民事上の条項についてのみ異議申立をすることができる（刑訴489条）．異議申立は，原判決を下した裁判所に新たに事件を係属させる効果をもつ．

　異議申立人が，口頭によって定められ調書によって確認された期日，あるいは，新たな呼出しによって定められた期日に出頭しなかったときは，再度の欠席の状態となる．異議は無効とされ，第1審判決は執行されなければならない．ただし，執行猶予が付されない自由刑を言い渡された場合，裁判所は，新たな呼出しをすることなく，事件を次回の公判期日に延期することを命じ，警察力に申立人を捜索させ，裁判所の検事正のもとに引致させることができる．検事正は，異議申立人を次回の公判に出頭させるか，出頭するよう催告する．申立人が，管轄区域外で発見されたときは，逮捕地の検事正のもとに引致され，検事正は公判に出頭するよう命じる．検事正は，その処置について調書を作成するが，24時間を超えて異議申立人を聴取することはできない．命じられた捜索が成功しなかったときは，再度の延期をすることなく，異議申立は無効とされる（刑訴494条）．特に考慮すべき事情があるときは，裁判所は，特別に理由を付した決定をもって，異議の対象となった判決を変更することができる．ただし，刑を加重する変更は許されない（刑訴494-1条）．異議申立人が個別に呼び出されず，調書によって通知されず，出頭しなかったときは，裁判所は欠席による判決を言い渡す．この判決には異議を申し立てることができる．

　異議申立人が出頭したときは，事件を再審理し，原判決を維持するか，原判決を異議申立人に有利になるように変更するか，不利益になるように変更することができる．異議申立については，刑の加重の禁止原則は適用されない．

2　控　訴

　控訴（appel）は，異議申立と同様に，通常の不服申立手段であるが，原判決を下した裁判所よりも上位の裁判所に事件を係属することになる判決変更手段である．

◆控訴の条件および形式

　予審判事の決定のほかに（予審の決定に対する抗告については第14章を参照），一

定の条件下で，重罪事件，軽罪事件，違警罪事件に関する第1審判決が控訴の対象となる。

　2000年6月15日法による改正で，重罪院の判決に対して控訴をすることが可能となった。重罪事件については，被告人，検察官，民事上の利益に関して民事責任者，民事上の利益に関して私訴原告人，検察官が控訴したときに公訴権を行使する行政官庁は，重罪院の有罪判決に対して控訴をすることができる（刑訴380-1条以下）。2002年4月4日法による改正以降，検事長は無罪判決に対して控訴をすることができる（刑訴380-2条）。

　軽罪事件については，有罪判決を受けた者，民事上の利益に関して私訴原告人，民事上の利益に関して民事責任者，検察官が控訴したときに公訴権を行使する行政官庁，検事正または検事長によって申し立てられる控訴は常に受理される（刑訴496条以下）。

　違警罪については，検事正，検事長，違警罪裁判所における検察官，民事責任者，有罪判決を受けた者は，第5級違警罪について（刑訴546条1項），損害賠償を命じる判決が宣告された場合（刑訴546条2項・被告人および民事責任者のみ），または，運転免許証の停止の場合および罰金が第2級違警罪に対して定められる上限である150ユーロを超えた場合にのみ，控訴をすることができる。民事上の利益に関して私訴原告人の控訴も同様に受理される。林野当局の請求によって訴追がなされた事件においては，有罪判決の性質およびその軽重を問わず，当事者のすべてが控訴をすることができる。原則として，控訴の申立ては原裁判所の書記官に対してこれを行わなければならない。例外として，控訴人が勾留されているときは，刑事施設の長に対して申立てをすることができる（刑訴502条）。

◆控訴の期間

　不可抗力の場合を除き，控訴は対審による判決の言渡しの日から起算して10日以内にこれを申し立てなければならない。ただし，釈放の請求または司法上の監督措置もしくは電子監視付住所指定の取消しもしくは変更の請求について裁定する裁判に対しては24時間以内に控訴をしなければならない。有罪判決に対しては，検事長は，対審による判決の言渡しの日から起算して20日以内に控訴をすればよい（刑訴505条）。

判決が，当事者が欠席して言い渡されたときには，控訴期間の起算点は，判決が，本人送達，住所送達，市役所送達または検事局送達された日となる。①判決が言い渡された公判に出頭せずまたは代理人を出頭させなかった当事者，ただし，本人またはその代理人が判決言渡しの期日を告げられていなかった場合に限る，②弁護人が被告人から代理人選任の委任を受けずに弁護を保障するために出席し，弁護人の審問の後，不出頭のまま裁判を受けた被告人，③その弁護人が出席しなかったとき，刑事訴訟法411条5項に定める要件に従い，出頭しなかった被告人，に対しても，上記と同じく，判決の送達の日が起算点となる。

実刑または刑の一部執行猶予付きの拘禁刑が言い渡されたが，被告人が出頭せず，判決が誰にも送達されなかったときは，控訴期間は判決が住所，執行官の事務所または検事局に送達された日から起算される（刑訴498-1条1項）。ただし，被告人が判決の送達を実質的に知りえたことが証明できない場合には被告人に有利な例外が存在する。すなわち，刑が時効とならない限り控訴をすることが認められる（刑訴498-1条2項）。前記の期間内に当事者の一方が控訴をした場合には，他の当事者は，控訴の申立てをするについて更に5日の猶予期間を有する（刑訴500条）。検事長が控訴をするときも同じ猶予期間が認められる。

◆控訴の効果
(1) 停止効

原則として，控訴の申立てを受けた判決は，控訴審が判決を言い渡すまでは，その執行を停止する（刑訴506条）。ただし，いくつかの例外が存在する。

勾留中の被告人は，無罪判決，刑の免除判決，罰金もしくは執行猶予付きの拘禁刑判決の言渡しがなされたとき，または，宣告された刑期が未決勾留期間より短いときには，直ちに釈放されなければならない。原則として，司法上の監督処分は，裁判所がそれに反対する判断を出さない限り，終了する（刑訴471条3項）。控訴審の審理中，被告人が釈放を請求する権利を侵害することなく，重罪院の判決は勾留に相当する（刑訴367条2項）。

少年係裁判官または少年裁判所の判決（1945年2月2日のオルドナンス22条），保護観察付執行猶予判決（刑132-41条），差止命令付宣告猶予判決（刑132-68

第Ⅱ部　刑事訴訟法

条），一定の補充刑または主刑の代替刑（刑訴471条4項）または禁絶治療処分は直ちに執行されなければならない。

　検事長による控訴は刑の執行を妨げない（刑訴708条2項）。

　重罪院または軽罪裁判所が私訴について民事賠償責任を認めた判決は，仮執行されることができるが（刑訴434条2項・3項），控訴審中に仮執行が明らかに行き過ぎの結果を招くおそれがあるときには，重罪院長または控訴院長は，急速審理（en référé）によって裁判し，仮執行を中止することができる（刑訴380-8条・515-1条）。

(2)　移審効

　控訴は上訴された判決を付託する移審効をもち，事実問題および法律問題について裁判を行う。ただし，この移審効の範囲については制限がある。

　控訴審は，二審制の原則に従い，第1審から付託された請求に基づき裁判を行う。控訴審では，犯罪事実についての罪名の決定を変更することは可能であり，新たな事実についても審理をすることができる。私訴原告人は，控訴審において，いかなる新たな請求もすることはできないが，第1審判以後に受けた被害についての損害賠償の増額を請求することができる（刑訴515条）。

　控訴人は，判決の一定の条項について控訴の範囲を限定することを決定することができる。控訴審は，〈Tantum devolutum quantum appellatum〉（控訴の限度においてのみ移審あり）の原則に従い，控訴の範囲を超えて裁判をすることはできない。被告人は，民事上の利益についてその控訴を限定することができる。ただし，それに反するときは無効とする旨を法律が規定している方式に対する違反または違脱があり，それが補正されないことを理由として，原判決を取り消すときは，控訴審は移審の上，本案について裁判する（刑訴520条）。この手続は，二審制の原則に対する無視できない侵害となる。

　移審効は，控訴人の身分によっても制限される。検察官による控訴は公訴権に基づくものに限られる。私訴原告人，民事上の責任者または保険業者により申し立てられた控訴は，民事上の利益のみに関係する。被告人は，公訴および私訴に関して控訴を提起することができる。不利益変更（reformatio in pejus）の禁止により，控訴審は控訴人の刑を加重するなど状況を悪化させることはできない。検察官が控訴したとき，控訴院は，判決を追認するか，被告人に利益

にもまたは不利益にも判決のその全部または一部を破棄することができる（刑訴515条1項）。ただし，被告人，民事責任者，私訴原告人またはそれらの者の保険業者のみが控訴をしたときは，控訴人に不利益な変更をすることはできない（刑訴515条2項）。同様に，公訴権に基づいて控訴を裁判する重罪院は，被告人が控訴したときは，被告人に不利益な変更をすることはできない（刑訴380-3条）。重罪院が私訴について裁判するときには，被告人，民事責任者または私訴原告人の控訴のみに基づき，控訴人に不利益な変更をすることはできない（刑訴380-6条1項）。

　不利益変更の禁止は，付帯控訴（appel incident）の重要性を説明している。当事者の1人が控訴を申し立てたときには，その他の当事者も自ら控訴を申し立てる。主たる控訴に付帯控訴が追加されることで，控訴審はどちらの立場にも判断を下すことができる。有罪の事前承認に基づく召喚により下された許可の決定に対する控訴の場合，控訴院は，付帯控訴が検察官からなされたときを除き，事件を取り上げ，裁判長または裁判長により指名された判事によって承認された刑罰よりも厳格な刑罰を言い渡すことなく，事実を審理する（刑訴520-1条）。

(3)　控訴審の公判と判決

　控訴によって，原判決を追認しまたは破棄することができる裁判所に事件が係属される。重罪事件については，その他の重罪院に事件が係属されるが，その優位性は象徴的に陪審員の数が増加されている点で示される。その他の事件については，控訴院軽罪部がその事件を係属する。

　(i)　控訴重罪院の公判および判決　　控訴が受理されれば，検察官は，破毀院刑事部書記課に，その意見とともに，原判決，場合によっては，訴訟記録を伝達する。控訴が受理された後その月のうちに，破毀院は，検察官およびその他の当事者またはその弁護人の書面による意見を収集した後で，控訴を裁判する任務を負う重罪院を指定する（刑訴380-14条）。

　控訴重罪院は，裁判長および2人の陪席判事から構成される。2011年8月10日法は重罪院の陪審の構成を改正し，2012年1月1日より，控訴審を裁判するときには，陪審は12人ではなく，9人から構成されることになった（刑訴296条1項）。被告人は5人まで，検察官は4人まで，陪審員を忌避することができ

る。被告人に不利益なすべての評決には少なくとも8票の多数が必要である（刑訴359条）。刑罰についての評決には，原則として，投票者の絶対多数の票が必要であるが，ただし，自由刑の法定刑の最長期については，少なくとも8票の多数が必要である（刑訴362条）。

軍事犯罪に関しての控訴を審理する陪審のない重罪院は裁判長1人および陪席判事8人から構成される（刑訴698-6条1項）。

(ii) 控訴院軽罪部の公判および判決　控訴院軽罪部は部長判事1人および控訴院判事2人から構成される（刑訴510条1項）。市民が参加する裁判の対象となる犯罪については，控訴院軽罪部に2人の市民参審員が，部長判事および2人の控訴院判事とともに裁判に参加する特別な構成が規定されている（刑訴510-1条1項）。

軽罪裁判所に対して定められる諸規定は控訴院においても適用されるが，一定の例外が存在する。控訴は，1人の裁判官の口頭による報告に基づき，公判廷において裁判され，被告人の尋問を行う。被告人に召喚された証人は，原則として，聴取されるが，この証人がすでに裁判所によって聴取されているときは，検察官はこれに異議を申し立てることができる。控訴人またはその代理人は，控訴の理由を簡潔に説明し，次に，被控訴人（parties en cause）が発言する。被告人またはその弁護人には常に最後に発言する機会が与えられる（刑訴513条）。

軽罪部が，控訴期限が経過しているまたは控訴が正規になされていないと認めたときは，控訴の不受理を宣告する（刑訴514条1項）。軽罪部が，控訴は受理することはできるがその理由がないと認めるときは，原判決を追認する（刑訴514条2項）。軽罪部が，控訴は受理することができその理由もあると認めるときは，原判決を破棄する。

違警罪裁判所判決の控訴は，軽罪裁判所判決の控訴の場合と同じ手続で追行され裁判される。ただし，違警罪裁判所判決の控訴審は軽罪部長判事1人によって構成される（刑訴547条）。

II ◆──特別な不服申立手段（非常救済手続）

法律により特別に認められた場合にのみ，特別な不服申立手段（非常救済手

続）を用いることができる。特別な不服申立手段（非常救済手続）としては，破棄申立，再審請求，欧州人権裁判所の判決による内国刑事判決の再審査である。

1　破棄申立（上告）

　破棄申立（pourvoi en cassation）は，最終審において下された判決に対してその法律適合性に異議があるとして申し立てられた不服申立である。破毀院は，事件を受理すると，法律解釈の統一を図る。破毀院は，下級審が示した事実の評価を既定のものとみなす。破毀院は法律審であって事実審ではなく，第3審として存在しているわけではない。予審部判決に対する破棄申立については，すでに検討したので，ここでは判決裁判所の判決に対する破棄申立について検討する。破毀院は，当事者の利益のために，または，法律の利益のために破棄申立を受理することができる。

◆当事者の利益のための破棄申立

　一定の場合にしか認められない特別な不服申立であるので，破棄申立は特別な利益を示す条件に従わなければならない。破棄申立の効果は制限されており，その移審効は控訴に対する移審効よりも緩和されている。

(1)　破棄申立の条件

　破棄申立審は，法律が定める一定の条件の下で開始される。破棄申立が認められる場合はある程度あるが，申立てが可能な判決に対してなされたものであり，破棄申立をする正当な利益を有する当事者によってなされなければ，受理されない。また，破棄申立は，法律に定める期間と形式という条件に服さなければならない。

　（i）　破棄申立審が開始される場合　　法律違反（violation de la loi）の場合にのみ原判決を破棄できる。法律違反は，制限的に列挙され，申立人によって破棄の手段の形式に従い示された破棄申立審が開始される場合に応じて変化する。

　破棄申立審が開始される最初の場合は，裁定した裁判所の法規に反した構成に関する場合である。破棄申立の対象となった裁判は，規定の数の裁判官によってなされたのではないとき，または，すべての公判廷に出席しなかった裁

判官によってなされたときには，無効と宣告される。さらに，検察官の意見が聴取されずに裁判がなされたときにも，判決は無効と宣告される（刑訴592条）。

破棄申立審が開始されるその他の場合として，裁判をした裁判所の管轄違いまたは権限の逸脱の場合が挙げられる。さらに，重要であるとみなされる法律の定める方式を具備しなかったときも，破棄申立審が開始される。ただし，軽罪事件に関しては，被告人は，控訴院において異議を申し立てたものでなければ，第1審で犯された無効を破棄申立の理由として受理を求めることはできない（刑訴599条1項）。重罪事件に関しては，被告人は，控訴重罪院において異議を申し立てたものでなければ，無効を破棄申立の理由として受理を求めることができない（刑訴599条2項）。破毀院が，判決理由について監督を行うことができず，判決主文において法律が尊重されているかを確認することはできないときには，その判決は無効と宣告される。当事者の1個または2個以上の請求または検察官の1個または2個以上の請求に対して言渡しをすることを忘れまたはこれを拒絶したときにも，その判決は無効と宣告される（刑訴593条）。このほか，法律に定める場合を除き，公開の法廷において言い渡されなかった裁判またはその審理が公開の法廷においてなされなかった裁判も無効と宣告される（刑訴592条3項）。

最後に，予審部および判決裁判所が終審としてした判決が法律の定める方式を具備しているときには，法律違反を理由とするときでなければこれを破棄することができない（刑訴591条）。ただし，刑事訴訟法598条は，「言い渡された刑が当該犯罪に適用されるべき法律の定める刑と同一であるときは，何人も，法律の条文の引用について誤りがあったことを理由としてその判決の破棄を請求することはできない」と規定する。破棄申立および破棄を制限するために，破毀院は認められる刑の概念を非常に拡張する解釈をとっている。いわゆる訴えの利益の欠如に基づくこの理論は，犯罪の罪名の誤り，正犯または共犯の身分の誤りおよび既遂犯と未遂犯との区別の誤りにおいて適用される。この破毀院の判例は，598条の文言とは一致せず，当事者の現実的な利益を無視して，法律的には誤っている判決に既判力を付与し，とられた罪名についての完全な議論を妨げていることから，批判が加えられている[3]。

(ⅱ) 破棄申立の対象となりうる裁判および訴えの利益　　終審として言い渡

された判決については，検察官またはそれによって損害を受けた当事者によってなされた破棄申立に基づき，取り消すことができる（刑訴567条）。破棄申立は訴えの利益を前提としている。検察官は公訴権に基づいて破棄申立をすることができ，私訴原告人は，民事上の利益に基づいて破棄申立ができる。訴追された者は，公訴についても私訴についても有罪判決に対して破棄申立をすることができる。

　重罪院によって言い渡された無罪判決は，法律の利益のためでなければ，破棄申立をすることができず，法律の利益のための破棄申立も，無罪とされた当事者の利益を侵害することはできない（刑訴572条）。

　(iii)　破棄申立の期間および形式　　検察官およびすべての当事者は，原判決の言渡し日から満5日間に破棄申立をすることができるが，刑事訴訟法568条に定める場合は判決の送達の日から起算する。破棄申立は原裁判所の書記官にこれを行わなければならない（刑訴576条1項）。破棄申立者が勾留されているときには，破棄申立は刑事施設の長に申し立てる形式で行うことができる（刑訴577条1項）。破棄申立人は，3日以内に，配達証明付書留郵便で，検察官および他の当事者に破棄申立を通告しなければならない（刑訴578条）。この通告を受理しなかった当事者は，破毀院の判決に異議を申し立てることができる（刑訴579条）。

(2)　破棄申立の効果

　破棄申立は停止効および移審効をもつ。この即時的な効果のほかに，破棄申立によって，破毀院は判決を言い渡すことになる。

　(i)　停止効　　破棄申立の期間内に，破棄申立があれば，破毀院判決が言い渡されるまで，原判決の執行は猶予される（刑訴569条1項）。この原則は一定の例外によって緩和される。破棄申立がなされても，民事の有罪判決は執行され，軽罪裁判所が発してかつ控訴院が追認した勾留状もしくは勾引勾留状または控訴院が発した勾留状もしくは勾引勾留状はその効果を維持し続ける（刑訴569条1項）。さらに，破棄申立がなされたとしても，無罪判決，刑の免除，執行猶予を付されたもしくは保護観察付執行猶予の付された拘禁刑判決または罰金刑判決の場合には，勾留された被告人は，直ちに釈放される（刑訴569条3項）。拘禁刑判決が言い渡された場合も，未決勾留が命じられまたは維持され

たときに，勾留期間が言い渡された刑の期間に達したときも，直ちに釈放される（刑訴569条4項）。

　(ii)　移審効　　破棄申立が破毀院に受理されても，移審効は控訴の場合よりも限定されている。というのは，破毀院では，法律問題のみが審理され，事実問題は審理の対象とはならないからである。さらに，破毀院は申立人が破棄を申し立てた条項についてのみ裁判を行うので，その対象は部分的でしかない。ただし，破毀院は，職権で，法律違反に基づく一定の手段を援用することが認められている。移審効は申立人の身分によっても限定されており，申立人には訴えの利益がなければならない。

　(iii)　破毀院の判決　　破毀院は，まず，受命報告裁判官の報告の朗読を聴き，次に，当事者の弁護人の意見および検察官の請求を聴く。

　破棄申立を受理する条件が充足されないときは，破毀院は不受理の判決または破棄申立権の喪失の判決をする（刑訴605条）。破棄申立の対象がなくなったときは，破毀院は却下（non-lieu à statuer）の判決をする（刑訴606条）。破棄申立が受理可能で，申立ての対象も存在するときは，破毀院は本案（au fond）について裁判する。破毀院は，破棄申立には理由があると判断したときは，判決全体について，または，方式違反が判決の一部のみに影響するときもしくは申立人が判決の一部分について破棄を申し立てたときには，判決の一部について，破棄を言い渡す。破棄判決は，原判決の全部または一部について，無効とする。

　破毀院が裁判すべきものを何も残さないときには，移送せずに自ら裁判する。具体的には，破毀院が，公訴時効によって公訴が消滅したことを認めた場合である。ただし，一般的には，破毀院は，法律審であって事実審ではないため，下級裁判所に代わって事実を審理することができないので，破棄判決は訴訟の移送を伴う。移送先は，破棄された原判決を言い渡した原裁判所と同級の裁判所であるが（刑訴609条），その構成は原裁判所とは異なる。管轄違いを理由に破棄を言い渡す場合は，管轄の裁判所に訴訟は移送されなければならない（刑訴612条）。また，重罪院判決の破棄の場合，この判決が民事上の利益に関する事項についてのみ原判決を破棄するときは，訴訟は，重罪院ではなく，原判決を言い渡した重罪院が所在する管轄域内とは異なる管轄域内の控訴院に移送

される（刑訴610条）。

◆法律の利益のための破棄申立

刑事訴訟法621条は，破毀院検事総長がその職権で行使できる法律の利益のための破棄申立を規定している。また，620条は，司法大臣の命令に基づき，破毀院検事総長が行う取消しの申立てについて規定している。

(1) 破毀院検事総長の職権による破棄申立

刑事訴訟法621条によれば，破毀院検事総長はその職権で，破毀院より下位の最終審によって下された判決に対して，いかなる当事者も法定の期間内に破棄申立を行わなかったときは，法律の利益のための破棄申立を行うことができる。この破棄申立は，法律適用の誤りを申し立てる目的で，法律の利益のためにのみ行うことができる。破毀院は，この破棄申立を受理するか，理由があるかどうかについて言い渡す。破棄申立が受理されれば，純理論的に破棄を言い渡し，当事者はその破棄判決を自分の利益として主張することができない。

法律の利益のための破棄申立は，重罪院の無罪判決，当事者の利益のための破棄申立が受理されない判決，に対して行うことができる。この破棄申立は，無罪判決を言い渡した重罪院の検事長が，それができないときまたは期間が経過した後は，破毀院検事総長が行うことができる。法律の利益のための破棄申立の場合にも，無罪とされた者に損害を与えることができない（刑訴572条）。

(2) 司法大臣の命令に基づく取消上告申立

刑事訴訟法620条は，司法大臣の命令に基づき，破毀院検事総長が行う取消上告の申立（annulation）を規定している。その範囲と効果は，破毀院検事総長がその職権で行う法律の利益による破棄申立よりも重要である。この取消申立は，訴訟の遂行中いつでも求めることができ，司法上の決定に対してのみならず，単なる司法行政上の処分に対してもなすことができる。

無罪判決に対する取消しの申立ては，純粋に理論的なものにとどまっているが，有罪判決の取消しは，法律の利益のためだけではなく，有罪判決を受けた者の利益のためにも行われる。なぜなら，有罪判決を受けた者の状況を悪化させるのではなく改善することができる裁判所に事件を移送することが可能であるからである。

第Ⅱ部　刑事訴訟法

2　再審および再審査の請求

　再審請求（demande en révision）は，事実誤認を修復するための特別な不服申立の手段である。再審は，限定された条件に服するために，例外的に認められるが，再審が開始されれば，その効果は重要である。再審査（réexamen）は，2000年6月15日法により，新たな不服申立の手段として導入された。再審および再審査制度については2014年6月20日法により改正され，新たに再審・再審査院（Cour de révision et de réexamen）が創設され，申請の条件が緩和された[4]。

◆再審および再審査請求の条件

　確定した刑事判決の再審の請求については，重罪または軽罪で有罪と認められたすべての者の利益のために行うことができる。再審は，有罪判決を受けた者の無罪を獲得するために行われるものであって，無罪判決を得た者を有罪とするために行われることはない。刑の言渡しの後，その言渡しを受けた者の無実を立証するもしくは有罪性に疑いを生ぜしめる新事実または訴訟の際には裁判所が知り得なかった証拠（élément）が発見されたときに，再審の請求ができる（刑訴622条）。

　再審および再審査の請求権者は，司法大臣，破毀院検事総長，刑の言渡しを受けた者，刑の言渡しを受けた者が無能力者（incapacité）の場合はその法定代理人，刑の言渡しを受けた者が死亡したもしくは失踪宣告を受けた場合は配偶者，PACS契約を結んだパートナー，内縁関係者，子，両親，孫，曾孫，包括受遺者もしくは包括名義の受遺者または控訴院検事長である（刑訴622-2条）。

　再審の請求は，期間を定めず，行うことができる。再審の請求は，破毀院のすべての部の18人の裁判官（内1人は破毀院院長）から構成される再審・再審査院に対して行われる。破毀院院長以外の17人の裁判官は破毀院総部会によって選任され，任期は3年で1度の再任は可能である（刑訴623条）。

　再審査も，再審と同じく再審・再審査院に請求される。再審査の請求は，欧州人権裁判所の判決日から起算して1年以内に行わなければならない。破棄申立の再審査も同様である（刑訴622-1条）。

　確定した刑事判決の再審査は，欧州人権裁判所判決によって，言い渡された刑罰が欧州人権条約またはその議定書に違反すると認められたとき，その性質

およびその重大性によって，確認された違反が刑の言渡しを受けた者に対して欧州人権条約41条に基づき給付された公平な賠償で補填できないような損害結果を生ぜしめたときには，犯罪行為で有罪と認められたすべての者の利益のために請求できる（刑訴622-1条）。

◆再審請求および再審査請求の効果

再審・再審査院は，上記18人の裁判官から5人の裁判官を指名し（任期は3年で再任は一度可能），再審・再審査請求調査（予審）委員会を構成する。再審・再審査の請求が明らかに認められないときには，調査（予審）委員会委員長またはその代理は理由を付し不服申立を許さない命令によって請求を棄却する。調査（予審）委員会は，直接または共助の嘱託によって，罪を犯したまたは犯そうとしたと疑うに足りる理由が存在する者に対する尋問を除いて，請求の調査に必要な一切の調査行為を行うために，1人または複数の裁判官に補充の調査を行わせる。調査（予審）委員会は，請求が受理可能と認めるときは，理由を付し不服申立を許さない決定によって再審・再審査院に受理の申立てをする。再審・再審査の申立てが明らかに受理されないときには，調査（予審）委員会委員長またはその代理は理由を付した決定によって請求を棄却することができる（刑訴624条）。

再審・再審査請求調査（予審）委員会は，請求の理由があると判断したときは，再審・再審査院に事件を係属し，残りの13人の裁判官が判決部を構成する。判決部は，必要があると判断したときは，直接または共助の嘱託によって，罪を犯したまたは犯そうとしたと疑うに足りる理由が存在する者に対する尋問を除いて，請求の調査に必要な一切の調査行為を行うために，1人または複数の裁判官に補充の調査を命じることができる（刑訴624-3条）。公開の法廷で請求者またはその弁護人および検察官の意見を聴取し，再審・再審査請求の対象となっている裁判に私訴原告人が直ちに参加するときは，正式に通知をしたうえで，私訴原告人またはその弁護人の意見を聴取した後で，理由を付し不服申立を許さない決定をもって裁判する。再審・再審査院は，請求に理由があると判断したときは，有罪判決を取り消す（刑訴624-3条）。新たに対審による審理を行うことが可能であるときは，再審・再審査院は，原裁判所と同等で判決を取り消した裁判所とは別の裁判所に被告人を移送する。不利益変更

(*reformatio in pejus*）禁止の原則に従い，再審・再審査院は，再審・再審査を請求した原判決より重い刑を言い渡すことはできない。新たに対審による審理を行うことができないときは，再審・再審査院は事実を審理し，不当と思われる刑の言渡しのみを取り消す。刑の言渡しを受けた生存者に対する判決の破棄によって重罪または軽罪となる罪責がすべて消滅したときは，移送の言渡しをしない（刑訴624-7条）。請求者，調査（予審）委員会または判決部の請求に基づき，破毀院刑事部は刑の執行を中断することができる（刑訴625条）。再審・再審査の請求の対象となった刑の言渡しによって被った損害に対して，損害を受けた者に損害賠償を認めることができる（刑訴626条）。

1) 故障申立と訳出されることもあるが，本稿では異議申立とする。
2) 2012年1月1日より，実験として，トゥルーズ控訴院およびディジョン控訴院で市民参審員が関与する裁判が実施されており，2013年1月1日より2014年1月1日までに，アジャン，ボルドー，コルマール，ドゥエー，フォー・ド・フランス，リヨン，モンペリエ，オルレアンの各控訴院でこの裁判が実施された。
3) 破毀院は，認められる刑の理論（la théorie de peine justifiée）を告発して，憲法院に合憲性の優先問題を委譲することを拒否した（Crim., 19 mai. 2010, *D. 2010, 1351*）。ただし，最近では，破毀院はこの理論をもはや採用していないといえる（Ass. plén., 8 juill. 2005, *D. 2006, 1654,* note Th. Garé）。
4) 改正の概要については，C. Ribeyre, La réforme des procédures de révision et de réexament ou comment mieux corriger l'erreur judiciaire, *Droit pénal nº 10, 2014,* p.5 を参照。

第17章　判決の効力（既判力）

　民事事件については，すべての裁判による判決は，その判決の言渡しから，既判事項の権威・既判力（autorité de la chose jugée）が生じるが，判決の執行を中断させる不服申立が尽きた時点で既判事項の確定力（force de la chose jugée）を生じる。特別な不服申立をすることができないときは，判決を破棄することはできない。これに対して，刑事事件においては，既判力は判決が確定したときにしか生じず，既判力とは取消不可能という意味として用いられる。

I ◆──刑事裁判に対する既判力

　既判力とは，刑事訴訟法6条に定める公訴の消滅事由である。何人も同一事実について二度裁判を受けることはない（一事不再理（non bis in idem）の原則）。この原則は，欧州人権条約第7追加議定書4条1項によっても認められている。既判力については予審裁判と判決裁判とで異なり，予審裁判の既判力は限定的であるが，判決裁判の既判力はより強力である。

1　予審裁判所判決の既判力 ────────────────────◆

　予審免訴に対するものか，判決裁判所への移送決定かによって，既判力は異なる。

◆免訴決定の既判力

　法的理由によって下された予審免訴の決定は既判力を生じ，同一人物に対して同一事実について新たな訴追をすることができない。予審免訴の決定が事実的理由すなわち証拠不十分によって言い渡されたときは，新たな証拠が発見されれば，検察官は予審開始請求をすることができるが，私訴原告人はこれをすることができない（刑訴190条）。

◆判決裁判所への移送決定の既判力

　判決裁判所への移送決定は，移送するという事実についてのみ既判力を生じ，事件を係属した裁判所を拘束するものではない。移送は裁判を正当化するのに十分な嫌疑が存在していたということのみを意味し，対象者の罪責について何らの決定を含むものではない。移送判決によって事件を係属した判決裁判所は，公訴が消滅したと宣告すること，犯罪事実の罪名決定を変更すること，刑事無答責事由に該当すると認めること，または証拠を異なって評価することができる。違警罪裁判所および軽罪裁判所は，管轄違いを理由として，無管轄を言い渡すこともできる。重罪院は，重罪公判に付する決定によって事件を係属した場合には，完全な管轄権を有する（刑訴231条）。

2　判決裁判所判決の既判力

　判決裁判所の判決の既判力は，予審裁判の判決の既判力よりも強力である。判決が確定したとき，同一人物に対して同一の事実に基づき訴追を行うことはできない。新たに訴追された者は，手続のどの段階においても，既判力を主張すれば，公訴は消滅する。

◆対象の同一性

　刑事訴追は，常に刑罰適用のための公訴に向けられていることから，必然的に対象の同一性を示している。破毀院は，性格が異なる訴権間では対象の同一性は存在しないと判断している。これに対して，欧州人権裁判所は，刑事事件における独立し拡張された概念を理由として，多様な訴権間で対象の同一性を承認し，ロシア法では行政罰であるとしている制裁に続いて刑事罰を加えていることは，第7議定書4条に違反していると結論づけている。ただし，フランスは，国内法で刑事事件について裁定する裁判所の管轄に属する犯罪行為のみが議定書2条から4条にいう犯罪行為とみなすという留保をつけて，第7議定書を批准した。

◆当事者の同一性

　刑事事件における刑事裁判の既判力は，相対的な効果しかもたず，当事者の同一性を前提とする。たとえ公訴が被害者によって開始されたとしても，訴追官は検察官である。したがって，訴追される当事者について注意が必要であ

る。異なる者に向けて相次ぐ訴追を提起することができ、ある者に対する裁判はその他の者に対する裁判の際に既判力をもたない。

◆事実の同一性

　刑事裁判における既判力は原因の同一性を前提とするが、原因の同一性とは、犯罪事実の同一性を意味する。したがって、犯罪事実が異なれば、相次ぐ訴追は可能である。継続犯の実行行為が刑の言渡しの後も継続していれば、新たな訴追は可能である。前回の裁判の対象とはならなかった事実が新たな犯罪の構成要素を充足した場合には、訴追は可能である。新たな事実がすでに裁判の対象となった事実と結合したときに初めて犯罪を構成するときには、異なった罪名をとることができるのであれば、主要な事実において犯罪行為は異なっているとして、判例は新たな訴追を認めている。

　妻を過失で焼死させたとして過失致死罪で有罪判決を受けた被告人が、その後、妻が寝ている最中に妻の髪に可燃性の液体を撒布し火をつけ殺害したとして、故殺罪で新たに訴追された事案において、被告人は一事不再理原則の違反を理由に破棄申立を主張した。これに対して、破毀院は、故殺罪と過失致死罪とはその事実的要素も法律的要素も異なる２つの犯罪であり、犯罪事実の同一性は認められないと判断して、すでに過失致死罪で有罪を言渡した後でも、重罪院は故殺罪で有罪を言い渡すことができるとした[2]。ただし、破毀院は、過失傷害罪と過失致死罪はその主要な事実は同一であるとして、過失傷害罪で有罪判決を受けていれば、被害者がその後死亡しても、過失致死罪で新たな訴追はできないと判断している[3]。

　法的には異なる罪名が関係しているとしても、同一事実が問題となるときは、既判事項の抗弁（exception de chose jugée）は肯定されなければならない。既判事項の条件である事実の同一性は、法的事実の同一性すなわち罪名の同一性として理解されてはならない。この点で、刑事訴訟法368条は、適法に無罪を言い渡された者は、異なる罪名の下でも、同一事実を理由としてこれを再逮捕または訴追することはできない、と規定している。問題は、この規定が及ぶ範囲であって、この規定が一般的な効力をもつのか、それとも、重罪事件に限定されるかである。刑事訴訟法６条および第７議定書４条を適用すれば、368条は重罪事件のみに及ぶのではなく、軽罪事件において無罪判決を言い渡

された者についても及ぶと解されている。判例もこの考え方を支持し，破毀院2005年1月19日判決[4]では，すでに性的ハラスメントの罪で無罪判決を言い渡された者が，同一の事実について加重性的攻撃の罪で有罪を言い渡すことができるかが問われた事案で，破毀院は，第二の訴追で問題となった事実は，第一の裁判で評価された事実と同一であると認める前に，同一事実について，同一行為者に対して，異なる2つの刑事訴権を生ぜしめない，と判断した。

II ──民事裁判に対する既判力（民事的効力）

刑事判決の民事裁判への既判力（民事的効力）はそれを明示する規定はないが，判例によって認められてきた。

1 根拠および法的性格

民事的効力の根拠は，民事裁判所において追行された私訴の裁判は，公訴が提起された場合には，その公訴について確定裁判があるまではこれを延期するという刑事訴訟法4条2項の規定に求められることが多い。この規定は，公訴について確定した判決を民事裁判官が尊重しなければならないことを明示している。刑事裁判と民事裁判とで矛盾する判断が示されることを避けるために刑事裁判所の優越の規定が置かれていると考えることができる。

刑事裁判の民事裁判への既判力は誰に対しても認められ，したがって，刑事訴訟の当事者ではない者に対してもその既判力が認められる。この絶対的な効果は，欧州人権条約6条1項に定める対審の原則を尊重していないとして問題とされている。判例は，刑事裁判の民事裁判への既判力は民事的利益でしかないと判断している。当事者が放棄することおよび主張しないことができ，破毀院において初めて申し立てることができない民事裁判への既判力の原則違反を検察官は主張することはできない。民事裁判官は刑事裁判の既判力を職権で指摘する義務はない。

2 適用

民事的効力は，まず，既判力を獲得することができる刑事裁判の判決によっ

て，次に，既判力を行使する民事裁判によって評価されなければならない。

◆刑事裁判の判決

　民事的効力は，フランスの裁判所の確定判決にのみ影響する。普通裁判所の判決か例外裁判所の判決かは問わないが，対審による審理を経ていない略式命令（ordonnance pénale）は既判力を有しない（刑訴495-5条2項・528-1条2項）。

　刑事裁判の既判力は相対的であり，損害賠償または民事上の責任を負う第三者の身分の承認というような刑事判決の民事上の判事項目には適用されない。

◆民事裁判

　刑事裁判官による有罪判決の言渡し後，民事裁判官は犯罪事実の存在または刑の言渡しを受けた者の罪責の存在を否定することはできない。犯罪事実が存在しないことまたは犯罪事実と被告人との間に関係が全くないことを理由に無罪が言い渡されたときは，民事裁判官は被害者に対する損害賠償を言い渡すことはできない。しかし，故意犯について故意が存在しないことを理由に無罪が言い渡されたときには，民事裁判官は故意を前提とはしない民事責任を根拠に損害賠償を給付することができる。

　刑事裁判官が過失責任の存在を否定して被告人に無罪を言い渡したときには，民事責任における faute（faute civile）の存在が立証されれば（民1383条），刑法上の過失責任が認められなくとも，民事裁判所に訴権を行使することができる（刑訴4-1条）。

1) C. E. D. H., gr. ch. 10 févr. 2009, Zolotoukhine c. Russie, *D. 2009, 2014*, note J. Pradel; *R. S. C., 2009*, p. 675, obs. D. Roets.
2) Crim., 25 mars 1954, *B. C., n° 121*. 白取祐司『一事不再理の研究』（日本評論社，1986年）139頁以下参照。
3) Crim., 8 oct. 1959, *B. C., n° 418*.
4) Crim., 19 janv. 2005, *B. C., n° 25*.

第Ⅲ部

刑事政策

第18章　刑事政策総論

I ──刑事政策，犯罪学

1　刑事政策とは

◆総　論

　フランスの刑事政策を論じるにあたり，同国の，学問上における，刑事政策の位置づけについて，まず考察したいと思う。なぜなら日本においても刑事政策，刑事学，犯罪学をどう位置づけるか議論があるように，フランスにおいても同様の問題が生じると同時に翻訳上の問題が存在するからだ。

　刑事政策という日本語に該当するフランス語を探してみると，まず，《politique criminelle》が適切であろう[1]。この刑事政策は「犯罪行為に対する国家の対応。国家が犯罪現象を前にして追求する目的（犯罪の予防，抑止）の総体，犯罪現象を目標に国家が実施する手段（刑罰，保安処分）の総体，根源的に，各種類の社会的反応部分（有罪の改心，有罪の修正，社会の保護）を測定することの根拠」と定義されている[2]。

　また《politique pénale》という用語も存在し，これも刑事政策と訳すことも可能であるが，先の刑事政策（politique criminelle）で決定された政策を実行に移す分野を研究対象とされ，ここで「狭義の刑事政策」と訳す。フリーブール大学のケロ教授（N. Queloz）は「刑事政策」（politique criminelle）と「狭義の刑事政策」（politique pénale）の違いについて，「初めは両者とも同義語として扱われていたが，《politique pénale》は《politique criminelle》の一部を構成する。《politique criminelle》と呼称するより《politique anti-criminelle》（犯罪者に対する政策）と呼称したほうがより的確かも知れない。そして社会統制論に基づく，モントリオール大学クッソン教授（M. Cusson）の考えによれば

「《politique criminelle》は許容できる制限内で犯罪の動きを抑えるため行う,すべての努力を指し示すことであり,犯罪の重大性と件数を減少させる,あるいは犯罪を抑制する特別の目的の範囲で,ある社会の構成員が実施する手段の総体」と定義している。《politique pénale》に関しては「《politique criminelle》の行動形態の単に1つであり,《politique pénale》は犯罪化(違反行為の定義),刑事司法によって宣告された判決内で,制裁を個人化すること,および制裁から生じることを入念に練り上げることを目標とする」と述べている。

また刑事政策には「合理的な刑事政策」,「実際的な刑事政策」の区分が存在し,合理的な刑事政策は科学的な理論と信頼できる経験によるデータを基に確立される。この基本的原理は犯罪科学の中に内包される。ところが現在,刑事政策は合理的でなく,非常に政治化され(思想を有する支持者により影響される),また感情的な要素(好み,メディア,社会統制機構の機能不全)に左右される,実際的な刑事政策が幅を効かせているとケロ教授は分析している。

では刑事政策(politique criminelle)は何を対象にしているのであろうか。ケロ教授によれば「社会(公共財,安全,公の安寧),人の財産,基本的権利,被害者を保護するために犯罪を予防する,犯罪の不意な出現を回避すること,犯罪が既に存在する場合には,犯罪の減少と犯罪への制裁をすること」とし,この目的を追求するために刑事政策は「真の前進性を有する予防機能」,「記録,付託,探索,統制という行動から構成される介入機能」,「刑または措置(追跡,治療,保安処分)による犯罪者への制裁,各種形態の支援と修復に基づく被害者への援助という,対策または事後対応機能」を実行することである。そして,結果的に刑事政策の手段は,公共政策,教育政策,予防政策,統制政策,狭義の意味での刑事政策(刑法,司法組織,刑事手続き,矯正分野)といった多岐の分野に及ぶ」と述べている。

◆刑事政策とその周辺学問領域

刑事政策という分野と交差するその他学問領域には何が含まれるのであろうか。おそらく「刑法」,「刑事訴訟法」,「犯罪学」,「刑罰学」,「鑑識学」,「犯罪人類学」などが挙げられる。

犯罪学(criminologie)とは「犯罪現象の科学的研究」,「犯罪現象の科学」,「犯罪の科学」と定義されてきた。しかし,犯罪学のカバーする領域の拡大,

犯罪学における重要な概念の理解，そして犯罪学がどのような本質から構成されるかの議論の深化により，犯罪学の定義が多様化した[6]。

こうした中でマルセイユ大学のガサン教授は「もし社会悪を減少させる事が可能なら，学問（犯罪学）が犯罪行動の要素と過程を研究し，その要素と過程に知見を基にして，その学問がよりよい犯罪を抑えるための対処法を明確にすること[7]」，また同氏は別の論文で「犯罪学は一方で犯罪行為の要素と犯罪行為の相互作用，同様に違法行為への移行に導く過程の研究，他方，犯罪に対する効果的な対処のための知見を引き出すことのできる犯罪抑圧と予防の結果の研究である。この定義は犯罪学の領域の確定と内容を正確に決める。領域に関して犯罪学はその他犯罪科学と丁重に区別されなければならず，特に刑法，刑事政策とは区別され，刑法，刑事政策は「どうあらなければならないか」（ce qui doit être）を研究するのに対し，犯罪学は「何が，だれが」（ce qui est）ということを研究するのを旗印としている，鑑識学（criminalistique）は犯罪の存在とその当事者の有罪性を確定するために司法において利用される技術と科学の総体，刑罰学は刑事制裁機能，刑事制裁規則の執行，その適用で利用される方法の研究，刑事社会学は社会学的観察の対象としての，刑事法の創設と適用の深い観察である。犯罪学の内容は生物学的犯罪学，犯罪社会学，犯罪精神学，犯罪心理学である[8]」と述べている。

鑑識学・法医学は犯罪の証拠を確定し，犯罪者を特定する事に資する学問と定義され，現代科学技術の進歩の影響を最も受ける領域である。

刑罰学（pénologie）は1950年代頃から唱えられた新しい学問分野で法律には明記されていない用語である。広義の定義では刑の学問，刑に関しての法律の学問といえるし，狭義で最終的に宣告された刑の執行の学問，であり，行刑学に対応するものであると同時に制裁執行の学問とも定義付けられる。刑罰学は犯罪者の社会復帰ということに方向性を置いている[9]。

犯罪人類学（antholopologie criminelle）は生物学的，心理学を中心に，解剖学，生理学，民俗学，人口学，統計学，社会学を利用しながら，犯罪者個人への研究を対象としている。古代ギリシャ時代から犯罪人類学に類似したものは存在していたが，犯罪人類学を有名にしたのはイタリアの学者，ロンブローゾであり，周知の通り，彼は生来性犯罪者説を唱えた。同説は完全に否定された

が，ロンブローゾが犯罪科学の始祖であり，初めて犯罪の研究を社会と人間の現象と捉えたという事実は変わらない[10]。

2　フランス刑事政策の現在──独自の展開と英米の影響

　他国に先駆け，フランスでは1789年人権宣言7，8，9条において刑事分野における人権保障が確立された。そして，その理念に基づいた刑罰法規が制定され[11]，1808年には治罪法典（刑事訴訟法），そして1810年には刑法典が施行され，基本的に1994年まで使われた[12]。

　この間，従来からの法律学だけでなく，社会学という新しい学問分野が芽を開き，社会学の祖と称されるオーギュスト・コント，犯罪社会学派とよばれるデュルケムによる「アノミー論」，タルドによる「模倣の法則論」を生むこととなる。いずれにせよ法学とは異なる社会科学分野の手法を用いて，犯罪をどう捉え，どう防止していくのかの新しい試みが模索され，当時の刑事政策，犯罪学に大きな影響を与えた。

　そして1954年，パリ大学教授のアンセルは新社会防衛論を発表した。澤登俊雄は『新社会防衛論の展開』という本の中でこの理論を「あたらしい社会防衛論の基本的な立場として，刑事政策の基礎は個人の保護にあり，犯罪人も「再社会化の権利」を有するものであって，「人権」の承認はこの体系にとって内在的なものであるということ」と紹介している[13]。

　1958年の刑訴法改正，あるいは1994年にフランスでは刑法典の改正により，1810年からの利用されていた刑法典（以下，旧刑法典）から現在施行されている刑法典が誕生し，新社会防衛論の影響を大きく受けており，例えば「制裁の個別化」，「仲裁の発展」などは新社会防衛学派の用語であるとされる[14]。

　この様に，刑事司法分野で独自の発展を遂げてきたフランスであるが，ここ十数年，特にアメリカ刑事司法システムの影響を大きく受けているように見受けられる。いくつかの例を挙げてみると罪状認否，電子監視制度の導入などである。

Ⅱ ── 国内治安という概念の台頭

1　国内治安とは

◆国内治安の概念とその動揺

　1970年代以降，フランスでは治安が悪化し，様々な犯罪対策を打出し，特に1990年代以降，国内治安（sécurité intérieure）という概念が持ち出された。国内治安の概念は様々存在するが[15]，伝統的には対外安全（sécurité extérieure）と国内治安を分け，対外安全は国外からもたらされる脅威に対処することであり，当該分野は軍隊が担当，国内治安は，国内の脅威，犯罪に対処すること，要は警察が担当することと考えられてきた。この国内治安を維持するための警察力として国家警察，ジャンダルムリ，市町村警察が存在している。

　国内治安をめぐる動きは，1995年に「治安に関する計画・指針法」が成立したことから始まる。憲法院での審議を経て，「安全」が憲法的価値を有する，基本的人権（安全基本権）の1つとなり，国に安全を確保する責任があることが明確化された。

　しかし，2001年米国中枢同時多発テロ，高度情報化社会，グローバリゼーションを受けて，この伝統的な概念では新形態の脅威に対処できないという疑問が生じた。例えば人身売買，麻薬取引を行う国内の犯罪組織を捜査していたところ，その資金が海外の国際テロ組織に流れ，密接な関係にあることが判明，同テロ組織は重武装し，海外で外国人誘拐などのテロ活動をしていた。最初は国内の人身売買，麻薬取引を捜査していたが，その黒幕は国際テロ組織であったという場合，果たして国内治安専門の警察だけで対処できるのか，国内治安を管轄する警察力を国家警察，ジャンダルムリに限定してもいいのかという議論がなされた。これを受けて，外務省，国防省，財務省（税務・税関）など多機関連携と国内治安を担う警察力の主体の定義の必要性が生まれたのである。

　2002年8月に「国内治安の為の計画・指針法」が成立した。国内治安という名を冠した初めての法律で，1995年法を継承し，2002年の共和国大統領選挙で争点となった治安対策強化（警察官の増員，売春婦対策，組織的な乞食行為の罰則

化,フーリガン,同性愛者に対するヘイト罪の創設等)を盛り込んだ。しかし,国内治安が具体的に何であるのか,対外安全との関連性は明示されずにいた。

だが,この対外安全,国内治安の垣根を破ることを決定づけたのが2008年にまとめられた国防白書であった。当白書は2001年ニューヨーク,2004年マドリード,2005年ロンドンで発生したテロの教訓から対外安全,国内治安の融合を提案し,手始めに首相府国防・国内治安事務局が再編された[16]。2009年にはジャンダルムリが内務省に編入され,パリ警視庁の管轄区域が拡大された[17]。

そして,国内治安を担う主体を明確にするため,行刑施設で働く看守も国内治安担当任務を構成するとの内容が2009年行刑法12条にも明記された[18]。2013年には国内治安法典が施行され,フランスにおける国内治安に関する法令が同法典内に編纂され,この法典化を受けて国内治安を担う組織,任務などがより明確化された。

◆80年代以降のフランス刑事政策

80年代以降,国,地方公共団体による治安対策の中に刑事政策の一部が組み込まれた。これは地方分権の流れと治安回復のカギを地方自治体の役割に求める,ピュレフィットレポート(1977),ボネメゾンレポート(1982)という2つのレポートが提出されたからだ。70年代のオイルショック以降,経済が停滞し,それが引き金となり多くの社会問題が発生した。その1つが犯罪問題であり,早急にその対策を講じなければならなかった。上記2レポートはその犯罪対策提言をまとめ,その後のフランス治安政策を方向付けた。また1981年に制定された地方分権化法も起爆剤となり,今まで中央が決めていた刑事政策のうち,地方公共団体,特に市町村長の犯罪予防分野に関しての権限が拡大された。

そして刑事政策に対する政治的主導を強めるきっかけとなったのが,2002年共和国大統領選挙で,治安悪化と移民を関連付け,移民制限,外国人排斥を訴えてきた極右政党「国民戦線」のジャン・マリン＝ルペン党首が決選投票に進んだことである。この出来事は国民に大きな衝撃を与えたのみならず,右派,左派の政治勢力ともに治安問題が政策上において重要な課題であることを認識し,これ以後,治安問題が選挙で勝利するための重要条件の1つとなった。このため,2002-2012年の右派政権下(シラク,サルコジ大統領)では様々な治安

立法，司法改革が政治主導で行われた。例を挙げると2002年8月29日付「国内治安の為の指針・計画法」（通称サルコジ法），2002年9月9日付「司法の為の指針・計画法」（通称ペルベンⅠ），2003年3月18日「国内治安の為の法律」，2004年3月9日「犯罪推移へ司法の適合に関する法律」（ペルベンⅡ），2005年3月15日「刑事違反の累犯者に関する法律」，2007年3月5日付「犯罪予防に関する法律」，2007年8月10日付「成年・未成年の累犯者に対策を強化する法律」，2008年2月25日付「保安監置および精神障害を理由としての刑事責任無能力の宣告に関する法律」，2011年3月14日付「国内治安のパフォーマンスの為の指針・計画法」，2012年3月27日付「刑罰の執行に関する計画法」である。これら成立した治安，司法関連の法律数だけでも驚かされるが，その内容をまとめると，警察権限の強化，警察組織の改編，未成年再犯者への厳罰化，未成年に対する犯罪，再犯者，性犯罪者への厳罰化を目的として，警察留置，裁判制度，刑罰，再犯者処遇等において改革が行われたのである。

　2012年共和国大統領選挙では社会党のオランドが当選し，政権交代が行われ，社会党を中心とする左派政権が誕生した。同政権の司法大臣に就任したトビラは司法改革に着手し，旧政権の厳罰路線を修正，刑務所では犯罪者は更正しないという考えの下，2014年8月15日付「刑事制裁の効率を強化する，刑罰の個人化に関する法」（トビラ法）を成立させ，施設内処遇から社会内処遇へ転換させるため，刑罰代替手段である刑事強制を盛り込んだ。また，2016年6月3日付「犯罪組織，テロリズムとその経済への対策を強化する，刑事手続きの保障と効率性を改良する法」（ウヴァオ法），2017年2月28日付「公共治安に関する法律」が制定され，警察官の銃器使用条件の明確化や刑事合議・協議制度（transaction pénale）が導入された。

　2017年5月共和国大統領選で，変革を掲げたマクロンが当選した。その変革の一環である司法改革に関し，「Chantier de la Justice」を2018年3月にまとめた。この中には，刑事・民事司法手続の簡素化，情報化社会への対応，刑の効率性と方向性，司法組織の適合を柱に，司法改革案が示され，現在（2018年11月），「司法のための2018〜2022年指針法案」が上程され，審議中である。

2　公共治安政策とは

◆公共治安政策

　公共治安政策とは1970年代以降台頭してきた概念で，公共治安（sécurité publique），つまり「個人の財産権，自由，生命のために危険が不在ということにより性格づけられる公秩序の要素。行政警察（事故リスクの予防）の目的の1つ[19]」を公共政策分野で実践することである。

　公共治安政策の定義を考察してみると「正統な政治機関により取られた手段と決定のあるまとまった総体が，社会統制機能をもつ治安機関，あるいはその他パートナー的関係にある公的・私的機関により，犯罪現象から引き起こされる様々な形態の治安不安への効果的対応を対象としている[20]」と定義される。要は様々な施策により治安を回復しようとする公共政策であり，刑事政策とも密接に関連するということになる。では公共治安政策の主体はだれであろうか。

　中央においては首相，内務大臣，司法大臣という事になる。特に内務大臣は警察力だけでなく，県知事を通して県，市町村行政にも一定の関与ができ，公共治安政策の要というべき存在である。

　地方においては県知事，市町村長，共和国検察官の三者が重要な役割を果たす。まず，国が大きな指針を決め，枠組みを作り，それを地方が実施するという構図がある。このため，広域圏，県でのその実施を担保するのは県知事（préfet）である[21]。県知事は内務省から派遣される役人で，県における国の代表者とされている。県における警察力は彼の監督下にある。次に市町村長である。フランスの市町村長には一般行政警察権限と司法警察権限が付与されている。一般行政警察権限は市町村条例により生活に身近な規則を制定することが行政警察の目的である[22]。また，市町村長は司法警察権限に関して，司法警察員（OPJ: Officier de Police Judiciaire）としての権限が与えられており（刑訴16条），つまり犯罪の捜査ができるということである。

　最後に共和国検察官である。共和国検察官はその管轄地での司法警察捜査の指揮をする。つまり，国家警察，ジャンダルムリの司法捜査を指揮する事になり，共和国検察官は地方の犯罪状況を的確に把握することができる。

　また，近年注目されているのが，公的機関でなく，民間警備会社，民間団体，ボランティアといった民間部門の活動である。前述の定義の中でも「その

他パートナーの公的・私的機関」という文言が入れられている。治安維持，安全確保は国の独占事項という枠組みは変わらないものの，すでに警察だけでは治安維持ができないので，それを補完する働き，あるいは経済的な観点から民間部門が治安維持活動に参加してきているのである。

このように公共治安政策は公的部門の活動の非中央集権化と効率化を図ると同時に，民間部門の活動をどう規制し，活用するのかというのがポイントとなっている。

◆刑罰ポピュリズムと刑事政策

近年，世界各国で治安，テロ対策の名の下，犯罪の重罰化が進み，特に子どもの安全を脅かす行為，刑事無責任を宣告され無罪となった者を厳しく処遇する動きが見られる。確かに社会が大きく変化する中で，今までにはない類型の犯罪，特にサイバー空間での犯罪が拡大し，大きな被害を出している。また，空き巣，街頭犯罪，迷惑行為の増加により，体感治安不安感が高まり，警察だけでなく政治に対しても風当たりが強まったからだ。こうした社会の不安を受けて，政治家自らが選挙に当選するため，メディアと刑事政策を積極的に利用するという現象，これが刑罰ポピュリズムである。選挙に当選するため過度のメディアへの露出，情報・統計操作，マイノリティーのスケープゴート化がその代表である。フランスの場合，国民戦線の躍進を受け，2002-2012年の右派政権は治安対策，移民対策を重点化せざるを得なかった。なぜなら国民戦線の支持層と右派の支持層が重なり，選挙に勝つためには，治安の回復，あるいは回復しているように見せるというパフォーマンスが必要となった。

2007年に共和国大統領に当選したサルコジはまさに刑罰ポピュリズムをうまく利用した典型といわれている。その第一歩は2002年に就任した内務大臣時であった。サルコジは「治安回復」を掲げ，フランス各地の犯罪多発移民地区へ多くのメディアを従え，訪れては挑発的な発言を繰り返し，あるいは不法滞在外国人摘発の月間，年間数値目標を設け，それを達成できない県知事を叱責し，各警察官には犯罪摘発件数に応じて褒賞を支給するなどした。これに対して「移民，外国人を敵視した政策である」，「警察官の不当捜査を助長するものである」等と批判を浴びたが，多くの国民に「犯罪対策に強い人物」というイメージを植え付けることに成功した。

こうしてシラクの後継者としての地位を固め，2007年に共和国大統領に当選した。これは2002年に国民戦線に流れた票がサルコジに流れたと分析されている（逆に国民戦線の候補は前回の得票を大きく減らした）。

　共和国大統領就任後もサルコジは社会的にインパクトある事件が発生するとその都度，現場を訪れてはより一層の治安強化を訴え，新たな治安立法の制定，司法改革を実行した。こうして2012年の選挙で再選を目指したが，大統領個人の資質，経済問題が主因で敗れた。

　では，サルコジが去り，刑罰ポピュリズムが終わったのかというと，そういうわけではない。政権交代により，俗に「犯罪対策に弱腰な左派」といわれる，左派政権のオランド大統領が誕生するが，2015年に発生した連続テロにより，テロ対策（イスラム過激派），それに関連する，治安，移民政策，さらに大量難民問題への対処を迫られた。結局，オランドはテロへの有効な対策を打てなかったこと，経済問題などで不人気となり，再選を断念せざるを得なかった。2017年に共和国大統領に当選したマクロンは，テロ対策もさることながら，治安問題，難民・移民問題への対処が引き続き求められている。現に極右政党といわれる，国民戦線の女性党首，マリン＝ルペンがマクロンとともに2017年共和国大統領選挙決選投票に残り，1000万票の得票を得ていることは注意しなければならない。

　このように刑事政策が，テロ対策，移民・難民問題，イスラム過激派対策とリンケージしたフランスでは，その取扱いが政治生命の命取りとなりかねず，刑事政策のかじ取りが国政上，重要となっている。

1) 山口俊夫編『フランス法辞典』（東京大学出版会，2002年）136頁。
2) Gérard Cornu, *Vocabulaire juridique*, P. U. F, p. 766.
3) Nicolas Queloz, *politique criminelle*, Dictionnaire de criminologie en ligne, http://www.criminologie.com/article/politique-criminelle.
4) 同上。
5) 同上。
6) Raymond Gassin, *Criminologie 5ème édiction*, Dalloz, 2003, p. 3.
7) *Ibid.*
8) Gérard Lopez, Stamations Tzitzis (dir.), Dictionnaire des sciences criminelles, Dalloz, 2007, p. 208.

9) *Ibid.*, pp. 695-696.
10) *Ibid.*, pp. 58-62.
11) Loi des 16 et 29 septembre 1791, Code du brumaire an IV, loi du 7 pluviose an IX.
12) 白取祐司『フランスの刑事司法』(日本評論社,2011年) 3-10頁参照。
13) 澤登俊雄『新社会防衛論の展開』(大成出版社,1986年) 78-79頁。
14) Jecques Leroy, *Droit pénal général, 7ᵉ édition*, L. G. D. J., 2018, pp. 32-35.
15) 「実際,国内治安の概念を明確に定義することは難しく,しかもいかなる法律も明示していない。」Marc-Antoine Granger, *Constitution et sécurité intérieure essai de modélisation juridique*, L. G. D. J., 2011, pp. 1-39. 以下,国内治安の概念に関する文献として,Gérard Cornu, *op, cit.*, p. 943, M: Cusson et B. Dupont, 《Introduction générale》 in M. Cusson, B. Dupont et F. Lemieux, *Traité de sécurité intérieure*, Presses polytechinoques et universitaires romandes, 2008, p. 29-39. Jêrome Millet, 《La fabrique du code de la sécurité intérieure》, in Pascal Mbongo et Xavier Latour, (dir.) *Sécuité; liberté et légistique, Autour du code de la sécurité intérieure*, L'Harmattan, 2015, pp. 25-35. を参照のこと。
16) http://www.sgdsn.gouv.fr/ 参照。
17) Antonie Guilmoto, *sécurité intérieure*, Stamatios Tzitzis, Guillame Bernard et. al, (dir.), Dictionnaire de la police et de la justice, PUF, 2011, pp. 324-325. ジャンダルムリ内務省への編入は2002年から開始されおり(指揮・命令),2009年で編入作業は完了した。しかし,ジャンダルの隊員は軍人としての地位を有し,国防大臣もその監督権限を有している。
18) 2009年行刑法12条「行刑の看守業務人員は,当該人員を管理する当局の下,国内治安を確保する為に国が保有する実力の１つである」と明記している。Voir, François Dieu, L'administration penitentiaire: une force de securite interieure?, *Cahiers de la sécurité nᵒ 20*, 2012, pp. 99-111.
19) Gérard Cornu, *op, cit.*, p. 943.
20) François Dieu, *Politiques publiques de sécurité*, L'Harmattan, 1999, pp. 5-32.
21) フランスは分権主体として広域圏(région)を設けている。広域圏議会も存在し,広域での行政活動を目指している。広域圏の中心県の県知事が広域圏知事(Préfet de région)となり,広域圏に分権されている権限を掌握する。
22) 市町村法典 L. 2212-2条は「市町村警察権限は良き秩序,安寧,安全と公共衛生を確保する事を目的とする」と明記され,これを基に市町村長は条例を制定できる。
23) 日本犯罪社会学会編『グローバル化する厳罰化とポピュリズム』(現代人文社,2009年)参照。

第19章 刑事罰

I ◆──フランスの刑事罰

1 指導原理 (principes directeurs)

◆罰 (peine) の性質

　フランス刑法典は1789年フランス人権宣言において示された通り，罪刑法定主義を採用している。誰が罪刑を制定するのかと言えば，それは正当な選挙で選ばれた立法者により定められる。このため，刑法典の指導原理として立法者は以下の原理を尊重し，刑事罰の内容を法定する。それは①遡及効禁止の原則，②課せられる罪の前における市民の平等，③犯した罪と課せられる罰の均衡，④一事不再理，⑤刑の執行における人の尊厳への尊重である[1]。

　最初に刑事罰の区分は，その違反行為の重大性において，3つの犯罪類型：重罪，軽罪，違警罪に区別される。基本的に犯罪の重大さに対応して刑罰の内容が決められている。そして，刑事罰が与えられる対象は自然人と法人に分けることができる。次に主刑，付加刑，補充刑，最後に政治的罰と普通法による罰である。

　まず，「重罪の刑罰」(peines criminelles) として「懲役」，「禁錮」が挙げられる。重罪の刑罰は「無期懲役」または「無期禁錮」，30年以上の懲役または禁錮，20年以上の懲役または禁錮，15年以上の懲役または禁錮と規定され，懲役または禁錮は最低限でも10年以上の有期刑で（刑131-1条），禁錮刑は政治犯に適用される。

　どのような罪が重罪に該当するのかと言えば，人道に対する犯罪に属するジェノサイド罪は無期懲役，国民の基本的利益に対する侵害に相当する「外国勢力への通謀罪」は無期禁錮，人に対する侵害に属する「故意殺人罪」は懲役

30年となっており，いずれも重大な侵害行為が重罪に該当している。

次に「軽罪の刑罰」（peines correctionnelles）として自然人に課されるのは刑法131-3条によれば「拘禁刑」（emprisonnement），「刑事的強制」（contrainte pénale），「罰金」（amende），「日数罰金」（jour-amende），「市民道徳研修」（stage de citoyenneté），「公益奉仕労働」（TIG: Travail d'Intérêt Général），「権利はく奪または制限刑」（peines privatives restrictives de droits），「補充刑」（peines complémentaires），「修復的制裁」（sanction réparation）である。

軽罪の拘禁刑は10年を上限に7年，5年，3年，2年，1年，6ヶ月，2ヶ月となっている（刑131-4条）。例えば過失致死は3年の拘禁刑，（人種，性別，家族構成などに起因する）差別行為は3年の拘禁刑に処せられる。軽罪の罰金は最低額が3750ユーロに決められている。

以下，日本ではなじみの薄い「刑事的強制」，「日数罰金」，「市民研修」，「公益労働奉仕」「修復的制裁」について説明したい。

刑事的強制は2014年8月15日付法律（トビラ法）により導入された代替刑の一種で，義務または禁止事項を遵守することで有罪宣告者が刑事施設への収容を免除される。窃盗，破壊行為，薬物使用，交通違反などで軽罪により最高5年の刑を宣告された者で個人の性格（危険性），経済状況，家族，社会的状況，および犯罪行為の種類が個人化され継続的な社会教育的措置の付随を正当化する場合には管轄裁判所は刑事的強制を宣告できる（刑131-4-1条）。

義務または禁止事項には行刑裁判官の召喚，刑事的強制受刑中の追跡のため，指定された社会的ケースワーカーの召喚に応じること，行刑裁判官に海外渡航の許可を求めること（課せられている義務の履行ができない時）などである。さらに刑事的強制受刑者は保護観察付執行猶予，公益奉仕労働刑，治療のための注射を補充刑として課すことができる。定期的な追跡，評価は保護観察局と行刑裁判官が行う。

刑事的強制は裁判時に刑期が定められるが，以下の条件が満たされたとき，①少なくとも1年，受刑者が義務，順守事項をよく守り，②社会復帰が十分になされていること，③もはやいかなる追跡措置も必要でなくなったとき，行刑裁判官は刑事的強制を終了させることができる。

日数罰金は1983年から導入され，スカンジナビア，ドイツといった国の影響

を受けた制度で，短期刑を代替する。要は国庫にお金を入金することで，個人の資力に応じた金銭的犠牲を課すことである。日数罰金の対象者は自然人の成人で，軽罪において拘禁刑を科される罪を犯した者である。日数罰金は拘禁刑に付加刑として科すことができるが，罰金刑には付加することができない。日数罰金は単純執行猶予とすることができる。行刑裁判官は公益奉仕刑を含んだ執行猶予，最大6ヶ月の禁錮刑に代えることができる。

日数罰金額の決定は「(日数)×1日当たりの罰金額)＝総額」という計算式でなされる。引き起こされた侵害の重大性，関係者の負担，収入を考慮して日数，罰金額が決められ，日数の最大は360日，1日当たりの罰金は1000ユーロである。

市民道徳研修は2004年3月9日法により導入された。市民研修導入は近年急増した未成年者による迷惑行為等の軽罪を犯した人物に対し，なぜ，そのようなことをしたのかを自覚させ，自省を促し，再犯を防止することである。市民研修制度には4つの目的が存在し，①フランス共和国の制度運用，組織，歴史に関連する基本的概念と基本的原則の明確化，②個人の反省を呼び起こし，フランス共和国における共通価値，考えの相違を受け入れること，道徳，日常生活における法律上の問題を考えること，③理解不能な行為，あるいは差別が原因の現象に対しての再教育，④社会的，政治的行動への参加を奨励すること(例：選挙への投票を呼び掛ける等)である。[3]

公益奉仕労働は軽罪により拘禁刑に処せられる，また違警罪第5級に処せられる犯罪者，拘禁刑の執行を猶予された者に行刑裁判官により宣告される。16歳以下の人物には宣告されず，違警罪第5級に対しては補充刑として，軽罪の拘禁刑に対しては代替刑として，拘禁刑の猶予に対しては保護観察付として宣告される。公益奉仕労働は被告人との合意でしか宣告されない。これにより強制労働という批判を免れる。行刑裁判官は当該人からの要請あるいは共和国検察官の徴用により，強制的に日数罰金を公益奉仕労働に代えることを命じることができる。[4] 公益奉仕労働は18ヶ月の間に終えなければならない。軽罪の罰としては最小20時間から最大120時間，その他は最小20時間から最大280時間の公益奉仕労働刑に処すことが可能である。公益奉仕刑を完了しない者は刑の執行を受けるために収監される。

公益奉仕労働の内容は自然環境の改善の作業への従事（植林作業，剪定作業），ヴァンダリズム被害の修復，歴史的建造物の修復，社会的弱者への奉仕などが挙げられる。奉仕労働の受益者は地方公共団体，諸団体であり，受刑者はその労働に関していかなる金銭的収入も受けない。

　修復的制裁は2007年3月5日付「犯罪予防に関する法律」により設けられ，裁判所により定められた形式，期間において，被害者の被害の補償を行うこと義務から構成される刑である（刑131-8-1条）。

　最後に「違警罪の刑罰」（peines contraventionnelles）に関しては，罰金，権利はく奪（最大1年間の運転免許停止など）または制限刑（刑131-14条），修復的制裁で構成される（刑131-40条）。違警罪には第1級から5級までの等級が存在する。重大な方から5級となり，罰金は1500ユーロである。しかし場合により，再犯者は3000ユーロの罰金に処すことができる。続いて4級750ユーロ，3級450ユーロ，2級150ユーロ，1級38ユーロとなっている。

　ではどのような侵害行為が違警罪になるかは，例えば，第5級に相当する犯罪は故意の暴行により被害者がケガにより休業を余儀なくされた日数が8日またはそれ以下の場合，第4級は人または動物に対する軽度，重度の暴行と規定されている。

◆法人への罰（法人処罰）について

　刑の適用対象として，自然人，法人が存在する。日本において刑法は自由意志を持った自然人を対象とした刑事罰のみが規定され，法人への刑事罰，いわゆる「法人処罰」は刑法において想定されていない。しかしフランスでは法人処罰が想起されている。

　1994年には法人の刑事責任を認める刑法典改正がなされ，131-37条ないし131-49条において法人に適用し得る刑罰が規定された。131-37条において法人に適用し得る刑罰として重罪，軽罪を挙げており，罰金刑と131-39条に列挙された罰，さらに軽罪に関しては修復的制裁が存在する。

　131-39条に列挙されている刑罰は，①解散，②最終的または最大5年で，1つのあるいは複数の職業的または社会的活動を直接または間接的に営むことの禁止，③最大限5年の「司法監視」に置くこと，④最終的または最大5年で，犯罪行為をなすことに利用された施設あるいは1つまたは複数の会社施設

の閉鎖，⑤最終的または最大5年で公的調達・入札からの排除，⑥最終的または最大5年という期間において，金融証券の公募，証券市場における取引，⑦最大5年の期間，小切手の振出，支払カードの利用の禁止，⑧131-21条に定められている条件と方法による没収刑，⑨宣告された決定または宣告された決定の紙面による掲載，または電子媒体による公へのすべての通信による伝達，⑩違反行為の対象となった，その逆に違反行為に使われた動物の没収，⑪最終的または最大限5年間の動物所有禁止が定められている。

そして法人に適用される違警罪は罰金刑，権利の剥奪・制限刑，修復的制裁となっており，権利の剥奪・制限刑（刑131-42条）は小切手の振出，支払カードの利用禁止，違反行為に使われたモノ，製品の没収と規定される。

上記罰の中で，法人の解散は自然人でいえば死刑に相当するものであり，「法人の死刑」とよばれている非常に強力な処罰と言える。このため①から③までの罰は法人でも公的法人，政党，政治グループ，労働組合には適用されない。また社団組織，従業員総代会のような団体で法人格を有する団体に対しても解散の刑は適用されない。

2 刑の類型と刑執行の障害

◆主刑，付加刑，補充刑

刑は主刑，付加刑，補充刑に分類される。主刑は法律違反行為に直接罰を加えるものであり，伝統的には拘禁刑と罰金刑である。主刑は裁判官により明確に宣告されなければならない。付加刑，補充刑ともに主刑に付け加えられるもので，旧刑法典には付加刑は存在していたが，現在の刑法典においては廃止され，補充刑には様々なものが存在する。

刑法131-10条は重罪と軽罪において適用できる補充刑を定めていて，以下，「禁止」，「剥奪」，「権利無能力・権利の返納」，「治療命令・履行義務」，「物の移動禁止措置」，「動物の没収」，「施設の閉鎖」，「宣告された決定の提示，または紙面への掲載，また宣告された決定をすべての通信手段を利用し，電子媒体を通じて，大衆へ伝達」に処すことができる。

また131-16条は違警罪における補充刑の形態を列挙しており，①最大限3年間の運転免許証の停止，②許可された武器の3年以下の所有，携行の禁止，

③武器の没収,④狩猟許可の返納と3年以下の狩猟許可再交付申請の禁止,⑤物の没収,⑥3年以下の車両運転の禁止,⑦交通安全意識を涵養する研修への自費での参加義務,⑧市民道徳研修への参加義務付,⑨保護者責任を自覚させる研修への自費での参加遂行義務付,⑩動物の没収,⑪最大3年間の動物所有の禁止,⑫1年間以下の船舶免許の返納,あるいはフランス公海,内海での航海の禁止となっている。

違警罪5級違反では補充刑として最大3年間の小切手の振出の禁止,20時間から120時間の公益奉仕刑に処すことができる（刑131-17条）。

上記において補充刑は主刑に付随する刑であると説明したが,軽罪においては主刑として宣告できる。また131-6条に列挙される様々な権利の剥奪または制限は,主刑たる拘禁に替る代替刑として立法者が考えたものである[5]。

「処罰の形式」として,「人への罰」,「財産への罰」,「権利への罰」が存在する。人を対象とした罰とは自然人と法人が考えられる。まず処罰として自然人に対する体刑が挙げられる。しかし,残虐な刑罰が禁止され,1981年に死刑が廃止されたので,実質な体刑は存在していない。ただ,「人の肉体への罰」という観点から,「保安処分における治療措置」(mesures curative)という形で存在しているとされる[6]。まず,アルコール中毒患者で周囲に危険を及ぼす人物の治療,麻薬中毒患者への治療,解毒措置である。社会内司法監視も人への罰の範疇に入れられる。

個人の自由への罰は「自由剥奪刑」,「自由制限刑」,「保安処分」となっている。自由剥奪刑は拘禁,禁錮刑,自由制限刑が存在する。昔は自由制限刑として「追放刑」,「名誉刑」が存在していたが廃止され,現在は公益奉仕命令,研修への参加義務,修復的制裁などが自由制限刑に分類される。保安処分は,未成年,成年のものに分かれ,未成年へは「自由監視」(liberté surveillée),「施設への収容」(placement),「保安監置・保安監視」(rétention de sûreté surveillance de sûreté),成年に対しては「国外追放」(explusion),「国外退去」(interdiction du territoire français),「滞在禁止」(interdiction de séjour),「保安監置・保安監視」(rétention de sûreté surveillance de sûrete)が科せられる。

財産への罰は罰金,没収,施設の閉鎖などが挙げられる。

第Ⅲ部　刑事政策

◆刑の消滅：時効，恩赦，大赦，復権
　時効は「公訴時効」(prescription de l'action publique) と「刑の時効」(prescription de la peine) とに区別される。公訴時効は，一定期間が経過すると公訴を提起する権限が消滅する事を指す。その期間は罪の類型に応じて，重罪は20年（刑訴7条），軽罪は6年（刑訴8条），違警罪1年（刑訴9条）と定められている。しかし，例外も存在し，テロ犯罪，麻薬取引関連の犯罪が重罪に相当する場合は30年，軽罪の場合は20年に公訴時効が延長され，人道に対する犯罪に関しては時効がない (imprescriptible)（刑訴7条4段目）。
　刑の時効はすでに公訴が提起され，有罪判決が下されているのだが，制裁刑の執行が一定期間実行されなかった時，刑の執行が妨げられる，つまり刑罰を科すことができない。刑の時効はすべての時効と同様に，社会的利益を理由としている。刑の時効は，重罪は20年（刑133-2条），軽罪は6年（刑133-3条），違警罪は3年（刑133-4条）としている。公訴時効期間より長いが，これは刑執行当局に，有罪宣告者の逮捕と捜索の為の長い時間を十分に与えなければならないという配慮である[7]。また，例外として，テロ，麻薬売買に関して重罪が宣告された場合は30年，軽罪の場合は20年，人道に対する犯罪は刑の時効はない。時効の効果は宣告を取り消さない，特に有罪宣告は取り消されない。有罪宣告は前科簿 (casier judiciare) に登録されたままである。時効は強制的な刑の執行を妨げる効力しかない。
　恩赦 (grâce) は「ただ刑の執行を免除するものである」（刑133-7条）と規定されている。伝統的に恩赦は国の主権に属する特権の1つであるとされるので，現在では国家元首，共和国大統領のみが恩赦を行うことができる。このため，大統領恩赦 (grâce présidentielle) とも呼ばれ，恩赦はすべての主刑，補充刑，政治犯，普通犯に対してなされる。恩赦は厳密には刑罰とは言えないもの，例えば規律違反，行政違反，税制上の罰金は恩赦の対象とはならない。恩赦を受けることができるのはすべての犯罪者（成人，未成年，初犯者，再犯者）また法人もその対象となる。恩赦の条件は①確定された刑であり，もはやいかなる訴えもできないこと，②刑が執行されうること，つまりすでに刑が執行し終えたものは恩赦の対象とならない。恩赦の請求に形式はなく，受刑者，その弁護士，恩赦に関係するすべての人が提起でき，その請求は共和国大統領のも

とへ届く。司法官会議は共和国大統領が恩赦について決断するにあたり，その意見を求める。もし恩赦が認められたら，共和国大統領はデクレに署名し，そのデクレには首相と司法大臣が副署する。このデクレに対してはいかなる司法的訴訟を提起できない。恩赦の効果として，刑の執行のすべてまたは一部が免除される。

　大赦（amnistie）は有罪宣告を取り消すことである。大赦は大赦法という法律でなされる。このため，大赦法の制定は第5共和国憲法34条2項により，議会の権限とされる。大赦の効果は，処罰ならびにその効果を消滅させる（刑133-9条）。もし服役中の人物であれば，刑の執行が停止され，自由になれる。消滅の効果は保安処分にも及ぶ。前科簿歴，内務省の科学捜査履歴から登録が消去される。ただ大赦の効果にも限界がある。まず大赦は第三者の権利を害する事はない（刑133-10条）。大赦はいかなる原状回復も行わない（刑133-9条）。すでに支払った罰金は払い戻しされない。行刑施設に収容されていた期間の損害は賠償されない。大赦は修復措置（mesure de réparation）ではなく，寛容措置（mesure de clémence）とされ，大赦は復権や無実証明の再審請求を行う事を妨げないとされる。

　復権（réhabilitation）は名誉と権利の回復を行うものである。大赦が社会宥和を図る目的で立法措置として行われるのに対し，復権は合法的で，司法的な方法で，社会同化を図る個人的措置である[8]。復権には2つの形態が存在する。一定期間の経過などの要件の充足により当然に得られる法律上の復権（réhabilitation de plein droit），もう1つは刑事訴訟法に定める要件に従ってなされる裁判上の復権（réhabilitation judiciaire）である[9]（刑133条-12ないし133-17条，刑訴782条・783条）。

　復権の効果は大赦と同じで，刑が遡り消滅する。しかし前科簿記録からの消去に関し，2007年3月5日付再犯予防に関する法律は該当する罪種を列挙し，もはや自動的に前科簿から消去されないことを定めた。

Ⅱ ◆── 新しい形態の刑事罰

1　刑事仲裁制度──代替刑・修復的制裁・刑事示談 ────────────◆

◆訴追代替手段（moyen alternatives aux poursuites）[10]

　訴追代替手段とは検察官の裁量により，被疑者の状況等に鑑み，訴追をいくつかの条件の下で見送ることである。条件とは被害者補償の確保，違反行為から生じた問題の早急な終了，犯罪者の社会復帰の見込みなどで，主に軽微な法律違反に適用される。効果として当該手段は判決でないため記録に残らず，公訴提起が中止される。

　当該手段には6つの形態が存在し，以下刑事訴訟法41‐1条に列挙されている。

① 「法律順守命令」：共和国検察官は違反行為者を召喚し，その行為が法的にどのような結末を招来するのかを説明し，将来の品行を戒めるである。当命令は軽い違反行為で，被害者の不存在，初犯者を対象とする。

② 「公衆衛生，社会的，職業的機関，サービスでの研修・教育の受講」：この研修・教育は市民道徳研修，保護者責任を自覚させる研修，麻薬使用の危険性を啓発する研修，交通安全意識を涵養する研修であり，初犯者が対象となる。

③ 「違反事実を構成する状況の正常化」：当事者に欠けている正当な権利を獲得すること，およびその正当な権利を証拠立てること，また，将来要求される規範を尊重することを要請しながら，当措置は効果的かつ火急に法令の規定に違反から生じた侵害を消し去ることを目的としている。[11]

④ 「被害者に与えた損害を補償」：違反行為により生じた損害の回復が被害者に対して実質的に公平無私に行われることを模索する。それは不正に巻き上げられた物の返還，あるいは金銭による損害の補償によりなされる。修復という概念はモラル分野の様相を示すし，被害者を思っての謝罪表現といった教育的方法を実施することができる。

⑤ 「刑事調停」：被害者の要請あるいは同意により，共和国検察官は違反行為者と被害者間の調停を実施することができる。刑事調停の対象は侮辱，

脅迫，夜間騒音，軽度の暴力，単純窃盗，財物への破壊，養育費の未払い，子供への面会交流権不履行など，近隣関係，家族関係の問題により生じる犯罪が主な対象である。もし，合意が履行されないときは，検察官は正式な訴訟あるいは刑事示談を提起することができる。

⑥ 「DV被害者との和解」：配偶者，同棲の相手方，PACS婚[12]の相手方，子どもまた相手方の連れ子に犯罪をなした行為者に対し，共和国検察官はカップルの自宅，居住地外へ出るように，あるいは自宅，居住地内，その周辺への出現を控えるように要請することができる。もし必要であれば，衛生，社会的，精神的負担の対象となる。またこの条項は前妻，前同棲者，PACS婚の相手方にも適用しうる。

では具体的にどのような犯罪が上記の訴追代替手段の対象となるのであろうか。2004年3月16日付法務省通達[13]は詳しく基準を明記している。例えば法律順守命令が適用できる犯罪の性格として，①暴力を伴う行為を除くすべての犯罪，②公の武力への侵害を除くすべての犯罪[14]，③危険行為を除く道路におけるすべての犯罪，④被害のない違反行為，被害者の要求がない違反行為，⑤重大な公秩序の混乱を除く犯罪（実例として単純窃盗，盗品関与行為），6級に指定されている武器（刃物類）の所持・携行，時々のマリファナの使用，教育施設への不法侵入，法律順守命令の適用から特別な排除事項として命令服従の拒否，逃走，アルコールの影響下にある上での運転，⑥社会・経済に同化していない者かつ衛生・健康状態が悪くない人物によって起こされた犯罪が挙げられている。

さらに刑事訴訟法41-2条は新しい形態の訴追代替手段として，刑事示談（composition pénale）を明記している。刑事示談に関して，共和国検察官は公訴がいまだ提起されていない時は，直接あるいは有資格者の仲裁により，軽罪の罪を認めている人物で，主刑として罰金刑を科され，5年以下の拘禁刑に処せられた者に刑事示談を提案する事ができる[15]。同様に，1つあるいは複数の牽連する違警罪が以下の措置を履行する場合にも刑事示談を提示できる。①示談の罰金を国庫に収めること。②犯罪行為に利用された，使われたモノを国に対して放棄すること。③不可動にする目的で，最大6ヶ月間車両を手渡す。④大審裁判所の書記官に最大限6ヶ月の期間，運転免許証を返納する。④bis 自分の

費用で自家用車両にアルコール検知器付エンジン始動システムの設置を含む，運転免許再交付の資格と交通安全意識の涵養プログラムに参加し，その期間は最低で6ヶ月，最大で3年になる。⑤大審裁判所の書記官に狩猟免許を返納し，その期間は最大で6ヶ月間になる。⑥特に公法上の法人または公役務の任務を担っている私法上の法人，資格を持つアソシエーション共同体の利益になるように，最大限60時間，6ヶ月を超えない期間内に，無料奉仕をすること。⑦18ヶ月を超えない範囲で，最大3ヶ月の公衆衛生，社会，職業的サービスまたは機関での研修または教育をうける。⑧最大限6ヶ月の期間，6ヶ月を越えない期間で小切手の振出の禁止。⑨6ヶ月を越えない期間で犯罪行為があった場所への立入禁止。⑩6ヶ月を越えない期間で検察官により指定された被害者の受け入れ，接見の禁止，被害者と交友関係になることの禁止。⑪6ヶ月を越えない期間で，検察官により指定された仮定される共謀者，共犯者の受け入れ，接見の禁止，当該者と交友関係になることの禁止。⑫6ヶ月を越えない範囲でフランス領土から離れないこと，パスポートの返納。⑬自費で市民道徳研修を修了すること。⑭配偶者，同棲の相手方，PACSの相手方，子供また相手方の連れ子に犯罪行為を成した者に対し，共和国検察官はカップルの自宅，居住地外へ出るように，あるいは自宅，居住地内，その周辺への出現を控えるように要請することができる。もし必要であれば，衛生，社会的，精神的負担の対象となる。またこの条項は前妻，前同棲者，PACSの相手方にも適用しうる。⑮自費で，薬物使用の危険性を啓発する研修に参加すること。⑯資格認可されている団体，公役務に就いている私法における法人，公法における法人で学校教育あるいは職業訓練から構成される日常教育措置に就くこと。⑰薬物使用，あるいは過度のアルコールの常習消費をしている時，公衆衛生法典 L.3413-1条ないしL.3413-4条に定義される様式に基づいて，治療命令に従うこと。⑰bis 自費で買春行為対策の啓発研修に参加すること。⑱カップル間，性差別主義における暴力の予防と対策のための研修を自身の負担で修了すること。⑲必要に応じて自費で，男女平等啓蒙と性差別対策の研修を修了すること。この刑事示談は前科簿に記録される。

◆事前の有罪の自認による出頭（罪状認否制度）[16]

2004年のペルベンⅡ法により導入され，あらゆる種類の軽罪を犯した者で，

共和国検察官は，直接かつ裁判なしに有罪を認めている者に対し，事前の有罪の自認による出頭（CRPC: comparution sur reconnaissance préalable de culpabilité, 以下 CRPC とする）制度を適用することができる（刑訴 L. 495-7 ないし16）。しかし，いくつかの軽罪，特に重大な訴追の場合は適用できない。例えば暴力，威嚇・脅迫，性犯罪，人の身体の統一性への侵害，故意でない殺人，5年以上の拘禁刑に相当する罪，政治犯，表現上の軽罪（侮辱，名誉毀損）がこれに該当する。CRPC を適用し，あるいは利用するかどうかは，予審判事，共和国検察官，犯罪行為者またはその担当弁護士の主導により決定される。

被害者利益を考慮して，被害者は直ちに CRPC の手続開始に関して通知をうける。被害者は損害賠償請求人を構成し，受けた損害を回復すること要求できる。大審裁判所所長による認可の段階で，被害者はヒヤリングまたは弁護士に同伴される。2016年に CRPS が合意された件数は7万5055件であった。[17]

CRPC の手続は大きく分けて5つの段階に分かれる。①共和国検察官への出頭，②共和国検察官による提案，③犯罪行為者の決定，④大審裁判所所長の許可，⑤許可に対する控訴である。

まず，犯罪行為者が共和国検察官の前に召喚される。国選弁護士を雇う制度である司法的扶助の条件を満たしている者を除き，弁護士費用は被告人負担となる。被告人は弁護士，あるいは弁護士会長に指定された弁護士により義務的に補助されなければならない。

次に共和国検察官は主刑または補充刑執行をしている者に罰金刑を受けた額以上でない罰金刑を提案することができる，あるいは1年間を超えない期間で，また科せられた罰の半分を超えない期間の拘禁刑を提案できる。この罰は猶予と調整が可能である。関係者は判断が示される前に自由に面談することができ，弁護士は「考慮期間のお願い」，「提案を拒否する」，「受け入れる」を提案できる。犯罪行為者は判断が出される前に10日間の考慮期間を要請する権利を有し，自分自身の意思で共和国検察官の提案を考え CRPC を受け入れるか否かを決める。提案を拒否した時は，いくつかの条件の下，自由と拘留判事に出頭し，司法統制付収容に処せられる，あるいは2ヶ月かあるいは2ヶ月以上の懲役と，検察官がそれを直ちに執行する事を要請する。

犯罪行為者は共和国検察官の前に新たに出頭し（大体前回の出頭から10-20日

後），自由と拘留判事の判決を考慮する事になる。この際にも犯罪行為者は検察官による刑の提示を拒否することができる。この場合，案件は軽罪裁判所に付託され，公訴が進められる。検察官の提案を受け入れた者は大審裁判所所長，その代理人に CRPC 申請の認可を求める。

犯罪行為者とその弁護士は大審裁判所所長により聴取され，大審裁判所所長はその日のうちに動機付命令に基づき意見を述べなければならない。裁判官は共和国検察官よる提案の認可あるいは拒否の修正，補充を決定することはできない。審理は公開とされ，裁判官の提案を受諾したのなら，認可命令を下し，この命令は判決と同じ効力を有し，即座に執行される。命令は正式に通告され，10日間の内に控訴するかを決めなければならない。もし，認可命令の拒否の判決がくだされたら，検察官は軽罪裁判所への訴追する手続に入る。認可命令への不服，控訴の場合，検察により提起，控訴されたものを除いて，その控訴審での判決は大審裁判所所長により認可された罪より重い刑しか宣告されない。

2　強化された保安処分

◆社会内司法追跡

　フランス刑法典には保安処分の規定が存在し，近年，厳罰化の流れを受けて強化され，刑罰化しているのではないかという批判がある。[18] 保安処分は刑罰とは異なり，自分の犯した過ちに課せられるものではなく，社会に対する将来の危険性に対する措置であり，責任能力のない人物，責任能力が不完全または一部しか有しない人物がなす違反行為のリスクを予防することにある。保安処分の性格として，その危険性に対し，それを中和すること，「体刑」ではなく，「不名誉刑」でもなく，また「期限」が確定されず不定期で，「再検討」できるものであることが挙げられる。

　強化された保安処分として「社会内司法追跡」（suivi socio-judiciaire）が挙げられる。社会内司法追跡は1998年６月17日法により導入された補充刑であり，性的犯罪で有罪宣告を受けた人物に対して判決裁判所が宣告する処分で，服役後，出所した人物の監視，社会復帰を促進する事を目的としている。[19] 刑法典131-36-1条に規定が置かれ，その適用形式は刑事訴訟法763-1条ないし763-

9条に明記されている。

　社会内司法追跡は拘禁刑の保護観察処分と同時に宣告することができず，任意の補充刑を構成し，軽罪に対する罪として社会内司法追跡は主刑として宣告可能で，このため社会内司法追跡は自由制限刑を付け加えることができる。

　社会内司法追跡に処せられる犯罪は強姦，拷問または野蛮行為を手段とする，あるいは同行為をともなった故意殺罪，謀殺罪，強姦と性的侵害罪，未成年者を弄ぶ罪，未成年者への性的侵害，未成年者のポルノ画像の伝播が対象とされたが，改正により生命に対する侵害の罪，略取および監禁の罪，拷問および野蛮行為の罪，爆発物または放火による財産の故意の破壊の罪，に適用が拡大され，必ずしも性犯罪だけに限定的適用がなされているわけではない。

　期間は判決裁判所が決定する。原則的に軽罪では10年，重罪では20年を超えない範囲で適用される。しかし特別意見が付けば軽罪でも20年に処すことができる。30年の懲役を受けた者は30年間，無期懲役では判決裁判所は無期限の社会内司法追跡を命じることができるが，30年目に行刑裁判所がどう追跡を終了させるかどうか判断するという条件付きである。

　社会内司法追跡の義務とは，社会への復帰への努力をめざし，同追跡は受刑者に行刑裁判官の下，監視，再犯予防の支援措置に服すことであり，以下のことが義務づけられる。①特別に指定された区域，場所あるいは区分された場所への出現を抑制すること。②幾人かの人物と交友関係を持つことを抑制する。特に被害者，何らかの区分に属する人物，特に未成年者，例外として管轄裁判所がそれを指定する場合がある。③犯罪行為を成した時の活動を禁止すること，または未成年者と恒常的に接触する活動の禁止。④判決裁判所の反対決定を除き，社会内司法追跡に処せられた者は治療命令に服さなければならない。医学的分析の後，治療の対象となる。同治療は，以前は任意であったが，2007年8月10日付「再犯者対策を強化する法律」で医療治療命令は主要で，組織的な刑となった。⑤携帯型電子監視措置は自由の剥奪刑が終了した日から再犯を予防するために必要不可欠であるときは，7年以上の自由剥奪刑を受け，医学的鑑定によって危険性が認定された成人にのみ命じられる。この措置は釈放された受刑者が再犯を予防するのに不可欠である。[20]⑥刑事訴訟法706-53-13条に列挙された犯罪で15年または15年以上の懲役に処せられた者は行刑裁判官によ

り自宅監視に置くことができる。そして，社会内司法追跡に処せられた者は保護観察付執行猶予に処せられたものと同じ条件に処せられる。社会内司法追跡に処せられた者は出頭命令に応えなければならないこと，ソーシャルワーカーの訪問を受けること，フランス国内における移動または住居地移転を申告すること，もし外国に行くのであれば行刑裁判官に許可を得ることが必要である。

◆司法監視，保安監置，保安監視[21]

　司法監視（surveillance judiciaire）は受刑者が釈放時に適用され，権限当局によるコントロールと義務が伴うことである。社会内司法追跡が科すことができる重罪または軽罪に対して，10年以上の自由刑が宣告されたときには，共和国検察官の請求に基づき，保安処分として再犯となる明白な危険を防止する目的で司法監視に置くことができる。つまり司法監視に処せられる条件として重罪または軽罪により10年以上の自由刑を受けること，社会内司法追跡に処せられること，明白な再犯のリスクがあり，それを医学的鑑定で証明されていることである。

　コントロール措置の内容は第1に刑法L.132-44条の観察処分（mesures de contrôle）と同じで，①行刑裁判官または指定された社会的支援団体の出頭に応えること，②社会的支援団体の訪問を受け入れ，義務の履行と存在手段のコントロールを示す書類と情報を同団体に知らせること，③仕事先に変更があればそれを社会的支援団体にあらかじめ伝えること，④社会的支援団体に居住地変更，15日以上の移動，その際の帰宅をあらかじめ知らせること，⑤外国への移動，あるいは仕事先の変更，居住地の変更で義務の履行に支障が出るときは，あらかじめ行刑裁判官の許可をえること。

　第2に観察処分の義務措置として，確定された場所へ居住すること（刑132-45条の2），診察，治療，入院に服すること（刑132-45条の3，公共健康法典L3413-1条ないしL3412-4条）が明記されている。さらに犯罪を行った時の活動，未成年者に恒常的に接触する活動の禁止（刑132-45条の8），特別に指定されたすべての場所，地区，区域への出現を抑制すること（同条の9），飲食店への出入り禁止（同条の11），武器の携行・所持の禁止（同条の14）が規定されている。

　第3に社会内司法追跡に服すこと，第4に携帯式電子監視に服すこと，第5に刑事訴訟法721-2条に定められている減刑による釈放の義務の履行である。

保安監置（rétention de sûreté）制度は2008年2月25日付「保安監置および精神障害を理由としての刑事責任無能力の宣告に関する法律」により導入され，「特異な危険性」を基準として刑期を終えた犯罪者を監置するものである。この特異な危険性の対象者とは重大な犯罪行為者，被害者が未成年でその犯罪行為が謀殺，故殺，強姦，拷問，残虐行為，誘拐，監禁の場合，被害者が成年で上記の犯罪をした場合，15年以上の懲役を受けた者，つまり性犯罪者や凶悪犯罪者は刑期終了後もその危険性に応じて保安監置できることを規定した。

　特に当法律が想定しているのは性犯罪者，刑事責任無能力者である。保安監置学際委員会[22]設置され，処分決定の評価機関として，資料等を精査し，該当者に保安監置処分を下す。

　性犯罪者等への保安処分，保安監置に関して，パリ近郊のフレンヌに社会医療司法センター（Centre socio-médico-judiciaire de sûreté）を設置した。同センターは刑事罰を科す刑事施設でなく，治療の施設であるとされ，これにより「二重処罰」を免れるとされる。それでも「はたして刑期を終えた人物をその将来の危険性の為だけで人の自由を大きく制限する，監置を行えるのか」という問題をはらんでおり，このため，絶えず同施設の存廃をめぐる議論が議会でなされている[23]。

　一連の保安処分措置（司法監視，社会内司法追跡，保安監置）が終了後に適用できる措置として，さらに保安監視（surveillance de sûreté）制度が設けられた（刑訴703-53-13条ないし706-53-22条）。保安監視はある特定の重罪を犯した者が再犯のリスクがあることを理由に，義務と禁止事項を科せられる措置である。この措置とは社会内司法追跡，司法監視，治療命令付仮釈放，保安監置である。特定の重罪とは殺人，拷問，野蛮行為，強姦，逮捕，監禁を未成年に対して行い，また成人でもその行為が重大である場合，また再犯者もこれに該当する。「性犯罪者等行為者の情報化検索司法ファイル」への記載だけでは再犯への予防として不十分であり，保安監視が，再犯の実行を予防する唯一の手段である場合に限り適用される。

　保安監視を決定するのは保安監視管区裁判所であり，判断の前に学際的保安処分委員会に意見を求める。ここで書類，医学的見地等から検討が加えられる。保安監視に処せられた人物は行刑裁判官によりコントロールを受け，保安

監視の条件を順守しているか追跡を受け，状況の変化により，保安監視の条件が緩和される。保安監視の期間は2年で，もし常に再犯リスクが存在しているときは絶えず，先と同じ手続きを経て，2年間延長できる。更新回数に制限がない，つまり，その期間が終身になる可能性がある。

1) Jacques Leroy, *Droit pénal général*, L. G. D. J., 2018, pp. 350-354.
2) 新法案では軽罪の罰を拘禁刑，電子監視付き自宅拘禁（DDSE: détention à domicile sous surveillance éléctronique），公益奉仕刑，罰金日数罰金，研修刑（peines de stages），権利はく奪または制限刑，修復的制とし，保護観察付執行猶予を強化するという形で刑事的強制を新設する電子監視付き自宅拘禁へ編入し，また，研修刑は様々な研修制度をまとめる。
3) http://www.justice.gouv.fr/prison-et-reinsertion-10036/les-stages-de-citoyennete-25274.html.
4) 井上宜裕「フランスにおける社会内処遇」『非拘禁的措置と社会内処遇の課題と展望』（現代人文社，2012年）350-353頁参照。
5) Jacques Leroy, *op. cit.*, p. 349.
6) *Ibid.* p. 379.
7) *Ibid.* pp. 515-517.
8) *Ibid.* p. 524.
9) 山口俊夫編『フランス法辞典』（東京大学出版会，2002年）502-503頁。
10) 2017年2月28日付「公共治安に関する法律」により司法警察員（OPJ）が「協議・合意制度」（Transaction pénale）（刑訴41-1-1条）を提示できる制度が創設された。しかし，同制度は憲法院において，一部違憲判決を受け，さらに，国務院においては協議・合意制度の適用に関するデクレが，取り消されたことを受けて，現在，宙に浮いている。同制度の詳しい内容は下記の論文を参照のこと。佐藤美樹「司法警察員による司法取引──フランスの協議・合意制度 transaction pénale」『山中敬一先生古稀祝賀論文集（下巻）』（成文堂，2017年）619-641頁。
11) Circulaire relative à la politique pénale en matière de réponses alternatives aux poursuites et de recours aux délégués du procureur（2004年3月16日付法務省通達）http://www.justice.gouv.fr/bulletin-officiel/dacg93c.html.
12) PACSとは Pacte Civile de Solidalité の略語で市民連帯契約を意味する。1999年民法典改正でその第515-3条により，同性あるいは異性の成人により共同生活する為に締結される契約で，その効果がほぼ正式な結婚と同等となる契約である。つまり，事実上の同性愛婚，事実婚を認める制度であった。http://www.ambafrance-jp.org/IMG/pdf/Pacs-2.pdf 参照。
13) http://www.justice.gouv.fr/bulletin-officiel/dacg93c.html.
14) 「公の武力への侵害」とは警察等，人の生命，財産の保護，治安維持に当たっている官憲への侵害行為。
15) しかし，以下の犯罪に関しては適用されない：重罪（強姦，殺人），非恋殺人，5年以上

の軽罪，侮辱，政治的な軽罪（テロリズム）。
16) http://vosdroits.service-public.fr/particuliers/F10409.xhtml. なお，現在の司法改革で迅速な裁判と，裁判所の負担を軽減するためにCRPS制度の拡大が盛り込まれている。
17) http://www.justice.gouv.fr/budget-et-statistiques-10054/chiffres-cles-de-la-justice-10303/les-chiffres-cles-de-la-justice-26381.html.
18) 赤池一将「刑罰が危険性にむきあうとき――問題提起にかえて」刑法雑誌53巻1号（2013年）1-14頁。
19) 末道康之「フランスの再犯者処遇法について」南山大学ヨーロッパ研究センター報13号（2007年）参照。
20) 携帯型電子監視システムは固定型電子監視と異なり，被監視者が小型GPS発信装置付ブレスレットを携帯し，監視当局がそれをモニタリングしており，被監視者がどこにいるのかを随時監視できるシステムである。自宅にいるのかいないのかを監視する固定型電子監視と異なり，自宅以外での被監視者の行動も監視できる。参照，井上宣裕「フランスにおける社会内処遇」刑事立法研究会編『非拘禁的措置と社会内処遇の課題と展望』（現代人文社，2012年）353-364頁。
21) 詳しくは浦中千佳央「近年のフランス刑事司法分野における処遇政策の変遷――『社会内司法追跡』から『保安監置』まで」刑法雑誌53巻1号（2013年）15-22頁。
22) 現在，司法改革案により，廃止の方向である。
23) http://www.lefigaro.fr/actualite-france/2014/02/25/01016-20140225ARTFIG00126-la-retention-de-surete-critiquee-par-le-controleur-des-prisons.php.

【追 記】 2018年12月3日，国民議会は「司法のための2018～2022年指針法案」を可決し，軽罪に相当する犯罪を行った者への刑として「電子監視による自宅拘留」（détention à domicile sous surveillance électronique）を創設した。電子監視とは，電子ブレスレットの装着が義務付けられることであり，電子ブレスレットをしたままで自宅に居住させたままで，行動の自由を制限する刑である。

対象者は15日から6ヶ月間，当該刑に服すことになる予定。

第20章 施設内処遇と社会内処遇

I ── 施設内処遇

1 行刑施設の種類

◆フランスの行刑施設（établissements pénitentiaires）

　フランスの行刑施設には拘置所（maisons d'arrêt），拘留センター（centre de détentions），中央刑務所（maisons centrales），半自由センター（centre de semi-liberté），行刑センター（centres pénitentiaires），少年刑務所（EPM: Etablissement Pénitentiaire pour Mineurs），刑罰修正センター（centres pour peines aménagées）が存在する。

　2018年1月1日現在，183の行刑施設が存在し，[1]各行刑施設はその役割に応じた受刑者への矯正，教育，社会復帰支援を行っている。法律上，行刑施設は大きく2つのカテゴリーに分かれる。1つは「拘置所」（maisons d'arrêt），そして「刑罰の為の施設」（établissements pour peines）である（刑訴 D. 70条）。一般にフランスで刑務所（prison）という場合には上記すべての施設が含まれる。2018年1月1日現在，82ヶ所の拘置所，94の刑罰の為の施設，6ヶ所の少年刑務所，そして1ヶ所のフレーヌ国立健康保健施設が設けられている。

　拘置所は未決囚，あるいは残余刑期が2年未満の受刑者を収容することができる施設，拘留センターは2年以上の刑期が存在し，社会復帰の意思を明らかに表明している受刑者が収監される。このため，当該施設の受刑者への処遇は社会復帰を目指すことに重点が置かれている。拘留センターは全国に25ヶ所設けられている。一方，中央刑務所は長期刑，処遇に注意を要する受刑者を収容する。中央刑務所は保安システムが強化され，収監者への処遇も安全対策を重点に行われる。つまり犯罪傾向が進んだ者，組織犯罪の構成員，脱獄を試みるよ

うな凶悪犯が収監され，現在6ヶ所に設けられている[2]。

　半自由施設は外部収容または外部通勤作業といった半自由処遇に処せられた受刑者を収容する。当該施設の受刑者は日中に職業活動，教育，研修を行うため，あるいは治療を受けるため，再犯リスクを予防するための性格の社会復帰プログラムへ専念するため，当該施設から外出することができる。10ヶ所存在する。

　行刑センターは施設全体で少なくとも2つの異なった収監体制の区画から成り立っている施設で，例えば拘置区画と拘留区画，拘置区画と中央刑務所区画である。同センターは全国に53ヶ所ある。

　刑罰修正センターでは半自由処遇あるいは外部処遇に処された受刑者，同様に残余刑が1年未満の受刑者の社会復帰プログラムを具体化するところである。受刑者の就労条件にもよるが，通常，朝は刑罰修正センターから外出し，昼間は外部で働いたり，研修，学習を受けたりして，夜になると当センターに帰宅，就寝することができる区画である。

◆司法省矯正行政局とその人員

　行刑施設は司法省がその監督責任を負い，同省矯正行政局が刑の執行，行刑施設，行刑業務に携わる職員の管理をしている。そして行刑施設，矯正業務を地方において分掌するため，フランス本土を9の矯正管区に分け，さらに海外県には海外矯正サービスを1つ置いて，海外県の行刑施設を管理・監督している。矯正管区には矯正管区長が置かれ，各管区での矯正業務を掌握する。

　その行刑施設で未決拘留者，受刑者を監視するのが刑務官で，彼らもこの行刑局に属する。フランスで刑務官に相当するのがsurveillant（看守）と呼ばれる人たちである。看守は採用後，フランス南西仏地方のアジャンにある司法省国立行刑学校へ入校し，研修を受ける。同学校は採用された者の初任科研修を担当する。また継続研修として現役の看守も研修が義務付けられており，階級昇任時，年次研修も同学校で行われ，職業性，専門性，人事管理能力を高めることとなる。看守の権利として，日本と異なり労働組合権が認められているものの，スト権は認められていない。

　地方機関に保護観察局が存在し，保護観察・社会復帰行刑官（conseiller pénitentiaire d'insertion et de probation）が保護観察，矯正業務を担当しているがこ

れは後述する。

2 矯正処遇

◆フランスの現状

　フランスでは2018年1月現在，約24万人が矯正行政の世話になっており16万3719人が開放処遇，7万9785人が拘禁収容（écrous）されている。このうち6万8974人が完全な拘禁状態（écrouées détenues）にある。拘禁収容のうち男性が7万6810人（96.3％），女性が2975人（3.7％），未成年が783人（0.98％）である。拘禁収容のうちフランス国籍は79％，外国籍は21％である。

　行刑施設での事件・事故の統計を見てみると，フランス行刑施設の状態は日本に比べると非常に厳しいことがわかる。2015年の行刑統計では，2014年には25の脱獄件数があり，12件の人質事件，679件の集団的運動があり，その内44件に対して矯正管区鎮圧部隊（ERIS）の出動があった。4122人の看守が暴力を受け，その内149人が労働不能状態と診断された。8061人の受刑者同士の暴力があり，施設内で1人が殺されている。1年間で94件の自殺があり，さらに電子監視など行刑施設外部で自殺した者が16人，自殺率は1万人当たり13.9名，さらに1033件の自殺未遂が発生した。

◆矯正プログラム

　受刑者への刑の個別化，再犯防止，社会復帰を目指した矯正処遇は詳細な資料と評価・追跡を効果的に実施するため，まず情報記載カード，評価表，プログラム（刑執行の行程表，PEP: parcous d'execution de peine）という手段と，統一学際委員会（CPU: commission pluridicipinaire unique）が，個別の受刑者に適応したプログラムを策定していく。

　フランスでは《fiches》と呼ばれる情報記載カードが行政・司法機関において多用されており，行刑業務においても，「情報記載カード」，「個人略歴」（notice individuellle）を記載した評価表，「施設における受刑者情報の管理ソフト」（logistique GIDE），「電子連絡ノート」（carnet électronique de liaison）等が利用されている。

　個人略歴は受刑者の戸籍，職業状況，家族構成，収入，服役態度，共犯者名，有罪理由，加重事由，健康状態が記載されている。2年以上の拘禁刑（未

成年では6ヶ月以上）の刑を宣告された時は行刑施設書記に有罪判決と最終論告のコピー，同様に裁判時に作られた医学鑑定，精神鑑定，人物調査のコピーが追加記載される。

施設における受刑者情報管理ソフトは行政文書の電子化を進める中で普及したソフトウエアで，受刑者個人の情報等が記載されている。このため，当該ソフトは「情報処理と自由の国家委員会」（CNIL）の統制を受ける[12]。

電子連絡ノートは行刑施設関係者が記載し，同時に行刑施設で取られた決定，介入が記される。つまり受刑者に関しての幅広い基本的情報，拘禁条件，服役態度が集積されている。

前述の受刑者の個人情報，受刑状態を記載した資料をもとに，今度は各受刑者に適合した，刑執行の行程表が策定される。刑事訴訟法 D. 88条は「刑執行の行程表は，受刑者が拘禁中に社会復帰を促進する為に実施するのを検討する行動の総体を，有罪宣告を受け拘禁されている各受刑者用に表記する。当該行程表は拘禁期間の全体をカバーし，出所準備も含まれる。当該行程表は行刑施設入所最初の（筆者加筆）観察期間，そして拘禁中，当該受刑者関係の状況を知るという総体により，同様に受刑者自身が望んで説明した事により収集された要素に基づき定義され，更新される。この要素は文面により記録される。この行程表は受刑者の要求，あるいは少なくとも年に1回は再検討の対象となる」と定めている。この行程表は「自由剥奪刑により意味を与える」，「行政的，司法的刑の個別化の改善」，「取るべき措置の形式と受刑者のより良い理解を助ける観察の定義」が目的である[13]。

そして，この刑執行の行程表を策定するのが，統一学際委員会である（刑訴D. 89条）。統一学際委員会は行刑施設の長，またはその代表者により主宰され，構成員は保護観察局長，受刑者の受刑担当責任者，刑務所での作業責任者，職業訓練担当責任者，学習担当責任者，また場合により，心理学士，青少年保護局の代表，となる。この会議は少なくとも月に1回は行われる。この委員会はその他の存在する行刑施設内の委員会より特別なポジションを占める[14]。

2007年からは再犯予防プログラム（programmes de prévention de la récidive）が導入されている。同種の違反行為（例えば暴力行為，性犯罪，交通犯罪等）を犯した受刑者が参加するグループを作り，そのグループ内での討論等を通じて再

犯を防止しようというものである。通常グループは12人までで構成され、2人の保護・同化行刑官により各グループは運営され、心理学療法士のアドバイスを受けることもある。グループ内での討議、勉強会は10-15回行われ、1回の開催時間は2時間ほどである。なお、同プログラムは義務ではない。

◆刑の減刑——善時制

フランスは日本とは異なり施設内処遇において善時制（réductions de peine）を導入している。善時制は行刑裁判官により取られる措置で服役態度が真面目であること、社会復帰への努力が認められるという理由で、自由剥奪刑の一部分の執行を免除する事である。この善時制には3つの類型が存在する。①減刑クレジット、②補充的減刑、③例外的減刑である。

まず減刑クレジット（刑訴721条）は受刑者の受刑態度を考慮して刑を減ずるものである。2004年より刑の確定からすぐにクレジットが開始され、行刑裁判官の決定事項ではなくなった。しかし、行刑裁判官は不真面目な服役態度（刑事収容施設内の規律を守る事）、あるいは未成年者への重大犯罪者（殺人、故意殺、拷問、蛮行、強姦、性的暴行）、およびこの重大犯罪者が治療を拒否する時はこの減刑クレジットを取り消すことができる。つまり減刑クレジットは有罪確定時から自動的に開始され、刑事施設の記録所により計算される。

減刑クレジットは通常1年目は3ヶ月、2年目以降は2ヶ月の減刑とされ、1年以下の拘禁刑は1ヶ月に7日の減刑となる。再犯者関して1年目は2ヶ月、2年目以降は1ヶ月と初犯に比べて減刑の恩恵に浴する日数が少なくなる。もし初犯者で懲役10年に処せられた者が受刑態度が良く、規律を守れば服役1年目は3ヶ月の減刑となり、それを続けていくと2年目は2ヶ月の減刑となり、これを年々続けていくと単純計算8年7ヶ月で出所となり、懲役10年が実質8年7ヶ月となる可能性がある。

補充的減刑（刑訴721-1条）は社会への再適合努力（特に刑務所内で学習してその成果として試験に合格して高卒等の資格を得る、面接、研修の追跡、被害者への補償をすることなど）を表明する事により、行刑裁判官との合意によりなされる。1年につき3ヶ月、1年以下の拘禁刑の場合は1ヶ月につき7日である。再犯者は1年につき2ヶ月、1年以下の拘禁刑の場合は4日である。未成年者への重大犯罪者（殺人、故意殺、拷問、蛮行、強姦、性的暴行）、およびこの重大犯罪

者が治療を拒否する場合には1年につき2ヶ月，1年以下の場合4日を上限，この重大犯罪者が再犯者の場合，1年につき1ヶ月，1年以下の場合2日の減刑が可能である。行刑裁判官は受刑者からの申請，または共和国検察官からの申請に基づき，あるいは自動的にこの補充減刑を審理に付託しなければならない。その審理は2ヶ月以内になされ，オルドナンス（決定）を出さなければならない。もしそのオルドナンスに不服があるときは24時間以内に行刑裁判部部長に控訴しなければならない。

例外的減刑（刑訴721-3条）は受刑者による違反行為の告白を奨励するものである。この減刑の対象は受刑者が犯罪に関する違反行為あるいは組織犯罪に関する違反行為をなすのを回避または未然に停止させることに役立った告白である。この告発は義務的に行政，司法当局に対してなされなければならない。もし，例外的減刑となったときは最大で刑の3分の1が免除される。例外的減刑は刑罰適用裁判所の管轄で，行刑裁判官，検察局，受刑者自身が審理の付託を請求できる。当審理は6ヶ月以内になされ，判断が示される。この判断に不服の時は，10日以内に刑罰適用控訴部に控訴しなければならない。

II ◆──社会内処遇と社会復帰

1　社会内処遇制度

◆意義と改革

　社会内処遇とは「犯罪者を施設に収容することなく，社会内で自律的な生活を営ませながら，その改善更生を図る措置の総称である」[15]とされ，この定義はフランスでもほぼ同じ意味で使われる。そして施設内処遇（拘禁）から社会内処遇（非拘禁）へというのは世界的な流れのように思われる。特に欧州行刑規則が2006年1月11日に採択され，ここでも社会内処遇の推奨がなされている。[16]

　フランスにおいても近年，社会内処遇は注目されている。上記欧州行刑規則の影響もさることながら，いわゆる刑務所の過剰収容，財政難での行刑施設の新設・改修が困難であること，施設内処遇という社会からの隔離が本当に実質的な社会復帰，再犯防止に繋がっているかという議論[17]が存在し，施設内処遇の限界が問題視されているからだ。

実際，近年の司法関連法案を見ても，厳罰化と同時に，刑事司法手続の簡素化，社会内処遇の拡大が盛り込まれ，いかに起訴前に事案を捌くのか，そして，宣告された中・短期の拘禁刑をいかに社会内処遇などに修正していくかが問われた。また膨大な処理案件が存在する刑事司法に携わる関係者（裁判官，検察官），行刑施設の現場サイドで働く，保護観察官，看守からも労働組合を通じて，社会内処遇についての要求が多く出されている。

◆刑の調整[18]

拘禁刑を宣告された者に対して，刑罰適用管轄担当はその刑の調整（aménagement de peines）ができる。刑の調整によって適用できる措置は，「仮釈放」，「半自由」，「外部処遇」，「電子監視」，「刑の分割」，「医学的理由による刑の停止」である。刑の調整は代替刑とは異なり，刑事施設に収容されていることを前提に，拘禁または収容の一部，あるいはすべての不在という結果がもたらされるという点である。

「仮釈放」は刑事訴訟法729条に規定され，拘禁刑，禁錮刑に処せられた者が，保護観察付，いくつかの義務を尊重するという条件の下，刑期期限前に自由になる制度で，仮釈放制度の目的は受刑者の社会復帰促進と再犯の防止である。保護観察，社会復帰と再犯防止への障害が存在しないことにより，課せられた刑のすべてを満了したとみなされる制度である。仮釈放は保護観察局により追跡され，行刑裁判官のコントロールの下，保護観察局は義務が順守されているか監督し，当該仮釈放者の社会復帰を一緒に行う。受刑者の中で仮釈放となる条件は自由剥奪刑を受けており，社会的適合に真摯な努力をし，①職業・専門的活動の実行（仮研修，仮雇用，教育に対する熱心さ，職業訓練の受講等），②家族生活への本質的な参加，③医療的治を受ける必要性，④被害者への補償の努力，⑤社会的・経済的な社会復帰へのその他真剣な計画により正当化されることである。

また，以下の条件下でも仮釈放が合意されうる。すでに服役した刑期が刑期満了の少なくとも半分以下になること，70歳以上の受刑者（刑期の年数に関係なく），10歳以下の子供の親権者となるとき，刑期が4年，あるいはそれ以下のすべて受刑者，残刑期が4年以下のすべて受刑者（ただし，再犯者，未成年への重罪・軽罪で服役している者は除く），そして最後にいくつかの特別の条件下で，

無期懲役囚，10年以上の刑期に処された者である。

　仮釈放は以下のように行われる。①行刑裁判官に10年あるいはそれ以下の自由剥奪刑を宣告された時，最初に宣告された刑がどうであろうと，3年または3年以下の刑期になった時，②刑罰適用裁判所に自由剥奪刑の最初の宣告が10年以上の時，3年以上の刑期が残っている，あるいは，いかなる残りの刑期があろうと，無期刑または10年以上の違反行為を犯した者が申請する。まず，仮釈放執行の形式と従うべき条件（治療義務，被害者補償）について決定し，次に仮釈放の性質，支援方法とコントロール期間を決める[19]。

　「半自由」は拘禁の特別な形態で，職業活動の実行，勉強する，職業訓練，仮就職する，仕事を探す，家族生活への参画，治療を受ける，再犯リスクを予防する性質の社会的・経済的計画に役立つことを行うために刑事施設を離れることを許可することである（刑132-26条，刑訴723条）。毎日，これらの活動終了後，半自由に処せられている受刑者は半自由センター，または特別に設けられた区画に収容される。そして，収容された受刑者は義務的に半自由に処せられた時の条件が遵守されているか（活動時間，被害者への補償，禁止人物への接触等）を調査される。半自由に処せられる受刑者は，社会的・経済的復帰への真摯な計画を提出した者で刑，併合刑が2年あるいは2年以下，再犯者の場合は1年以下，残りの刑期が2年以下，「司法的強制」（contrainte judiciaire）[20]を受けている者は刑期に関係なく対象となる[21]（刑訴712-6条・723ないし723-6条・D.137条・D.138条）。

　行刑裁判官も仮釈放に合意する前に，最長1年間あるいは数ヶ月間，半自由に処すことができる。また，裁判所により拘禁刑を宣告されたが，その拘禁刑がいまだ執行されていない「Libres」と呼ばれている人物で，その刑が2年以下，再犯者の場合は1年以下，受刑者でも残刑期が2年以下，または再犯者は1年以下の場合も半自由の対象となる。

　裁判所において共和国検察官が拘禁刑を求刑した時，弁護士が半自由の申請を助けることができる，あるいは保護観察官が受刑者の計画が実現可能で，それが刑の調整条件を満たす受刑者が存在する場合は当該者と面会しなければならないし，あるいは収容施設の書記を通して行刑裁判官に申請できる。そして「Libres」も行刑裁判官に申請書を提出できる。

行刑裁判官，場合によっては保護観察局局長が半自由の条件を決めることもできる。条件とはその人物に応じた義務と禁止事項（被害者への補償，禁止人物への接触，禁止場所への立ち入り等），そして仕事の内容に応じて収容施設の出所，入所時間を決める。外出時は必ずいつも外出許可証明書を携帯しないといけない。

半自由に処せられている者は刑の減刑を受けること，労働契約を結び給料を貰うこと，もし行刑裁判官が許可すれば外部の口座に給料が振り込まれることも可能である。さらに週末，祝日に外泊が許可され，就職のため，外部で面接を受けることもできる。

「外部処遇」[22]は遺跡の保存・保護作業，港町の保全作業などを通して，土木作業，文化財保護技術等を受刑者に教え込むための措置である。その屋外での作業が終了するとその作業を組織している団体の宿泊施設，行刑施設，または司法官が指定する場所へ帰る。作業終了後，外部処遇に処される時の条件が順守されているか調査される。

外部処遇措置を申請する受刑者は，安全と公秩序への脅威が存在していないということが十分に保障されていること，受刑者の人格，過去の行状，受刑態度を審査し，さらに１つあるいは複数の刑の合計が２年かそれ以下（再犯者は１年），執行される刑が２年残っている場合（再犯者は１年），期間にかかわらず，司法的強制を受けている人物も外部処遇の対象となる（刑132-26条２段目，刑訴723条）。また，行刑裁判官は仮釈放の前に数ヶ月間，最大で１年間，仮釈放の試行として外部処遇を行わせることができる。

「電子機器を用いた監視」は1997年に固定式電子監視が導入された。もともと電子監視は刑の調整措置で対象者を収監せずに拘禁刑をなし，あるいは自宅拘禁，予防拘禁代替，刑期終了，裁判の審理を待つ間になされる措置である。既に代替刑，保安処分で触れた通りである。

「刑の分割」は医学的理由，家族的理由，職業的，社会的な理由で刑期を，４年を越えない期間内で，分割による執行が認められる制度である。軽罪の分野において管轄裁判所が宣告された拘禁刑を最大限１年間受けた者，違警罪の罰金刑を受けた者が，この制度の恩恵に浴すことができる（刑132-27条ないし28，刑訴720条）。

保護観察局は司法省矯正行政局に属しフランス各県に設置されている。103の保護観察局があり、202の保護観察支所が存在する。保護観察局の任務は成人で司直の手にある人物の更生を促進する、受刑者に対し、司法官による義務命令を遵守しているかを監督する、管轄司法裁判所へ出頭する前に事前社会調査を実施する、開放施設での司法措置追跡の確保、権限司法当局へ取られた措置の報告、人物の状況に適した最良の刑の個人化に必要なすべて情報を権限司法当局に通報し、取るべき司法判断に資することに役立てる、司法官に刑の調整を提案する、収監による非社会化の効果を予防する、受刑者の家族と社会的つながりを維持する、釈放後の自由な生活に戻ることの準備と自立した生活を行うことに重点を置き、刑務所からの出所を助けるとされる。これらをまとめると保護観察局の任務は、関係当局が下す判断への援助と下された判断（刑罰）の監督、受刑者の社会的同化・適合、行刑施設からの出所を援助する事、再犯の防止である。[27]保護観察局長は矯正管区行刑局長の監督の下、各県レベルにおける保護観察局を統括する。

保護観察・社会復帰行刑官は国家公務員で保護観察局に所属し、その任務は、刑務所内では受刑者の状況に応じて行刑裁判官に刑の調整を提案するなど司法決定を援助することである。社会同化の為の仕組み・制度（家、治療、研修、仕事）へのアクセスができやすいように、あるいは各種団体、パートナーとの協力網を発展させ、行刑施設からの出所の準備を手伝う。家族とのつながりの維持を助けたり、文盲・薬物中毒対策を施したり、行刑施設内での文化活動などを援助する。開放施設においては司法の委任の枠組み内で保護観察・社会復帰行刑官は働き、司法当局に有罪の実施と準備に有益なすべての要素の変遷を報告する。受刑者に刑が何かを理解させるのを手伝う、例えば再犯防止プログラムを推し進める。制限刑、自由剥奪刑（半自由、仮釈放、公益奉仕刑、電子監視）に処せられている有罪宣告者にその義務の順守をさせることを確保する。そして公共政策の枠組み内で、司直の手にある人物を社会的・職業的同化の仕組みにアクセスすることを促進する。[28]

◆民間機関　アソシエーション（団体）の活躍

フランスでは1901年アソシエーション法に基づくアソシエーションの活動が活発で、あらゆる分野で活躍している。なぜなら、公的機関は予算・人員不

「医学的な理由による刑の停止」は別々の医師2人による受刑者の健康状態の鑑定が一致した時にしか宣告できない。当該受刑者の担当医が正式な医学診断書を提出して初めて宣告できる。行刑裁判官はこれを受けて以下の条件で刑の停止を宣告できる。自由剥奪刑を受けている受刑者であれば10年または10年以下の者、残っている刑期が3年、または3年以下の者である。それ以外であれば刑の停止を決める裁判管轄権は行刑裁判所となる（刑訴720-1-1条）。

2　社会復帰への多機関連携

◆公的機関

出所者の社会復帰と再犯防止は刑事政策上、重要であり、これを可能にするため、社会内処遇で大きな役割を果たすのが行刑裁判官（JAP: juge de l'application des peines）と成人は保護観察局（SPIP: service pénitentiaire d'insertion et de probation）、未成年の場合は青少年司法保護局（PJJ: protection judiciaire de la jeunesse）である（後述する）。

行刑裁判官は大審裁判所付司法官で、司法官高等会議の意見聴取後、司法大臣のデクレで指名される。刑の形式を決定する権限を有しているので、半自由、外部処遇、電子監視、仮釈放、刑の減刑、外出許可を決定することができ（刑訴712-4条・712-6条）、また保護観察付執行猶予、公益奉仕命令、保護観察付宣告猶予、社会司法追跡を監督する（刑訴712-6-4）。行刑裁判官は有罪、無罪、刑の宣告はできないので自由の剥奪または制限刑の有罪宣告の後、刑の形式について介入することができる。そして彼らは保護観察局のアシスタントを受ける。

行刑裁判官を創設したのは刑執行の裁判行為化（judictionnalisation）[23]が進行したからであるとされる[24]。以前、行刑裁判官は裁判に関する権限を有していなかったが2000年6月15日付「推定無罪を強化する法律」、2004年3月9日ペルベンⅡ法で刑執行の裁判行為化が図られ、同時に行刑裁判所と行刑部も創設された[25]。裁判行為化は刑に関しての均衡を修正し、ある広い意味で行刑裁判官は刑が宣告された後での「刑の個別化判事」になったようであると指摘されている[26]。行刑裁判官の任務は有罪宣告者の社会復帰と適合を目指すこと、適切な処遇を確定することである。

足，制度的硬直している場合が多く，それを補完すること，そして，公的機関も積極的にアソシエーションを活用しているからだ。

　フランス司法省の資料によると主に図表の団体が行刑当局と協定を結びパートナーシップを築いている[29]。

　フランス赤十字社も刑務所内で活動している[30]。フランス赤十字社は，①家族の絆維持の援助：行刑施設面会場での受刑者家族の接遇，刑務所と駅間のバスの運行，文通セットの配布，②代替刑，刑の調整を受けた者への援助：公益奉仕活動を受けている人物の受け入れ，医学的理由で刑の調整を受けた病人受刑者を赤十字施設への受け入れ，③社会的同化措置のサポート，出所への援助：保護観察局の仕事を代替するのではなく，文化社会的活動を催す，自己評価ができる環境を整える，④刑務所内での不安定さを取り除く活動：行刑施設に設けられる統一学際委員会への参加，日常用品の無償配布を行っている。

主な受刑者支援アソシエーション（団体）

団体名	活動内容
「シマド」（La Cimade）	外国人の権利擁護を目的に1939年に設立された歴史のある団体で，外国人に関する法令，社会制度に詳しい。このため，行刑施設に収容されている外国人の権利擁護，サポート（通訳，法律的相談等）をしている。
「ダヴィドとジョナサン」（David et Jhonathan）	同性愛受刑者の精神的援助をしたり，宣伝や啓蒙活動を通したりして，同性愛者差別・嫌悪をなくす活動をしている。
「シダクション」（Sidaction[31]）	エイズの治療研究支援，国際的なエイズに関する支援を行う団体で，行刑施設内でHIV対策プログラム，肝炎患者の対策をしている。
「可哀そうな人たちの弟達」（Petites frères des Pauvres[32]）	独居老人対策のアソシエーションで，主に重病人，臨終を迎えようとしてお年寄りの面倒を見ている。この趣旨を生かして，同団体は高齢者受刑者の出所に立ち会い，その後の社会復帰の援助をしている。

1) http://www.justice.gouv.fr/statistiques-10054/chiffres-cles-de-la-justice-10303/
2) 2015年以来続発するテロによりクローズアップされた，刑務所内におけるイスラム過激派の存在に対応するため，アレンソン中央刑務所に，過激化した受刑者を他の受刑者と隔離するための専用収容区画が整備された。同区画は監視カメラなど保安設備を強化，過激化した受刑者を収容し，看守への暴行予防や，他の受刑者に思想的影響を与えないように配慮されている。
3) フランスでは「矯正行政の世話になる」(prises en charge par administration pénitentiaire)，あるいは「司直の手にある」(personne placée sous main de justice) という表現がなされる。司直の手にある人物とは「ある人物が司法決定の対象とされている事で，当該人物が開放施設ないし閉鎖施設において処遇を受けうる人物」である。受刑者とは「人物が収容または行刑施設内にいなくとも，司法的措置の対象となり，その資格で行刑施設の受刑者名簿に登録されている人物」，有罪宣告者とは「上訴する期間が過ぎたことにより最終的な司法決定の対象が確定した」人物，未決囚 (prévenues) とは「行刑施設に収容されているのだけれども裁判にまだ掛けられていない，あるいは最終的に有罪が確定していない人物」を指す。また「écrous」とは施設収容時にその名前，生年月日，罪状，刑期，出所日が登録されることをいう。
4) Ministère de la Justice, Les chiffres-clés de la Justice 2018, p. 5 et p. 28. www.justice.gouv.fr/art_pix/justice-chiffres-cles-2018.pdf.
5) Direction de l'administration pénitentiaire, les chiffres clés de l'administration pénitentiaire au 1er janvier 2015.
6) 「管区鎮圧部隊：ERIS (Equipe Régionale d'Intervention et de Sécurité)」とは各矯正管区に設けられる特殊部隊。主な任務は受刑者の集団的，個人的運動の際（アジテーション，騒擾，暴動，集団ハンスト等で行刑施設の秩序，平穏が脅かされる時），秩序の確立と維持に参加する，総合的安全の確保，区画，収容施設全体あるいは収容房検査へ参加，集団運動あるいはセキュリティー装置の一時弱体化により，収監の能力が低下した時，その運動の抑止と予防，護送，あるいは護送の応援で，危険あるいはデリケートとされている受刑者の行政的移動の実現等である。要は刑務所で暴動等の際に鎮圧に出動する看守で構成される部隊である。http://www.textes.justice.gouv.fr/art_pix/JUSK1240026A.pdf.
7) 通称 ITT: Interruption Temporaire de Travail と呼ばれ，医師の診断で何日間，ひどい場合は何ヶ月間か仕事に就けないという診断を得て，休業している状態を指す。
8) Observatoire International des Prisons, *Le guide du prisonnier*, La Découverte, 2012.
9) *Ibid.*
10) Décret n° 2011-817 du 6 juillet 2011 portant création d'un traitement de données à caractère personnel relatif à la gestion informatisée des détenus en établissement (GIDE).
11) *Ibid.*
12) 個人情報の保護を目的として「情報処理と自由の国家委員会 (CNIL: Commission Nationale de l'Informatique et des Libertés)」という第三者行政機関が設けている。
13) http://www.justice.gouv.fr/bulletin-officiel/dap83a.htm.
14) 当然，刑罰の個別化に基づいて受刑者の更生計画を策定するので，行刑裁判官，保護観

察局，行刑施設当局がそのプログラムの策定と実施を行う。未成年の場合はこれに司法省青少年保護局が加わる。
15) 大谷實『新版刑事政策講義』（弘文堂，2009年）267頁。
16) 大貝葵「非拘禁的措置をめぐるヨーロッパ評議会準則」刑事立法研究会編『非拘禁的措置と社会内処遇の課題と展望』（現代人文社，2012年）94-135頁参照。
17) http://www.lemonde.fr/idees/article/2013/08/13/les-peines-de-prison-ferme-n-empechent-pas-la-ecidive_3461046_3232.html.
18) 現在，審議中の「司法のための指針法2018-2020年」において，特に「刑執行前からの（最初から）の刑の調整」(aménagement de peines ab initio)が，刑罰としての拘禁の実質性，効率性をそいでいるとして，再犯者，初犯者ともに1年以下とされた。つまり，家宅侵入による窃盗で12ヶ月，飲酒運転で4ヶ月の罪に処せられた時，合計16ヶ月の拘禁刑となり，法改正前は2年以下の拘禁刑に「刑執行前からの（最初から）の刑の調整」が可能で，刑の調整の対象になった。しかし，同法案では1年以下となるので，刑の調整対象にならない。つまり，きちんと最初から行刑施設で拘禁されることを意味する。
19) いわゆる2014年トビラ法により，「強制付き自由」(libération sous contrainte) 制度が新設された。もし，仮釈放を受けなかった時，当該受刑者は社会復帰への確証と再犯のリスクがないことを提示した上で，以下の条件：受刑者が最高5年の刑に処せられている，受刑者が3分の2の刑期をすでに終えている，受刑者が強制付き自由に同意しているが満たされると行刑裁判官により許可される。許可されると行刑裁判官と保護観察・社会復帰行刑官の追跡を受け，各ケースにより異なるが，就労義務を伴う仮釈放，半自由，電子ブレスレット付き監視（この場合，決められた日時に自宅にいないといけない），外部処遇のどれかの追跡措置に処せられる。当該受刑者は自分の残りの刑期間，上記の条件を遵守，履行しなければいけない。もし，遵守，履行できないときは行刑施設に戻ることになる。
20) 司法的強制とは2004年3月9日付法律（ペルベンⅡ）により「身柄による強制」に代わりできた制度である。罰金を支払わない者に対して行刑裁判官が行刑施設への収容を命じることができる。罰金額が2000-4000ユーロの者は20日間，4000-8000ユーロの者は1ヶ月，8000-1万5000ユーロの者は2ヶ月，3ヶ月以上は1万5000ユーロ以上の罰金を支払わない者に対して執行される。ただし，未成年，罰金宣告時65歳以上，支払い不能力者，夫婦同時への適用は出来ない。（刑訴749・750条）
21) http://www.justice.gouv.fr/prison-et-reinsertion-10036/la-vie-hors-detention-10040/la-semi-liberte-11996.html.
22) http://www.justice.gouv.fr/prison-et-reinsertion-10036/la-vie-hors-detention-10040/le-placement-a-lexterieur-11995.html.
23) 「裁判行為制度の効果（例．判決の既判力）を拡充するために，元来は裁判行為としての資質を持たない行為に，その資質を付与すること」（山口俊夫編『フランス法辞典』（東京大学出版会，2002年）319頁）。
24) Stamatios Tzitzis, Guillame Bernard et. al, (dir.), *Dictionnaire de la police et de la justice,* PUF, 2011, p. 182.
25) 「行刑裁判官と行刑裁判所は法律の定める条件内で，自由制限刑または自由剥奪刑執行の主要な様式を，当該刑の適用条件の方向付けとコントロールをしながら，定める事を任務

26)　前掲注25)参照。相澤育郎「フランスにおける刑罰適用裁判官の制度的展開(1)」龍谷48巻3号（2016年）1303‐1354頁。同「フランスにおける刑罰適用裁判官の制度的展開(2)」龍谷49巻2号（2017年）451‐503頁。
27)　特に再犯の防止に関して2009年行刑法13条は「保護観察局の人員は司直の手にある人物，未決囚，受刑者の社会同化と保護観察に関する司法当局の決定の準備と執行を担当する。その目的で再犯防止と社会同化の政策を実施し，当該人物の追跡を確保し，司直の手にある人物を監督し，受刑者の出所を準備する」と明記している。
28)　フランスでは更生保護制度に前述した司法上の監督，仮釈放の他に，判決裁判所が命じる，単純執行猶予，保護観察付宣告猶予，公益奉仕労働付執行猶予，保護観察付執行猶予が存在する，詳しくはhttp://www.moj.go.jp/content/000003783.pdf 参照のこと。
29)　http://www.justice.gouv.fr/prison-et-reinsertion-10036/les-chiffres-clefs-10041/ladministration-penitentiaire-en-chiffres-25722.html.
30)　http://www.croix-rouge.fr/Nos-actions/Action-sociale/Aider-accompagner-reinserer/Les-actions-prisons-justice.
31)　https://www.sidaction.org.
32)　http://www.petitsfreres.asso.fr.

第21章　受刑者の生活と権利義務

I ◆──受刑者の生活環境

1　行刑施設（刑務所）内での生活
◆日常生活

　受刑者とはフランスでは détenu といわれ，行刑施設内で自由剥奪の対象とされている人物である。しかし統計上，警察留置（Gard à vue）されている人物，行政拘留センター（centre de rétention administrative[1]）に入所している人物は自由を制限されているものの，受刑者ではないとされる。電子監視または外部処遇に処されている者も受刑者としてカウントされない。

　行刑施設への入所初日は受刑者にとって非常に重要な日となる。初めて受刑する者は逮捕に始まる一連の司法手続を受けて，大きな不安を抱いており，また再犯者でも，これから始まる拘禁生活に不安を感じているからだ。このため刑務所側では，いきなり複数人同室の雑居房に入れるのではなく，経過を観察するために独房へ収容する（観察期間）。大体1週間から10日ほど，新しい受刑者を観察し，特に精神状態に注意し，自殺願望がないか，極度の精神症状がないか等を観察する。この措置は2007年来行われている。「刑務所ショック」，つまり初めての裸身体検査，室房への拘禁，身近な人々への日常的な接見の停止などにより受刑者の精神的ストレスを軽減し，行刑当局が細やかな受刑者の待遇を図ろうとするものである。

　日常生活の時間は各施設の内部規則で決められる。内部規則では起床，就寝時間，食事時間，散歩時間，労働時間，消灯時間が特に正確に記される。受刑者は「cellule」と呼ばれる房で生活を送り，房は7-9平方米の広さがある。房の中には重大理由，急迫の危機の存在なしに，夜間，看守，その他受刑者は

入ることはできないとされている。房においては現金，貴重品，宝石の所持は禁止されている。

　日本との大きな違いは，受刑者は刑務所内の売店で受刑環境を改善するため，日用品，食品を購入する事が許されており，刑務所内における労働等で得たお金を使い商品を購入することができる。このため，刑務所の各房内での調理も認められており，電気調理器が利用できる。お金のない受刑者は最低限度の日用品（石鹸，シャンプー，タオル等）は施設から支給される。また，クリスマス等の特別な季節行事には家族からの小包などの郵送物も5キロまで各種条件付きながら許可されている。

◆刑務所内での活動

　2009年行刑法27条は「すべての受刑者は，その年齢，能力，障がい，人格に適合され，活動の利益が社会復帰のためになされる時から，行刑施設の長と保護観察局局長により提示される活動の内，最低でも1つの活動を実行する義務がある」と明記している。今までは極端な話，受刑者は何ら活動もせずに，他人との接触を避け，3食付で無為に時間を過ごせたのであるが，それでは犯罪者を単に社会から隔離し，刑務所が何ら犯罪者の更生，社会復帰に寄与していないとして，社会復帰に役立つ活動の実行が受刑者に義務づけられた。

　前述の更生プログラムと連動して，受刑者は社会復帰，再犯防止のための活動を行わなければならないし，行刑施設，保護観察局は各種の活動を組織しなければならない。その行刑施設内活動の軸は「職業・技能訓練」，「識字の向上」，「家族関係の維持」，「健康文化的活動」から構成されている。まず，職業・技能訓練に関して，日本との大きな違いは，行刑施設内での作業が義務ではないということである。フランスでは刑に作業（労働）は付随せず，受刑者が任意により作業をするかを選択できる。また作業も日本のように規律順守，共同作業を通して団体行動の精神を養う目的ではなく，単に賃金を得るため，あるいは社会復帰時の就職に役立つ技術の習得，スポーツ活動であれば，自身の健康維持，増進のためという観点から行われる。

　識字向上に関しては，受刑者の中で，文盲，またはフランス語のできない人たちが少なからず存在する。このため，円滑な社会復帰を考慮した場合，言語の習得は必要不可欠なので，行刑施設内でフランス語の授業，フランス社会の

仕組みを学ばせる。

　家族関係の維持は更生上，大変重要であると考えられている。このため，家族面会等を通して家族との面会断絶が発生しないように心がけている。

　文化社会的活動とは刑事訴訟法D.440条によれば「文化社会的活動は各行刑施設にて組織され，同活動は特に受刑者の能力，知識，表現の手段を発展させる目的でなされる」と定義されている。保護観察局は外部講師の協力者を探し，いくつかの活動を彼らに任すことができる。

　文化的行動は刑事訴訟法D.441条「文化分野におけるより要望されている上演から生じる，文化プログラムが各行刑施設で実施される。この文化的行動は受刑者の表現力，知識を発展させるために行われる」と規定されている。文化的行動とはイメージしにくいが，要は演劇，コンサート，写真，プラスチック造形などの活動を指す。

　スポーツ的・身体的活動に関して刑事訴訟法D.459-1条は「スポーツ活動の編成は各人の身体的実践活動への取り組みを促進するために，各行刑施設で実施される。スポーツ・身体的実践運動は国民教育・青少年・スポーツ省の部局と連絡を取り，行われる。保護観察局は行刑施設の長と関係当局と連絡を取りながら施設のスポーツ活動編成の策定に貢献する」と明記されている。「健全な体には健全な精神が宿る」との考えの下，体を動かし，肉体的な病気だけでなく，精神疾患を予防する。またスポーツ活動を通して，規則，人間関係とのあり方などを学習する機会として位置づけられている。

　社会教育活動に関して，「各行刑施設にて保護観察局は受刑による社会からの疎外・隔離を防止する，家族的，社会的絆の維持を促進する，社会的復帰を準備する事を助ける任務にあたる。当該任務は各種社会的，教育的，医療的社会サービスにより確保される」（刑訴D.460条）と定められている。例えば，図書館の設置などが挙げられる。

2　規律と懲罰

◆施設内の規律，順守のための手段

　各行刑施設は，施設体制の内容を明確にする内部規則を決めなければならない。その規則とは刑事訴訟法に記載されている拘禁生活に関する規定，特に外

部との接触,懲罰区画,懲罰房に関しての規定や組織,日常生活に関する施設の特別な規則を明確にするものである。つまり施設内での秩序維持と安全,適正な拘禁生活を送る上で順守すべき規則（男性,女性受刑者の隔離,房および散歩場での喫煙,アルコール類の醸造,消費,保有の禁止等),起床・就寝時間,食事時間,散歩の時間,仕事・活動時間,消灯時間といった行刑施設内での日常生活の時間割を明示することである。当然,この時間割は受刑者の身の回りの世話,くつろぎ時間も考慮され,受刑者が房にいる時間は12時間を超えてはいけない。2つの食事時間は最低6時間空けられる。大体7時に起床し,房外活動があるのなら18時で終了するというのが基本的な時間割である[2]。

　受刑者は上記内部規則を順守し,行刑施設職員に従わなければならない。また,すべての未決囚,有罪確定者,半自由,外部収容,電子監視に処せられている者も,同様に施設の規律体制に従わなければならない。刑事訴訟法R.57-6-18条に内部規則が記されており,その5に「受刑者はあらゆる点において法律,規則,内部規則あるいはその他公的部門の命令規定執行のため,当該法令が受刑者に命じていることに関し,行刑施設内での権限当局者である,公務員,係員に従わなければならない」と明記されている。

　では当該公務員からの命令すべてに無条件で服従しなければならないのだろうか。普通,行刑職員からの命令は法令,内部規則に記載されており,問題はそれ以外の命令に従う必要があるのかということである。判例は「ある行刑施設職員の構成員により受刑者に向けられた命令（injonction）が人としての尊厳を侵害する性質を有することが明白であれば命令を拒否できる」との判断を下している[3]。

　それではもし内部規則に不服があるときはどうすればよいのであろうか。内部規則が単に刑訴法に定める基準をコピーしただけであれば,行政裁判所に訴えることは出来ないであろう。施設での生活に関し特別な規則が内部規則で定められた時,それは行刑施設の長の権限によるもので,それは「一方的な行政行為」を構成する。この場合,内部規則が公表されてから2ヶ月以内に管区矯正局長に非訴的異議申立をする,あるいは行政裁判所に越権行為として提訴できる[4]。

◆規律と懲罰委員会,独居拘禁

　法令,内部規則を行刑施設内で順守しないとどうなるのか。規則違反として受刑者は懲罰房への収容といった懲戒,あるいは善時制による刑の減軽,刑の調整の取消しという行刑裁判官による制裁を受けることになる。またいくつかの規則違反は刑事罰の対象となり再度の有罪宣告となる。

　では,どのような行為が規律違反となるのであろうか。刑法典が犯罪行為を重罪,軽罪,違警罪と区分しているように,規律違反の重大性に応じて,重いほうから第1級,2級,3級と区分されている（刑訴R.57-7-1条ないしR.57-7-3条）。

　次に規律違反行為に対する制裁を加える過程であるが,最初に受刑者によって犯された違反行為を行刑施設職員により観察または知らされることである。違反行為を認めた行刑施設職員はその観察,目撃記録をまとめる,これを「トラブルの要約」（CRI: Compte Rendu d'Incident）と呼ぶ。今度はこのトラブルの要約を基に調査が行われる。その結果を待ち調査レポートが作成される。そして委任を受けた行刑施設の長,その代理,あるいは管理職に属する看守が懲罰委員会に掛けるかを評価する。懲罰に掛けられることが決まれば,当該受刑者

規律違反行為と等級区分

規律違反等級	違反行為
第1級	既遂あるいは未遂で,行刑施設の構成員,同施設内に訪問あるいは任務で滞在している人物に対する身体的暴力,既遂あるいは未遂で他の受刑者に対しての身体的暴力,脱走に参加するあるいは企てる等
第2級	罵詈雑言,脅迫,侮辱を施設の構成員,行刑施設を訪問あるは任務で滞在している人物,あるいは行政,司法の当局の人員に対し投げかけること,軽率あるいは不注意により他人の安全を危険に晒すこと,他人が見ている前でわいせつ行為,あるいは羞恥心を害するような行為を強いること,麻薬類の使用等
第3級	行政あるいは司法当局に当てた手紙の中に罵詈雑言,侮辱を表明すること,施設職員構成員の命令に従うことを拒否すること,仕事,研修,文化活動,余暇活動を妨げること,または妨げることを企図すること,施設のすべての外部の人物,受刑者と不正規に通信すること,房あるいは共通区画の清潔さを保つあるいは維持することを無視すること,施設の窓から物体,物質を投げること,内部規則で禁止されている遊戯をすること等

に書面で懲罰委員会の審理への召喚状が届く。懲罰委員会審理が始まる24時間前には審理に係る書類が当該受刑者，その弁護士に告知される。こうして受刑者側も防御の準備を行うことができる[5]。

　懲罰委員会は行刑施設の長，当該行刑施設の長に指名される２人の陪席員から構成される。当該行刑施設の長が委員会を主宰し，委員長だけが決定権を有する。陪席員に関して１人目は看守，そして2009年11月24日行刑法により，行刑施設の懲罰委員会に市民陪席員（assesseur citoyen）[6]も同席する事になった。このため，２人目の陪席員は外部から参加が義務付けられた。外部者たる市民陪席員は委員会に諮問的意見を述べることができる（刑訴726条）。

　懲罰委員会では以下の制裁を加えることができる。①注意，②最大で２ヶ月間の外部からの援助を受け取ることの禁止，③最大２ヶ月間衛生用品，文通に必要な用品，たばこ以外の売店で購入することを剥奪すること，④最大で１ヶ月の期間，行政の仲介による機械の購入，借りることを剥奪すること，⑤最大限１ヶ月の期間，文化，スポーツ，余暇活動を剥奪すること，⑥通常の独房への隔離と場合により，制裁期間中，行政の仲介による機器（テレビ等）の購入或いはレンタルの権利を剥奪する，⑦懲罰房への入室である。

　最後に独居拘禁（isolement）措置について述べたい。独居拘禁措置は前述の懲罰房と異なり，情報を取るために未決囚に対して司法当局により命じられる「司法的独居拘禁」と何ら規律違反をしていない人物を，行刑施設の長が，暴動の首謀者，危険，あるいは危険に晒されるとみなした人物，あるいは問題行動があると考える人物を普通の囚人から遠ざける措置，「行政的独居拘禁」の２種類が存在する[7]。これにより，時には受刑者から要請を受けて，同室受刑者からの暴力，圧力を受けている受刑者を保護する目的でもなされる。特に当該受刑者が性犯罪者，元警察官，元看守，有名受刑者等が多い。本稿ではこの行政的独居拘禁について述べる。

　刑事訴訟法726-１条に「すべての受刑者は，未成年者を除いて，行政当局により，３ヶ月を最長に，保護，安全，受刑者の要請，強制措置による独居拘禁に処される。当該措置は討議の後にしか同じ期間でしか延長されない。当討論において当事者は弁護士のアシスタントを受け，その所見の表明を書面と口頭で行う。司法当局の意見聴取の後でしか１年を超えての延長はできない」と

明記されている。

　独居拘禁は独居拘禁区画で通常行われる。ここに独居拘禁房が設けられ，他の一般受刑者との接触は一切ない。1日，1時間の散歩が許可されているがここでも他人との接触はない。この為，独居拘禁者は礼拝所での宗教行為，文化的活動，行政施設内労働，研修ができない。このため，2011年の通達で，行刑施設の長はフランス革命記念日，季節的行事の際に，他の独居拘禁を受けている受刑者と一緒に散歩したり，文化活動をしたりすることを推奨している。

II　受刑者の権利

1　2009年行刑法から

◆総　論

　2009年行刑法は行刑施設において被害者感情に配慮しながら，受刑者待遇改善，施設の運用の効率化を主に図るために制定された。法案提出のレポートを読むと，以下の10テーマに関して法案を想起したと記されている。

　①独房（個室化）の原則を確認する，②施設内での何らかの活動に参加することを義務化する，③受刑者の表現する権利の確認，④身体検査，房内検査などの制限，⑤懲罰委員会への外部者参加，懲罰房の入室期間を欧州基準に合わせ40日から30日にすること，⑥受刑者の施設内での安全を保障する事，⑦すべての受刑者に対する評価を拡大すること，⑧施設への収容に代替することの促進，⑨再犯分野に関する各行刑施設ごとの評価を行うこと，⑩行刑職員の地位の向上が挙げられている。

　このテーマを基に2009年行刑法は受刑者の権利と義務を明確に示している。権利としては同法22条ないし26条において，受刑者の尊厳と権利尊重を保障すること（22条），行刑施設入所時に自分が理解できる言語で拘留体制，権利と義務，不服申立てに関する条項を告知される（23条），受刑者は自分の権利と利益に関して告知され，このために各行刑施設に無料法律相談の制度が置かれる（24条），弁護士と自由に通信できる（25条），思想，信条，宗教の自由の権利（26条）が定められている。ただ，弁護士との通信権を除き，いずれも「施設の安全と施設内の良き秩序を維持する」という範囲内において行使されるべ

きとされる。

　受刑者の義務として行刑施設の長と保護観察局局長から提案される，最低でも１つの活動を行わなければならない。受刑者が基礎的教育を受けていない時は，その活動は優先的に読み書き，計算の研修により構成される。またフランス語ができない場合は，フランス語習得の研修が優先される（27条）。

　この2009年行刑法制定はヨーロッパ的視点でも説明することができる。現在，行刑だけでなくあらゆる分野で，欧州連合の取り決めが影響するようになった。特にフランスの行刑施設は欧州人権裁判所から何回も違反判決を受けている[8]。このため，フランス政府は緊縮財政の中，予算を取り，行刑施設，設備，待遇を改善する努力をしている。

　例えば行刑施設が欧州行刑準則を満たしていることを示す，ラベリングが進んでいる。欧州行刑準則は欧州評議会の47加盟国間で採択されたもので，欧州における行刑における基本的人権の尊重と協調を目的として1973年に採択され，1987年，そして2006年に修正された。ラベリングはこの準則に適合した受刑者の待遇，行刑施設・設備を有している場所にラベルを貼ることを目的としている。

◆政治的権利

　政治的権利は，1994年の刑法法典改正により，３ヶ月以上の懲役に処せられた受刑者が自動的に参政権を剥奪されていた制度が廃止され，補充刑として参政権の停止が追加された。つまり，現在では選挙違反絡みで補充刑として参政権停止を命じられている人物等を除く，大多数の受刑者に投票権が認められていることになる。1994年の改正で参政権剥奪の上限は犯罪の性格により決められ，軽罪であれば５年，重罪であれば10年を超えてはいけないとされる。特に犯罪がテロリズムあるいは戦争犯罪に関する軽罪・重罪であれば，軽罪が10年，重罪が15年の参政権剥奪となる。

　受刑者で参政権を有する者は選挙人名簿に登録しなくてはいけない。そこで行刑法30条は参政権行使のため，行刑施設を居住所とすることができると定め，各投票前に施設の長は権限当局とともに代理投票による投票権行使を確保するための手続を執り行うことを明記している。

　通常，選挙人名簿登録は，名簿登録地の要件として，現住所に６ヶ月以上住

んでいること，あるいは5年継続して市町村税を納めていることと規定される。この為，収容されている行刑施設が現住所以外の市町村に存在していても，受刑者は何らかの形で名簿に記載されている可能性が高く，投票が認められる場合が多い[9]。

　受刑者の投票方法であるが，2通りの方法がある。1つ目は受刑者が委任により，投票を依頼すること（代理投票），2つ目は受刑者が外出許可を受けて直接，投票所で投票する方法である。

　代理投票は選挙人名簿に記載されている市町村に住む人物に委任する。行刑施設職員は委任を受けることができない。しかし，受刑者の多くが施設のある市町村に委任できる知り合いがいない，あるいは犯罪者という事を敬遠されている人が大多数なので，民間ボランティア団体の構成員が委任を受けたりする[10]。外出許可時の投票方法は，誰もができるとは限らない。外出許可は受刑者の誰もが受けられるというわけではない。5年または5年以下の刑期が残っている者，刑期の半分を終えた者が行刑裁判官に申請する。

2　宗教的自由，社会的権利

◆宗教行為[11]

　フランスではライシテ（非宗教性）という原則が公の場で貫かれている，簡単に言えば公的空間での特定の宗教行為，特定の宗教を表象するものをこれ見よがしに着用することを禁じている。

　当然，行刑施設内でもライシテの原則が適用されるが，2009年行刑法26条で明確に個人の信仰の自由が保障されている。行刑施設内では自分の信じる宗教の活動が場所に適合する，施設の安全，よき秩序維持を保つという条件内で活動が許される。具体的に宗教活動とは宗教祭式に参加する，教誨師との個人面会，条件付きながら個別宗教祈祷の実践である。受刑者は行刑施設に到着すると，宗教関係者の訪問を受ける権利，認可された教誨師により確保される宗教祭礼への参加，文化的会合に参加できることを知らされる。当該教誨師が施設の長との合意の下，祭式の日時を決める。宗教祭式を行う特別の部屋が各行刑施設に想定され，その部屋の装飾は宗教性のないニュートラルなものでなければならない。

受刑者は祈祷実践をする宗教的物体と精神的活動に必要な本の所持と保存を許可されている。イスラム教徒に関して，2007年の通達ではお祈り用のカレンダー，（コーランを録音した）カセットとカセットレコーダー，数珠とシワキ（口の中を清める歯ブラシみたいなもの），イスラム教関連本の所持・保存が認められており，金曜日の集団礼拝会場では礼拝用絨毯の使用が認められている。女性イスラム教徒には体と顔を覆う服装はお祈り時に，房か祭式室でしか認められない。房から祭式室への移動はカバンの中にその服を入れなければならない。ユダヤ教徒の持ち物も規則化されていて，テフィリン（ユダヤ教の聖書がヘブライ語で書かれた革製のもの），ターリット（ユダヤ教徒が礼拝時に着用する布製の肩掛け）が認められている。すべての場合において，特に書籍類であるが，宗教用の物の所持に関しての行刑施設の長の決定は行政裁判所へ訴訟提起の対象となり得る[12]。

◆社会的権利：社会給付金をめぐる問題

　一般的にフランスは社会福祉制度，特に社会給付金制度が充実している。そこで有罪宣告者が収監された場合にも社会給付金を受給できるのであろうかという疑問が湧く。

　まず，受刑者が被雇用者の場合，仕事を維持できるかが大きなカギとなる。なぜなら解雇されれば収入の道が絶たれるだけでなく，社会とのつながりを断たれるからだ。刑が確定し，収監されても，有罪を宣告された行為が職務上でなされた行為でなければ，それ自体が雇用契約の自動的な取り消し事由にはならないし，正当に解雇できるだけの理由にもならない。ただ，職場に働きに来られないので，雇用契約は停止される。このため被雇用者（受刑者）は雇用主に自分の不在と，予定される期間，不在理由を知らせる。知らせずに欠席が続くと職業放棄とみなされ，懲戒の対象となる[13]。

　解雇するためには雇用主は「本当で重大な理由」であることを正当化しなければいけない。つまり，解雇事由が客観的かつ検証可能な物証に依拠していなければならない。仕事上の犯罪でなく，それ以外の私生活の領域で違法行為をなし，収容される場合においては，ただ単に「会社の中に混乱を及ぼしたとか会社の名誉に傷をつけた」だけでは解雇を主張できない。しかし，長期不在はいずれにせよ休業から生じる賃金の減少を意味し，被害者への補償などもあ

り，生活を圧迫することになる。[14]

　社会給付金において，まず年金受給は，行刑施設への入所は受給資格の喪失を意味しない。つまり，行刑施設内に収容されていても，年金は受けられるが，失業手当は停止される。なぜなら収容と同時に「雇用のために直ぐに働ける状態でない」とみなされるからだ。従って，失業手当を受給している者は収監されてから72時間以内に自身の状況変化を職業安定所に報告しなければならない。

　生活保護（RSA: revenu de solidarité active）も60日以上の服役であれば，停止される。生活保護を単独で受けている場合は保護が中断され，配偶者，その他の世帯構成員と同居している場合は生活保護費が再計算される。その場合，受刑者はもはや世帯構成員とみなされなくなり，金額が減額される。しかし例外としてひとり親世帯の場合は金額が維持される場合がある。いずれにせよ，受刑者は直ちに生活保護を支給している家族手当金庫に連絡しないといけない。[15]

　住宅補助は8ヶ月継続して居住した者に支給されるので，行刑施設への収容は住居に住んでいないとみなされるが，独り者の受刑者が家賃を払い続け，「又貸し」しないのであれば，1年間は支給される。婚姻，PACS，同棲していて，その相方が収容された時は受刑者の代わりに同居者が住宅補助を受給できるか審査し，支給額を再計算する。[16]

　行刑施設内における給付制度も存在する。最初に，行刑施設入所時にすべての受刑者に対して，「入所者キット」が与えられる。身体的衛生を保つ物（石鹸，シャンプー等），房を清潔に保つ物（洗浄剤等），文通に必要な物（筆記用具，紙，切手），房に必要な物（シーツ，手拭タオル）が入っている。また1ユーロ分のテレホンカードも支給される。[17]

　2009年行刑法31条に基づき，定められた矯正行政局の通達により受刑者で月収が50ユーロ以下の場合に行刑施設は当該受刑者を援助する制度が存在する。[18]これは極端に収入が低いものが受刑生活において多くの障害に直面し，また，家族との絆を維持する，社会復帰計画にも影響すると考えられるからだ。月の所持金額が50ユーロ以下の場合に，「極貧者」（indigents）と認定され（刑訴 D. 347-1条），月に20ユーロを上限に行刑施設の長が支給を判断する。受刑者の

経済状況によるのであるが、例えばある極貧受刑者が15ユーロ所持しているのであれば、5ユーロの支援が受けられる[19]。

行刑施設での待遇を考えた時、行刑施設の外ではホームレスが存在する一方で、犯罪者である受刑者が施設内で雨露をしのぎ、お金までもらえて、良い待遇を受け過ぎではないかとの批判も存在し、いったいどこまで受刑者の待遇の改善が可能なのかが問題となろう。

Ⅲ 医療，家族関係に関する権利とその保障

1　医療・保険制度

◆行刑施設内での医療体制

基本的に医療・健康保険制度に関して、「塀の中でも、塀の外とほぼ同等の権利を享受できる」というのが建前となっている。欧州行刑準則40-3条には「受刑者は彼らの司法的状況に起因するいかなる差別なしに、提示された医療・健康サービスへのアクセスを保有しなければならない」と明記され、欧州レベルでの行刑施設における医療待遇の指針となっている。この指針を受け1994年1月18日の法律で「受刑者は一般の人々の総体に提供されているものと同等の治療の質と継続性を享受できる」と定められ、受刑者の治療へのアクセスは認められている。また、同法では受刑者の医療を受ける権利をより担保するために、行刑施設内の治療責任は司法省から厚生・国民健康省へ移管された。

受刑者に対する医療行為は基本的に行刑施設内で医師、看護師が診察、治療をすることとなる。しかし、多くの施設では医師や看護師は常駐ではなく、施設近隣の公的医療機関を広域圏健康保険局局長が指定し、その医療機関と行刑施設間で協定が交わされ、どのように行刑施設内で診察・治療を行うかの詳細が決められる。こうして各行刑施設に協定を交わした近隣の指定医療機関を中心に「巡回診察・治療ユニット」（UCSA）が置かれる。同ユニットは入院の必要性のない受刑者に一般医、歯医者による診療、何らかの特別診察を行う事を目的としている。

入院に関しては、巡回診察・治療ユニットの診察した医師が判断し、48時間

以内の短期入院と中・長期入院により扱いが異なる。短期入院は協定を結んでいる，巡回診察・治療ユニットが存在する公的医療機関で行われる。48時間を超える入院はフランスに7ヵ所（ボルドー，リール，リヨン，マルセイユ，ナンシー，レンヌ，トゥールーズ，フレーヌ）ある「保安対策付医療ユニット」（UHSI）の施設に入院させられる。同施設は各矯正管区に存在する中核大学病院の中に設置される。同施設は医療設備を整えるだけでなく，脱走防止設備（高い塀，鉄条網，格子付窓）など，服役者が入院する事を前提に保安対策が施され，看守が監視・警備する施設である。入院する受刑者は警察官かジャンダルムリ隊員により同施設まで護送される。もし緊急の場合は看守が救急車，医師付救急車を呼ぶことができる。

　次に精神疾患への対応に関して，行刑施設内では精神疾患に罹る受刑者が多く，巡回診察・治療ユニットの医師の多くが一般医であり，精神疾患の専門医ではない。そこで精神疾患受刑者の診察・治療をする「管区精神医療サービス」（SMPR）を設置している。同サービスはいくつかの行刑施設内に設備を建設したり，簡易の設備を整えたりするなどして設けられているが，すべての施設にあるわけではない。病院関係者が同サービスを設けられたところに出向くという形をとり，精神疾患の検診，面談，アルコール・薬物の予防等を行う。もし管区精神医療サービスを設置しない施設があれば，「精神科治療体制」（DSP）を巡回診察・治療ユニットの中に組織して，精神疾患患者への対応を確保する。

　最後に受刑者の医療費負担に関して，フランスは国民皆保健制度を採用しているので，同制度により，入所初日から公的社会保険へ加入が可能である[20]。また，受刑者本人だけでなくその家族への社会保険加入も可能である。つまり，病気になり，診療を受ければ公的社会保険によりカバーできる範囲の治療費は同保険が負担し，塀の外でも社会保険適用外の診療（特殊な医療用器具，シリコン治療等）を受ければ自己負担となる。さらに，病気，病状に応じて補足的な医療補助金も給付される。また，共済保険への加入も認められ，公的社会保険でカバーできなかった自己負担分医療費の払い戻しを加入条件に応じてもらえる。

　この様に行刑施設内での医療体制を整えてはいるが，問題は山積みしてい

る。日本と同様，障がい者や高齢受刑者への対応が急務であり，また，フランスではエイズ，肝炎予防対策が強化されている。少なからぬ受刑者がHIV感染者，あるいはウイルス性肝炎の患者で，施設内での受刑者間，行刑施設職員への2次感染防止と患者へのケアが求められている。

◆外部との通信，家族との接見，性をめぐる問題

接見交通，家族面会の権利は欧州人権条約8条にも明記され，すべての受刑者は外部通信の権利，訪問を受ける権利が保障されている。しかし，実際には条件が加えられ，許可なしでの外部との通信，家族との面会はできない。

通信に関して，携帯電話は行刑施設内では所持，使用が禁止されている。これを補うため，刑務所内部に固定式電話が設置され，すべての受刑者がこの電話機により予め登録した番号に電話を掛けることができるが，弁護士への電話を除いてその会話は看守が傍受している。家族面会は面会室での面会が許される。面会室にも色々な形態が存在し，一般的には透明の仕切り板がついた部屋で対面する。

ここで行刑施設内における性（sexualité）の問題，特に「夫婦間の営み」，「同性愛」に関して述べたい。原則的にいかなる文書も行刑施設内での性関係を明白に禁止しているものは存在しない。しかし，行刑施設当局は刑務所内の性関係を「他人に対する卑猥な行為で，羞恥心に反する行為」であるから規則違反とみなしている。この規則違反は15日間の懲罰房，最大で4ヶ月の隔離壁の無い面会所での面会を停止の処分となる。[21]

厳罰化の流れを受けて，刑期の長期化が進み，自分の配偶者が長期にわたり収容され，外に残された配偶者（パートナー）がいわゆる「夫婦の営み」は権利であり，「罪を犯していない私がなぜ不利益を被るのか」という問題意識が高まった。しかし行刑施設での性関係は違反行為を構成するので，当局はその対応を考慮した。

なるべく外部との接点を維持し，特に外部家族との絆が服役態度，あるいは社会復帰に良い影響が与えられると判断される場合，プライバシーに配慮した「家族面会用スペース」[22]，「家族生活ユニット」[23]で家族との面会が許される。ここで「夫婦の営み」を行うことが可能であるとした。規律維持，脱走防止のため，多くの制限がついているものの，上記スペース，ユニットでは私的空間が

最大限尊重されている。

　この家族向け設備が誰でも利用できるわけではなく，対象者は外出許可，刑の調整が許可されない者，家族の状況，受刑者の人格，刑の執行計画に応じて合意される。未決囚の場合は司法権限当局との合意が必要となる。家族生活ユニットはまず，受刑者と訪問者の両者からの申請が必要である。訪問者は刑訴法 D. 403条の条件に適合する人物でなければならない。その後，各施設の関係者が討議し，施設の長が家族面会を決定する。

　同性愛に関しても，いかなる文書も受刑者間の同性愛を禁止しているのか，あるいは容認しているのかということを示すものは存在しないが，場合によっては「わいせつ行為，あるいは羞恥心を害するような行為」という内部規則に違反し懲戒処分相当として扱われる可能性があり，それは各行刑施設の方針による。[24]

　なお，「巡回診察・治療ユニット」においてコンドームの入手が随時可能である。これは受刑者間の HIV 感染を予防するもので，受刑者は同ユニットの医師にコンドームを貰う事ができる。また，家族面会用スペース，家族生活ユニットには衛生用品としてコンドームが備え付けられている（訪問者の持ち込みは禁止されている[25]）。

2　行刑施設収容者の権利擁護制度

◆内部，行政によるコントロール

　まず，内部コントロールとして行刑施設各職員が倫理規定に服従しなければならない。国家警察官，市町村警察官に倫理法典が存在するように，2010年に行刑公役務倫理法典が制定され，行刑業務に従事する職員にはそれを尊重する義務がある。

　次に受刑者のより身近な存在である行刑施設の長か職員に，請願，提案や観察を報告し，コントロールを要望する事ができる。この場合，内部の階層的組織に基づいて調査が行われる。看守が不適切な行為をしていた場合は懲戒，訴追が行われる。

　行政的内部コントロールとして，司法省矯正行政局内に行刑サービス監察室が存在し，行刑監察官がいる。同監察官は行刑施設，保護観察局，国立行刑学

校の適正な運営の監督，行刑職員の非違に関しての調査を行う。また，後述する「自由が剥奪された場所への検査官」へのレポートも作成する。

◆外部機関による行刑施設へのコントロール

　受刑者は何時でも秘密性が確保される方法で，手紙を行政，司法当局に送ることができ，それは国際的機関にも郵送することができるとされる（刑訴D. 262条）[26]。

　刑事訴訟法D. 176条ないしD. 179条は司法権限当局による行刑施設へのコントロールを明記している。行刑裁判官は受刑者の刑の執行状況を確認するため，行刑施設を訪問する事が可能で（同D. 176条），予審部部長は予審開始決定がなされ予防拘禁にある人物の状況を確認するために行刑施設を訪問することができ（同D. 177条），予審判事，場合により少年担当判事も未決囚と面会するのに行刑施設を訪問でき，少年担当判事は少年・受刑者の状況を確認できる（同D. 177条）[27]。共和国検察官は各行刑施設へ訪問した時に受刑者の要求を聞くことができる（同法D. 178条）。予審判事，少年担当判事，共和国検察官にせよ，その行刑施設訪問に関しての年次レポートを作成しないといけない。

　この司法によるコントロールとは別に，独立した外部組織からの立ち入りが認められている。それは受刑者の権利に関して2007年10月30日付「自由剥奪者が存在する場所への検査官（Contrôleur général des lieux de privation de liberté）を設立する法律」は自由が剥奪された場所（行刑施設）への検査官（以下，検査官）の立ち入り権限を与えている。検査官は行刑施設に収容されている人物の基本的人権が尊重されているか検査する権限を付与され[28]，独立性を確保するために検査官の身分が保障されている[29]。

　検査官はいつでも，共和国領土において公的当局の決定により，自由を剥奪された者がいるすべての場所への訪問が認められている。この訪問を拒否する場合は，当該場所の責任者は緊急で，重大な理由，国防，公共安全，自然災害，または深刻な暴動以外はその訪問を許可しなくてはいけない。（同7条）。その訪問の結果，検査官の権限内で，意見，推薦，立法，規則の修正を提言できると定められている（同10条）。

　ではどのように検査官にコンタクトをすればよいのだろうか。多くの場合が書面による送付で検査官に問題を付託している。書面だけでなく，電話などそ

の他すべての形式での付託が可能で，いずれにせよ書面で受理の確認がなされる。そして，その事実を確認する為，自由を剥奪された者がいるすべての場所を訪問する時は，検査官は彼の任務実行に有益なすべての書類または情報を責任当局から入手することができる。訪問の際に，検査官と対象者のやり取りの秘密が確保できる条件下で，検査官は面談調査ができる。

　最後に権利擁護官（Defenseur des droits）が挙げられる。同擁護官は2011年に設立された新しい独立行政機関で，子どもに関する権利擁護，あらゆる形態の差別，治安活動における倫理尊重を監視する。主に国，地方公共団体，公的施設，公役務に関係する団体，その構成員が権利と自由を尊重しているかを監視する。行刑関係は治安活動の倫理尊重の分野に該当する。権利擁護官は治安人員（agent de sécurité）の倫理尊重を監視しており[30]，治安人員とは共和国の領土内で公的，私的部門で治安活動を行っている人物である。例えば，国家警察官，市町村警察官，ジャンダルムリ隊員，税関吏，行刑施設職員，公共交通機関内の安全監視員，探偵，警備員，現金輸送車警備員などである。

　行刑施設職員にせよ，その他人員にせよ，治安人員の行動や対応に疑問を感じた者は同機関に調査を要請し，受理されれば権利擁護官が調査を開始する。しかし，調査には強制権はない。

　受刑者はおそらく，2つの点に関して権利擁護官に訴えることができる。1点目は普通法における，行政あるいは公役務との規則に関する紛争で，例えば税金，行政との書類上の問題。2点目は治安倫理を侵害するような行為を告発する事である。それは行刑施設職員によるいじめ，正当性のない身体検査，房内検査などである[31]。

　もし権利擁護官が何らかの治安倫理に関する侵害を認知したら，同擁護官は個人（例えば看守）に対してその行為をやめるように意見（avis），勧告（recommandation）し，侵害が行刑施設の規則等である場合は当該行政機関にその規則を修正するように意見，勧告する。

　1）　不法滞在容疑，フランス退去義務命令などの行政命令を受けた外国人を一時収容する施設。司法機関の決定による刑務所収容と異なり，同施設内では多くの自由が認められている。
　2）　*Observatoire International des Prison*, Le guide du prisonnier, La Découverte, 2012,

第Ⅲ部　刑事政策

pp. 100-103.
3) Conseil d'Etat, arrêt du 20 mai. 2011, n° 326084 Igor L. B.
4) *Ibid.*, p. 103.
5) *Ibid.*, pp. 463-479.
6) 市民陪席員は応募した一般人から選ばれる。応募条件は成人であること，外国人は正規滞在であること，過去5年間，犯罪歴が無いこと，受刑者と関係がないこと（婚姻関係，親族関係等），行刑施設職員と関係がないこと，司法界で働いていないこと，警察・ジャンダルムリでないこと。応募者は大審院に申込み，大審院が判断する。
7) *Observatoire International des Prisons, op. cit.*, pp. 501-503.
8) http://www.lemonde.fr/societe/article/2013/04/26/prison-la-france-condamnee-par-la-cour-europeenne-des-droits-de-l-homme_3167448_3224.html.
9) *Observatoire International des Prisons, op. cit.*, pp. 238-239.
10) *Ibid.*, p. 241.
11) Note du 16 juillet. 2014, relative à la pratique du culte en détention.
12) *Observatoire International des Prisons, op. cit.*, pp. 169-170.
13) *Ibid.*, pp. 224-225.
14) *Ibid.*
15) *Ibid.*, p. 230.
16) *Ibid.*, p. 229.
17) *Ibid.*, pp. 230-233.
18) Circulaire du 17 mai. 2013, relative à la lutte contre pauvreté en détention.
19) *Ibid.* pp. 230-231.
20) フランスの公的社会保険には低所得者，失業者等は無料で（CMU: Couverture maladie universelle）に加入でき，このCMUで基本的な診療はカバーされる。
21) *Observatoire International des Prisons, op. cit.*, pp. 272-273.
22) 家族面会用スペースは行刑施設内に閉鎖された12-15平米の部屋を作り，最大で日中6時間家族と過ごせる空間である。2017年1月1日の段階で21の行刑施設に71スペース設けられている。出典：http://www.justice.gouv.fr/prison-et-reinsertion-10036/la-vie-en-detention-10039/le-maintien-des-liens-familiaux-12006.html.
23) 家族生活ユニットはアパートタイプの区画で部屋も2-3室設けられている。拘禁区画とは隔離され，私的な空間をより保てるように配慮され，滞在は6-72時間許可される。つまり，受刑者とその家族が，週末，祝日に団らんする事が可能である。2017年1月1日現在で120ユニットが37の行刑施設に備えられている。出典：注22) URL。
24) *Observatoire International des Prisons, op. cit.*, p. 273.
25) *Ibid.* p. 274.
26) 列挙されるリストには共和国大統領，首相または閣僚，国民議会および元老院議長，国務院副院長，国民議会議員および元老院議員，共和国裁判所所長，権利擁護人とその代理，CNIL委員長，行政文書委員会委員長，行政控訴院長および行政裁判所所長，司法官，司法省大臣官房長，司法省各局長，社会問題担当監察局局長，司法サービス監察官，行刑サービス監察局局長，県知事または副知事，受刑者が住んでいるまたは収容されている市

町村の市町村長，矯正管区局長，管区青少年保護局局長，保護観察局局長，（自分が収容されている施設の）施設評価委員会委員長，公衆衛生監察医官，健康施設の長であり，国際的な機関では国際司法裁判所所長とそのメンバー，欧州議会議員，欧州人権裁判所所長およびそのメンバー，国連拷問禁止委員会議長とそのメンバーなどが挙げられている。

27) 国民議会議員，元老院議員は自分の選挙区の県にある公的・私的施設で非行少年を受け入れている施設に何時でも訪問する事ができる（1945年オルドナンス35条）。

28) 2007年10月30日付「自由剥奪者が存在する場所への検査官を設立する法律」1条「検査官は独立権限を有し，司法または裁判管轄当局が法により付与された特典を害すること無しに，自由が剥奪されている人物の取扱いと移送・護送の条件を，彼らの基本的人権尊重をしているか確保するため，検査する任務に就く」

29) 同法2条「検査官はその専門的能力，知見の理由で共和国大統領により任命され，任期は10年である。再任はされない」，「職務上発した言質，行動により，検査官は訴追，調査，逮捕，拘禁，裁判を受けない」，「辞職と弾劾以外は，検査官はその任期前に職を解かれない」

30) 警察官，行刑職員には特別に職務倫理法が設けられており，その高い倫理性の遵守が求められている。

31) *Observatoire International des Prisons, op. cit.,* pp. 572-573.

第22章 少年司法

I ◆──フランス少年司法の基本原則

1　保護更生か厳罰か

◆1945年2月2日付非行少年に関するオルドナンスについて

　日本にも非行少年の保護更生に重きを置く少年法（1948年）が存在するように、フランスにおいても非行少年への教育に重きを置いた少年法に当たる法令が存在する。それが1945年2月2日付「非行少年に関するオルドナンス」（以下1945年オルドナンス）である。フランスでは成人が18歳なので、これに従い未成年とは犯罪行為がなされた時点で18歳未満である者のことを指す。

　同オルドナンスの原則は「少年司法の専門化」、「刑罰に対する教育的処分の優越性」、「未成年に対する軽減宥恕」、「個々の少年のそれぞれに対応する処分の個別化」である[1]。

　少年司法の専門化とは少年司法を成人と区別し、特別な制度、人員により少年を裁判にかけることを意味する。特別な制度とは少年裁判所、少年重罪裁判所であり、人員とは少年担当判事（juge des enfants）、青少年司法保護局付教育官（éducateur de protection judiciaire de la jeunesse）のことを指す。

　少年担当判事は大審裁判所付の特別な司法官で危険に晒されている少年の保護と犯罪少年の抑止を任務としている。少年担当判事は危険にある少年の保護という任務が1958年12月23日付オルドナンスにより課せられている。

　「刑罰に対する教育的処分の優越性」とは非行少年に刑罰を加えるのは最終的手段とし、できるだけ教育的処分を加えるというものである。また実際に懲役刑を受けた非行少年も刑の調整等を通して教育的処分に移行する余地がある。13歳以下いかなる自由剥奪刑を受けない。

「未成年に対する軽減宥恕」は成人の半分の量刑を適応されるという点である。例えば未成年が犯した違反行為が成人では10年相当の場合，当該未成年は5年の刑に処するということである。

◆少年犯罪への厳罰化法制

上記の基本原則に支えられた少年法と制度であったが，ここ10数年来これらを見直し，少年犯罪者への厳格な処分を求める声が高まった。特に少年犯罪の低年齢化，凶悪化が指摘されており，世論及び右派系政治家からは1945年オルドナンスにより犯罪未成年が過度に保護されているのではないかとの批判が出されていた。

2002年に再選されたシラクは，早速，治安問題対策に関連した司法改革の第一弾として上程された，2002年9月9日付法律（ペルベンⅠ）に未成年犯罪対策を盛り込んだ。その骨子は少年刑務所の設置，未成年への警察留置適用拡大，未成年再犯者へ刑の減軽排除であった。

未成年への警察留置拡大は低年齢化した非行少年への事情聴取の制限解消を目的とし，改正点は10-13歳の警察留置である。改正前は10-13歳の警察留置は出来ないが，捜査に必要な場合，司法官の許可，または司法官のコントロールの下，少なくとも「7年以上の懲役に処せられる重罪・軽罪」を犯した当該少年は最大で10時間，警察留置が認められ，その後1回だけさらに10時間の延長が可能であった。しかし，改正後は「5年以上の懲役に処せられる重罪・軽罪」と要件が緩和され，警察留置時間も最大12時間で，1回だけ最大12時間の延長が認められた。[2]

未成年再犯者への厳罰化措置として，未成年への軽減宥恕が見直された。まず，2007年3月5日付「犯罪予防に関する法律」により，今までは未成年減刑を排除すること，つまり成年と同じ量刑に処せられることは例外的な事であったのが例外的措置でなくなり，さらに2007年8月10日付「成年・未成年の再犯対策を強化する法律」により，未成年への軽減宥恕を16-18歳の再犯者に対しては条件により適用できないと定め，少年裁判所，少年重罪裁判所が16歳以上の未成年に対して判断する。その条件は未成年者の人格，状況の種類がそれを正当化する時，再犯の状態で故意に生命の侵害，あるいは人の肉体，精神の統一性の侵害をなす重罪を犯した者，故意の軽罪に値する暴力，性的暴力，ある

いは軽罪で加重事由となる行為である。

2011年8月10日付「市民の刑事司法機能への参画に関する法律」では未成者審判手続きの効率性改善が意図された。特に未成年裁判で①少年犯罪者への統一書類の作成、②司法官の新たな権限、③単独犯で事情が複雑でない未成年犯罪者への判決を審問の後、1ヶ月ほどで結審できること、④少年軽罪裁判所の創設、⑤強制的に少年犯罪者の保護者を審問に出廷させる、あるいは当該保護者を保護者責任に関する研修へ参加させることができるという内容である。

また、2007年の共和国大統領選挙でも争点となった、非行少年への軍隊式規律施設での更生を図るのかどうかに関して結論が出た。2011年12月26日付「非行少年の為の市民役務を設置することを定める法律」により、軍隊式に非行少年を施設で管理し、生活習慣、道徳教育、学習、技能研修を受けさせ、社会へ同化と復帰を支援する仕組みが整備された。16歳から18歳までの少年で重罪を犯しておらず、本人の同意、保護者の同意が弁護士同席でなされ、これに対して司法官、管轄裁判所が刑に代わる措置として同施設への収容を命じることができるのである。収容期間は6ヶ月から12ヶ月である。

この軍隊式規律施設は「防衛への組み込み公施設」（EPID: Etablissement publique d'insertion de la Défense）と呼ばれ、2005年8月5日付オルドナンスですでに開設されていた。この施設は「2回目のチャンス」というあだ名が付けられている。つまり、社会や学校で失敗したが、もう一度やり直せるという事を意味する。学業放棄、家庭問題などで問題行動が多い青少年、18-25歳を収容し、アメリカのブートキャンプの影響を受け、厳しい規律の集団生活を課すことにより、生活習慣改善、集団行動を身に着けさせ、教育・研修を施し、社会に旅立つ（就職）準備させることが目的であり、現在20施設存在している。[4]

2　少年裁判の過程

◆少年裁判の流れ

1945年オルドナンスにより18歳に満たない少年（未成年）は成人とは異なる特別の制度が要請されている。少年が違反行為をなし、あるいはその嫌疑がかけられると、逮捕か予審準備手続きが行われる。そして警察留置の有無が決められる。判事補に代表される少年担当検察局がどの罪状（重罪、軽罪、違警罪）

で違反行為を公訴するかを判断し，ここで起訴か不起訴か，そして裁判所付教育ユニットに調査を託すのかが決定される。同ユニットは青少年司法保護局に属し当該未成年の人格，経路，環境に絞り調査され，起訴する場合の資料ともなる。また当該少年が違反行為を認めている場合には検察局が条件付き不起訴[5)]として代替刑または刑事調停を決定することもできる。

次に起訴された場合，少年担当判事あるいは少年担当予審判事がその案件を扱う。また裁判所付教育ユニットが社会的，教育的調査を行い，その結果，免訴（non lieu）という可能性もある。さらに同ユニットは様々な措置の準備をする，そして仮措置として仮の教育措置，司法コントロール，予防拘留に付すことが可能である。予防拘留は満13歳から16歳以下は，重罪に処せられる，意図的に司法コントロールから逃れる，満16歳は重罪に処せられる，軽罪に処せされる，意図的に司法コントロールから逃れる場合という条件を満たした時に予防拘留が可能である。

最後に起訴された少年は裁判において，管轄裁判所は態度，調査結果を考慮し，判決が下される。有罪の場合は教育的措置，教育的制裁，保護観察処分，そして刑のいずれかの判決が下される。有罪で刑罰を受けた未成年は拘留，青少年保護局による教育的追跡または刑の調整が行われる。または判決を不服とする少年は控訴することになる。

少年裁判所は大審裁判所の管轄で違警罪5級，軽罪，16歳以下の未成年が犯した重罪に関して審理する。未成年違警罪裁判所は共和国検察官，少年担当判事，2人の陪席判事から構成される。当裁判所はけん責，教育的措置，13歳以上の未成年に対して懲役，代替刑（もし16歳以上であれば），修復的措置を宣告する。当該裁判所は同時に未成年者の保護も行う。

このように例外的に刑を科された場合でも，最後まで教育的措置を選択する余地を残し，その都度，更生プログラムが見直され，未成年犯罪者に適合した処遇が受けられるようになっている。

◆青少年司法保護局

青少年司法保護局は法務省の内局であり，非行少年（犯罪者）と虐待など受けている（危険な状況にある）未成年の保護，非行少年，保護未成年に関して，司法官の判断を助けるため，少年の置かれている状況の評価，少年裁判所の判

断を実施に移すこと，収監されている少年の教育的追跡，未成年を扱う公的機関，資格を付与されている民間機関へのコントロールと評価を目的としている。

青少年司法保護局は民事，刑事の両分野において活動している。本稿で取り扱うのは当然，刑事分野となる。非行少年に対する刑事司法手続きが開始された時点から青少年保護局の活動が開始される。

まず，開放施設（établissement ouvert）で処遇をうける少年に対しては「裁判所付教育サービス」(SEAT)[6]，「開放施設地域教育的サービス」(STEMO)[7]，「同化と地域教育的サービス」(STEI)[8]，「収容少年付き教育的介入」[9]が担当する。[10]

「教育官」（éducateur）は青少年司法保護局付きの職員，カテゴリーBの国家公務員であり，同局の職員の約半分を占める。彼らは開放施設，閉鎖施設など，常に現場で働いており，教育官は犯罪少年あるいは危機に晒されている少年（民375条に定義される）の傍にあって司法が決定するための調査活動を行う。教育官は司法官が少年の状況推移に適合した決定を下すことのできる要素を報告する。教育官は開放施設，一時受け入れ施設，拘束されている少年犯罪者の傍で教育的，社会同化を助ける行動をする。当該行動は司法官，家族，教師と緊密な連絡のもとに行われる。複数の領域の専門家（ソーシャルワーカー，心理科医，精神科医，看護師）と協議の上，各少年のための個別プロジェクトの作成に貢献する。

II ◆──少年犯罪者に対する措置

1　訴追代替手段から刑まで

◆訴追代替手段，教育的措置と教育的制裁

1945年オルドナンスにより自由刑を受けるのは例外であるので，違反した行為の罪状，深刻さによるが，優先的に刑に代わる訴追代替手段，教育的措置，教育的制裁が取られる。

まず，少年犯罪者は刑事訴訟法41-1条に掲げられている共和国検察官による訴追裁量権により，条件が整えば，以下の訴追代替手段：「法律順守命令」，「公衆衛生，社会的，職業的機関，サービスでの研修・教育の受講」，「違反事

第22章　少年司法

教育的措置（mesures éducatives）

措　　置	内　　容
「けん責」（admonestation） （1945年オルドナンス8条）	非行事実により審理されている少年を少年担当判事が自分の執務室に呼び出して、当該少年が違法行為を犯したことを理解させ、将来を厳しく戒め、再犯を防止すること。
「保護者送致」（remise à parents） （同オルドナンス15条・16条）	両親、監督者、後見人へ送り届けること。
「厳重注意」（avertissement solennel） （同オルドナンス15-1条・16条）	けん責とよく似た措置が取られるが、少年裁判所により決定される点が異なる。
「自由監視」（liberté surveillée） （同オルドナンス25条）	青少年保護局の教育サービスに付されること。
「収容」（placement） （同オルドナンス7-2条）	開放、医療施設に収容される事。
「司法保護」 （mise sous protection judiciaire） （同オルドナンス8条、16bis）	刑事的枠組内で、教育的援助を開放施設で行う事である。同措置は最大5年間で16歳以下の少年が対象である。大きく分けて4段階に分かれる。1）状況の学際的評価、2）取られる措置の個人計画の策定、3）計画の実行、4）最終結果である。同措置は長期にわたり非行少年対策ができるのが特徴である。
「援助・修復」 （mesure d'aide ou réparation） （同オルドナンス12-1条）	未成年に規則・規範の教育を教え込むことを目的とし、そして社会適合・同化の促進を図るものである。
「日常教育措置」 （mesure d'activité de jour） （同オルドナンス16条、16 ter）	2007年3月5日付「犯罪予防に関する法律」により盛り込まれた措置である。日常教育措置は10歳から18歳の非行少年が専門的、職業的適合と就学の活動に参加させることを目的としている。当該措置は非就学少年、あるいは学業放棄過程にある少年へ優先的に宣告される。教育的措置の延期は少年裁判所でしか宣告できない。有罪の再分類が終わりつつあること、被害が回復しつつあること、違反による障害が止むことである。
「措置の免除」（dispense de mesure） （同オルドナンス24-5条）	刑法132-58条ないし132-65条に明記される刑の免除が未成年にも適用される。その際に未成年担当裁判官は当該未成年の人格の進展の見通し、人格に関しての補完的調査が必要であることに鑑みること。
「教育的措置の延期」 （ajournement e la mesure éducative） （同オルドナンス24-6条[11]）	防衛への組み込み公施設での契約終了などを理由に、教育的措置を延期すること。

303

教育的制裁 (sanction éducative)

没収 (confiscation)	違反行為に利用されたまた当該行為から生成した物を没収すること。
接近禁止 (interdiction de paraître)	1年を超えない範囲で違反行為を犯した場所への出現を禁止する。
被害者への面会禁止 (interdiction de rencontre)	1年を超えない範囲で被害者への面会あるいは交友関係に入る事の禁止。
共犯者との面会禁止 (interdiction de rencontrer les co-auteurs ou complices)	1年を超えない範囲で共犯者との面会、あるいは交友関係に入ることを禁止する。
援助と修復 (mesure d'aider ou de réparation)	被害者または市町村の利益に関して、共和国検察官、少年担当判事は、訴追前になされること、共和国検察官が事前に少年と少年の保護者との合意をあらかじめとる事という条件が満たされれば当該措置をなすことができる。青少年司法保護局にこの任務を委託できる。
道徳研修 (stage de formation civique)	1ヶ月を超えない範囲で非行少年に道徳教育を義務づける。
収容措置 (placement)	最大限3ヶ月間、1回の延長が可能で、10-13歳は1ヶ月を超えない期間、公立・私立の教育機関で法律違反した行為に関して心理的、教育的、社会的作業の実施を許可され、通常居住している場所以外に収容される。
教育的作業の執行 (exécution de travaux scolaire)	学業などをきちんと勉強させること。
厳重注意 (avertissement solennel)	将来の行いを厳しく戒めること。
教育施設への収容 (placement dans un établissement scolaire)	1学年期に相当する期間、週末と学校休暇時に家庭に帰れるという許可の下、寄宿制の教育施設に入れること。
保護者の同伴なしでの夜間外出禁止	両親の内の1人、または親権者代理の同伴なく未成年が23時から6時まで公道での往来の自由を禁止するもので、期間は最大3ヶ月で1回だけ延長できる措置である。

実を構成する状況の正常化」、「被害者に与えた損害を補償」、「和解」、「刑事調停」に処すことができ、正式な公訴を免れることができる。

「教育的措置」は、少年犯罪者に対しての保護、支援、監視、教育を目的とし、当該少年の状況の進展により、随時、措置の再検討をなすことができる。

「教育的制裁」は2002年9月9日付法律（ペルベンⅠ法）により導入された。以前であれば教育的措置と刑しか選択肢がなく、非行少年の犯罪事実、人格に適応した教育、制裁、刑を与えることが難しかった。この教育的制裁は教育的措置と刑の中間に位置する刑事対応（réponse pénale）であり、少年の犯罪事実と人格により適合した対応をとることを目的としている。犯罪事実、人格等を考慮して、教育的措置だけでは十分でなく、とはいえ刑では非常に重いと考えられるときに言い渡される。これにより、あらゆる形態の犯罪に対して刑事対応できるようになった。少年裁判所が動機付き判決により宣告できる。教育的制裁は代替刑として宣告できない、裁判所の定める教育的措置が順守されない時は収容される。1945年オルドナンス第15-1条は以下の教育的制裁を定める。

◆刑

刑は犯罪少年に対する最終的な刑事対応である。教育的措置、教育的制裁よりも重いので、「抑圧的措置」（mesures répressives）とも呼ばれている。[12] 刑は少年裁判所、少年重罪院で、13歳以上の少年にしか宣告されない。刑は以下の類型に分かれる：①刑の免除、②刑の延期、③制裁的修復、④7500ユーロを超えない成人に課されるべき法定罰金の半分を限度とする罰金刑、⑤16-18歳を対象の公益奉仕労働刑（TIG）、⑥司法的社会追跡、⑦市民道徳研修、⑧単純執行猶予、公益奉仕労働義務付執行猶予、保護観察付執行猶予、⑨自由制限刑、⑩自由剥奪刑から構成される。[13]

罰金、市民道徳研修のあらましは前述した通りであるのでここでは触れない。刑の免除、延期は自由監視を侵害することなく、一時的に収容を命じる事ができ、当該少年が修復的措置あるいは日常活動措置を完了したならば、少年裁判所は刑の免除、延期を宣告できる。「制裁的修復」は当該少年が被害者に生じた損害を賠償する、あるいは被害を拡幅する事を義務として履行させることである。制裁的修復は被害者の合意の下、行われる。

16-18歳を対象にした公益奉仕刑は，非行少年への教育的性格の収容に代わる刑として位置づけられ，2つの目的があるとされる。1つ目は法律違反への制裁であり，2つ目は地方自治体に対して有益なこと（社会のため，人のためになること）をする機会を与え，自己肯定感を涵養し，奉仕活動が研修や社会適合の第一歩となることである。

当公益奉仕労働は軽罪に違反，拘禁刑を受けた未成年が従事し，公益奉仕労働への同意が必要である。公益奉仕労働への同意が得られない場合は，拘禁刑に処せられる。少年裁判所または少年重罪院が公益奉仕労働を宣告し，期間は管轄裁判所が決める。期間は40-210時間となっている。奉仕活動に従事している際も刑の調整が可能で，当該少年が受けている学業，研修を考慮しなければいけない。開放施設担当の青少年保護局職員が公益奉仕労働の実施に当たり，青少年保護局職員が公益奉仕労働実施受け入れのパートナーを探す。パートナーは大きな団体，有名企業であったりし，そのパートナーが青少年保護局と協定を結び公益奉仕労働の作業を確保する。例としてはフランス赤十字社，フランス国鉄，フランス電力供給網会社等である。公益奉仕労働の参加少年はボランティア活動に参加し，清掃活動，落書き消し，緑地帯の整備，公的建物の再建作業等を行う。青少年保護局の教育官が刑の執行を追跡し，少年にとって社会に対するサービスと自分自身の能力と専門の能力が評価される機会となる。「司法的社会追跡」は治療命令も含むことができる。少年裁判所または少年重罪院での審理段階で，1年あるいは1年以下の拘禁刑が宣告されたら，電子監視に処すことが可能である。

「単純執行猶予，保護観察付執行猶予」はいずれも管轄裁判所が宣告を行う。閉鎖型教育施設への収容，公益奉仕労働への参加が義務づけられる。執行猶予に関しては成人と同じ基準で，過去5年間に重罪，軽罪での有罪宣告がないことである。

「自由制限刑」は，成人と違い，未成年を社会から排除しないようにするため，いくつかの制限刑の適用が禁止され（オルドナンス20-4条），運転免許の取り消し程度が許されている。

未成年者への年齢別刑事対応

年　　齢	適用されうる措置，制裁，刑
10歳未満	教育的措置
10歳以上12歳以下	教育的措置，教育的制裁
13歳以上15歳以下	教育的措置，教育的制裁，閉鎖型教育施設，刑および罰金刑（最高7500ユーロ）
16歳以上	教育的措置，教育的制裁，閉鎖型教育施設，公益奉仕労働刑，刑および罰金刑（最高7500ユーロ）

2　未成年を収容する施設

◆開放施設

　開放施設は大きく分けて3つ存在し，「教育的収容施設」(EPE: établissements de placement éducatif)，「社会同化と教育的収容施設」(EPEI: établissements de placement éducatif et d'insertion)，「閉鎖型教育施設」(CEF: centre éducatif fermé) である[14]。

　教育的収容施設は非行少年，危険に晒されている未成年，青年の受け入れ，または緊急受け入れのように，期間，受け入れ準備なしに受け入れが可能な施設である。同施設には「集団宿泊ユニット」，「多様な宿泊ユニット」，「教育強化センターによる教育ユニット」タイプが存在する。

　「集団宿泊ユニット」は緊急受け入れとして司法の委任により，未成年や，受け入れ準備有の未成年も受け入れる。同ユニットは13-18歳の10-12人の未成年を受け入れる能力がある。「多様な宿泊ユニット」は青少年保護局の管轄で受け入れ家族の紹介や，アパートなどを借りる手伝いをし，自立することを援助する。自立するためには未だ他人の力が必要であり，自分の未熟さをわからせるための措置である。「教育強化センターによる教育ユニット」は6-8人を目途に悪い環境を断ち切るために6ヶ月を超えない範囲で当該未成年を受け入れることができる。

　社会同化と教育的収容施設は，前述の1つあるいは複数の日常活動教育ユニット，集団宿泊ユニット，多様な宿泊ユニット，教育強化センターにより構成される。日常活動教育ユニットは司法判断を対象とした少年に適合したスポーツ，文化，職業，学業の活動を実施する。具体的には職業や学業の習得に

より，社会への同化を導くことである。メカニック，自然・農業体験，情報処理，飲食分野での職業的アトリエ，社会的，文化的，スポーツなどの垣根をこえた活動のアトリエ，工事現場，研修などを通して非行少年の社会化，社会適合を援助する。

閉鎖型教育施設は軽罪・重罪を犯した13歳から18歳までの再犯未成年を収容し，2002年ペルベンⅠ法により開設された[15]。当該施設は拘禁の代替として，教育的な運用を目的としている。教育的措置，教育的制裁措置が失敗した際に6ヶ月間，同施設に入れる。拘禁の代替であるので，当施設に収容されるのは司法統制か保護観察付執行猶予，仮釈放中の少年となる。また刑の調整対象の少年も含まれる。つまり，司法統制，保護観察に付された非行少年が確実にその刑を執行するために厳格なコントロールと，枠組みを作り，家出（逃走）や再犯を防止するものである。司法官により収容が命じられ，司法統制を宣告されている場合は6ヶ月，保護観察付執行猶予を宣告されている場合は宣告された刑の刑期の期間収容されることになる。同施設内では少年は監視，コントロールを受け，外出許可もある。しかし，非行少年は教育官により統率され，組織化された教育的，教育学的活動の集中プログラムを受けることになる。もし，収容されている少年が脱走や施設の規則を順守しない場合は刑を執行するために，少年刑務所に収容される。つまり，当施設は少年刑務所へ収容される手前の施設で，教育的制裁と刑の境を構成する。

この施設の特徴は公的機関が同施設を運営している場合もあるが，青少年保護局により資格を与えられた民間団体が運営している施設もある。この為，いくつかの民間団体運営の施設では問題が指摘されている[16]。

◆少年刑務所

1945年オルドナンスによる非行少年への教育的対応優先により，刑を宣告されるのは，教育的措置，教育的制裁では十分でない，重大な犯罪行為を起こした者に限られる。少年刑務所（EPM: Etablissements Pénitentiaires pour Mineurs）が開設されるまでは未成年未決囚，未成年受刑者は拘置所あるいは行刑センター内に設けられた少年区画に収容されていた。少年刑務所は2007年に開設され，フランスに6ヵ所存在している（2018年1月1日現在）。当施設は集会室，談話室と独房からなる生活区画，スポーツ区画，職業訓練用の工場区画などか

ら構成されている。当施設は男女共に受け入れるが，性別により区画が分かれ，夜間は女性区画には女性看守（場合により男性看守も）が当直に就く。

少年刑務所は青少年保護局管轄の閉鎖型教育施設等と違い，矯正行政局の管轄で，施設の管理・運営，監視は看守が行う。ただ収容者が未成年という事から成人が収容されるその他刑罰の為の施設と受刑者の処遇体制が異なる。大きな相違点は学業，教育的処遇に配慮した体制である。他の行刑施設にも教育関係者が文盲，あるいは学歴の無い成人受刑者の担当として存在しているが，教員が常駐しているわけではない。少年刑務所は青少年保護局の教育官，教員が常駐しており，16歳以下の受刑者には義務教育を受けさせなければならないので，当該受刑者への教育実施を確保している。それ以外の未成年も社会への復帰，社会への適合を考えたとき，学業の継続が望まれている。

未成年受刑者の対しての学業の継続，あるいは教育指導が必要なので未成年受刑者がいる行刑施設では，「学際チーム」を設けなければならない（刑訴D.514条）。学際チームは異なった行政サービス（少年刑務所当局，青少年保護局，保護観察局，国民教育省）の代表が協力と受刑者の個人追跡を行いやすい環境を整え，週に1度会合を開かなければならない。

少年刑務所にも起床，食事時間，消灯，就寝時間を含む内部規則を法令に則って定め，規則を順守しない受刑者を懲罰に掛けることができる。

懲罰は少年受刑者の年齢，人格，違反した行為により決定され，なるべく懲罰区画へ収容することを制限し，代替的な懲罰を模索する。まず，懲罰として，「けん責」，「最大15日間の売店での購入する事を剥奪する」（衛生用品と通信用具は除く），「最大15日間の音響機器の利用を剥奪する」（個人の機器も該当する），「修復活動，最大8日間の文化，スポーツ，余暇活動の剥奪」，「独居房での蟄居」がある。

さらに刑事訴訟法R.57-7-1条，R.57-7-2条に明記されている行為に該当する場合はその違反事実（人に対する暴力，禁止物の所持，使用等）に応じて懲罰房へ送られる。第1級は最大で7日間，2級は最大で5日間である。成人施設と同様に懲罰委員会が組織され，規則違反の少年を懲罰にかける，同委員会は少年刑務所所長，2人の陪席員から構成され，弁護士に同席が義務付けられている（刑訴R.57-7-16条）。

矯正行政局と青少年保護局は共同で「良き秩序措置」(MBO: mesures de bon ordre) を設けた。前述の懲罰では手続に時間がかかり即座の制裁ができないこと，懲罰が教育的観点からなされないこと，また懲罰の対象とならないが，見過ごすことができない行為（わめく等の迷惑行為，軽微な施設・設備の毀損，ごみを捨てる，散らかす，房の扉にある監視用ののぞき穴を隠すこと等）に対処できないからである。措置とは反省文を書かせる，修復措置，ごみの片づけ，整頓であり，同措置を講じるときは受刑者との同意が必要で，恣意的な運用を防ぐため，必ず看守と青少年保護局の職員が共同で良き秩序措置を取ることとされる。

1) 参照，大貝葵「非行少年への多様かつ重畳的な保護の構築の必要性（一）——少年保護の法制度における日仏の二元構造比較による考察」法雑58巻1号（2011年）35-143頁。http://dlisv03.media.osaka-cu.ac.jp/infolib/user_contents/kiyo/DBc0580102.pdf.
2) 現在，未成年の警察留置は，16歳以上は懲役刑に処せられる罪を犯したと疑われる時，証拠隠滅のおそれ，共犯者との口裏合せ，被害者・目撃者への圧力を妨げる等の理由でなされる。期間は24時間であり，捜査担当の司法官（予審判事，少年事件担当判事，共和国検察官）の許可により48時間まで延長できる。さらに，麻薬取引など重大な事件の場合，72時間まで延長が可能である。
　13歳から15歳までは警察留置の条件は16歳以上と同様である。期間は24時間で少なくとも5年の懲役刑に相当する侵害行為であれば，48時間まで延長が可能である。13歳以下は警察留置することができないが，10歳から12歳は，保護者の存在なしに警察官が取調べをすることが可能で，当該未成年は自由に帰宅することができない。これを〈留置〉(retenue)と呼ぶ。期間は12時間で，1回だけ特別にさらに12時間延長できる。
　10歳以下は，警察留置，留置もできない。警察は保護者同席の下，取調べ可能だが，当該未成年または保護者が，帰宅を望んだ場合は，それに従う。
　いずれにせよ，未成年は，最初の段階から弁護士の補助がつく。
　https://www.service-public.fr/particullers/vosdroits/F1469
3) 少年犯罪者に関する書類は，様々な機関が作成しており，非常に複雑であったので，それを1つの書類にまとめた。
4) http://www.jeunes.gouv.fr/interministeriel/emploi-1004/stages-et-jobs/article/etablissement-public-d-insertion.
5) 刑事訴訟法41-1条に明記されており，社会，職業，衛生的措置，損害回復等を行うという義務を条件に訴追をしないこと。
6) 管轄裁判所における常設の教育的相談任務に就いている。開放施設の教育関係者がその任についている。パリの例では12人の教育官，2人の行政事務員がいる。彼らの仕事は最大限の少年に関する社会的，教育的情報を取集し，代替措置を模索するときに役立てる。

7) 開放施設教育的ユニット，裁判所付き教育的ユニット，日常活動教育的ユニット，多種宿泊施設教育ユニットから構成されている。同サービスの目的も少年の家族的，教育的背景を調査し，裁判官が判断する際の手助けをする。
8) 裁判所が決定した措置を実施に移す時にそれを助け，施設での学習活動，職業活動，文化・スポーツ活動を組織する。また，青少年の職業的，社会的同化を助ける。
9) 少年刑務所あるいは刑務所の少年区画に収容されている未成年が学習活動を継続することの確保，家族的，社会的絆の維持を保つこと，出所の準備をする。収容少年の拘禁が解かれたとき，その少年の状況評価をし，適切な教育的，社会的活動が受けられること確保する。また，刑の調整のプログラムなどを収容少年に提示する。つまりここでいうサービスとは組織が調査的な措置を実施することである。
10) http://www.justice.gouv.fr/justice-des-mineurs-10042/la-dir-de-la-protection-judiciaire-de-la-jeunesse-10269/les-services-de-milieu-ouvert-18683.html.
11) 教育的制裁，刑も免除，延期の対象となりえる。
12) http://vosdroits.service-public.fr/particuliers/F1837.xhtml.
13) 2011年より，刑は先の教育的制裁と併合して宣告されることも可能である。
14) http://www.justice.gouv.fr/justice-des-mineurs-10042/la-dir-de-la-protection-judiciaire-de-la-jeunesse-10269/les-etablissements-de-placement-18684.html. 以下，同HPからの翻訳である。
15) http://www.justice.gouv.fr/bulletin-officiel/dpjj89b.htm また，ペルベンⅠ法により1945年オルドナンス34条が修正され，保護者の責任を明確にするため，少年が閉鎖教育施設に収容された時，いわゆる子ども手当が停止されることになった。しかし，当該少年の家族が少年への精神的・物質的援助をし，家庭に早く戻れるように努力すれば，少年担当裁判官は手当を維持する事ができる。
16) http://www.lemonde.fr/police-justice/article/2018/03/28/le-modele-des-centres-educatifs-fermes-mis-en-cause_5277506_1653578.html.
17) Note DAP-DPJJ du 19 mars. 2012 relative aux mesures de bon ordre (MBO) appliquées aux personnes détenues mineures.

あとがき

このたび,『フランス刑事法入門』を出版する運びとなり,喜びに堪えない。2011年当初の構想では,ドイツ刑事法入門,アメリカ刑事法入門とともに3冊のシリーズ本として出版される予定であった。しかし,当時から7年以上の歳月が経過し,2015年に一足先に出版されたドイツ刑事法入門の出版からも4年近くが経過しようとしている。この大幅な遅れは,ひとえに執筆代表者である私の責任に起因する。他の共著者の原稿はとっくに揃っていたにも拘わらず,私の担当部分である「各論」執筆が数年遅れたために,出版が2019年春となってしまった。多忙は他の執筆者も同様であり,全く弁解の余地もない。心からお詫びするとともに,それぞれに立派な原稿を執筆して下さったこと,私の「各論」完成を気長に待って下さったことに厚く御礼申し上げる。

当初,企画を持ちかけて下さった法律文化社の掛川直之さんは,私が執筆を終えないまま一時日本を離れ,フランスのパリで在外研究を送っている間も一生懸命励まして下さったが,とうとう時間切れで退職されてしまった。その後,企画を引き継いだ梶原有美子さんも,何かと理由をつけて締め切りを引き延ばしていた私を粘り強く説得し,遅れを少しでも取り戻すべく努力をして下さった。出版社のおふたりにも,心からお詫びと感謝を申し上げたい。

本書の序章にも書いたように,フランス刑事法は,ドイツのそれと異なり,日本とかなり異なる点が多いため,学説・判例等も直接参考になる部分は少ないかも知れないが,その根底に流れる人権尊重の考え方が,日本に間接的に参考となる点は大いにあると思われる。本書の共同執筆者は,それぞれフランス刑事法の専門家であり,入門書の性格上記述はできる限り簡潔にまとめているが,内容のレベルは決して下げていないつもりである。

本書を通じて,フランス刑事法の先進性を,多くの法学研究者,学生,実務法曹等に知っていただき,さらに,日本の法制度の改善に何らかの形で役立つことができれば,望外の喜びである。

2019年1月

執筆者を代表して　島岡　まな

■参考文献一覧

第Ⅰ部 刑　法

【外国語文献】
〈刑法総論〉
André Varinard, Jean Pradel, *Les grands arrêts du droit pénal général*, 11e *éd.*, Dalloz, 2018.
Bernard Bouloc, *Droit pénal général*, 25e *éd.*, Dalloz, 2017.
Jacques Leroy, *Droit pénal général*, 7e *éd.*, LGDJ, 2018.
Jean Larguier, Philippe Conte, Patrick Maistre du Chambon, *Droit pénal général*, 23e *éd.*, Dalloz, 2018.
Patrick Kolb, Laurence Leturmy, *L'essentiel du droit pénal général*, 15e *éd.*, Gualino, 2018.
Xavier Pin, *Droit pénal général 2019*, 10e *éd.*, Dalloz, 2018.
Yves Mayaud, *Droit pénal général*, 6e *éd.*, PUF, 2018.

〈刑法各論〉
Emmanuel Dreyer, *Droit pénal spécial*, 3e *éd.*, Ellipses, 2016.
Jean Pradel=Michel Danti-Juan, *Droit pénal spécial*, 7e *éd.*, Cujas, 2017.
Michel Véron, *Droit pénal spécial*, 16e *éd.*, Sirey, 2017.
Roger Bernardini, Mémento-*Droit pénal spécial*, Gualino, 2000.
Thierry Garé, *Droit pénal spécial: personnes et biens*, 3^{e}éd., Bruylant-Paradigme-Manuels, 2015.
Thierry Fossier, *Droit pénal spécial: Affaires, entreprises, institutions publiques*, 3e., Larcier-Paradigme, 2015.
Valerie Malabat, *Droit pénal spécial*, 8e *éd.*, Dalloz-HyperCours, 2018.

【日本語文献】
〈刑法総論〉
法務大臣官房司法法制調査部編『フランス新刑法典（改訂版）』法曹会，1995.
G. ステファニほか著／澤登俊雄・澤登佳人・新倉修訳『フランス刑事法〔刑法総論〕』成文堂，1981.

〈刑法各論〉
白取祐司『フランスの刑事司法』日本評論社，2011.
末道康之『フランス刑法の現状と欧州刑法の展望』成文堂，2012.

滝沢正『フランス法（第 4 版）』三省堂, 2010.
中村紘一・新倉修・今関源成監訳『フランス法律用語辞典（第 3 版）』三省堂, 2012.
法務大臣官房司法法制調査部編『フランス新刑法典』法曹会, 1995.
山口俊夫編『フランス法辞典』東京大学出版会, 2002.

第Ⅱ部　刑事訴訟法

【外国語文献】

Corinne Renault-Brahinsky, *L'essentiel de la Procédure pénale 2017-2018*, Gualino, 2017.

Edouard Verny, *Procédure pénale*, $4^e éd$, Dalloz 2014, $5^e éd$, Dalloz 2016.

Bernard Bouloc, *Procédure pénale*, $25^e éd$, Dalloz 2016, $26^e éd$, Dalloz 2017.

François Fourment, *Procédure pénale $14^e éd.$*, Larcier, 2013.

Frédéric Desportes et Laurence Lazerges-Cousquer, *Traité de procédure pénale*, $12^e éd.$, Economica, 2012.

Martin Herzog-Evans et Gildas Roussel, *Procédure pénale $4^e éd.$*, Vuibert, 2013.

Michèle-Laure Rassat, *Procédure pénale $2^e éd.$*, Ellipses, 2013.

Code de procédure pénale, Dalloz, Ed. 2019.

【日本語文献】

白取祐司『フランスの刑事司法』日本評論社, 2011.
末道康之『フランス刑法の現状と欧州刑法の展望』成文堂, 2012.
G. ステファニほか著／澤登佳人・澤登俊雄・新倉訳『フランス刑事法〔刑事訴訟法〕』成文堂, 1982.
滝沢正『フランス法（第 5 版）』三省堂, 2018.
中村紘一・新倉修・今関源成監訳『フランス法律用語辞典（第 3 版）』三省堂, 2012.
中村義孝『概説　フランスの裁判制度』阿吽社, 2013.
法務大臣官房司法法制調査部編『フランス新刑事訴訟法典』法曹会, 1999.
山口俊夫編『フランス法辞典』東京大学出版会, 2002.

第Ⅲ部　刑事政策

【外国語文献】

Gérard Lopez, Stamations Tzitzis (dir.), *Dictionnaire des sciences criminelles*, Dalloz, 2007.

Jecques Leroy, *Droit pénal général, $7^e éd.$*, L. G. D. J, 2018.

Observatoire International des Prisons, *Le guide du prisonnier*, La Découverte, 2012.

Stamatios Tzitzis, Guillame Bernard. et. al, (dir.), *Dictionnaire de la police et de la justice*, PUF, 2011.

【日本語文献】

刑事立法研究会『非拘禁的措置と社会内処遇の課題と展望』現代人文社，2012.

白取祐司『フランスの刑事司法』日本評論社，2011.

末道康之「フランスの再犯者処遇法について」南山大学ヨーロッパ研究センター報第13号，1-19頁，2007.

中村紘一・新倉修・今関源成監訳『フランス法律用語辞典（第3版）』三省堂，2012.

山口俊夫編『フランス法辞典』東京大学出版会，2002.

【インターネット】

犯罪学辞典（フランス語）　http://www.criminologie.com.

フランス法令検索サイト　https://www.legifrance.gouv.fr/.

フランス公的サービス相談総合案内サイト　https://www.service-public.fr/.

フランス内務省　国家警察　https://www.interieur.gouv.fr/Le-ministere/Police-nationale.

フランス内務省　ジャンダルムリ　https://www.interieur.gouv.fr/Le-ministere/Gendarmerie-nationale.

フランス司法省行刑局サイト　http://www.justice.gouv.fr/prison-et-reinsertion-10036/ladministration-penitentiaire-10037/.

事項索引（日仏単語対照表）

あ 行

アソシエーション（団体）association……274
安楽死 euthanasie……54
遺 棄 abandon……87
遺棄罪 délit d'abandon……78
遺棄致死罪 abandon suivi de la mort……87
遺棄致死傷罪 abandon suivi de la mort ou de la blessure……78
遺棄致傷罪 abandon suivi de la blessure……87
異議申立 opposition……211
違警罪 contravention……62, 246
違警罪裁判所 tribunal de police……134
移審効 effet dévolutif……192, 216, 222
移送の決定 ordonnance de renvoi……183
一事不再理の原則 règle non bis in idem……227
一般故意 dol général……28
遺伝子情報 empreintes génétiques……87
医療体制 systéme de la santé……290
因果関係 lien de causalité……21
陰 謀 complot／conspiration……100
援助を要する証人 temoin assisté……168
欧 州
　——行刑準則 Règles pénitentiaires européennes……286
　——司法裁判所 Cour de justice de l'Union européenne……127
　——人権裁判所 Cour européenne des droits de l'homme……120, 127
　——人権条約 Convention européenne des droits de l'homme……120, 127
　——逮捕状 mandat d'arrêt européen……173
横 領 détournement……96
オルドナンス（1945年2月2日付非行少年に関するオルドナンス）ordonnance……298

恩 赦 grâce……252

か 行

外的原因による強制 contrainte externe……58
買春罪 achat d'actes sexuels……83
外部処遇 placement à l'extérieur……272
開放施設 établissement ouvert……302
覚せい剤取締法 loi Anti-Stumulants……77
過 失 faute……31
過失傷害罪 blessures involontaires……69
過失致死罪 homicide involontaire……68, 72
加重的逃走 évasion aggravée……106
過剰防衛 excès de légitime défense……51
仮釈放 libération conditionnelle……270
監 禁 séquestration……80
監禁致死 séquestration suivi de la mort……80
監禁致傷 séquestration suivi de la blessure……80
管区精神医療サービス SMPR: service médico-psychologique régional……291
官憲の指令 commandement de l'autorité……48
監 視 surveillance……148
鑑 識 criminalistique……229
鑑 定 expertise……171
鑑定人 expert……171
旗国主義 principe de l'État du pavillon……12
奇襲罪 L'embuscade……71
偽 証 témoignage mensonger……106
帰責性 imputabilité……15
偽造文書行使 usage du faux……107
起訴便宜主義 opportunité des poursuites……155
規定無効事由 causes de nullités textuelles……185
既判事項の確定力 force de la chose jugée……227
既判事項の抗弁 exception de chose jugée……229
既判力 autorité de la chose jugée……227
器物損壊 destruction……97

319

却　下 non-lieu à statuer ···········222
急速審理 en référé ···············216
急速手続 procédures rapides ·······206
教育的収容施設 EPE: établissements de placement éducatif ···········307
教育的制裁 punition éducative   302, 304, 305
教育的措置 mesures éducatives ······302, 303
恐　喝 chantage ·················95
行刑裁判官 JAP: juge d'application des peines ··················135, 273
行刑裁判所 tribunal de l'application des peines ··················135, 136
行刑センター centres pénitentiaires ····264
共助の嘱託 commission rogatoire ······167
強　制 contrainte ··················58
矯正管区鎮圧部隊 ERIS: équipes régionales d'intervention et de sécurité ······266
強制処分 mesure coersitive ··········147
矯正プログラム programme de correction ···266
強制わいせつ罪 agression sexuelle ······72
共同正犯 coauteur ·················38
凶徒結社 association de malfaiteurs ···109, 110
脅迫罪 menace ··················69, 71
共　犯 complicité ·················37
共謀罪 entente ················65, 109
業務妨害 entrave des affaires ·········98
強　要 extorsion ··················95
共和国法院 Cour de justice de la République ·····················137
虚偽告訴罪 dénonciation mensongère ····85
規律違反行為 violation des règles ······283
緊急避難 état de nécessité ············52
禁　錮 détention criminelle ·········246
近親姦罪 inceste ················74, 91
偶発事故 cas fortuit ················55
軍事犯罪 délit militaire ·············19
刑 peine ·······················305
軽　罪 délit ··················62, 247
軽罪化 correctionnalisation ··········206
軽罪裁判所 tribunal correctionnel ···134, 202
警察留置 garde à vue ···········150, 279
刑事裁判所 juridictions répressives ····133
刑事施設の長 chef de l'établissement pénitentiaire ···············214
刑事示談（刑罰命令）composition pénale ·····················122, 157, 254
刑事政策 politique pénale ···········235
刑事責任無能力の決定 ordonnance d'irresponsabilité pénale pour cause de trouble ···················183
刑事未成年者 mineur penal ···········15
刑の減刑：善時制 réductions de peines ··268
刑の調整 aménagement de peines ······270
刑の分割 fractionnement de la peine ····272
競売妨害罪 organization frauduleuse de l'insolvabilité ················96
刑罰修正センター centres pour peines aménagées ·················264
刑罰法規不遡及の原則 principe de non-rétroactivité des lois pénales de fond ·······················12
刑罰ポピュリズム populisme pénal ····243
刑務所内での活動 activités en prison ···280
欠効犯 infraction manqué ············27
欠席裁判手続 jugement par défaut ·····201
決　定 ordonnance ···············166
厳格解釈 interprétation stricte ·········10
減刑クレジット crédits de réduction de peine ·····················268
現行犯 infraction flagrante ··········144
現行犯捜査 enquête sur infraction flagrante ·····················144
検察意見 réquisition ···············171
検察官 ministère public ············138
検察官一体の原則 indivisibilité du ministère public ·····················139
検事局 parquet／Ministère public ····139
検事正 procureur de la République ····138
検事総長 procureur général près la Cour de cassation ···············139
検事長 procureur général près la Cour d'appel ···················138
限定責任能力 responsabilité atténuante des malades mentaux ············57
厳罰化 durcissement à la punition ···241, 299
権利擁護官 Defenseur des droits ······295
権利擁護制度 système de défense des droits ·····················293
故　意 intention ··················27
勾引勾留状 mandat d'arrêt ·······164, 173

勾引状 mandat d'amener ………… 164, 173
公益奉仕労働 TGI travail d'intérêt général
　………………………………… 106, 248
公開の原則 publicité ………………… 197
強　姦 viol ……………………… 65, 69, 72
強姦罪 crime de viol …………………… 69, 74
公共治安政策 politiques publiques de
　sécurité ………………………………… 242
抗　告 recours ……………………… 166, 184
公衆衛生 santé publique ……………… 111
公然わいせつ罪 exhibition sexuelle ……… 74
公　訴 action publique ………… 138, 155
控　訴 appel ……………………………… 211
控訴院院長 premiers présidents de la cour
　d'appel ………………………… 180, 207, 216
控訴院行刑部 chambre de l'application des
　peines ………………………………… 136
控訴院軽罪部 chambre des appels
　correctionnels de la Cour d'appel … 135, 218
控訴院予審部 chamre d'instruction de la
　Cour d'appel ………………………… 165
公訴権 droit de mise en mouvement de
　l'action publique ……………………… 159
　――の消滅事由 causes d'extinction
　de l'action publique ………………… 159
公訴時効 prescription de l'action publique … 159
控訴重罪院 Cour d'assises d'appel … 135, 217
拘置所 maisons d'arrêt ……………… 264
強盗罪 vol aggravé suivi de violence …… 95
強盗致傷 blessure par le vol aggravé suivi
　de violence ……………………………… 95
高等法院 Haute Cour ………………… 137
公　判（判決裁判）juridictions de jugement
　………………………………………… 120
公平な裁判所 tribunal impartial ……… 126
抗　弁 exception ……………………… 197
拷　問 torture ……………………… 69, 70, 80
勾留仮処分 référé-détention ……… 180, 191
勾留状 mandat de dépôt ……………… 173
拘留センター centre de détentions …… 264
国際司法共助 entraide judiciaire ……… 122
告　訴 plainte …………………………… 162
国内治安 sécurité intérieure ………… 239
故　殺 meurtre ………………………… 69
故殺罪 crime de meurtre ……………… 66

個人カードまたは情報処理侵害罪
　atteintes aux droits de la personne
　résultant des fichiers ou des
　traitements informatiques …………… 84
誤想防衛 légitime défense putative …… 51
国家警察 police nationale …………… 239
拳証責任 charge de la preuve ………… 131

さ 行

再審・再審査院 Cour de révision et de
　réexamen ……………………………… 224
再審・再審査請求調査（予審）委員会
　commission d'instruction des demendes
　en révision et en réexamen ………… 225
再審査 réexamen ……………………… 224
再審請求 demande en révision ……… 224
裁判事務嘱託（共助の嘱託）commission
　rogatoire ……………………………… 142
詐　欺 escroquerie …………………… 95
差　押 saisie …………………………… 171
差別罪 délit de discrimination …… 63, 81, 103
ジェノサイド→集団殺害罪
時間的適用範囲 portée d'application de la
　règle dans le temps ………………… 12
時　効 prescription …………………… 252
自己堕胎罪 avortement criminel ……… 79
自殺教唆罪 incitation à suicide ……… 79
事実の錯誤 erreur de fait ……………… 56
施設内の規律 discipline dans l'établissement
　pénitentiaire ………………………… 281
事前の合憲性の審査 question préalable de
　constitutionnalité …………………… 119
私　訴 action civile …………………… 161
私訴権 exercice de l'action civile …… 163
私訴原告人 parties civiles ……………… 162
執行官の執達書 exploit d'hussier …… 158
実行の着手 commencement d'exécution … 25
実質無効事由 causes de nullités
　substantielles ………………………… 185
児童虐待 maltraitance sur mineur
　/maltraitement des mineurs ………… 89
自動車運転過失致死罪 homicide involontaires
　par le condacteur d'un véhicule …… 68
児童ポルノ pornographie des mineurs … 89, 90
自　白 aveu …………………………… 132

321

司法官 magistrat	120
司法監視 surveillance judiciaire	81, 260
司法警察員 officier de police judiciaire	140
司法警察職員 agent de police judiciaire	140, 141
司法警察職員補 agent de police judiciaire adjoint	140, 141
司法高等法院 Haute Cour de justice	137
司法省矯正行政局 direction de l'administration pénitentiaire	265
司法上の監督（司法統制処分）contrôle judiciaire	164, 173
司法大臣・国事尚書 ministre de la Justice et garde des Sceaux	138, 223
司法と法センター Maison de justice et du droit	157
市民参審員 citoyen assesseur	134, 205
市民道徳研修 stage de citoyenneté	248
市民陪席員 assesseur citoyen	284
指紋採取 prise d'empreintes digitales	147
社会給付金 prestation sociale	288
社会的権利 droit sociale	287, 288
社会同化と教育的収容施設 EPEI: établissements de placement éducatif et d'insertion	307
社会内司法追跡 suivi socio-judiciaire	175, 258
社会内処遇 placement à l'extérieur	269
釈放仮処分 référé-liberté	177
写真撮影 prise de photographies	147
ジャンダルムリ gendarmerie（nationale）	239
宗教行為 actes religieux	287
宗教的自由 liberté de religion	287
住居侵入罪 introduction dans le domicile	85, 103
重婚罪 bigamie	105
重　罪 crime	62, 244
重罪院 Cour d'assise	134, 195
重罪院検事長 procureur général près de la Cour d'assise	223
重罪院長 président de la Cour d'assise	216
自由心証主義 intime conviction	133
集団殺害罪（ジェノサイド）Génocide	62, 65
自由と勾留判事 juge des libertés et de la détention	134
自由剥奪者が存在する場所への検査官 Contrôleur général des lieux de privation de liberté	294
修復的司法 justice restaurative	123
重要な方式違反による無効（実質無効）les nullités substantielles	185
主　刑 peine principale	250
受刑者 détenu(e)	279
受刑者の権利 drots de détenu(e)	285
手段の対等性 égalité des armes	130
巡回診察・治療ユニット UCSA unité de consultation et de soins ambulatoires	290
準詐欺罪 abus d'ignorance ou de faiblesse	96
準備段階裁判所 juridiction d'instruction preparatoire	134
傷害罪 blessure	69, 71
傷害致死罪 blessure suivi de la mort	69
召　喚 comparution	203
召喚状 mandat de comparution	164, 173
消極的属人主義 principe de personnalité passive des lois	12
証拠自由の原則 principe de la liberté de la preuve	131
証拠の隠匿 destruction ou altération des preuves	105
証拠物件 pièces à conviction	192
肖像罪侵害 atteintes à la représentation de la personne	85
承　認 acquiescement	163
承認裁判 audience d'homologation	207, 208
少年係裁判官 juge pour enfants	137
少年軽罪裁判所 tribunal correctionnel pour mineurs	137
少年刑務所 Etablissement Pénitentiaire pour Mineurs	264, 308
少年裁判所 tribunal pour enfants	137
少年重罪院 Cour d'assises des mineurs	137
職業活動の禁止 interdiction d'exercer une activité professionnelle	106
職権濫用 abus d'autorité	102
人　格 personnalité	84, 85
人格調査 examen de personnalité	172
審議終了の決定 ordonnance de clôture	167
親告罪 infraction requérant des plaintes	85
心身の完全性 intégrité physique ou psychique de la personne	69, 72

人身を危険にさらす行為 mise en danger de la personne··········78
身体検査 perquisition corporelle··········149
人道に対する重罪 Crime contre humanité··········65
尋　問 audition··········149, 168
尋問の録画 enregistrement audiovisuel de l'interrogatoire··········128
審　理 les débats··········197
心理的・主観的要素 élément moral··········14
心理的強制 contrainte morale··········58
審理の公開 publicité de la proédure··········127
政治的権利 droits civiques（droits politiques）··········286
性自認 identité sexuelle··········67
政治犯罪 délit politique··········17
青少年司法保護局 PJJ: protection judiciaire de la jeunesse··········273, 301
精神障害 trouble mental··········183
性的攻撃 agressions sexuelles··········72, 90
性的指向 orientation sexuelle··········67
正当化事由 fait justificatif··········48
正当防衛 légitime défense··········50
正当防衛の推定 présomption de légitime défense··········50
正　犯 auteur··········37
性犯罪 agression sexuelle··········63
生命倫理 éthique biomédicale··········111
生命倫理関連犯罪 infractions en matière d'éthique biomédicale··········63
生命倫理法 loi en matière d'éthique biomédicale··········78
性をめぐる問題 problème autours de sexualité··········292
世界主義 principe d'universalité··········13
責任無能力 irresponsabilité des malades mentaux··········56
セクシュアル・ハラスメント罪 harcèlement sexuel··········63, 69, 81
積極的属人主義 principe de personnalité active des lois··········12
説示書（心得書）instruction··········199
窃盗罪 vol··········94
前置条項 article préliminaire··········125
潜入捜査 infiltration··········148
相互共犯の理論 théorie de complicité corespective··········39
相互承認（reconnaissance mutuelle）··········119
捜　索 perquisition··········171
捜索状 mandat de recherche··········173
贈収賄罪 corruption··········102, 108
贓物隠匿 recel··········97
即時出頭 comparution immédiate··········158, 207
属地主義 principe de territorialité des lois··········12
組織犯罪 crime organisé··········153
訴訟記録 dossier de la procédure··········192
訴訟行為 actes de procédure··········184
訴追代替手段 moyen alternatifs aux poursuites··········254
訴追の代替処分 mesures alternatives aux poursuites··········156

た　行

体外採取 prélèvement corporel··········149
滞在禁止 interdiction de séjour··········106, 108
第三の途 trosième voie··········156
対　質 confrontation··········169, 170
大　赦 amnistie··········253
大審裁判所 TGI tribunal de grande instance··········164
対審主義（当事者主義）principe accusatoire procédure accusatoire··········125
対審の原則 principe du contradictoire··········198
逮　捕 arrestation··········150
逮捕監禁罪 délit d'arrestation ou de séquestration··········80
代理母 mère porteuse··········88
単純遺棄罪 délit d'abandon simple··········78
単純収賄罪 corruption simple··········104
単純逃走 évasion punissable simple··········106
治罪法典 Code d'instruction criminelle··········122
中央刑務所 maisons centrales··········264
中止犯 désistement volontaire··········26
懲　役 Réclusion criminelle··········246
超過された故意 dol dépassé ou dol praeterintentionnel··········29
調書による召喚 convocation par procès-verbal··········158
懲　罰 sanction disciplinaire··········310
諜　報 espionage··········99
直接呼出し citation directe··········157

323

通貨偽造 fausse monnaie ... 108
通貨模造 fausse monnaie similaire ... 108
通信の秘密 secret des correspondances ... 104
通信の秘密侵害罪 atteinte au secret des correspondances ... 86
通信傍受 écoutes téléphoniques ... 171
停止効 effet suspensif ... 191, 215, 221
データの自動処理システム traitement automatisé de données ... 97
適正手続 procès équitable ... 125
適正手続を受ける権利 droit à un procès équitable ... 126
デクレ décret ... 62
テロ（テロ行為・テロ犯罪）terrorisme ... 101, 153
電子監視を伴う住居指定 assignation à résidence avec surveillance électronique ... 174
当事者 parties privées ... 190
当事者の利益 intérêts des parties ... 219
同性愛 homosexualité ... 292
逃 走 évasion punissable ... 106
動物虐待罪 sévices graves ou actes de cruauté envers les animaux ... 112
毒殺罪 empoisonnement ... 67
特別故意 dol spécial ... 28
特別代理人 un fondé de procuration spéciale ... 209
独居拘禁 emprisonnement individuel ... 283
ドメスティック・バイオレンス violence domestique ... 63
取下げ désistement ... 163

な 行

内的原因による強制 contrainte interne ... 58
内部規則 règlement intérieur ... 283
二審制 double instance ... 135
任意出頭 comparution volontaire ... 158
任意捜査 enquête non coercitive ... 145

は 行

売春斡旋罪 proxénétisme ... 82
陪審員 juré ... 196
背任罪 abus de confiance ... 96
陪席判事 assesseurs ... 198

背任罪 abus de confiance ... 96
破毀院 Cour de cassation ... 135
破毀院刑事部長 président de la chambre criminelle de la Cour de cassation ... 193
破毀院検事総長 procureur général près de la Cour de cassation ... 223
破棄申立 pourvoi en cassation ... 193, 219
破棄申立権の喪失 déchéance ... 222
場所的適用範囲 portée d'application de la règle dans l'espace ... 12
反 逆 trahison ... 99
判 決（破毀院）arrêt ... 201, 205
犯罪性借用説 théorie de la criminalité d'emprunt ... 41
半自由 semi-liberté ... 270
半自由センター centre de sem-liberté ... 264
反 証 prevue contraire ... 209
反セクト法 loi contre le secte ... 79
犯人蔵匿 Recel de malfaiteur ... 105
反 乱 mouvement insurrectionnel ... 100
被害者 victime ... 161
被害者支援部 bureau d'aides aux victims ... 130
被害者の権利 droits aux victimes ... 130
被害者の同意 consentement de la victime ... 54
被告人（重罪）accusé ... 184
非常救済手続 voies de recours extraordinaires ... 218
必然的共同 coopération nécessaire ... 39
ビデオ録画 enregistrement audiovisuel ... 152
人の尊厳 Dignité de la personne ... 81
人を危険にさらす罪 mise en danger de la personne ... 78
秘密漏えい罪 atteinte au secret ... 85
評 議 délibération ... 199
夫婦間強姦 viol conjugal ... 73
不確定的故意 dol indéterminé ou dol imprécis ... 29
付加刑 peine accessoire ... 250
不起訴処分 classement sans suite ... 156
誣 告 dénonciation calominiuse ... 76
不作為による作為犯 délit de commission par omission ... 21
不作為犯 délit d'omission ... 21
不受理 irrecevabilité ... 222
付帯控訴 appel incident ... 217

復　権 réhabilitation················252
物質的・客観的要素 élément matériel······14
物理的強制 contrainte physique···········58
不能犯 infraction impossible············26
不服申立 voies de recours·············188
不服申立権 droit aux voies de recours······189
プライバシー（私的生活）侵害罪 atteinte
　　à la vie privée················84
不利益変更の禁止 prohibition de la
　　reformatio in pejus·············216
文書偽造 faux en écriture·············107
閉鎖型教育施設 CEF: centre éducatif fermé
　　··························307
弁護人 avocat···················196
保安監視 surveillance de sûreté·········260
保安監置 rétention de sûreté···········260
保安監置裁判所 juridictions de la rétention
　　de sûreté···················136
保安期間 période de sûreté········68, 108
保安処分 mesure de sûreté········206, 258
保安対策付医療ユニット UHSI unités
　　hospitalières sécurisées interrégionales
　　··························291
防衛への組み込み公施設
　　EPID: Etablissement publique
　　d'insertion de la Défense·········300
放　棄 renonciation················163
防御権 droits de défense·············129
暴　行 violence················70, 72
暴行罪 coups et blssures／voie de fait······69
謀殺罪 assasinat··················66
法　人 personne morale··············42
法人の刑事責任 Responsabilité pénale de la
　　personne morale
　　··········63, 70, 78, 84, 87, 89, 98, 108, 109
法人への罰（法人処罰）peines applicables
　　aux personnes morales···········249
法定原則 principe de la légalité··········10
法廷への召喚 convocation en justice······158
法定要素 élément légal···············14
法律違反 violation de la loi···········219
法律の錯誤 erreur de droit·············55
法律の命令 ordre de la loi·············48
法律の利益 intérêt de la loi···········223
保護観察・社会復帰行刑官 conseiller
　　pénitentiaire d'insertion et de probation
　　··························273
保護観察局 SPIP Service pénitentiaire
　　d'insertion et de probation·····264, 273
保護主義 principe de la réalité··········13
補充刑 peine complémentaire··········250
補充的減刑 réduction supplémentaire de
　　peine······················268

ま　行

麻薬取締法 loi contre des stupéfiants······77
麻薬取引 Trafic de stupéfiants··········77
未決勾留 détention provisoire··········176
未遂犯 tentative··················25
未成年者略取誘拐罪 enlèvement des mineurs
　　···························88
未必の故意 dol éventuel··············28
身分確認 verifications d'identité········146
身分検査 contrôle d'identité··········145
民事裁判所 juridictions civiles··········163
民事上の利益 intérêts civils···········214
民事責任者 personne civilement responsable
　　··························208
民事的効力 autorité de la chose jugée au
　　criminel sur le civil·············230
無効事由 causes de nullités···········185
無罪推定の原則 principe de présomption
　　d'innocence··················131
無知・脆弱性濫用罪 abus d'ignorance ou de
　　faiblesse·····················79
名誉毀損罪 diffamation··············84
モラル・ハラスメント harcèlement moral
　　·······················63, 76

や　行

野蛮行為 acte de barbarie··········69, 70
有価証券の偽造 contrefaçon des valeurs···109
有罪の事前自認に基づく出頭（罪状認否制度）
　　comparution sur reconnaissance
　　préalable de culpabilité···159, 207, 256
有責性 culpabilité··················15
良き秩序措置 MBO: mesures de bon ordre
　　··························310
予　審 instruction·················120
　　——開始請求 réquisitoire introductif

325

| ……………………………… 157, 167
──拠点 pôles de l'instruction ………… 164
──終結決定 ordonnance de règlement
　　　　　　　　　　　　　　 167, 194
──請求 à fin d'informer ……………… 157
──制度 instruction préparatoire ……… 164
──対象者 mise en examen ……… 164, 169
──判事 juge d'instruction ……… 134, 164
──部 chambre d'instruction ………… 134
──免訴 non-lieu ……………………… 181
──免訴決定 ordonnance de non-lieu … 182
予備捜査 enquête préliminaire ………… 145

ら　行

リスボン条約 Traité de Lisbonne ……… 120
略式命令 ordonnance pénale ……… 207, 208, 210
臨　検 transport sur les lieux ………… 171
例外的減刑 réduction exceptionnelle de peine ……………………………… 268
論　告 réquisitions …………………… 205

わ　行

わいせつ物頒布罪 distribution des pornographies ………………… 74
和　解 transaction …………………… 160

■著者紹介

島岡 まな（しまおか・まな）　　　　　　序章に代えて，第Ⅰ部（第5章〜第9章）
　慶應義塾大学大学院法学研究科博士後期課程中退
　現在，大阪大学高等司法研究科教授
　〔主要業績〕
　『裁判所は何を判断するか（シリーズ 刑事司法を考える 第5巻）』
　　（岩波書店，2017年／共著）
　『性暴力と刑事司法』（信山社，2014年／共著）

井上 宜裕（いのうえ・たかひろ）　　　　　　　　第Ⅰ部（第1章〜第4章）
　大阪市立大学大学院法学研究科後期博士課程修了／博士（法学）
　現在，九州大学大学院法学研究院教授
　〔主要業績〕
　『緊急行為論』（成文堂，2007年）

末道 康之（すえみち・やすゆき）　　　　　　第Ⅱ部（第10章〜第17章）
　慶應義塾大学大学院後期博士課程／博士（法学）
　現在，南山大学法学部教授
　〔主要業績〕
　『フランス刑法の現状と欧州刑法の展望』（成文堂，2012年）
　『慶應の法律学　刑事法』（慶應義塾大学出版会，2008年／共著）
　『フランス刑法における未遂犯論』（成文堂，1998年）

浦中 千佳央（うらなか・ちかお）　　　　　　第Ⅲ部（第18章〜第22章）
　トゥールーズ第一大学，キャピトル（フランス），博士院修了／博士（政治学）
　現在，京都産業大学法学部教授
　〔主要業績〕
　「警察学の未来，フランスの視座から」『警察政策』16巻（2014年）77-99頁。
　"Police et contrôle social au Japon" L'Harmattan, Paris, 2010.

フランス刑事法入門

2019年4月20日　初版第1刷発行

著　者	島岡まな・井上宜裕 末道康之・浦中千佳央
発行者	田靡純子
発行所	株式会社 法律文化社

〒603-8053
京都市北区上賀茂岩ヶ垣内町71
電話 075(791)7131　FAX 075(721)8400
http://www.hou-bun.com/

印刷：共同印刷工業㈱／製本：㈱藤沢製本
装幀：白沢　正
ISBN978-4-589-03976-7

© 2019 M. Shimaoka, T. Inoue, Y. Suemichi,
C. Uranaka Printed in Japan

乱丁など不良本がありましたら、ご連絡下さい。送料小社負担にてお取り替えいたします。
本書についてのご意見・ご感想は、小社ウェブサイト、トップページの「読者カード」にてお聞かせ下さい。

JCOPY 〈出版者著作権管理機構　委託出版物〉

本書の無断複写は著作権法上での例外を除き禁じられています。複写される場合は、そのつど事前に、出版者著作権管理機構（電話 03-5244-5088、FAX 03-5244-5089、e-mail: info@jcopy.or.jp）の許諾を得て下さい。

金尚均・辻本典央・武内謙治・山中友理著
ドイツ刑事法入門
A5判・320頁・3800円

ドイツの刑事実体法と刑事手続法を中心に，刑罰の執行や犯罪予防システム，少年刑事司法も含め，簡潔・平易に解説した入門書。専門用語の日独対照表も収録し，ドイツ刑事法をはじめて学ぶ人の学修を手厚くサポート。

岡本英生・松原英世・岡邊 健著
犯罪学リテラシー
A5判・210頁・2600円

著者それぞれの専門領域──社会学・心理学・法学──を活かしたスタンダードなテキスト。古典的な基礎研究から実証的な研究の紹介，方法論までを解説。犯罪の「原因」，「統制」，「犯罪学の研究方法」の3部10章構成。

甲斐克則編
刑法実践演習
A5判・330頁・3400円

刑法の重要判例を厳選して解説するとともに，司法試験問題（論文・択一）を徹底的に解剖。論点の正確な理解と重要判例の位置づけを図りつつ，自ら考える力を蓄え，実務における問題解決にもつながる実践的な力を涵養する。

リーディングス刑事法シリーズ

日本の刑事法学が蓄積してきた膨大な知見を俯瞰し，判例・学説のもとになった基本文献を解説するリーディングス刑事法シリーズ。現在および今後の刑事法学の基礎として，第一線の研究者が理論的到達点を個別領域ごとに確認し，提示・継承する。

リーディングス刑法
伊東研祐・松宮孝明編　　●A5判・520頁・5900円

リーディングス刑事訴訟法
川崎英明・葛野尋之編　　●A5判・430頁・5500円

リーディングス刑事政策
朴 元奎・太田達也編　　●A5判・400頁・5300円

──法律文化社──

表示価格は本体（税別）価格です